Schriften des
Deutschen Instituts für Urbanistik
Band 81

Dietrich Henckel
Busso Grabow
Heidrun Kunert-Schroth
Erwin Nopper
Nizan Rauch

unter Mitarbeit von
Birgit Hoffmann
Jörg Hohmeier
Christa Knopf

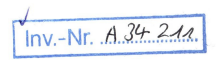

# Zeitstrukturen und Stadtentwicklung

Verlag W. Kohlhammer / Deutscher Gemeindeverlag
Stuttgart Berlin Köln

CIP-Titelaufnahme der Deutschen Bibliothek

**Zeitstrukturen und Stadtentwicklung** / Dietrich Henckel ... –
Stuttgart ; Berlin ; Köln : Kohlhammer ; Stuttgart ;
Berlin ; Köln : Dt. Gemeindeverl., 1989
  (Schriften des Deutschen Instituts für Urbanistik ; Bd. 81)
  ISBN 3-17-010591-4
NE: Henckel, Dietrich [Mitverf.]; Deutsches Institut für Urbanistik
  <Berlin, West>: Schriften des Deutschen ...

Deskriptoren:
Arbeitszeit; Betriebszeit; Freizeit; Zeitflexibilisierung; Arbeitszeitformen; Nutzungszeiten; Nutzungsverläufe; Zeitfenster; Entzerrung; Zeitstaffelung; Zeitplanung; Geschwindigkeit; Rhythmus; Stadtentwicklung; (Freizeit-)Infrastruktur; Flächenverbrauch; Standortwahl; Strukturwandel.

Redaktion:
Dipl.-Pol. Beate Hoerkens
Isabell Stade

Graphik:
Christa Rothäusler

Alle Rechte vorbehalten
© 1989 Verlag W. Kohlhammer GmbH/Deutscher Gemeindeverlag
Stuttgart Berlin Köln
Verlagsort: Stuttgart
Umschlaggestaltung: Christian Ahlers, Berlin
Gesamtherstellung: Kupijai & Prochnow, Berlin
Printed in Germany

# INHALT

Vorwort .................................................................. 9
Zusammenfassung/Summary ................................................. 11

1. Einführung ........................................................... 31
   1.1 Blockstadt an der Schnelle ....................................... 33
   1.2 Lichtenberg ...................................................... 38

2. Arbeits- und Betriebszeit ............................................ 47
   2.1 Einführung ....................................................... 47
      2.1.1 Arbeits- und Betriebszeiten als Taktgeber städtischen Lebens ...... 47
      2.1.2 Methodische Vorgehensweise ................................... 49
   2.2 Allgemeine Tendenzen der Arbeits- und Betriebszeitentwicklung ........ 52
      2.2.1 Arbeits- und Betriebszeitdauern .............................. 52
      2.2.2 Arbeits- und Betriebszeitlagen ............................... 59
      2.2.3 Arbeits(zeit)formen .......................................... 63
   2.3 Arbeits- und Betriebszeit im Städtevergleich ..................... 72
      2.3.1 Arbeits- und Betriebszeit in den Städten ..................... 77
      2.3.2 Vergleich ausgewählter öffentlicher Betriebe/Einrichtungen ....... 97
      2.3.3 Zusammenfassende Bewertung ................................... 100
   2.4 Fazit ............................................................ 110

3. Stadt und Freizeit ................................................... 113
   3.1 Veränderungstendenzen in der Freizeit ............................ 114
      3.1.1 Freizeit und Obligationszeit ................................. 115
      3.1.2 Die Freizeitstundensumme ..................................... 116
      3.1.3 Freizeitstile ................................................ 118
   3.2 Städtische Freizeitinfrastruktur ................................. 121
      3.2.1 Naturnahe Flächen ............................................ 122
      3.2.2 Kleingärten .................................................. 127
      3.2.3 Sport und Bewegung ........................................... 130
      3.2.4 Bildung und Kultur ........................................... 132
   3.3 Freizeitbindung an die Stadt ..................................... 135
   3.4 Thesen zur städtischen Planung ................................... 144
   3.5 Fazit ............................................................ 147

4. Zeitfenster – Nutzungszeiten ......................................... 149
   4.1 Einführung ....................................................... 149

| | | |
|---|---|---|
| 4.2 | Zeitliche Nutzungsbeschränkungen durch rechtliche Regelungen | 151 |
| 4.3 | Angebotszeiten und Nutzungsverläufe für ausgewählte Bereiche | 153 |
| | 4.3.1 Handel | 154 |
| | 4.3.2 Ausgewählte Infrastruktureinrichtungen | 167 |
| 4.4 | Nutzungsmöglichkeiten und Nutzungsverläufe bei ausgewählter technischer Infrastruktur | 175 |
| | 4.4.1 Verkehr | 175 |
| | 4.4.2 Energie am Beispiel Strom | 182 |
| 4.5 | Schlußfolgerungen | 185 |
| 4.6 | Fazit | 187 |

## 5. Wirkungen zeitlicher Veränderungen auf Standort und Fläche — 189

| | | |
|---|---|---|
| 5.1 | Gewerbe | 190 |
| 5.2 | Wohnen | 199 |
| 5.3 | Verkehr | 203 |
| 5.4 | Freiflächen, Freizeitinfrastruktur | 210 |
| 5.5 | Kulturelle Infrastruktur | 213 |
| 5.6 | Schlußfolgerungen | 218 |
| 5.7 | Fazit | 219 |

## 6. Städtebetroffenheit — 221

| | | |
|---|---|---|
| 6.1 | Hamburg | 222 |
| 6.2 | Essen | 225 |
| 6.3 | Frankfurt | 227 |
| 6.4 | Stuttgart | 230 |
| 6.5 | München | 231 |
| 6.6 | Konstanz | 233 |
| 6.7 | Vergleich | 235 |

## 7. Planung und Zeit — 241

| | | |
|---|---|---|
| 7.1 | Einführung | 241 |
| 7.2 | Planung der Zeit | 243 |
| | 7.2.1 Schutz von Zeiten | 244 |
| | 7.2.2 Verteilung von Zeiten | 247 |
| | 7.2.3 Sicherung von Zeitautonomie | 248 |
| | 7.2.4 Zeit und Kultur | 249 |
| | 7.2.5 Akteure | 251 |
| 7.3 | Planung mit Zeit | 252 |
| | 7.3.1 Zeitprobleme und Zeitplanung | 252 |
| | 7.3.2 Zeitprobleme und nichtzeitliche Lösungsansätze | 257 |
| | 7.3.3 Nichtzeitliche Probleme und Zeitplanung | 261 |
| 7.4 | Planung in der Zeit | 262 |
| 7.5 | Ausblick | 265 |

## Literatur — 269

## Verzeichnis der Tabellen:

1. Rücklauf der Befragung ............................................. 51
2. Durchschnittliche Wochenbetriebszeiten in ausgewählten Wirtschaftszweigen 56
3. Betriebszeitveränderungen in ausgewählten Wirtschaftszweigen ............. 58
4. Regelmäßige Samstagsarbeit im Vergleich ............................... 61
5. Teilzeitarbeit nach ausgewählten Merkmalen (Juni 1984) .................. 65
6. Erwerbstätige mit befristeter Tätigkeit im weiteren Sinn (Juni 1985) .......... 67
7. Flexible Arbeitszeit in ausgewählten Wirtschaftszweigen ................... 71
8. Veränderungstendenzen der Arbeitszeit in ausgewählten Wirtschaftszweigen .. 73
9. Faktoren zur Erklärung räumlich unterschiedlicher Arbeits- und Betriebszeiten 75
10. Branchenstruktur in den Fallstudienstädten (1986) ....................... 76
11. Aspekte der Betriebszeit und Betriebszeitausweitung im Verarbeitenden Gewerbe 78
12. Tendenzen der Betriebszeitausweitung im Verarbeitenden Gewerbe .......... 79
13. Tendenzen der Betriebszeitveränderung in ausgewählten Wirtschaftszweigen .. 80
14. Tendenzen der Betriebszeitflexibilisierung in ausgewählten Wirtschaftszweigen 81
15. Schichtarbeit ...................................................... 83
16. Schichtarbeit im Verarbeitenden Gewerbe (große Unternehmen) in den Fallstudienstädten ..................................................... 83
17. Veränderungstendenzen der Schichtarbeit in den Fallstudienstädten in ausgewählten Wirtschaftszweigen ........................................ 84
18. Wochenendarbeit in den Fallstudienstädten ............................. 86
19. Struktur der Wochenendarbeit in den Fallstudienstädten in ausgewählten Wirtschaftszweigen ................................................. 87
20. Tendenzen der Ausweitung am Samstag in den Fallstudienstädten in ausgewählten Wirtschaftszweigen ........................................ 89
21. Teilzeitbeschäftigte Arbeitnehmer in den Fallstudienstädten (1986) .......... 90
22. Tendenzen der Teilzeitausweitung in den Fallstudienstädten in ausgewählten Wirtschaftszweigen ................................................. 91
23. Befristete Beschäftigung in den Fallstudienstädten in ausgewählten Wirtschaftszweigen und Veränderungstendenzen ............................... 93
24. Flexibilität der Arbeitszeiten in den Fallstudienstädten in ausgewählten Wirtschaftszweigen ................................................. 95
25. Zunahme der Arbeitszeitflexibilisierung in den Fallstudienstädten in ausgewählten Wirtschaftszweigen ........................................ 96
26. Entfernung der Wohnung von einem Park ............................. 126
27. Konzentration naturnaher Flächen in Essen und Frankfurt (1985) ........... 126
28. Kleingärten (1981) ................................................. 129
29. Sporthallen, Sportplätze, Hallen- und Freibäder (1976) ................... 131
30. Angebot ausgewählter privater Einrichtungen in den Fallstudienstädten ...... 131
31. Öffentliche und private Theater im Vergleich (1974/75 und 1984/85) ........ 133
32. Teilnehmer an Volkshochschulkursen je 1000 Einwohner (1976 und 1986) .... 134
33. Befragungsmerkmale in zwölf Großstädten und ihr Gewicht ............... 137
34. Faktoren der Freizeitbindung in den Fallstudienstädten ................... 138
35. Kaufkraftkennziffern der Fallstudienstädte je Einwohner (1988) ............. 140
36. Anteil der 65jährigen und Älteren sowie der 15jährigen und Jüngeren in den Fallstudienstädten (1985) ............................................ 141
37. Erholungsflächen in den Fallstudienstädten (1985) ....................... 141

| | | |
|---|---|---|
| 38. | Theater- und Konzertbesuche je 1000 Einwohner in den Fallstudienstädten (1984 und 1985) | 142 |
| 39. | Anteil Nichtqualifizierter an den Beschäftigten in den Fallstudienstädten (1985) | 144 |
| 40. | Ganztagsschulen in den Fallstudienstädten | 169 |
| 41. | Verteilung der Besuche in Museen auf verschiedene Wochentage bei unterschiedlichen Personengruppen | 173 |
| 42. | Veränderung der effektiven Arbeitszeit je Arbeitnehmer im Verarbeitenden Gewerbe in ausgewählten Ländern | 192 |
| 43. | Prozentanteil der Beschäftigten in atypischen Arbeitsformen | 193 |
| 44. | Zahl der zugelassenen Pkw in den Fallstudienstädten | 204 |
| 45. | Verkehrsflächen und Einpendler mit Kfz im Städtevergleich | 208 |
| 46. | Potentielle Freizeit und „Freiflächen" in den Fallstudienstädten (1984/85) | 214 |

VERZEICHNIS DER SCHAUBILDER:

| | | |
|---|---|---|
| 1. | Entwicklung der tariflichen Wochenarbeitszeit, des tariflichen Jahresurlaubs und der tatsächlichen jährlichen Arbeitszeit (1950–1986) | 53 |
| 2. | Teilzeitquoten | 64 |
| 3. | Entwicklung ausgewählter befristeter Beschäftigungen (1980–1986) | 69 |
| 4. | Wochenfreizeitstunden der Bevölkerung insgesamt in den Fallstudienstädten bei Arbeitszeitverkürzung | 117 |
| 5. | Wochenfreizeitstunden der Bevölkerung insgesamt in unterschiedlichen Regionstypen bei Arbeitszeitverkürzung | 118 |
| 6. | Erholungsflächen in den Fallstudienstädten (1977 und 1985) | 123 |
| 7. | Naturnahe Flächen in % der Gemeindefläche (1977 und 1985) | 124 |
| 8. | Park als Alternative zum Umland? | 125 |
| 9. | Notwendige Veränderungen von innerstädtischen Parkanlagen | 128 |
| 10. | Besucherzahlen der Mittel- und Großbetriebe des Einzelhandels im Tagesverlauf (1980 und 1984) | 160 |
| 11. | Besucherzahlen der Mittel- und Großbetriebe des Einzelhandels im Tagesverlauf in den Fallstudienstädten | 161 |
| 12. | Besucherzahlen im Tagesverlauf in einem SB-Warenhaus (1985) | 164 |
| 13. | Schematisierte Tagesganglinien im Individualverkehr und im Öffentlichen Personenverkehr für Groß- und Mittelstädte | 176 |
| 14. | Tagesganglinien der Flugbewegungen am Flughafen Frankfurt (Oktober 1987) | 181 |
| 15. | Tagesganglinien der Passagiere am Flughafen Frankfurt (Oktober 1987) | 181 |
| 16. | Tageslastlinien Strom in den Fallstudienstädten | 183 |
| 17. | Flächenbedarf im Stadtverkehr je beförderte Person | 207 |
| 18. | Profile der Betroffenheit von Zeitveränderungen in den Fallstudienstädten | 236 |

VERZEICHNIS DER ÜBERSICHTEN:

| | | |
|---|---|---|
| 1. | Aspekte der Arbeits- und Betriebszeit | 49 |
| 2. | Empirische Basis für den Vergleich von Arbeits- und Betriebszeit in öffentlichen Betrieben bzw. Einrichtungen der Fallstudienstädte | 98 |

| | | |
|---|---|---|
| 3. | Freizeitstile einzelner sozialer Gruppen | 119 |
| 4. | Rechtliche Regelungen mit Zeitbezug nach zeitlicher Bezugsperiode und Regelungsbereich – Auswahl | 152 |
| 5. | Zeitbezug ausgewählter Regelungsbereiche | 154 |
| 6. | Zeitfenster Einkaufen – Modellrechnung | 156 |
| 7. | Arbeitszeitregelungen und Regelungen zur Sonn- und Feiertagsarbeit in ausgewählten Ländern | 191 |
| 8. | Zeitliche Aspekte der Flächennutzung nach Betriebstypen | 195 |
| 9. | Entwicklungsfaktoren des Freizeitwohnens | 203 |
| 10. | Auswirkungen von Zeitveränderungen auf Flächen und Standorte | 216 |
| 11. | Ebenen von Planung und Zeit | 243 |
| 12. | Zeitliche Maßnahmen und Maßnahmen zur Behandlung von zeitlichen Planungsproblemen – Beispiele | 252 |

# VORWORT

Die vorliegende Studie befaßt sich mit den räumlichen Auswirkungen von Zeitveränderungen und dem Zusammenhang von räumlicher und zeitlicher Planung. Die Untersuchung baut auf dem Anfang 1988 veröffentlichten Grundlagenband „Arbeitszeit, Betriebszeit, Freizeit. Auswirkungen auf die Raumentwicklung" (Schriften, Bd. 80) auf und konkretisiert die Entwicklungen und Folgen für sechs bundesdeutsche Städte, (Hamburg, Essen, Frankfurt, Stuttgart, München und Konstanz).
Die Aufgabe der Studie besteht vor allem darin, das Thema „Zeit" in seiner Kommunalrelevanz deutlich zu machen, Unterschiede zwischen den Städten herauszuarbeiten und erste Hinweise für Entwicklungschancen und -gefahren sowie planerische Ansätze zu geben. Planerische Schlußfolgerungen und Umsetzungen erfordern in den einzelnen Bereichen unter Berücksichtigung der spezifischen Verhältnisse vor Ort eine tiefergehende Analyse, als das im Rahmen einer solchen Studie möglich ist.
„Zeit" in den Mittelpunkt der Betrachtung zu rücken, bedeutet auch, den wirtschaftlichen Strukturwandel unter einem anderen Blickwinkel zu sehen. Insofern knüpft die Untersuchung auch an zwei weitere vorangegangene Veröffentlichungen der Projektgruppe zu den räumlichen Folgen neuer Technologien an: „Informationstechnologie und Stadtentwicklung" (Schriften, Bd. 71) und „Produktionstechnologien und Raumentwicklung" (Schriften, Bd. 76).
Während der Untersuchung wurden wir von vielen unterstützt. Zunächst sei den Experten aus Betrieben, Verwaltungen, Freizeiteinrichtungen und Forschungsinstituten, die uns im Rahmen von Interviews oder Werkstattgesprächen ihr Wissen und ihre Erfahrungen zugänglich machten, gedankt. Unser Dank gilt dann vor allem den Auftraggebern und Mitfinanziers der Studie, den Städten Hamburg, Essen, Frankfurt, Stuttgart, München und Konstanz sowie dem Ministerium für Stadtentwicklung, Wohnen und Verkehr des Landes Nordrhein-Westfalen. Den „Betreuern" der Untersuchung in den Städten, den Herren C.-H. Busse, R.-J. Fischer, F. Gschwind, B. Preuß, Dr. W. Schriever und Dr. K. Schußmann möchten wir für Ihre Unterstützung danken. Herr Dr. J. Rinderspacher hat die Untersuchung in vielen Stadien begleitet und durch zahlreiche Anregungen bereichert. Frau B. Hoerkens und Frau I. Stade besorgten mit großer Sorgfalt die Redaktion der Texte, Frau C. Rothäusler war für die Graphik zuständig, Frau C. Eichenhöfer für die Erfassung der Texte und die Ausführung der Korrekturen. Ihnen allen danken wir für die sorgsame Erledigung der Arbeiten.

Berlin, März 1989
*Dietrich Henckel*
*Busso Grabow*
*Heidrun Kunert-Schroth*
*Erwin Nopper*
*Nizan Rauch*

# ZUSAMMENFASSUNG

THEMENSTELLUNG

Arbeits- und Betriebszeiten sind die entscheidenden Taktgeber für die Städte. Wie sehr Arbeits- und Betriebszeiten das städtische Leben prägen, wird durch den Vergleich von Städten oder Stadtteilen unterschiedlicher wirtschaftlicher Prägung augenfällig. Eine „Industriestadt" hat einen anderen tages- oder wochenzeitlichen Rhythmus als eine „Beamtenstadt" oder eine Hafenstadt; Stadtteile mit ausgeprägter Industriestruktur sind durch andere tageszeitliche Schwankungen gekennzeichnet als Innenstädte oder Wohnsiedlungen. Gleichzeitig existieren andere „Zeitvorgaben", die teilweise durch gesetzliche Regelungen festgeschrieben sind: Ladenöffnungszeiten, Schulanfangszeiten, Sperrstunden usw. All diese zeitlichen Parameter bestimmen in ganz wesentlicher Weise das zeitliche Aktivitätsmuster einer Stadt.

Es sind sowohl quantitative als auch qualitative Veränderungen, die derzeit den Umbruch der Zeitstrukturen mit ihren weitreichenden Folgen für die Städte bewirken. Da dieser Prozeß schleichend vonstatten geht, besteht die Gefahr, daß die Veränderungsprozesse in ihren Auswirkungen erst bemerkt werden, wenn unerwünschte Entwicklungen bereits eingetreten sind.

Quantitative Veränderungen lassen sich vor allem bei den Arbeits- und Betriebszeiten feststellen. Das Ziel der 35-Stunden-Woche wird in mehreren Etappen realisiert, während die Betriebszeiten sich eher sukzessive ausdehnen, nachdem sie sich lange Zeit in Anpassung an die Verkürzung der Arbeitszeit verringert hatten. Als Folge der Arbeits- und Betriebszeitveränderungen werden auch an andere Zeitregelungen, wie Öffnungszeiten von Läden und Einrichtungen der kulturellen, sozialen und sonstigen Infrastruktur neue Anforderungen gestellt.

Qualitative Veränderungen äußern sich hingegen als Flexibilisierungserscheinungen. Dabei führt insbesondere Arbeitszeitflexibilisierung zur Individualisierung von Arbeitsbeginn und Arbeitsende und damit zur Ausweitung individuell verbrachter Freizeit zu anderen als bislang üblichen Zeiten. Zusammen mit Betriebszeitausweitungen kommt es so zu einer Entkoppelung von Arbeitszeit und Betriebszeit und damit immer stärker zur Auflösung des Gleichklangs von Arbeits- und Betriebszeit. Im Prinzip sind von solchen Veränderungen alle Bereiche betroffen, in denen bisher bereits der Taktschlag der Stadt spürbar war: Verkehrswege, Innenstädte mit ihren Einkaufsstraßen, Wohngebiete, Industrie- und Gewerbegebiete, Freizeiteinrichtungen. In den meisten Fällen sind positive und negative Effekte der Zeitveränderungen zu erwarten. Vielfach werden Kommunen daher mit Planung und Steuerung, aber auch in Ausübung ihrer Funktion als „Zeitakteure" entsprechend darauf reagieren müssen.

VORGEHEN

Räumliche Wirkungen der Zeitstrukturveränderungen, insbesondere die Folgen für die Stadtentwicklung, standen im Mittelpunkt der Untersuchung. Um die räumlichen Auswirkungen konkretisieren zu können, wurden in sechs unterschiedlich strukturierten bundesdeutschen Städten (Hamburg, Essen, Frankfurt, Stuttgart, München und Konstanz) Fallstudien durchgeführt*.
Bei dem Thema „Zeit" handelt es sich um ein ausgesprochenes Querschnittsthema. Wir haben uns daher auf zentrale, für die räumliche Entwicklung besonders wichtige Fragestellungen konzentriert:

- Sowohl die gegenwärtige Situation als auch die zukünftigen Entwicklungstendenzen von Arbeits- und Betriebszeit sind in ihrer regional unterschiedlichen Ausprägung wenig bekannt. Deswegen wurde diesem Aspekt besonders großes Gewicht beigemessen.
- Veränderungen in der Verwendung freier Zeit, vor allem die Faktoren, die die Bewohner in ihrer Freizeit an die Stadt binden – wie Ausstattung mit Freizeiteinrichtungen und Zufriedenheit mit ihrer Stadt –, bildeten einen weiteren Untersuchungsschwerpunkt.
- Die gegenwärtigen Nutzungsmuster von Dienstleistungen und Infrastrukturangeboten sind als eine Folge der gegenwärtigen Zeitorganisation zu betrachten. Mit veränderten Angebotszeiten werden sich auch die Nutzungsmuster ändern, weil sich die Zeiten, in denen bestimmte Personen oder Gruppen Angebote überhaupt wahrnehmen können, verschieben.
- Standortwahl und Flächenverbrauch sind auch eine Funktion zeitlicher Organisation. Für ausgewählte Bereiche (Arbeiten, Wohnen und anderes) wurde die Abhängigkeit dieser für die räumliche Entwicklung zentralen Faktoren näher untersucht.
- Für die Kommunen ist schließlich von entscheidender Bedeutung, ob und in welcher Weise „Zeit" als Planungs- und Steuerungsinstrument eingesetzt werden kann.

Diese fünf für die räumliche Entwicklung und damit für die zukünftige Entwicklung der Fallstudienstädte zentralen Bereiche, in denen Ursachen und Wirkungen neuer Zeitstrukturen zutage treten, waren der Ausgangspunkt für einen zusammenfassenden Städtevergleich; dabei wurden die unterschiedlichen strukturellen Bedingungen der jeweiligen Stadt berücksichtigt.
Die Untersuchung basiert auf empirischen Grundlagen verschiedener Art. Zum einen wurde eine schriftliche Umfrage bei den großen Arbeitgebern in den Fallstudienstädten durchgeführt. Insgesamt wurden 197 Arbeitgeber/Unternehmen befragt; bei

---

\* Ausgewählte grundsätzliche Fragestellungen zur Zeitentwicklung und ihren räumlichen Bezügen wurden bereits in einem Grundlagenband bearbeitet: *Dietrich Henckel* (Hrsg.), Arbeitszeit, Betriebszeit, Freizeit – Auswirkungen auf die Raumentwicklung. Grundlagen und Tendenzen, Stuttgart 1988 (Schriften des Deutschen Instituts für Urbanistik, Bd. 80).

einem Rücklauf von knapp 80 Prozent wurde insgesamt rund ein Viertel der Beschäftigten in den Fallstudienstädten erfaßt. Weitere Anhaltspunkte für die zukünftige Entwicklung wurden auf der Basis von Modellrechnungen gewonnen. Der Beantwortung eher qualitativer Fragen dienten Experteninterviews in Unternehmen, Kommunalverwaltungen, Freizeiteinrichtungen, Forschungs- und Beratungsinstituten und anderen Institutionen (110 Betriebe/Institutionen wurden in Einzelgesprächen erfaßt, und insgesamt nahmen weitere 106 Experten an Werkstattgesprächen teil, die in allen Städten geführt wurden).

## Zentrale Ergebnisse

1. Arbeits- und Betriebszeiten sind seit der Industrialisierung die wesentlichen Taktgeber für den Rhythmus der Städte. Die Ausweitungstendenzen bei der Betriebszeit und die Ausdifferenzierung der Arbeitszeiten werden im Zusammenwirken mit einer generellen Tendenz zur Beschleunigung den Rhythmus der Städte erheblich verändern.
2. Neue Formen der Zeitorganisation könnten in Verbindung mit wachsender Bedeutung von materiellen (Flugverbindungen, Schnellbahnstrecken) und „immateriellen" (Telekommunikation) Verkehrsnetzen die traditionelle Funktion der Stadt als Zentrum und „Marktplatz", das heißt als Ort eines realen Marktgeschehens, in Frage stellen.
3. Eine neben der Beschleunigung für die Zeitentwicklung ganz wesentliche Tendenz ist die Ausdehnung von Zeiten, also von Betriebszeiten, von Öffnungszeiten, von Verkehrszeiten, von Medienzeiten. Diese Ausweitung deutet in Richtung auf eine kontinuierlich aktive Gesellschaft, wie sie in den Metropolen anderer Länder schon sehr viel weiter ausgeprägt ist.
4. Die Entstehung einer kontinuierlich rund um die Uhr aktiven Gesellschaft hat erhebliche Folgen für das städtische Leben und führt zu neuen Konflikten, die erst in Umrissen erkennbar sind.
5. Es besteht eine generelle Tendenz, formale zeitliche Regelungen zu lockern. Je offener die formalen (Zeit-)Regeln werden, desto wichtiger wird die individuelle, betriebsspezifische und gruppenspezifische Zeitverwendung als Bestimmungsfaktor der städtischen Aktivitätsmuster. Damit wird der städtische Taktschlag auch diffuser und zufälliger.

## Arbeitszeit – Betriebszeit

6. Ein qualitativer Wandel der Arbeitsformen zeigt sich in der zunehmenden Auflösung starrer Arbeitszeiten zugunsten von Gleitzeitregelungen oder weitergehender Varianten der Flexibilisierung. Allerdings ist dies nicht immer gleichbedeutend mit einem Zuwachs an zeitlicher Selbstbestimmung; für die Mehrheit der Beschäftigten bleibt die Fremdbestimmung der Arbeitszeitlage bestehen.

7. Bereits heute ist jeder dritte Arbeitnehmer zumindest teilweise zu „ungewöhnlichen" Arbeitszeiten tätig, leistet also Wochenend- oder Schichtarbeit oder hat unregelmäßige oder wechselnde Arbeitszeiten.
8. Die Samstagsarbeit hat – vor allem im industriellen Bereich – in den letzten Jahren stark zugenommen. Diese Tendenz wird sich auch künftig fortsetzen.
9. Auch die Sonntagsarbeit ist deutlich gewachsen – insbesondere im Dienstleistungsbereich. Vor allem dort wird sie weiter zunehmen, während die Ausweitung von Samstagsarbeit in der Industrie – trotz großer politischer Bedeutung – quantitativ eher von untergeordneter Bedeutung bleiben wird.
10. Ausweitungsbestrebungen für die Betriebszeiten bestehen vor allem bei hoher Kapitalintensität und schneller werdenden Produktzyklen, also hauptsächlich in wachsenden Branchen mit hohem Technologieeinsatz und hoher Innovationsrate.
11. Die Absichten zur Betriebszeitausweitung sind daher in prosperierenden Regionen besonders ausgeprägt; speziell im Verarbeitenden Gewerbe sind sie vor allem auf die südlichen Fallstudienstädte beschränkt. Diese Ausweitungen gehen mit starken Bestrebungen zur Flexibilisierung der Betriebszeiten einher.
12. Ausweitungstendenzen der Betriebszeit im Süden führen im Zusammenhang mit dem Rückgang des Schichtbetriebs in Regionen mit stagnierenden oder schrumpfenden Branchen zu einer „Nord-Süd-Wanderung" der Schichtarbeit; vor allem die zweite Schicht gewinnt in Süddeutschland an Bedeutung, im Norden ist diese Tendenz rückläufig.
13. Regionen mit Strukturproblemen verzeichnen ein ganz deutliches Ansteigen befristeter Beschäftigung im Verarbeitenden Gewerbe. In den süddeutschen Städten sind befristete Beschäftigungsverhältnisse vor allem im Dienstleistungsbereich gang und gäbe. Eine gewisse „Amerikanisierung" der Verhältnisse im tertiären Sektor könnte die Folge sein.
14. In den untersuchten süddeutschen Städten sind die Arbeitszeitregelungen deutlich flexibler, allerdings gilt das nur für die Privatwirtschaft. Was den öffentlichen Bereich betrifft, so sind flexible Regelungen stärker in den norddeutschen Städten vertreten.

FREIZEIT IN DER STADT

15. Trotz weiter rückläufiger Arbeitszeit wächst die Freizeit nicht in gleichem Maße. Der Umfang verpflichtender Tätigkeiten wie Hausarbeit, Besorgungen, Organisation und Abwicklung des privaten Schrift- und Zahlungsverkehrs, Fortbildung und anderes weitet sich aus.
16. Weiterbildung erhält ein neues Gewicht. Dabei spielen nicht nur zunehmende Qualifikationsanforderungen im Berufsleben, sondern auch verstärkte Bemühungen um private Entfaltung und Selbstverwirklichung eine Rolle. In der Freizeit wird dadurch zusätzliche Zeit gebunden; darüber hinaus entsteht eine steigende Nachfrage nach entsprechenden Angeboten.

17. Mit einer Kategorisierung der Bevölkerung nach Konsumententypen wurde versucht, unterschiedliche Formen von Freizeitorientierungen annähernd zu erfassen; dabei zeigten sich unterschiedliche Ausprägungen in den Fallstudienstädten. Wohnumfeldorientierte, weniger konsumintensive Freizeitformen finden sich stärker in Essen und Hamburg, während in Frankfurt und München freie Zeit deutlich stärker im Zeichen statusbewußten Konsums und außerstädtischer Aktivitäten steht.
18. Die Fallstudienstädte unterscheiden sich erheblich in ihren Voraussetzungen, ortsansässige Bevölkerung auch in deren Freizeit an sich zu binden. Dabei sind Faktoren wie Sozialstruktur, Attraktivitätsgefälle zwischen Stadt und Umland sowie Freizeitangebote von Bedeutung. In Hamburg und Essen und in der Mittelstadt Konstanz ist die Ortsbindung während der Freizeit deutlich ausgeprägter als in den übrigen Untersuchungsstädten.

Infrastruktur und Nutzungszeiten

19. Die Infrastruktureinrichtungen der untersuchten Städte sind ähnlich umfangreich, große Versorgungsmängel sind nirgendwo vorhanden. Die auch durch Zeitstrukturveränderungen ausgelösten Nachfrageverschiebungen erfordern allerdings neue Konzepte zu Art, Folge, Dauer und Ausgestaltung der Nutzung von Infrastruktureinrichtungen.
20. Die möglichen Nutzungszeiten („Zeitfenster") etwa von sozialen Infrastruktureinrichtungen, des Handels sowie sonstiger Dienstleistungen werden sich durch die Zeitstrukturveränderungen für jeweils unterschiedliche Bevölkerungsgruppen teilweise verkürzen und teilweise verlängern. Die Arbeitszeitverkürzung bedeutet ebenso wie die Ausweitung von Angebots- und Öffnungszeiten einerseits eine Vergrößerung des Zeitfensters; wachsende Differenzierung der Arbeitszeitlagen und Zunahme ungewöhnlicher Arbeitszeiten bewirken andererseits eher eine Verkleinerung.
21. Zunehmende Flexibilisierung sowie Differenzierung von Zeiten, vor allem von Arbeitszeitlagen und damit die Auflösung gemeinsamer Zeiten führen zu einem erhöhten Aufwand, um Zeiten zu koordinieren, also gemeinsame Zeiten von Gruppen sicherzustellen oder eigene freie Zeiten und Öffnungszeiten in Einklang zu bringen.
22. Generell ist eine steigende Nachfrage nach verlängerten Öffnungszeiten zu beobachten. Insbesondere im Bereich der Betreuungsinfrastruktur für Kinder (Kindergärten, Kinderhorte und -tagesstätten, Ganztagsschulen) wird die Nachfrage nach ausgedehnteren Angebotszeiten als Folge weiterer Differenzierung der Arbeitszeiten und der zunehmenden Frauenerwerbstätigkeit erheblich steigen. Die kommerzielle Freizeitinfrastruktur kann als Vorreiter ausgedehnter Öffnungszeiten im Infrastrukturbereich angesehen werden.
23. Im Bereich technischer Infrastruktur (zum Beispiel Verkehr, Strom, Wasser) werden sich durch die verschiedenen Prozesse zeitlicher Differenzierung teilweise

zwangsläufig Entzerrungen der Spitzenlasten ergeben. Da im Verkehr aber immer noch mit Zuwächsen gerechnet werden muß, reicht diese Entzerrung nicht aus, um die Kapazitätsengpässe zu beheben. Auch der Ausbau der materiellen Infrastruktur stößt an Grenzen; infolgedessen werden Forderungen nach Zeiterweiterungen (zum Beispiel Lockerung des Nachtflugverbots oder des Nachtfahrverbots für Lkw) hier ebenso zunehmen.

## Standort und Flächen

24. Zeitliche Parameter gewinnen im wirtschaftlichen Wettbewerb immer mehr an Bedeutung. Damit rücken auch zeitliche Aspekte der betrieblichen Standortwahl stärker in den Vordergrund. Bei der Standortwahl von Unternehmen werden Fragen der Zulässigkeit bestimmter zeitlicher Regelungen (zum Beispiel Wochenendarbeit, Nachtarbeit) und die Anbindung zeitlich optimierter Produktionen an weltweite Transport- und Kommunikationsnetze wichtigere Standortkriterien.
25. Die Ausdehnung der Produktionszeiten hat wegen der zeitlich ausgedehnteren (Lärm-)Emissionen gravierende negative Auswirkungen auf die Verträglichkeit der Funktionen Wohnen und Arbeiten. Auch neue Logistikkonzepte mit kontinuierlichem Lieferverkehr mindern die Verträglichkeit von Wohn- und Gewerbegebieten.
26. Durch die Art der Arbeitszeitverkürzung wird die Wohnstandortwahl beeinflußt. Je mehr die Verkürzung in Blöcken (als aufeinanderfolgende freie Tage) und nicht auf den Tag bezogen erfolgt, desto geringer ist die Distanzempfindlichkeit zwischen Wohn- und Arbeitsort, das heißt, desto eher ist man bereit, weite Anfahrtswege in Kauf zu nehmen. Suburbanisierung, Standortsplitting, Tendenzen zu Zweitwohnsitzen und Ferienwohnsitzen mit allen Folgen vor allem durch den Verbrauch zusätzlicher Verkehrs- und Infrastrukturflächen werden begünstigt.
27. Die Flächen für Freizeitnutzungen und (teilweise) spezialisierte Freizeitinfrastruktur werden trotz rückläufiger Bevölkerungszahl durch die Ausweitung arbeitsfreier Zeiten und vor allem durch verändertes Freizeitverhalten weiter zunehmen.
28. Obwohl in Einzelfällen Flächeneinsparungen durch die absehbaren zeitlichen Veränderungen möglich und wahrscheinlich sind, ist insgesamt eher mit einer Zunahme der Flächeninanspruchnahme zu rechnen. Dazu trägt vor allem die Verringerung der Standortverträglichkeiten unterschiedlicher Funktionen bei.

## Planung und Zeit

29. Die generell zunehmende Bedeutung von Zeit bedingt, daß „Zeit" auch als Planungsfaktor auf den unterschiedlichen Ebenen immer stärker in den Vordergrund rückt.

30. Weiter voranschreitende Ausdifferenzierung von Zeiten und dabei vor allem Tendenzen, bei denen sich neue Zeitmuster durch Ausdehnung herausbilden, erfordern eine Auseinandersetzung über eine „zeitpolitische Konzeption" der Gesellschaft. Es geht dabei unter anderem um den Schutz von Zeiten, also die Sicherung von Ruhezeiten, um die Sicherung von Zeitautonomie und um kulturelle Aspekte der Zeitordnung, also Fragen der kulturellen Identität.
31. „Zeit" wird als eigenes Steuerungsinstrument etwa durch Zeitstaffelung, explizit auf die Zeit bezogene Nutzungskonzepte und zeitlich differenzierte Preisgestaltung immer mehr an eigenständiger Bedeutung gewinnen.
32. Mit der zunehmenden Berücksichtigung von Zeit in der Planung werden auch der Zeitverlauf und die Frage der Fristigkeit von Planung, der Zyklizität von Entwicklungsprozessen (wieder) stärkere Beachtung finden (müssen). Durch die Beschleunigung der Entwicklung ist auch die Planung selbst einem Beschleunigungsdruck ausgesetzt.
33. Planung war in der Vergangenheit vor allem Raumplanung. Das Erfordernis der stärkeren Berücksichtigung von „Zeit" macht die Aufgabe der kommunalen Planung erheblich schwieriger, weil nun der Zusammenhang von Zeit und Raum explizit und konkret berücksichtigt werden muß.

## Entwicklungstendenzen in den Fallstudienstädten

Die grundsätzlichen Tendenzen der Zeitveränderung treten in allen Fallstudienstädten gleichermaßen auf und wirken auch in gleicher Richtung. Vor dem Hintergrund von unterschiedlichen Branchen- und Tätigkeitsstrukturen, von sozialer Schichtung und Einkommensniveau, von Infrastrukturangeboten und der jeweiligen traditionellen Prägung ergeben sich gleichwohl Unterschiede zwischen den Städten sowohl in den heutigen „zeitlichen Gegebenheiten" als auch in der zukünftigen Entwicklung der städtischen Zeitstrukturen.

## Hamburg

Hamburg zeigt sich als eine Stadt, in der sich Arbeitszeit- und Betriebszeitveränderungen relativ moderat durchsetzen. Aus der Industrie, die als Arbeitgeber in der Stadt nicht dominiert, kommen nur geringe Veränderungsimpulse; am ehesten sind noch Betriebszeitflexibilisierungen zu erwarten, die unter anderem der Unterstützung notwendiger Umstrukturierung und struktureller Anpassungsleistungen dienen. Im tertiären Sektor verändern sich Arbeits- und Betriebszeiten zwar stetig, aber in kleinen Schritten; dabei besteht eine Tendenz zur weiteren Verbreitung heute schon in Hamburg – im Vergleich zu anderen Städten – überdurchschnittlich vertretener Arbeitszeiten und Arbeitszeitformen.

Diese zeitlichen Veränderungen setzen sich relativ konfliktfrei durch und haben nur wenig Auswirkungen auf den Taktschlag und den zeitlichen Fluß des städtischen Lebens. Die moderaten Formen zeitlicher Umstrukturierung hängen sicherlich mit traditionellen Hamburger Prägungen und hanseatischer Mentalität zusammen. Ohne

Zweifel sind der Hafen, die Schiffahrt und der Seehandel mit ihren langen zeitlichen Perspektiven einer gewissen Bedachtsamkeit förderlich, die sich bis in die heutige Zeit erhalten hat. Hierin liegen möglicherweise auch Probleme: In einer Zeit der ungebremsten Beschleunigung, in der nicht mehr das Wasser, sondern die Luft das Tor zur Welt ist, in der Geschwindigkeit und Betriebsamkeit zum Standortfaktor werden, kann dies eine „Abkoppelung vom schnellen Geschäft" bedeuten. Doch bietet gerade das „konservative" Element auch die Chance der Wahrung einer eigenen, traditionellen Zeitkultur.

Essen

Essen ist heute das Handels- und Dienstleistungszentrum des Ruhrgebiets. Dennoch sind strukturelle Hinterlassenschaften der industriellen Hoch-Zeit wie traditionelle Arbeitsformen oder verfestigte Qualifikationsstrukturen bis in die heutige Zeit zu spüren. Neue Zeitmuster konnten sich bisher nur schwer durchsetzen; eine zeitliche eher konservierende Mentalität sorgt dafür, daß starre Arbeitszeiten in nahezu allen Wirtschaftsbereichen noch weit verbreitet sind. Bei den Betriebszeiten in der Industrie zeigen sich vor allem Muster, die für Anpassung und Schrumpfung charakteristisch sind: Betriebszeitverkürzungen (entsprechend der Arbeitszeitverkürzung) und Einschränkungen des Schichtbetriebs.
Auch in naher Zukunft sind nur geringe Veränderungsimpulse zu erwarten. Angesichts der wirtschaftlichen Situation in der Ruhrgebietsmetropole scheint die Sicherung materiellen Wohlstands gegenüber der Frage wachsenden „Zeitwohlstands" noch starke Priorität zu besitzen. Die hohe Arbeitslosigkeit führt in Teilen sogar zur Verringerung von „Zeitwohlstand", da die Bereitschaft der Arbeitnehmer steigt, befristete oder prekäre Beschäftigungsverhältnisse einzugehen. Zeitliche Veränderungen und Flexibilisierungen gehen noch am ehesten vom öffentlichen Bereich aus, der hier Beweglichkeit und Bereitschaft, neue Wege zu gehen, zeigt.

Frankfurt

Frankfurt ist die Stadt, die auf dem Weg zu einer kontinuierlich aktiven Gesellschaft am weitesten vorangeschritten ist. Sie ist sicherlich nicht nur in ihrem äußeren Erscheinungsbild die „amerikanischste" Stadt in der Bundesrepublik. Die Gründe dafür liegen unter anderem in der Konzentration bestimmter Dienstleistungsbranchen (Banken, Beratungsunternehmen usw.) und in der Bedeutung Frankfurts als nationaler wie internationaler Knotenpunkt.
Diese Tendenzen werden durch die Anziehungskraft Frankfurts in den Augen bestimmter Gruppen von Arbeitnehmern verstärkt, die die Betriebsamkeit, den „schnellen" Lebensstil geradezu suchen. Eine derartige Entwicklung zur Rund-um-die-Uhr-Gesellschaft birgt allerdings Risiken: wachsende Kriminalität, Verlust an zeitlicher Identität, Ruhelosigkeit, sinkende Wohnqualität, Zunahme gering qualifizierter, prekärer Dienstleistungstätigkeiten usw. Da die Ausdehnung der Aktivitätszeiten jedoch nur für eine Minderheit der Beschäftigten gilt, entwickeln sich ganz un-

terschiedliche Zeitstrukturen und Lebensweisen nebeneinander. Die zeitliche Vielfalt wirft für die Zukunft die Frage der Verträglichkeit der verschiedenen Zeitstrukturen auf.

STUTTGART

In Stuttgart sind die zeitlichen Veränderungsimpulse – vor allem in den produzierenden Branchen – besonders stark spürbar. Aufgrund der gegebenen Prosperität und des intensiven Technologieeinsatzes gibt es deutliche Tendenzen der Betriebszeitausweitung. Auch innovative Formen der Arbeitszeitregelung und -organisation sind im Stuttgarter Raum relativ weit verbreitet, flexible Arbeitszeiten sind eher die Regel als die Ausnahme. Diese zeitlichen Veränderungen scheinen aufgrund der wirtschaftlichen Prosperität, aber auch mentalitätsbedingt konsensfähig zu sein. Für die Zukunft ist zu erwarten, daß Arbeits- und Betriebszeitveränderungen in der beschriebenen Form weitere Verbreitung finden und sich relativ konfliktfrei durchsetzen. Dagegen erweist sich der öffentliche Bereich bisher als relativ resistent gegen Veränderungen und bildet damit gewissermaßen einen Gegenpol zur privaten Wirtschaft und deren zeitlicher Vorreiterrolle.
Flexiblere und ausgedehntere Betriebszeiten und „just-in-time"-Konzepte in der Produktion führen für Stuttgart wegen der beengten Lage und der ohnehin schwierigen Verkehrssituation zu wachsenden Konflikten zwischen unterschiedlichen Nutzungen.

MÜNCHEN

München ist eine Stadt im Zeichen starker zeitlicher Gegensätze. Einer großen Zahl hochqualifizierter Beschäftigter mit hoher zeitlicher Autonomie stehen die zahlenmäßig starken Gruppen niedrig qualifizierter Arbeitnehmer im Bereich der Dienstleistungen mit geringer Zeitautonomie und/oder in befristeten Beschäftigungsverhältnissen gegenüber. In der Wirtschaft sind flexible Arbeitszeiten weit verbreitet und werden auch in Zukunft noch üblicher werden. Dagegen sind im öffentlichen Bereich starre Arbeitszeiten noch die Regel, größere Veränderungen, Flexibilisierungen sind nicht absehbar. In keiner anderen Stadt gibt es so große Freiheiten bei der Wahl der individuellen Arbeitszeitlage, in keiner anderen Stadt ist aber auch die Tendenz zur kollektiven Gleichzeitigkeit freier Zeit so ausgeprägt (Mittagspause, freier Freitagnachmittag, Fahrt ins Wochenende usw.).
Polarisierende Tendenzen haben in den vergangenen Jahren an Brisanz gewonnen und werden zunächst auch noch zunehmen. Verstärkt durch weitere Faktoren, wie etwa die große Freizeitattraktivität sowohl der Stadt als auch des Umlands, sind bereits heute gravierende Überlastungserscheinungen zu beobachten, die noch drastischer werden, wenn nicht entschiedene (auch zeitliche) Gegensteuerung einsetzt.

Konstanz

Konstanz ist weniger durch Zeitveränderungen der eigenen Wirtschaft und Bevölkerung als vielmehr von den Auswirkungen vermehrter Freizeit in anderen Regionen betroffen. Die Anforderungen an die Stadt im Sektor Freizeitdienstleistungen wachsen. Der Rhythmus des Lebens in der Stadt, vieler Beschäftigter und schließlich auch der natürlichen Umgebung wird immer stärker von außen beeinflußt; Regenerationszeiten nehmen ab. Dennoch herrscht im Alltag nach wie vor ein eher kleinstädtischer Lebensrhythmus, der auch in Zukunft durch tagesbezogene Arbeitszeitverkürzung weiter spürbar bleiben wird. Ein beträchtlicher Anteil der Beschäftigten genießt bereits heute eine gewisse Zeitautonomie.

In Verbindung mit einer günstigen ökonomischen Entwicklung und der Anziehungskraft als Arbeitsort für qualifizierte Arbeitskräfte bestehen in der Stadt gute Chancen, das Ausmaß zeitlicher Selbstbestimmung noch zu steigern.

Schlussbemerkung

Auf absehbare Zeit wird der Druck zur Durchsetzung zeitlicher Veränderungen verschiedener Art in den prosperierenden Regionen deutlich stärker werden als in den stagnierenden; allerdings ist innerhalb der Städte wie auch zwischen den Städten mit einer zeitlichen Polarisierung, also einem Auseinanderdriften von Gruppen mit hohem und geringem zeitlichen Wohlstand, von Wirtschaftsbereichen mit starren und flexiblen Regelungen zu rechnen.

In den Unterschieden zwischen den Städten liegt die Gefahr weiteren Auseinanderdriftens, aber auch die Chance, daß die allgemein zu beobachtenden Nivellierungstendenzen städtischen Lebens nicht ungehindert zur Einebnung des Besonderen führen, daß eine städtische Identität auch in zeitlicher Hinsicht erhalten oder wiedergewonnen werden kann.

# SUMMARY

## Time Patterns and Urban Development*

SUBJECT OF STUDY

Working and operating hours determine the rhythm of a town or city. The extent to which working and operating hours structure urban life becomes apparent when cities or quarters with different economic make-ups are compared. An "industrial city" will differ in its daily or weekly rhythm from an "administrative town" or seaport. Fluctuations occur at different hours in quarters with a predominantly industrial structure or in city centers and residential areas, respectively. Their "time schedules" – some of which are regulated by law – differ as well: shop hours, school timetables, closing hours for bars and restaurants, etc. These parameters of time all characterize and determine the activity pattern of a city.

Both quantitative and qualitative factors are responsible for the current change in time patterns that have far-reaching consequences for our cities. Since this is a slow process, there is a risk that the effects of change may be noticed only when adverse developments have already occurred.

Quantitative changes have been observed primarily in working and operating hours. While the 35-hour week is to be implemented in several steps, operating hours – having diminished in the past in correspondence with the reductions of working hours – are being successively increased. As a consequence of changes in working and operating hours, other time schedules also must meet new requirements (e. g. shop hours and opening hours of cultural, social and otherwise infrastructural facilities). Qualitative changes, on the other hand, occur in the form of flexible responses to a given situation. In particular the flexible management of working schedules leads to individualized daily hours of starting and ending work. This means that more free time is spent at other hours than before. This fact, together with the increase in operating hours, generally results in an elimination of the synchronism of working hours and operating hours.

In principle, such changes will affect all areas in which the rhythm of a city can be felt: traffic, city centers with shopping streets, residential areas, industrial zones, and recreational facilities. In most cases, changes in time patterns can be expected to have both positive and negative effects. Many municipalities will, therefore, have to respond with appropriate measures of planning and control which take temporal dimensions into account.

---

* Der Text wurde von Miriam Walther ins Englische übersetzt.

Procedure

This study focuses on the spatial effects of changes in time patterns, particularly on urban development. To clarify these spatial effects, case studies have been made in six West German cities with differing structures: Hamburg, Essen, Frankfurt, Stuttgart, Munich and Constance.

Since the subject of "time" is a typical cross-sectional one, it has been decided to concentrate on the following major problems of spatial development.

- The regional differences that currently exist in working and operating hours as well as future changes are little known. Thus this aspect has been given special attention.
- Another focal point has been the changes in the use of free time and, above all, the factors which determine remaining in town during free time – such as the availability of recreational facilities and satisfaction with what the city offers in general.
- The present patterns of use of service and infrastructural facilities must be seen as a result of the present organization of time. When opening hours change, the pattern of use will change as well. Besides, modified opening hours will be required by the people whose own time schedules have changed.
- Locational choice and land-use requirements also are a function of temporal organization. The dependence of selected functions (working, dwelling, etc.) on these central factors of spatial development was a major point of investigation.
- It is particularly important for municipalities to decide whether "time" can be used as a tool of planning and control and if so in what way.

These five points bring out the causes and effects of new time patterns; the comprehensive comparison of several cities has been based on them because they are decisive for both the spatial development and the future of the cities studied. The differing structures of the cities have also been taken into account.

This study is based on different kinds of empirical data. A survey was taken of large companies, public bodies etc. in the cities studied; questionnaires were sent to a total of 197 employers. Almost 80 % replied, i. e., the survey covered approximately one quarter of all employees in the cities under investigation. Further data indicative of future development were obtained by way of extrapolation. Qualitative questions were dealt with in personal interviews with experts in companies, local government, recreational facilities, research institutions, consulting agencies, an other facilities (personal interviews were conducted in 110 companies/institutions, and 106 more experts participated in workshop discussions which were carried out in each city).

Findings

1. Working and operating hours have been the impetus determining the rhythm of cities since the beginning of industrialization. The trend towards increasing operating hours and the growing acceptance of individual working schedules, to-

gether with a general tendency toward acceleration, will change substantially the urban rhythm.
2. Combined with the increasing importance of communication networks of the material (air traffic, high-speed railways) and nonmaterial kind (telecommunication), new forms of time organization might challenge the traditional function of the city as a center and market place, i. e., as a real place of market activity.
3. Another trend which, apart from acceleration, is essential to the organization of time, is the temporal extension of schedules such as operating hours, opening hours, service hours in public transport, and broadcasting hours. This extension suggests a continuously active society as can be seen at a far more advanced stage in the metropolises in other countries.
4. The formation of a 24-hour society has considerable effects on urban life and generates new conflicts which are only beginning to be recognized today.
5. There is a general tendency to relax formal temporal regulations. The more liberal such regulations become, the more important individual, company and group-specific utilization of time becomes as a decisive factor in urban activity patterns. At the same time, the urban rhythm becomes more diffuse and less distinctive.

Working Hours – Operating Hours

6. A qualitative change in working schedules shows in the increasing relaxation of rigid working hours in favor of flexible working hours. This, however, does not always mean increased temporal self-determination for the individual; working hours will continue to be externally determined for the majority of employees.
7. A third of all employees today work at least partially at odd hours, i. e., on weekends, in shifts, or on irregular or changing schedules.
8. Saturday work has increased greatly in the past few years, especially in the industrial sector. This trend will continue in the future.
9. Sunday work, too, has increased significantly, and will continue to do so particularly in the service sector; it will remain a secondary factor in industry despite its great political importance.
10. Attempts to extend operating hours are made primarily in cases of high capital input and accelerating product cycles, i. e., mainly in growing industries involving extensive deployment of technology and a high rate of innovation.
11. Consequently, efforts to increase operation hours are most likely to occur in prospering regions. In the manufacturing industry this has been observed mainly in the cities in the South of Germany. Simultaneously, intentions to make operating hours more flexible are evident.
12. Trends to increase operating hours in the south and the decrease in shift work in regions with stagnating or declining industries produce a widening north-south disparity with regard to shift work; the second shift, especially, is gaining importance in the South of Germany and is diminishing in the north.

13. Regions with structural problems demonstrate a distinct increase in temporary employment in the manufacturing industries. In cities in Southern Germany, temporary work contracts are quite common, especially in the service sector. This trend might result in a certain "Americanization" of conditions in the service sector.
14. In the South-German cities studied, regulations of working hours are definitely more flexible, though this is true only in private industry. As for the public sector, flexible regulations are more common in the cities in Northern Germany.

Time off work

15. Despite the continuing decrease in working hours, leisure time is not increasing proportionately. Obligatory activities, e. g. housework, shopping, private correspondence and financial transactions, continued education, etc. are taking up more and more time.
16. Continued education is taking on new significance not only as a result of increasing job requirements but also because of growing interest in individual development and self-realization. This means that additional time is spent in these activities and the demand for such services and activities will continue to grow.
17. This study attempted to inventory various forms of leisuretime orientation by categorizing the population according to user/consumer types. The cities studied show different trends. In Essen and Hamburg, recreational activities are rather neighborhood-related and not very consumption-oriented, whereas leisure activities in Frankfurt and Munich show a relative prevalence of status-related consumption and outoftown activities.
18. The cities studied differ significantly in what they offer as an inducement to residents to remain in town during their free time. Important factors include social structures, disparities in the attractiveness of the city and the surrounding region, and recreational facilities. The tendency of the local population to spend their free time in town is more distinctive in Hamburg, Essen and the mediumsized town of Constance than in the other cities studied.

Infrastructure and Service Schedules

19. The variety of infrastructural facilities and public services is much the same in all cities studied; there are no serious deficiencies in any of them. The shifts in demand, however, caused by changes in time patterns, require new plans for types, sequences, duration, and details of the utilization of infrastructural facilities.
20. The changes in time patterns will either prolong or reduce potential users' hours ("time frames") e. g. of social infrastructure, commercial and other services for the different population groups. While the reduction of working hours and the exten-

sion of opening hours amplify the time frame on one hand, the growing variety of working schedules and the increase in odd working hours tend to reduce the time frame on the other hand.
21. The growing flexibility and variety of time patterns diminish the shared time and result in increased expenditure toward coordination, such as ensuring common temporal orientation for groups or harmonizing free time and opening hours.
22. In general, an increasing demand for prolonged opening hours is evident. Owing to the increasing flexibility of working hours and growing number of working women, the demand for extended service hours will substantially increase, particularly with regard to the social infrastructure for children (kindergardens, crèches, day-care centers, fullday schools). The commercial recreational infrastructure obviously plays a leading part in regards to extending the opening hours of infrastructural facilities.
23. What used to be peak loads in respect to the technical infrastructure (e. g. public transport, communication networks, public utilities) now tend to be distributed over prolonged or various periods of time as a result of processes of temporal differentiation. Since traffic is still expected to increase, however, this distribution will not suffice to relieve critical situations. In addition, the extension of material infrastructure is finite and consequently calls for temporal extensions (e. g. relaxing regulations prohibiting air traffic and truck transports at night) to be increased as well.

## Site and Land Requirements

24. Temporal parameters are becoming more and more important in economic competition. As a result, the temporal aspects of locating industrial and commercial enterprises receive greater attention. The allowance of certain temporal schedules (e. g. weekend work, night work) and easy access for temporally optimized production to international traffic and communication networks are becoming major site criteria.
25. Due to prolonged (noise) emission, the extension of operating hours seriously interferes with the compatibility of working and housing areas. New logistic schemes involving continuous delivery reduce the compatibility of industrial zones and residential areas as well.
26. The way in which working time is reduced influences decisions on where to live. The more the reduction is made in blocks (successive free days) instead of cutting down on daily hours, the less critical the distance is between place of residence and place of work – i. e., the greater the willingness to put up with long commuting distances. Suburbanization, site splitting, trends toward having two homes and holiday homes are encouraged with all the consequences which primarily result from additional land requirements for traffic and infrastructure.

27. Despite the decreasing population, the need of land for recreational and (partly) specialized recreational infrastructure will increase further due to the increase in free time and, above all, changes in leisure activities.
28. Although, in some cases, it will be possible to economize on land owing to foreseeable temporal changes, on the whole an increase in land requirement is expected. The principal contributory cause of this development is the diminished compatibility of different functions.

## Planning and Timing

29. Due to the generally increasing importance of time, the factor of time plays an ever greater role on the different levels of planning.
30. The ongoing temporal differentiation and, above all, the tendencies to form new time patterns by extension make it necessary for society to analyze and discuss the "temporal policies". The issues to be dealt with, among others, are: guaranteeing times of rest, ensuring temporal autonomy, maintaining a rhythm and cultural aspects of temporal regulation, i. e. questions of cultural identity.
31. "Time" itself will take on more and more importance as control instrument in its own right, e. g. through temporal adjustment, explicitly time-related utilization programs and timerelated price policies.
32. As the aspect of time receives increasing consideration in planning, the course of time and the problems of temporal limitations will, once again, (have to) be given more attentions. With these developmental processes accelerating, planning itself is also subject to pressure to accelerate.
33. In the past, planning involved primarily city and regional planning. The need to take the temporal aspect into account makes municipal planning far more difficult because it calls for the explicit and concrete inclusion of the time-and-space correlations.

## Trends of Development in the Cities Studied

The underlying tendencies of temporal change occur in all cities studied and they exert their effects in the same direction. Due to the different structures of industries and occupational categories, social stratifications and income levels, infrastructural facilities and traditions, differences do exist both in their current temporal configurations and in the future development of urban time patterns.

### Hamburg

The acceptance of changes in working and operating hours is relatively moderate in this city. Only few impulses of change come from the industry which does not figure as a major employer. What is most likely to come about are flexible operating hours to support the necessary restructuring measures and structural adjustment. Changes in working and operating hours in the service sector occur continuously but gradually; at the same time there is a tendency toward broad acceptance of the working hours and working schedules already existing in this city.

These temporal changes are generally accepted without causing much conflict and they hardly affect the rhythm and temporal flow of urban life. The moderate forms of temporal restructuring undoubtedly have to do with Hamburg's traditional features and the Hanseatic mentality. The harbor, navigation, shipping, and maritime trade with their long-term perspectives are conducive to a certain cautious, measured attitude which still exists today. This attitude, though, may also cause problems. In times of unchecked acceleration when no longer the ocean but the air is the gate to the world, when rapidity and bustling activity are becoming locational factors, it can mean a certain "detachment from fast business". But it is the same conservative element that offers the chance of conserving an individual temporal culture and tradition.

## Essen

Essen is the commercial and service center of the Ruhr region. Nevertheless, the structural heritage of its industrial heyday – such as traditional forms of labor and established qualification structures – is still evident. New time patterns have barely been accepted thus far. The conservative attitude towards time is responsible for rigid working hours still prevailing in almost every economic sector. Operating hours in industry demonstrate primarily patterns which are typical of adjustment and recession: the reduction of operating hours (corresponding to the reduction of working hours) and limitation of shift work.

In the near future, too, only minor impulses of change can be expected. In view of the economic situation in the Ruhr metropolis, ensuring prosperity appears to have priority over increasing the "general wealth of time". The high unemployment sometimes even leads to a reduction of the "general wealth of time" as the readiness of employees to take on temporary or precarious jobs is increasing. Temporal changes and more flexibility are most likely to be initiated in the public sector which appears adaptable and ready to try new approaches.

## Frankfurt

Frankfurt is the city most advanced on the way toward a 24-hour society. It is in its physical appearance and function the most "American" city in the Federal Republic of Germany. Contributing causes are, among others, the concentration of certain service branches (banks, consulting firms, etc.) and the importance of Frankfurt as a national and international center.

These tendencies are reinforced by Frankfurt's attractiveness to employees who seek activity and a "fast" lifestyle. Such development toward a 24-hour society also generates problems: growing delinquency, loss of temporal identity, restlessness, decreasing quality of housing, increase in unskilled or semiskilled and precarious service jobs, etc. As the temporal extension of activities concerns only a small group of employees, however, completely different temporal patterns and lifestyles develop simultaneously. The temporal variety raises the question whether the different time patterns will be compatible in the future.

## Stuttgart

In Stuttgart, the impulses of temporal change are particularly strong, especially in the manufacturing industries. As a result of the given prosperity and extensive technology deployment, there is a marked trend to extend operating hours. Even innovative forms of working time regulation and organization are relatively current in the Stuttgart region and flexible working hours are more the rule than the exception. These temporal changes seem to find general endorsement owing to the flourishing economy and also the mentality of the people. It may be predicted that changes in working and operating hours as described above will succeed without causing much conflict. The public sector, in contrast, has proven relatively "resistant" to changes thus far and acts as counterpart to private industry and its pioneering role in temporal matters.
Flexible and prolonged operating hours and just-in-time production concepts increasingly generate conflicts among different kinds of city functions because of its spatial structure and the difficult traffic situation.

## Munich

The city of Munich is characterized by great contrasts. There are a large number of highly qualified employees with great temporal autonomy, but also large numbers of unskilled or semi-skilled employees in the service sector with little temporal autonomy and/or temporary work contracts. In business and industry, flexible working hours are widely accepted and will become even more common in the future. In the public sector, however, rigid working schedules are still the rule, and major changes or changes toward more flexibility are not likely to occur in the foreseeable future. No other city offers such liberal choice of individual working schedules, and no other city shows such a marked tendency toward collective use of free time (lunch break, Friday afternoon off, weekend trips, etc.).
Polarization trends have become more critical over the years and will continue to increase for some time. There are clear signs of serious overload which, since they are reinforced by other factors such as the great recreational attractiveness of both the city

and the surrounding region, will become even more dramatic if no resolute (and temporal) corrective measures are taken.

## Constance

Constance is not affected so much by the temporal changes in its own industry and population. More relevant for the development of Constance are the consequences of increased leisure time in other regions. Demands on the town for recreational services are growing. The rhythm of life in the town, of many employees and, finally, even the rhythm of the natural environment is more and more subject to outside influence, and periods of rest are diminishing. Nevertheless, everyday life is still pervaded by a smalltown pace and rhythm which will remain effective since working hours are reduced on a daily basis. A remarkable number of employees already enjoy a certain temporal autonomy today. In connection with a favorable economic development and the town's attraction as a place of work for professionals, the chances are good for temporal self-determination to increase even further.

## Conclusion

In the foreseeable future, the pressure to realize different kinds of temporal changes will grow more in the prospering regions than it will in those that are economically stagnating regions; however, temporal polarization – i. e., a drifting apart of the groups with great or little "general wealth of time", the industries with rigid or flexible regulations – is likely to occur within the cities themselves as well as among them. The differences among the cities may cause them to drift further apart, but may also ensure that the tendencies toward a uniformity of urban life will not end in complete conformity so that urban identity, including its temporal aspects, can be retained or retrieved.

# 1. Einführung

Der Wandel der Zeitstrukturen, wie er etwa in der Ausdifferenzierung der Arbeitszeiten nach Dauer und Lage, Zunahme der arbeitsfreien Zeiten, Ausdehnung der Betriebszeiten zum Ausdruck kommt, gewinnt unter anderem durch den wirtschaftlichen Strukturwandel, die technische Entwicklung und die wachsende internationale Verflechtung der Volkswirtschaften an Dynamik. Damit werden erhebliche Auswirkungen auf die Raumentwicklung verbunden sein. Zuerst werden sich die Veränderungen in den Städten zeigen, weil sie die Zentren der ökonomischen Entwicklung sind, von denen die Veränderungsimpulse ausgehen.

Das Thema „Zeit" hat in den letzten Jahren sowohl in der Wissenschaft als auch in der öffentlichen Diskussion verstärkte Aufmerksamkeit gefunden, doch ist die Frage der räumlichen Wirkungen von Zeitstrukturveränderungen bislang wenig erörtert worden. Bei der vorliegenden Analyse von zeitlichen Veränderungen und Wirkungen handelt es sich um eine Querschnittsbetrachtung räumlicher und struktureller Prozesse. Gleichzeitig geht es in Teilen auch um eine zusätzliche Betrachtungsperspektive von Entwicklungen, die bereits unter einem anderen Blickwinkel - etwa dem der technischen Entwicklung[1] - behandelt worden sind.

Ziel der Untersuchung war es, diese zusätzliche Dimension mit Blick auf räumliche Veränderungsprozesse zu beleuchten. Dabei sollten sowohl die Ansatzpunkte und die Entwicklungsrichtung der Zeitstrukturveränderungen selbst (Arbeitszeit, Betriebszeit) für die Städte erfaßt werden (Kapitel 2) wie auch Veränderungstendenzen in der Nutzung der arbeitsfreien Zeit (Kapitel 3). Außerdem ging es darum, Erkenntnisse darüber zu gewinnen, welche (zeitlichen) Nutzungschancen für die Inanspruchnahme bestimmter Einrichtungen und Dienstleistungen bestehen, wie sich die Nutzungsverläufe der Inanspruchnahme im Tagesverlauf vollziehen (Kapitel 4). Die Folgen zeitlicher Veränderungen bei Standortwahl und Flächenverbrauch für unterschiedliche städtische Funktionen (Kapitel 5) sowie die Zusammenhänge von Zeit und Planung, also auch die Möglichkeiten, Zeit als Planungsinstrument zu nutzen (Kapitel 7), waren weitere Untersuchungsschwerpunkte.

Um diese Fragestellungen räumlich konkretisieren zu können, wurden Fallstudien in sechs bundesdeutschen Städten durchgeführt: Hamburg, Essen, Frankfurt, Stuttgart, München und Konstanz. Ziel der Auswahl war es, unterschiedlich strukturierte Städte zu erfassen, die in unterschiedlicher Weise vom wirtschaftlichen Strukturwandel betroffen sind. Damit sollte auch die Frage überprüft werden, in welcher Weise sich die generellen Tendenzen der Zeitstrukturveränderungen nach Städten unter-

---

[1] Vgl. z. B. *Dietrich Henckel, Erwin Nopper* und *Nizan Rauch*, Informationstechnologie und Stadtentwicklung, Stuttgart 1984; *Dietrich Henckel u. a.*, Produktionstechnologien und Raumentwicklung, Stuttgart 1986.

scheiden, ob es etwa eine regionale Verschiebung bestimmter Arbeitsformen (zum Beispiel bei der Schichtarbeit) geben wird. Konstanz unterscheidet sich in der Größenordnung deutlich von den anderen Untersuchungsstädten. Diese Stadt wurde einbezogen, um auch an einem Beispiel die Probleme von Mittelstädten mit erfassen zu können und um eine Stadt mit deutlich freizeitorientierten Funktionen (als Dienstleistung für andere Regionen) zu berücksichtigen (zusammenfassender Städtevergleich in Kapitel 6).

Da der Zusammenhang von Zeitstrukturveränderungen und Stadtentwicklung bislang nur wenig bearbeitet ist, wurde, um „Zeit" als grundsätzlich raumrelevantes Thema deutlich zu machen und die generellen Entwicklungslinien der Zeitstrukturveränderungen in verschiedenen Bereichen nachzuzeichnen, vor dieser Veröffentlichung ein Grundlagenband erarbeitet[2].

Die empirische Anlage der Untersuchung mit Fallstudienstädten und die Tatsache, daß das Thema in dieser Akzentuierung bisher nur wenig behandelt wurde, bedingte, daß nicht auf vorhandene Materialien zurückgegriffen werden konnte. Um der Vielfältigkeit der Thematik gerecht zu werden, mußte mit verschiedenen Mitteln und Methoden ein Zugang gewählt werden:

- Die erforderlichen quantitativen Grundlagen für die Beurteilung der Verbreitung bestimmter Arbeits- und Betriebszeitregelungen lagen in den Städten nicht vor; daher wurde in allen Untersuchungsstädten eine schriftliche Befragung der großen Arbeitgeber durchgeführt[3].
- Weitere Anhaltspunkte für quantitative Veränderungen konnten durch Modellrechnungen auf der Basis der eigenen Befragung, Befragungen anderer Institute und von Sekundärstatistiken gewonnen werden.
- Um qualitative Aspekte erfassen zu können, wurden in größerem Umfang Expertengespräche mit Vertretern aus Unternehmen, vor allem von solchen, die durch größere Veränderungen gekennzeichnet sind, mit Vertretern der Kommunen, Leitern von Freizeiteinrichtungen und Wissenschaftlern aus einschlägigen Forschungsbereichen geführt[4].
- Zwischenergebnisse der Untersuchung und erste Thesen zu den Wirkungen in den einzelnen Städten und ihren Besonderheiten wurden in Workshops diskutiert, die in jeder Stadt mit Teilnehmern aus Unternehmen, den Kommunen und der Wissenschaft durchgeführt wurden[5]. Dadurch konnten einerseits die Zwischenergebnisse überprüft, andererseits zusätzlich Hinweise und Anregungen gewonnen werden.

---

[2] *Dietrich Henckel* (Hrsg.), Arbeitszeit, Betriebszeit, Freizeit – Auswirkungen auf die Raumentwicklung. Grundlagen und Tendenzen, Stuttgart 1988.
[3] Vgl. im einzelnen Kap. 2.1.
[4] Insgesamt wurden durch Expertenbefragungen in Einzelinterviews 110 Betriebe/Institutionen erfaßt, davon 63 durch ausführliche (zwei- bis dreistündige) Gespräche, die übrigen im Rahmen von (auf einzelne Fragestellungen orientierten) Kurzinterviews.
[5] Im Rahmen dieser Workshops wurden insgesamt 106 Experten aus den unterschiedlichen Bereichen beteiligt.

Schon hier zeigte sich, daß vieles im Umbruch ist, daß es an vielen Punkten Ansätze für Veränderungen gibt. Im einzelnen sind diese Veränderungen oft sehr klein, sie sind jedoch Elemente eines schleichenden Wandels, bei dem sich erst in der Summe die gravierende Wirkung auf die Städte offenbart. Um die Bandbreite denkbarer Entwicklungen für das städtische Leben deutlich zu machen und die Wahrnehmung der Zusammenhänge von Zeitstrukturveränderungen und Stadtentwicklung zu schärfen, hilft die Überzeichnung. Im folgenden werden daher zwei extreme Entwicklungsbilder von städtischer Zukunft gezeichnet, wie man sie sich nach Erreichen der 35-Stunden-Woche vorstellen könnte – Bilder, die die höchst konträren Auswirkungen von zwei durch und durch gegensätzlichen Modellen der Zeitorganisation auf das städtische Leben zeigen. Dabei werden jeweils einzelne Entwicklungslinien, die heute bereits angelegt sind, weitergezeichnet und in ihren Folgen dargestellt. Die tatsächliche Entwicklung in den Städten enthält – wie sich zeigen wird – immer Aspekte beider Entwicklungsversionen.

## 1.1 Blockstadt an der Schnelle

Ein Mitarbeiter des Stadtplanungsamtes gibt im Rahmen des städtebaulichen Berichts der Stadt aus Anlaß der 1000-Jahr-Feier der Stadt im Jahr 2025 einen Überblick über die Zeitstrukturen in Blockstadt und deren Entwicklung.

*Blockstadt war schon immer eine Stadt von internationaler Bedeutung. Ende der achtziger Jahre und in den neunziger Jahren des vorigen Jahrhunderts wurde die internationale Konkurrenz auf verschiedenen Märkten schärfer. Die Politik der Stadt war seitdem konsequent darauf ausgerichtet, die Wettbewerbsfähigkeit der Stadt zu sichern und auszubauen und, wo immer es ging, Zeitvorteile nutzbar zu machen.*

*Die Stadt ist durch einen kleinen Anteil hochproduktiver Produktionsbetriebe gekennzeichnet. In der Mehrzahl sind die Beschäftigten in – meist international orientierten – Dienstleistungsbereichen, im Medien- und Kultursektor tätig. Insgesamt sagt man ihren Einwohnern eine hohe Mobilität in jeder Beziehung nach. Die Atmosphäre ist geprägt durch Schnelligkeit, Effizienz, vielfach auch durch Hektik und Nervosität.*

*Dominierendes Gestaltungsprinzip in Blockstadt ist die ökonomische Effizienz. In den achtziger und neunziger Jahren, als die Debatte um die Liberalisierung der Gesetze und Verordnungen zum Schutz von Ruhezeiten breit geführt wurde, gab es auch Stimmen, die andere, nichtökonomische Zeitgestaltungsprinzipien in den Vordergrund rücken wollten und daher eine Verschärfung der Schutzbestimmungen forderten, um die Möglichkeiten, wieder geruhsamer zu arbeiten und Arbeit wieder zu eher selbstbestimmter Tätigkeit werden zu lassen, zu fördern. Vor allem mit dem Hinweis auf die interregionale und internationale Konkurrenz wurden diese Argumente beiseite geschoben und eine Liberalisierung zeitlicher Regelungen durchgesetzt wie in keiner anderen deutschen Region. Blockstadt a.d.S. wurde damals als Modellstadt im Sinne einer zeitlichen „Freizone" gesehen, die die internationale Öffnung der Bundesrepublik auch im Hinblick auf zeitliche Regelungen signalisieren sollte.*

Nachdem die durchschnittliche wöchentliche Arbeitszeit um die Jahrhundertwende schon einmal rund 30 Stunden betragen hatte, stieg sie – auch aufgrund der veränderten Altersstruktur der Bevölkerung – nach und nach wieder an und beträgt heute durchschnittlich 35 Stunden. Allerdings gibt es eine große Streubreite, nicht wenige arbeiten 40, 50 und 60 Stunden, während andere (und immer mehr) als Teilzeitkräfte nur um die 15 Stunden arbeiten.

Typisch für die Lage der Arbeitszeit der meisten Arbeitnehmer ist die Blockstruktur. Für die Vollzeitbeschäftigten beträgt daher die übliche Arbeitszeit rund neun Stunden täglich an vier Wochentagen. Für die Einführung dieser Regelungen erreichten die Unternehmen die uneingeschränkte Wiedereinbeziehung des Samstags als Arbeitstag, so daß die Sechstage-Betriebswoche weit verbreitet ist. In einigen Bereichen – wie Finanzdienstleistungen und kapitalintensiven Produktionen – ist wie in den schon immer sonntags tätigen Branchen Medien und Kultur sowie Verkehrsbetriebe und soziale Einrichtungen Sonntagsarbeit üblicher geworden.

Neben dieser am weitesten verbreiteten Arbeitsform finden sich alle denkbaren Varianten der Arbeitszeit (Dauerspätschicht, Wochenendschicht, Wechselschicht, Teilzeit unterschiedlicher Dauer und Lage). Wegen der hochgradigen Technisierung, Computerisierung und Automatisierung der Arbeitswelt besteht ein hoher Bedarf an Wartung und Dienstbereitschaften. Die Zahl der von dieser (indirekten) Form der Arbeitszeit Betroffenen hat gegenüber den achtziger und neunziger Jahren rapide zugenommen.

Die langen Betriebszeiten und die vergleichsweise kurzen Arbeitszeiten haben zwangsläufig zu einer starken Entkoppelung von Betriebs- und Arbeitszeiten geführt; die Mehrzahl der Arbeitsplätze ist im Wechsel von mehreren Beschäftigten besetzt. Die in den achtziger Jahren von den Unternehmen geforderte Flexibilisierung der Zeiten hat sich längst ausgebreitet und beherrscht das wirtschaftliche Leben wie das Leben des einzelnen. Ausweitung der Betriebszeit und Rückgang der Arbeitszeit haben einen Beschäftigungsschub gebracht; die Arbeitslosigkeit ist im Vergleich zu anderen Städten gering, an manchen Qualifikationen besteht ein akuter Mangel. Die Vollzeitarbeitskräfte und die Stadt insgesamt sind wohlhabend, was sich auch in der schnellen und dauernden Veränderung des Stadtbildes und im Konsumverhalten der Stadtbewohner niederschlägt.

Gleichwohl bestehen unverkennbar Polarisierungstendenzen. Vergrößert hat sich der Abstand zwischen den gutverdienenden Vollerwerbstätigen mit relativ wenig Zeit einerseits und den Teilzeitarbeitenden und Arbeitslosen mit geringem Gesamteinkommen und reichlich arbeitsfreier Zeit. Die Polarisierung äußert sich vor allem auch in unterschiedlichen Suchtvarianten der Einwohner. Während die Teilerwerbstätigen und die Arbeitslosen eher dem Alkoholismus und der Spielsucht verfallen, also direkt sozial auffällig werden, zeigen die Bezieher hoher Einkommen ein sich immer mehr verfeinerndes, immer schneller wechselndes Konsumverhalten. Sie fühlen sich als Weltbürger und modische Avantgarde.

Die häufig nicht extra vergütete Mehrarbeit hat erheblich zugenommen, eine Polarisierung oder Hierarchisierung des Zeitwohlstandes wird immer deutlicher erkennbar. Durch die Tendenz der Blockbildung von arbeitsfreien Zeiten haben die täglichen freien Zeiten in

*Teilen nurmehr den Charakter von Zeitresten oder Zeitkrumen, die kaum sinnvoll genutzt werden können.*

*Gestiegene Qualifikationsanforderungen haben die für Fortbildung nötigen Zeiten drastisch erhöht. Trotz vieler Versuche ist es den Gewerkschaften fast gar nicht gelungen, Fortbildung als einen Teil der Arbeit tariflich abzusichern. Fortbildung findet – teilweise macht die dafür aufgewandte Zeit bis zu 20 Prozent der Arbeitszeit aus – weitgehend als Telestudium am heimischen Bildschirm statt, ergänzt allerdings durch zentrale Veranstaltungen in einer der zahlreichen Fortbildungseinrichtungen.*

*Insgesamt kann man feststellen, daß nicht nur die Arbeit, sondern auch das gesamte gesellschaftliche Leben durch Hektik und Streß gekennzeichnet sind. Effizienzgesichtspunkte spielen allenthalben eine entscheidende Rolle. Durch die Ausdehnung der Betriebszeiten, durch die versetzten und flexiblen Arbeitszeiten und als Folge der Liberalisierung der zeitlichen Beschränkungsvorschriften hat sich die Aktivität der Gesellschaft ausgedehnt, die Stadt wirkt fast immer aktiv, lebendig, und das Wochenende oder die Nacht sind von den übrigen Zeiten kaum durch geringeren Verkehr oder einen geringeren Geräuschpegel zu unterscheiden.*

*Diese Art der Entwicklung, wie sie in Blockstadt zu erkennen ist, ist ansatzweise auch in anderen prosperierenden Regionen der Bundesrepublik zu beobachten, wenn sie auch in keiner anderen Region so deutlich ausgeprägt ist. Je nach Region gibt es beachtliche Unterschiede in der jeweils vorherrschenden Form von Zeitorganisation, wobei andere Regionen starrere Zeitmuster beibehalten oder sogar ausgebaut haben.*

*Der Abstand zwischen den Regionen hat sich vergrößert. Die „Zeitunterschiede" korrespondieren teilweise mit Einkommensunterschieden. Dennoch ist die abschließende Beurteilung der Wohlstandsunterschiede schwierig, obwohl die nach wie vor feststellbare Wanderung nach Blockstadt und ähnlich strukturierten Städten einen eindeutigen Schluß nahezulegen scheint. Die Zuwanderung verstärkt dabei die in Blockstadt vorherrschenden Tendenzen, weil vor allem mobile, international und karriereorientierte Gruppen zuwandern.*

*Innerhalb der Region von Blockstadt hat sich eine aus den achtziger Jahren des letzten Jahrhunderts längst bekannte und in Planerkreisen der damaligen Zeit vielbeklagte Tendenz verstärkt fortgesetzt: Die Funktionstrennung zwischen Wohnen und Arbeiten ist im großen und ganzen sehr viel strenger geworden. Auch wenn sich die Grenzen zwischen Arbeit und Nichtarbeit teilweise zu verwischen scheinen, so betrifft dies letztlich doch nur eine kleine Zahl von Tätigkeiten, die auch zu Hause – meist am Bildschirm – ausgeübt werden können. Die Ausdehnung der Betriebszeiten, das ständige Kommen und Gehen von Beschäftigten und die Zunahme des Kunden- und Lieferverkehrs haben dazu geführt, daß alle, die es sich leisten können, in Ruhewohnzonen leben. Diese Ruhewohnzonen wurden von wohlhabenden Interessengemeinschaften gegründet. Dazu wurden große, zusammenhängende Gebiete außerhalb der Stadt oder am Rande aufgekauft, in denen strenge zeitliche Auflagen die Ruhephasen sichern. Diese Areale ähneln ein wenig den früheren Kurstädten. Begünstigt wurden solche Lösungen durch die Blockstruktur der arbeitsfreien Zeit. Die Zersiedelung des weiteren Umlands von Blockstadt hat dadurch erheblich zugenommen.*

*Obwohl eine relativ große Bevölkerungsgruppe sich das Ruhewohnen – sei es als suburbaner Hauptwohnsitz, sei es als Zweitwohnsitz im ferneren Umland – leisten kann, ist eine Polarisierung auf dem Wohnungsmarkt unverkennbar.* Die weniger Verdienenden müssen in gemischten, verkehrsreichen und damit lauten Zonen wohnen. In den ruhigen innerstädtischen Lagen liegen meist die Kleinwohnungen derer, die während der Woche in der Stadt arbeiten, sonst aber weit draußen wohnen. Es läßt sich also eine raum-zeitliche soziale Entmischung beobachten, die vom materiellen Wohlstand und der ausgeübten Tätigkeit abhängt.

Der Versuch, die Lärmbelästigung von Anwohnern insbesondere durch den Verkehr nicht überhand nehmen zu lassen, hat im gewerblichen Bereich zu einer weiteren Standortkonzentration geführt, auch weil die technischen Lösungen der Lärmreduzierung bislang noch nicht die gewünschten Erfolge gebracht haben.

All diese Veränderungen wirtschaftlicher und zeitstruktureller Art haben zu einer „Viermal-neun"-Mentalität geführt, die in vieler Hinsicht eine Weiterentwicklung schon in den achtziger Jahren angelegter Tendenzen ist. Dies hat auch im Infrastrukturbereich zu nachhaltigen Verschiebungen in der zeitlichen Inanspruchnahme geführt.

Immer weniger Menschen sind bereit, Familien zu gründen. Teilweise ist dies ein Reflex auf schwieriger gewordene zeitliche Organisation, zum anderen ist es allerdings auch nur die deutliche Verstärkung früher bereits vorhandener hedonistischer Tendenzen. Im Arbeitsleben hat die Konkurrenz massiv zugenommen, und in der Konkurrenz um höheren Lebensstandard stören Kinder. Als Folge sinkt die Bevölkerungszahl immer stärker.

Im Leben der Stadt spielen Bedürfnisse von Familien eine immer schwächere Rolle. Die Ausrichtung an den von Arbeit geprägten Zeitmustern ist immer stärker geworden, auch in der Freizeit. Das hat zur Folge, daß der Lebensstil aufwendig, effizienzorientiert ist. Unverkennbar geht damit eine Kommerzialisierung der Freizeitinfrastruktur einher; das früher noch lebendige Vereinsleben kam fast völlig zum Erliegen. Die Blockstädter haben sich immer mehr zu einer Gesellschaft der Ungleichzeitigen entwickelt, weil es immer schwieriger wurde, gemeinsame Zeiten zu organisieren. Aufwendiger Konsum und in anonymer Gemeinsamkeit verbrachte Freizeit füllen diese Lücke.

Typisch für diesen Lebensstil ist auch der häufige Kurzurlaub, der nur bei den ökonomisch „Abgehängten" nicht verbreitet ist. Untersuchungen belegen, daß bei einer Blockfreizeit von mindestens vier Tagen rund 50 Prozent der Besserverdienenden eine Kurzreise unternehmen. Für viele Gebiete ist dieser Tourismusboom zum immer stärker prägenden Faktor, zur ökonomischen Grundlage, zum Taktgeber für „eigene" Zeitorganisation – und zum ökologischen Problem geworden. Für Gruppen mit geringerem Einkommen wurden Einrichtungen geschaffen, die entsprechende Reiseillusionen wie „Südseeparks" oder Filmsimulationen bieten.

Großen Zuspruch finden auch von großen Freizeitkonzernen entwickelte neuartige Angebote. Insbesondere der „garantiert naturidentische Dschungel- und Überlebenspark" am Rande der Region, wo Menschen – auch über längere Zeit – ihr Durchhaltevermögen und Überlebenstechniken für Situationen prüfen und trainieren können, in die sie garantiert nie kommen werden, gehört zu diesen Einrichtungen. Sehr beliebt sind auch die sogenannten Liebesbörsen, bei denen Menschen unterschiedlichen Alters und unterschiedlicher sozialer Herkunft zusammenkommen, um „garantiert hygienisch Sexualenergie abzulassen", eine konsequente Weiterentwicklung der bereits in den achtziger Jahren vor allem in den USA aufgekommenen Singleclubs.

Hektik und hohe Arbeitsbelastung haben auch dazu geführt, daß der Gesundheits- und Fitneßsektor sich extrem stark ausgedehnt hat; Schätzungen gehen davon aus, daß bis zu 20 Prozent der Ausgaben der Bezieher höherer Einkommen in diesen Bereich fließen. Der ausgeprägte Körperkult steht in merkwürdigem Gegensatz zu der Tatsache, daß 25 Prozent der Einwohner über 40 Jahre einen Herzrhythmusstabilisator haben; auch eine Folge des ständigen, reisebedingten Wechsels von Zeitzonen.

Die immer stärker gewordene Zeitheterogenität in Blockstadt führte auch nach und nach zu einer Aufgabe regional bedeutsamer und kulturell-religiöser Feste. Immer weniger sind die Menschen bereit, ihr Leben so „fremdbestimmt" strukturieren zu lassen. Einzeln eingestreute Feiertage werden gerne gegen andere zusammenhängende arbeitsfreie Tage eingetauscht, wobei der lange übliche Feiertagsbonus in immer weniger Betrieben gewährt wird. Insgesamt entsteht der Eindruck, daß gemeinsame Freizeiten eher lästig geworden sind.

Die hohe Prosperität von Blockstadt ermöglicht auch das Eingehen auf die Wünsche zeitheterogener Gruppen. Der öffentliche Dienst hat sich in seinen Angeboten entsprechend angepaßt. Am deutlichsten wird diese Veränderung in den Kinderkrippen und Kindergärten, deren Mitarbeiter sich auch aus pädagogischen Gründen am längsten gegen Zeiterweiterungen gewehrt haben. Die Möglichkeit, Kinder rund um die Uhr unterzubringen, ist mittlerweile allenthalben gewährleistet. Auch größere Betriebe bieten Unterbringungs- und Versorgungsmöglichkeiten für Kinder – in Ausnahmefällen sogar für alte Leute – an. Solche Plätze sind sogar besonders begehrt, weil ja gerade auf die unterschiedliche und oft wechselnde Arbeitszeitsituation Rücksicht genommen wird. Diese Kinderbetreuungsangebote sind vor allem deshalb so wichtig, ja unverzichtbar, weil sich der Anteil Alleinerziehender auf über 70 Prozent erhöht hat. Für die Blockfreizeiten der Erwachsenen stehen Kinderhotels zur Verfügung, in denen diese während der Kurzreisen betreut werden.

Die Freigabe der Ladenschlußzeiten und vieler sonstiger zeitlicher Angebotsbeschränkungen kommt den Nachfragewünschen zeitheterogener Gruppen sehr entgegen. Die Yuppies (Young urban professionals) oder ihre älter gewordenen Vorreiter der jetzigen Zeitstrukturen, die Suppies (Senior urban professionals), nutzen diese städtischen Möglichkeiten auch weidlich.

Schwieriger geworden ist das Leben für Kinder und ältere Menschen, weil ihnen die persönlichen Bezugsgruppen häufig fehlen. In einer Umfrage unter Kindern, die angeben sollten, was sie sich am sehnlichsten wünschten, antworteten 80 Prozent der befragten Kinder „mehr Zeit von den Eltern"; dabei sind sie zeitlich durch die unterschiedlichen Betreuungsformen und Institutionen sehr eingespannt.

Bei den alten Menschen kommt außer ihrer Isolation auch die zwischen ihnen und den jüngeren, im Berufsleben stehenden Jahrgängen aufgrund der Rentenproblematik gewachsene Feindseligkeit erschwerend hinzu. Inzwischen werden bereits Pläne diskutiert, Altenstädte in der Dritten Welt zu errichten, wo die Alten einen „schönen" und vor allem billigen Lebensabend verbringen könnten.

Der Bevölkerungsrückgang hat schon sehr früh zu einem Auffüllen des Arbeitsmarktes mit Arbeitskräften aus dem europäischen und außereuropäischen Ausland geführt. Die in Massen einströmenden Ausländer, vornehmlich aus Südosteuropa und Asien, führen ein Leben teilweise abseits der städtischen Gesellschaft. Unauffällig, aber vergleichsweise resistent gegenüber den zivilisatorischen Wohlstandssegnungen, sind sie Stein des Anstoßes vor allem für die ihnen ökonomisch etwa gleichgestellten Schichten – ein Phänomen, das bereits in früheren Zeiten beobachtet wurde.

Der äußerst ökonomische Umgang mit der Zeit, der das Leben in Blockstadt prägt, wird von den ausländischen Arbeitnehmern auf eine von vielen als tückisch empfundene Weise unterlaufen. Während sie auf der einen Seite höchste Flexibilität und Anpassungsbereitschaft zeigen und Arbeitszeitlagen akzeptieren, die Deutsche sich nur gegen Höchstentgelte abkaufen lassen, weichen sie in ihrem sonstigen Verhalten völlig von der Norm ab. Religiöse Feiertage werden strikt eingehalten, überkommene Lebensnormen und Lebensformen haben ihre Gültigkeit behalten, die Familie ist trotz der zeitlichen Zwänge Lebensmittelpunkt geblieben.

Ungeachtet der feststellbaren Individualisierung und Polarisierung der Lebensstile, die sich auch räumlich in einer immer stärkeren Differenzierung und Funktionstrennung widerspiegeln, hat die Stadt nicht an Bedeutung verloren. Im Gegenteil, viele argumentieren, daß Blockstadt an Urbanität, an metropolitaner Lebendigkeit gewonnen habe und sich langsam mit den Metropolen der Welt messen könne.

1.2 Lichtenberg*

Rede des Stadtarchivars Sebastian Schramm anläßlich des 25jährigen Jubiläums der Ersten Lichtenberger Zeitreform (im Jahre 2015)

*Lichtenberg, unsere Stadt, ist keine Insel der Seligen, aber es lebt sich heute hier beachtlich besser als an manch anderem Ort. Wer hätte in den neunziger Jahren vermutet, daß man sich vom unaufhaltbar gedachten „Zug der Zeit" nicht nur in Worten, sondern auch in Taten lösen könne, dies unter der Bedingung aber, den Anschluß nicht zu verpassen? Nicht, daß es an Einsicht in die Gefährlichkeit des Kurses gemangelt hätte: Jahrelang hatte man schon das Ziel der „Lebensqualität" beschworen, um gleichzeitig in resignativem Verharren selbst sinnloses Zerstören von Natur und Umwelt hinzunehmen. Zermürbt und verschlissen von der Hektik des Tages, berieselt, betäubt von Medien, die ein Leben aus zweiter Hand, Konsum von Scheinwelten als Zeit-Vertreib anboten, umworben mit aller erdenklichen Raffinesse, die immer neuen Dinge zu begehren – so ging die Gesellschaft in die neunziger Jahre, beschrieben als eine „notorisch wunschkranke Welt", „heimatlos geworden in der Zeit".*

---

\*   Dieser Abschnitt wurde von Beate Hoerkens verfaßt.

*Im Namen des Fortschritts, jedoch eines bewußt anders definierten, hat Lichtenberg für seine Bürger und mit deren Zutun die Weichen neu gestellt. Es war ein kontinuierlicher Prozeß, den ein Aufklärer jener Tage, Bernd Guggenberger, in seinem noch heute lesenswerten Buch „Das Menschenrecht auf Irrtum" so charakterisiert hat: „Die Fortschrittsmythen purzeln nicht ganz von selber vom Sockel. Es sind die Erschütterungen in den Tiefenstrukturen unseres Bewußtseins, unserer Welt- und Selbstsicht, die sie wanken machen. Sie werden fragwürdig von ‚außen‘, einfach dadurch, daß zwei Menschen ein und dieselbe Situation diametral entgegengesetzt zu lesen und zu bewerten beginnen. Was dem einen (noch) Segen ist, ist dem anderen (schon) Fluch. Ungleichzeitigkeit und forcierter Avantgardismus sind die selbstgewirkten Fallstricke des Fortschrittsmythos."*

*Unsere Stadt hatte zu Ende des vergangenen Jahrhunderts noch schwer an den Lasten der industriellen Gründerzeit zu tragen. Die beiden traditionsreichen Kohle- und Stahlbetriebe, ehedem „klassische" Arbeitgeber in der Stadt, hatten ihre Tore geschlossen, neue Großunternehmen fanden sich vorerst nicht zur Ansiedlung bereit.*
*Besondere Probleme bereiteten die verseuchten Böden und die ständige Gefährdung des Grundwassers durch alte Deponien. Von Abwanderung bedroht durch den wirtschaftlichen Strukturwandel im letzten Drittel des Jahrhunderts, bei hoher Arbeitslosigkeit und rapide sinkendem Steueraufkommen stand Lichtenberg nur noch die „Flucht nach vorne" offen.*
*Eine neue Phase einzuleiten, konnte für die Stadt nicht heißen, in den immer heftiger werdenden Konkurrenzkampf der Städte des Landes einzutreten. Die schwache Finanzlage hätte dies auch gar nicht zugelassen. Schon vorher war unsere Stadt nicht in Versuchung geraten, Außenwirkung durch städtische „Glanzlichtpolitik" zu erzielen. Zusammen mit der eher bodenständigen, aber aufgeschlossenen Lichtenberger Bürgerschaft setzte Lichtenberg auf Steigerung „innerer" Attraktivität, auf einen bewußt anderen Weg: Innovative Ideen und Maßnahmen sollten in den Dienst einer besseren Lebensqualität der Bürger gestellt werden, um die Gefahren zu bannen, die unverändertes Fortschritts- und Wohlstandsstreben in anderen Städten mit sich brachte. Vorstellungen eines auch immateriellen Wohlstands schlossen unter anderem die des Zeitwohlstands mit ein – und zwar in dem Maße, in dem sich die Lichtenberger dazu entscheiden konnten, auf einen Teil zusätzlicher Konsumfülle zu verzichten.*
*Einer „lokalen Logik" folgend, entschied sich die Stadt in den neunziger Jahren zunächst für ein geändertes Konzept der Wirtschaftsförderung, die ein Zweifaches bewirken sollte: die Ansiedlung von innovativen Unternehmen mittlerer Größenordnung in einem Sanierungstechnologiepark, unter anderem mit dem Schwerpunkt Bodensanierung, und die Behebung des akuten Mangels an Grün-, Bau- und Gewerbeflächen durch die Sanierung von Lichtenbergs Industriebrachen als erstem Großauftrag für eben jene Betriebe (das Land stellte hierfür einen großzügigen Betrag zur Verfügung). Mit diesem Konzept war die Stadt erfolgreich – Lichtenberg hat sich mit den Jahren zu einem Zentrum für Umwelttechnologien entwickelt, die mittlerweile einen Ruf weit über die Grenzen der Stadt hinaus haben. Da gerade Bodenkontaminierung in den Industrieländern zu einem der bedrükkendsten Probleme geworden ist, sichert das Know-how den Betrieben dieser Branche eine*

anhaltend gute Auftragslage. Der allmähliche Zuwachs an sanierten Flächen lieferte außerdem Spielraum für weitere kommunale Aktivitäten und Pläne.
Der wirtschaftliche Aufschwung in den neunziger Jahren – die wir heute die „zweiten Gründerjahre" nennen – wirkte auch für die übrige Wirtschaft belebend, sicherte damit der Kommune wieder höhere Einnahmen und zahlreichen Lichtenbergern einen Arbeitsplatz. Es zeigte sich, daß es genügend gut ausgebildete Arbeitskräfte gab: Die alten Großunternehmen hatten erfahrenes Personal entlassen – ein Potential, aus dem die neuen Betriebe rekrutieren konnten, sofern die Bewerber zur Weiterqualifizierung bereit waren. Mit Blick auf die veränderten Anforderungen der Wirtschaft und den Wandel auch der Lichtenberger Gesellschaft zur Dienstleistungsgesellschaft entschied sich die Stadt in dieser Zeit für die Einrichtung bzw. den Ausbau von zwei Fort- und Ausbildungszentren – die Kooperation mit verschiedenen Unternehmen und der Industrie- und Handelskammer war hierbei sehr wichtig. Praxisorientierte Ausbildungsgänge mit vielseitigen „vernetzten" Qualifikationen („Kombi"-Berufe) stehen im Vordergrund: So wird der Umgang mit neuen Technologien oder modernen Verfahren vermittelt und verbunden mit der Ausbildung etwa in einem sozialen Beruf, mit Umweltberatung oder dem Erlernen eines seltenen Handwerks (die Lichtenberger Restauratoren und Recycling-Spezialisten sind hierfür ein gutes Beispiel).
Rückblickend läßt sich sagen, daß sich durch die neuen wirtschaftlichen Schwerpunkte, durch eine auf langfristiges, vorausschauendes Denken zielende Stadtpolitik und Engagement in der Bürgerschaft so etwas wie eine Mentalität der Sanierung und Prävention in der Stadt herausgebildet hat. Die Anstrengungen der Unternehmen und vor allem der Stadt, Folgen des sorglosen Umgangs mit den Ressourcen zu lindern, halfen, das Bewußtsein für deren Wert zu schärfen, unter anderem auch für die Ressource „Zeit".
Die Entdeckung eigener Spielräume als Voraussetzung kommunalen Handelns hatte mit der Ansiedlung innovativer Betriebe mittlerer Größenordnung begonnen, weil diese, anders als schwerfällige, traditionsbehaftete Großunternehmen, „mehr Wind in den Segeln" haben und immer gut sind für Stegreiflösungen und Neuerungen. Die Flexibilität dieser Betriebe sollte der Stadt und ihren Bürgern bei ihren weiteren Vorhaben noch sehr zugute kommen.
Darüber hinaus hatte im ganzen Land schon vor der Jahrtausendwende die regionale Vielfalt deutlich zugenommen. Die darin liegende Chance haben wir damals erkannt. Eingebettet zwar in den Strom allgemeiner Entwicklung, bietet die einzelne Stadt den Rahmen, in dem „soziale Entscheidungen" über das Mehr oder Weniger an Leistungen für die Bürger fallen: seien es entsprechende Maßnahmen, um eine menschenwürdige Umwelt zu schaffen, sei es die Qualität des Gesundheitsdienstes oder des kulturellen Angebots, des Bildungs- oder des Verkehrsbereichs. Es ist die Stadt, die die täglichen Bedürfnisse und Ansprüche befriedigt, „denen der Markt nur unzulänglich gerecht wird" (Daniel Bell). Entscheidungen über Art und Umfang dieser Ansprüche können und müssen jedoch in der einzelnen Stadt „ausgehandelt" werden – Mitbestimmung der Bürger ist und war hierbei unerläßlich. Wir Lichtenberger halten heute viel von einer „Verständigungspolitik" aller Beteiligten, bei der die unterschiedlichen Interessen verschiedener Gruppen zum Ausgleich kommen.

*Lichtenberg war lange Zeit eher eine Stadt der Einheimischen. Seine Bürger zieht es seit jeher nicht sonderlich weit aus der Stadt: Flach ist das Land ringsherum, durchzogen nur vom Nebenarm der Rahr, in deren Auen die Lichtenberger sich an schönen Wochenenden ergehen. Touristisch „unergiebig", aber stadtnah. Daher suchten die Einwohner der Stadt immer auch Betätigungsfelder vor ihrer Haustür, in ihren Gärten, in den zahlreichen Vereinen, Abwechslung in Kneipen, bei Freunden und Nachbarn. Die Neigung zu regelmäßigen Fluchten aus der Stadt in ein verlängertes Wochenende blieb – schon wegen der Entfernung zu Bergen und Küsten – eher die Ausnahme; um so stärker ist hingegen der Wunsch der Lichtenberger nach einem ausgeglichenen Alltagsleben.*

*In diesem Sinne griff die Stadt Fragen ihrer Bürger auf, als zwei High-Tech-Betriebe auf Einführung der Siebentagewoche drängten, wie sie in anderen Städten schon weiter verbreitet war. Im Falle einer Ablehnung drohten die Betriebe mit Abwanderung. Die Stadt sollte im Genehmigungsverfahren des Landes Stellung beziehen. Durch die Berichterstattung in der Presse angeregt, fragten Bürger direkt bei der Stadt und in Leserbriefen an die Zeitung nach den Einwirkungsmöglichkeiten der Kommune, um die weitere zeitliche Zersplitterung der Arbeitszeiten, den Verlust an gemeinsamer Zeit und weitere Belastung der Wohnbevölkerung durch Lärm und Verkehr abzuwenden. Denn auch in Lichtenberg gab es mittlerweile alle Varianten der Arbeitsformen wie Schicht- und Teilzeitarbeit, flexible Arbeit, Arbeit auf Abruf usw., die nur noch teilweise mit den Vorstellungen eines harmonischen Alltags in Einklang zu bringen waren.*

*Die Stadt versprach, die Forderung der beiden Betriebe nicht nur abzuwehren, sondern als Herausforderung anzunehmen und „konstruktiv zu wenden": durch ein Votum gegen die Ausweitung der Arbeitszeiten auf das ganze Wochenende und durch den Beschluß neuer Höchstgrenzwerte für Lärmemissionen in fast allen Wohngebieten. Damit fiel auch eine grundsätzliche Entscheidung gegen die Neuansiedlung von Rund-um-die-Uhr-Betrieben in diesen Gebieten.*

*Die Stadt hatte damit ein deutliches Zeichen gesetzt, auf das einige Betriebe mit Auslagerung kapitalintensiver Produktionsteile antworteten. Diese Abwanderung zog Arbeitsplatzverluste nach sich, die zur Verschärfung der ohnehin gravierenden Arbeitsmarktprobleme führten, welche durch Schrumpfung beziehungsweise Schließung der „alten" Unternehmen entstanden waren. Dieses Problem konnte im Falle Lichtenbergs – so die Meinung der politisch Verantwortlichen – nur durch Umverteilung von Arbeit gelöst werden.*

*An diesem Punkt begab sich die Stadt mit Vertretern von Wirtschaftsunternehmen und Verbänden, von Aus- und Fortbildungseinrichtungen, mit der Presse und allen interessierten Gruppen der Bürgerschaft in einen grundsätzlichen Diskussionsprozeß. Angesichts der Problemlage war die Mitwirkungsbereitschaft der Beteiligten ungewöhnlich hoch und gestattete den Lichtenbergern eine „konzertierte Aktion" mit dem Ziel der Umverteilung von Arbeit. Nach längerem Sichten realisierungswürdiger Vorschläge, auch aus anderen Städten, nach einer keineswegs immer mustergültig absolvierten Phase des Aushandelns (eine Dokumentation belegt, wie schwer es den Lichtenbergern anfangs fiel, sich in demokratischen Formen zu üben, fair zu bleiben und sachlich kompetent zu werden), einigte man sich schließlich darauf, das Arbeitszeit- und Beschäftigungsmodell der Bürgerinitiative „Zeitzünder" in einigen Betrieben zu erproben.*

*Bei dieser Gruppe handelte es sich um Zeitrationalisierungsexperten, die sich nach anfänglich nur fachlichem Austausch über ihre Arbeit mit der Entwicklung neuartiger Arbeitszeit- und Beschäftigungsmodelle befaßten. Sie hatte dabei zwei Ziele vor Augen: einerseits den Beschäftigten zu einer Zeitordnung zu verhelfen, die wieder mehr Gemeinsamkeit ermöglichte, geregelte Abläufe und Ruhezeiten sicherte und Arbeitslosen einen Arbeitsplatz; andererseits sollte das Modell genügend Anreize für die Betriebe bieten, eine Variante mit auszuwählen und aus eigenem Interesse mitzutragen.*

*Diese Anforderungen schien das sogenannte 5x6-Modell der Gruppe, das auf einen bewußt regelmäßigen Rhythmus von Arbeitszeit und Betriebszeit setzte, am besten zu erfüllen. Es sah bei 30stündiger Arbeitszeit eine Fünftagewoche vor und ging von einer freiwilligen Verringerung der Arbeitszeit in den Betrieben von 35 auf 30 Stunden aus, verbunden mit einer entsprechenden Ausweitung des Arbeitsplatzangebots und einer entsprechenden Senkung von Löhnen und Gehältern. Die Stadt bot an, ein Zeitberatungsbüro einzurichten und zu finanzieren, um die notwendige Beratung bei der organisatorischen Umgestaltung zu erteilen. Diese Hilfestellung wurde von den interessierten Betrieben genutzt, das Büro wurde darüber hinaus Treffpunkt für weiteren Erfahrungsaustausch.*

*Unternehmen, die das Modell praktizieren wollten, gingen folgendermaßen vor: Bei einer exakten Teilung des Tages in zwei Schichten arbeitete jeder Beschäftigte sechs Stunden täglich, entweder vormittags von etwa 7.00 bis 13.00 Uhr oder nachmittags von etwa 13.00 bis 19.00 Uhr. Die Betriebszeit betrug damit zwölf Stunden und erhöhte sich für die Mehrheit der umstellungswilligen Betriebe.*

*Die Verbreitung des 5x6-Modells begann zunächst in einigen Lichtenberger Betrieben des produzierenden Gewerbes. Eine Reihe von ihnen, die an einer Ausweitung der Betriebszeit von acht auf zwölf Stunden interessiert waren, unterstützte das Modell von Anfang an. Andere zogen nach. Sie hatten sich nach den ersten Jahren der Erprobung von den versprochenen Vorteilen auch aus betrieblicher Sicht überzeugt: Das 5x6-Modell gestattete vielen eine längere Nutzung kapitalintensiver Anlagen und führte insgesamt zu einer Verringerung des Raumbedarfs. Auch lag die Zahl der Bewerbungen auf Arbeitsplätze in modernen 5x6-Betrieben deutlich höher als bei den übrigen, der Krankenstand hingegen weit unter dem Durchschnitt. Da auch die Fluktuationsrate der Belegschaft dort um ein Viertel zurückgegangen war, galt die neue Regelung als wirkungsvolle Maßnahme, um Arbeitszufriedenheit und Bindung an den Betrieb zu erhöhen.*

*Daneben gab es immer noch Betriebe, die bei längeren Betriebszeiten geblieben waren (mit zwei oder drei Achtstundenschichten). Veränderungen bahnten sich jedoch auch hier an: „Alte" Industriebetriebe kämpften immer stärker mit Problemen der Kapazitätsauslastung und schränkten schon deshalb gezwungenermaßen ihre Betriebszeiten bzw. die Zahl ihrer Schichten ein. Einige Betriebe gaben ihre Rund-um-die-Uhr-Produktion in Lichtenberg auf, da sie die neuen Lärmgrenzwerte nicht einhalten konnten und den Lichtenberger Kurs für arbeitgeberfeindlich und „hoffnungslos altmodisch" hielten. Wieder andere stimmten einer Umsiedlung in eines der drei Gewerbegebiete am Stadtrand zu, in denen heute nahezu alle Betriebe und einzelne kommunale Infrastruktureinrichtungen konzentriert sind, bei denen Nachtarbeit unumgänglich ist.*

*Es verstand sich fast von selbst, daß auch die Stadt als einer der Initiatoren ihren Beschäftigten das 5x6-Modell anbot, um den Anspruch der „Lichtenberger Zeitreform" – wie das Modell schließlich genannt wurde – mitzutragen. So verlängerten sich die Öffnungszeiten in der öffentlichen Verwaltung, allmählich auch in anderen – privaten – Dienstleistungsbereichen, die sich auf die neuen Arbeitszeiten eines Großteils der arbeitenden Bevölkerung einstellten. Selbstverständlich gelten auch in Lichtenberg weiterhin die gesetzlichen Bestimmungen über die maximale wöchentliche Arbeitszeit von 40 Stunden.*
*Mit dem Angebot gestaffelter Schulzeiten (7.30 bis 13.00 Uhr und 13.15 bis 18.45 Uhr) können auch Kinder und Jugendliche eine Wahl zwischen dem Vormittag und dem Nachmittag treffen. Inzwischen bieten vier Schulen Nachmittagsunterricht an, die Mehrheit der Schüler beginnt nach wie vor morgens. Doch zeigt der konstante Anteil an Nachmittagsschülern – es ist etwa ein Sechstel –, daß viele Familien, vor allem alleinerziehende Väter und Mütter, die nachmittags arbeiten, das Angebot schätzen.*
*An der Ausarbeitung des 5x6-Modells wirkten auch kommunale Verkehrsexperten mit, denen sonst nur die Planung von Verkehrsflüssen obliegt. Sie plädierten als erstes für eine beschränkte Gleitzeitregelung mit einer halben Stunde Spielraum bei Arbeitsbeginn und -ende und für ein verstärktes Angebot an öffentlichen Verkehrsmitteln, um eine Verteilung der Verkehrsströme in den Spitzenzeiten zu erreichen. Inzwischen gelten diese Gleitzeitregelungen etwa für 93 Prozent aller in Lichtenberg Beschäftigten. Zweitens entwickelten sie Pläne zur kleinräumigen Regelung des Verkehrs durch maximal um eine Stunde versetzte Staffelzeiten, die mit den jeweiligen Betrieben abgesprochen wurden. Eine spürbare Erleichterung stellte sich aber erst durch weitere Maßnahmen ein (denn durch die relativ starre Arbeitszeitregelung waren die Verkehrsspitzen wieder angewachsen): Zu den Verkehrsspitzenzeiten werden einzelne Fahrspuren ausschließlich für Busse reserviert, Taktzeiten von Bussen und S-Bahnen auf Abstände von drei bis fünf Minuten verkürzt. Und außerdem wurde im Berufsverkehr der Nulltarif eingeführt, wobei Arbeitgeber Fahrkarten mit dem Aufdruck der individuellen Arbeitszeiten ausgeben.*
*Die Auswirkungen der ersten „Zeitreform" waren tiefgreifend. Die Stadt gewann einen deutlichen Arbeits- und Ruherhythmus zurück. Darüber hinaus verstärkte die Reform das neue Zeitbewußtsein. Doch konnten nicht alle die Wohltaten der Umstellung gleichermaßen „hautnah" erleben wie etwa Familien mit Kindern, denen nun eine enorme Erleichterung des Alltags zugefallen war: Die Organisation der Abläufe war im Vergleich zu vorher ein „Kinderspiel" geworden. Lichtenberg verzeichnete wohl auch deshalb fünf Jahre nach der Durchsetzung der Reform um die Jahrtausendwende einen ständigen Zuzug an jungen Familien. Die früher beobachtete Stadtflucht, deren Ende sich schon in den späten achtziger Jahren andeutete, hat ganz aufgehört. Wohnen in der Innenstadt gewinnt neuen Reiz. Dazu haben auch die liebevolle Gestaltung von Plätzen, die Rückgewinnung des öffentlichen Raumes für die Menschen beigetragen – Aspekte, denen im Rahmen der behutsamen Stadterneuerung neben der Sicherung eines klaren zeitlichen Rhythmus großes Gewicht beigemessen wurde.*
*Die Nutzung freier Zeit mußten viele Lichtenberger erst mühsam lernen. Wenn mit der zeitlichen Abnahme der Arbeit auch deren Bedeutung für den einzelnen schwindet, dann wird die Freizeit leicht zu einem neuen Leistungsbereich, in dem Ansehen und Bestäti-*

gung, Kontakte, Erfolg und „Karriere" gesucht werden. Dies ließ sich auch in unserer Stadt beobachten. Daher seien hier auch nur einige jener Aktivitäten erwähnt, die dem Denken in Kategorien von „Freizeitkarriere", aber auch dem verführerischen, trägen Konsum von Unterhaltung und Kultur entgegenwirkten. Als Alternativen zu Rastlosigkeit bzw. Passivität fanden verschiedene Aktivitäten oder Initiativen viel Anklang. Die Lichtenberger Medientage führten zur Gründung der Programmzeitschrift „Zeitraub", mit der der starke Medienkonsum eingeschränkt werden sollte. Daß wir in dieser Stadt schon weitaus weniger als anderenorts vor den großen heimischen „Flimmerwänden" sitzen, geht sicher auch auf das Konto der Initiative „Tagesbilanz – Lebensbilanz". In „Müßiggängereien" übt sich eine Gruppe bei Erkundungen der Stadt, die Vorschläge für Einrichtung und Gestaltung kleiner Ruhezonen und Treffpunkte macht. Der stoppuhrfreie Sportclub der „Schnecken" gibt auch physisch Bedächtigen eine Chance.

Trotz der genannten Schwierigkeiten bei der Realisierung eines neuen Fortschritts wuchs die Zufriedenheit der Lichtenberger mit dem Leben in ihrer Stadt und belebte den Wunsch nach weiterer Entwicklung. Denn selbstgesammelte Erfahrung, daß „Bewegung" möglich ist, wirkt wie ein Stimulans für neue Aktivitäten.

So gab es noch beachtlich große Gruppen, die gegen ihren Willen über den Zugewinn an Zeit nicht, wie erhofft, verfügen konnten. Der Zwang zur ständigen Weiterbildung außerhalb der Arbeitszeit galt für viele Lichtenberger. „Burn-out"- und Zermürbungseffekte durch lange Jahre der Arbeit auf ein und demselben Berufsfeld beklagten andere. Und wieder andere blickten neidvoll auf jene, die sich der Alltagsmühle des Berufs zumindest für gewisse Zeit entziehen konnten: Studenten, Lehrer vor allem, Professoren; „Aussteiger", Hausmänner, Beschäftigte im Bereich der „Schattenwirtschaft" usw.

Diese Klagen wurden auch im Zeitberatungsbüro der Stadt, das mittlerweile zu einer festen, bekannten Einrichtung geworden war, mit den Betroffenen diskutiert. Da die Umstellungsprobleme in den Betrieben so gut wie bewältigt waren, lag es nahe, sich der neuen Beschwerden wiederum auf konstruktive Weise anzunehmen. So konkretisierte sich eine Idee, die als Zweite Lichtenberger Zeitreform einen weiteren Meilenstein in der Stadtgeschichte darstellen sollte: das Lichtenberger Sabbatical für nahezu alle berufstätigen Bürger der Stadt.

Was ehedem Privileg weniger Gruppen gewesen war, sollte nun in einer neuen Variante für alle gelten, um vielfältige Chancen zu eröffnen: zur Weiterbildung, beruflich oder mit anderem Ziel; zur Erprobung neuer Tätigkeiten, wenn möglich auch zum Tausch von Arbeitsplätzen; zum Reisen; zur Neuorientierung; zu sozialem Engagement; zur Familiengründung – wozu auch immer. Alle sieben Jahre sollten die Berufstätigen die Option auf ein arbeitsfreies Jahr erhalten.

Es läßt sich leicht denken, daß die Entfaltung des Modells in der Praxis enorme Probleme stellte. So waren sich die „Modell-Konstrukteure" bald darin einig, daß schon die Finanzierung dieses Freiraums äußerst kritisch werden konnte, weil diese nur durch einen Beitrag der Beschäftigten zu sichern war und durch die zwingende Voraussetzung eines Eigenbeitrags mancher auf die Option verzichten würde. Auch ließ sich vorhersehen, daß die Zahl derjenigen, die entweder objektiv schwer ein Jahr lang zu ersetzen waren oder sich subjektiv für unersetzlich hielten, beachtlich sei.

Daher wurde ein Fonds gegründet, zu dem die Stadt, die Betriebe und „Zeitmäzene" ihren Beitrag leisteten. Aus diesem Fonds floß später Geld für Härtefälle. Ansonsten galt grundsätzlich: Jedem Beschäftigten, der sich für das „Lichtenberger Sabbatical" entschloß, wurde monatlich ein fester Betrag vom Gehalt abgezogen, der sich auf einem Konto verzinste. So sammelten sich für das Sabbatical in sechs Jahren drei Fünftel eines Jahresnettolohns an. Zwei Fünftel übernahmen die Betriebe, drei Fünftel dann, wenn sich der Arbeitnehmer auf weitere sechs Jahre der Betriebszugehörigkeit festlegte. Darüber hinaus wurden zahlreiche Modalitäten verbindlich geregelt.

Schrittmacher in der Erprobung des Modells war dieses Mal die Stadt, da die meisten Betriebe anfänglich der Idee mehr als skeptisch gegenüberstanden. Nur ein Unternehmer, der sich schon früher als „Zeitpionier" hervorgetan hatte, war spontan zu einem „Demonstrationsvorlauf" in seinem Betrieb bereit. Ein Siebtel der Belegschaft konnte zu erheblich erleichterten Bedingungen vorab ein Jahr freinehmen.

Und die Erfahrungen? Sie lagen sowohl bei der Verwaltung als auch beim „Testbetrieb" im Plus und Minus. Im guten Sinn zu Buche schlugen jene, die bestätigten, daß die vakanten Tätigkeitsbereiche von ihren neuen Inhabern durch neue, weil andere Impulse profitierten. Neue Leute, das hieß neue Akzente, andere Stärken, andere Begrenzungen. Mancher nutzte so die Chance zur Bewährungsprobe. Auch sah man, daß die Bürden einer Tätigkeit auf gleicher Stelle keineswegs gleichartig von den Betroffenen empfunden und beschrieben wurden.

Als Nachteil wurde klar gesehen, daß die Einarbeitungszeit trotz Vorbereitung der „Ersatzdienstleistenden" ihren Tribut forderte. An diesem Punkt wurde „Nachbesserung" verlangt, die in genauer Orientierung an Branche, Personalstruktur, Arbeitsmarkt und anderem in ein Konzept münden sollte. Problemlösend wirkte hier die Verstärkung einer Entwicklung, die sich bereits vorher abgezeichnet hatte: Zeitarbeitsfirmen erlebten einen Boom. Sie vermittelten Arbeitskräfte aus fast allen Berufen mit fast allen nachgefragten Qualifikationen. Denn es gab zunehmend mehr Beschäftigte, die sich jeweils für ein Jahr als „Springer" einstellen ließen, um anschließend auf anderen Arbeitsplätzen neue Erfahrungen zu sammeln. Da außerdem das Maß der bis dahin gewohnten Fluktuation in den Betrieben stark sank – das Sabbatical wirkte sozusagen als „natürliche" Zäsur –, konnte sich die Personalpolitik der Unternehmen und Verwaltungen nach und nach genauer auf den absehbaren Wechsel in der Belegschaft einstellen.

In Anbetracht des insgesamt neuen Zeitbewußtseins und der großen Bereitschaft der Beschäftigten, ihr Leben eher nach der Devise „Zeit ist viel mehr als Geld" auszurichten, setzte sich die Zweite Lichtenberger Zeitreform durch. Die Lichtenberger nutzten das Sabbatical höchst vielfältig, nachdem sie schon bei der ersten Zeitreform gelernt hatten, einen neuen Umgang mit freier Zeit zu pflegen. Die Chance wurde ergriffen, „zu sich selbst zu kommen" und „Zeit urbar zu machen", wie es der große Aufklärer Georg Christoph Lichtenberg gefordert hatte, dessen Name – welch hübscher Zufall – mit dem unserer Stadt identisch ist.

Lichtenberg, unsere Stadt, ist keine Insel der Seligen – so sagten wir zu Anfang, und es bleibt dabei. Aber es hat sich gezeigt, daß in einer Stadt, die lange vor großen Problemen

45

*stand, durch eine Veränderung des Wohlstandsbewußtseins („Zeitwohlstand anstelle von höherem materiellem Wohlstand") viel zu erreichen ist: Wir haben uns aus der Krise gelöst und eine neue Lebensqualität gewonnen, um die uns viele beneiden. Im Gegensatz zu anderen überalterten und schrumpfenden Großstädten wurde Lichtenberg ein regelrechter Zuzugsboom beschert – der uns heute wieder vor neue, ganz anders geartete Probleme stellt!*

## 2. Arbeits- und Betriebszeit

### 2.1 Einführung

#### 2.1.1 Arbeits- und Betriebszeiten als Taktgeber städtischen Lebens

Der zeitliche Rhythmus der Stadt wird wesentlich geprägt durch verschiedene Taktgeber formeller und informeller Art. Dazu gehören Betriebszeiten genauso wie natürliche Rhythmen und Lebensgewohnheiten oder sozio-kulturelle Orientierungen[1].
Seit Beginn der Industrialisierung sind es vor allem die Arbeitszeiten, die eine besonders stark zeitstrukturierende Wirkung ausüben. Die massenhafte Gleichzeitigkeit von Arbeitsbeginn und -ende prägt das städtische Leben bis heute ganz entschieden. Dieser – für große Gruppen jeweils einheitliche – Takt des Arbeitsalltags, der sich allerdings nach Wirtschaftszweigen, Branchen oder Tätigkeiten unterscheidet, ist durch die morgendlichen und abendlichen Verkehrsströme von und zur Arbeit deutlich spürbar. Dabei hat jeder Stadtbezirk seinen eigenen Rhythmus. Stadtteile mit ausgeprägter Industriestruktur sind durch andere tageszeitliche Schwankungen gekennzeichnet als Innenstädte oder Wohnstandorte.
So wie sich Stadtteile in ihrem jeweiligen Rhythmus unterscheiden, so sind auch Städte untereinander verschieden. Neben anderen Faktoren ist die Wirtschaftsstruktur ein hierfür entscheidender Grund. Eine „Industriestadt" hat einen anderen tages- und wochenzeitlichen Rhythmus als eine „Beamtenstadt" oder eine Hafenstadt. Diese zeitliche Prägung – von Stadtteilen oder ganzen Städten – ist von den Arbeits- und Betriebszeiten[2] bestimmt.
Konti-Schicht-Betrieb in der Chemie oder der umschichtig arbeitende Betrieb eines Hafens haben eine Rund-um-die-Uhr-Aktivität zur Folge; reine „Bürostädte" sind dagegen nach 17.00 Uhr durch äußerste Öde gekennzeichnet. Auch die Betriebszeiten von Handelsbetrieben, von öffentlichen oder kommerziellen Dienstleistungsbetrieben bestimmen den Rhythmus des Lebens in der Stadt.
Vor Einführung der Gleitzeit bewegten sich Arbeits- und Betriebszeit überwiegend noch im Gleichtakt; Betriebszeit war meist mit der Arbeitszeit identisch bzw. ein ganzes Vielfaches davon. Nicht nur der städtische und gesellschaftliche, sondern auch der individuelle Rhythmus war durch die Arbeitswelt vorbestimmt.

---

[1] Die Ausführungen zur Rhythmisierung und Vertaktung städtischen Lebens beziehen sich auf die Überlegungen von *Jürgen P. Rinderspacher*, Der Rhythmus der Stadt – Die Bedeutung der Zeit für die städtische Gesellschaft, Berlin 1988 (Difu-Materialien 1/88).
[2] Betriebszeiten meint dabei im weitesten Sinne die Zeit des Betriebs von Produktionseinrichtungen gleichermaßen wie die Zeit, in der in einer Verwaltung gearbeitet wird, oder die Öffnungszeiten von Infrastruktureinrichtungen.

Ein wichtiges Kennzeichen des arbeits- und betriebszeitlichen Taktes ist die in weiten Bereichen wirtschaftliche Ruhe an Wochenenden und in der Nacht. Trotz der zahlreichen Ausnahmen hat sich in den letzten Jahrzehnten diese Ruhezeit immer weiter ausgedehnt, vom Sonntag auf den Samstag, bis hin zum schon freien Freitagnachmittag in manchen Bereichen.

Bei langfristiger Betrachtungsweise läßt sich heute ein Umbruch der Zeitstrukturen erkennen. Alle Bereiche, in denen bisher deutlich der (gleichmäßige) Rhythmus des Arbeitslebens zu spüren war, befinden sich im Wandel. Die starren Arbeitszeiten lösen sich im Rahmen von Gleitzeitregelungen oder weitergehenden Flexibilisierungen auf. Das Wochenende und die Nacht geraten durch Ausweitung des Wochenend-oder Nachtbetriebes wieder in Bedrängnis.

In diesen Zeiten ist bisher noch die größte Einheitlichkeit der wirtschaftlichen (Nicht-)Aktivität festzustellen. Damit wird eine Ruhezeit berührt, die eine Pause und damit wesentliche Entlastungsfunktion der urbanen „Betriebsamkeit" bedeutet.

Will man sich ein Bild über die zukünftige Entwicklung der Städte machen, ist es also notwendig, sich über arbeits- und betriebszeitlich bedingte „Rhythmusveränderungen" bzw. die mögliche Auflösung des städtischen Rhythmus Gedanken zu machen. Neben den direkten Wirkungen von Arbeits- und Betriebszeitveränderungen sind auch die Folgen durch beispielsweise zusätzliche Belastungen im Wohnumfeld oder veränderte Entscheidungen bei der Wohn- oder Betriebsstandortwahl[3] zu berücksichtigen. Indirekt wirken sich Arbeits- und Betriebszeitveränderungen auch auf die Freizeit aus. Jede Arbeitszeitverkürzung bringt einen Zuwachs an arbeitsfreier Zeit mit sich, Flexibilisierungen der Arbeitszeit lassen eine veränderte Strukturierung der Freizeit zu, und schließlich stehen Veränderungen von Betriebszeiten bzw. Arbeitszeitlagen in direktem Zusammenhang mit Freizeitlagen[4].

Auch die Stadt selbst ist Akteur im Handlungsfeld der Arbeits- und Betriebszeitgestaltung. In vielen Städten arbeiten mehr als 10 Prozent der Beschäftigten in öffentlichen Einrichtungen. Bei der Gestaltung von Arbeits- und Betriebszeiten gibt es verschiedene Zielkonflikte, so zum Beispiel zwischen

- der Anpassung der Betriebs- und Öffnungszeiten an die Nachfrage als Reaktion auf mit generellen Arbeitszeitentwicklungen verbundene Nachfrageverschiebungen,
- der Einführung von ökonomischen und sozialgerechten Arbeits- und Betriebszeitmodellen und
- der Gestaltung von Arbeitsformen vor dem Hintergrund des „Zeitwohlstandes" der kommunal Beschäftigten und unter dem Gesichtspunkt der Umverteilung von Arbeit.

---

[3] Auf diese Punkte wird in Kap. 5 näher eingegangen.
[4] Vgl. Kap. 3.

### 2.1.2 Methodische Vorgehensweise

Arbeits- und Betriebszeitentwicklung hängen unmittelbar zusammen: Schicht- oder Sonntagsbetrieb ist – mit den auch in absehbarer Zukunft quantitativ vernachlässigbaren Ausnahmen des „mannlosen" Betriebs – ohne Schicht- bzw. Sonntagsarbeit nicht möglich. Durch die wachsenden Entkoppelungsmöglichkeiten ist jedoch die Betriebszeit immer weniger ein ganzzahliges Vielfaches der individuellen Arbeitszeiten, so daß die Unterscheidung an Bedeutung gewinnt. Für die Betriebszeit ist dabei die entscheidende Frage, ob es generelle Veränderungen gibt; für die Arbeitszeit steht immer auch die Zahl der von Veränderungen Betroffenen im Vordergrund. Außer den Arbeits- und Betriebszeitdauern müssen auch die unterschiedlichen Lagen der Zeiten sowie die unterschiedlichen Organisations- bzw. Arbeitszeitformen berücksichtigt werden. In Übersicht 1 sind die Aspekte von Arbeits- und Betriebszeiten zusammengefaßt, auf die im Laufe des Kapitels näher eingegangen wird.

Übersicht 1 – *Aspekte der Arbeits- und Betriebszeit**

| | |
|---|---|
| Dauer | Arbeitszeitdauer<br>Betriebszeitdauer<br>Entkoppelung von Arbeits- und Betriebszeit<br>Überstunden |
| Lage | Schichtbetrieb/-arbeit<br>Samstagsbetrieb/-arbeit<br>Sonntagsbetrieb/-arbeit<br>Nachtbetrieb/-arbeit |
| Form | Teilzeitarbeit<br>Flexible Arbeitszeit/Gleitzeit<br>Befristete Arbeitsverträge<br>Flexible Betriebszeiten |

* Quelle: Eigene Zusammenstellung des Deutschen Instituts für Urbanistik.

Obwohl es generelle Tendenzen der Arbeits- und Betriebszeitentwicklung gibt, bewirken doch verschiedene Faktoren eine von Stadt zu Stadt unterschiedliche Ausprägung dieser Entwicklungen. Für eine divergierende oder zeitlich ungleiche Durchsetzung veränderter Arbeits- und Betriebszeiten sind Branchenzusammensetzung, Betriebsgrößen oder Tätigkeitsstruktur (zum Beispiel die Differenzierung zwischen Arbeitern und Angestellten) maßgebend. Darüber hinaus stellt sich die Frage, inwieweit das lokale „Klima" oder Mentalitätsunterschiede weitere „weiche" Erklärungsfaktoren darstellen. Es wird versucht, die unterschiedlichen Entwicklungen auf der Basis der genannten Faktoren für die einzelnen Städte sichtbar zu machen.

Da es über Arbeits- und Betriebszeitregelungen so gut wie kein regional aufbereitetes statistisches Material gibt, wurde in allen Fallstudienstädten eine schriftliche Befragung bei den großen Arbeitgebern durchgeführt, um die dort vertretenen Arbeits- und Betriebszeitregelungen sowie die zukünftigen Entwicklungen zu ermitteln. Damit sollten für einen großen Teil der Beschäftigten in den großen Unternehmen bzw. Verwaltungen und somit für einen erheblichen Anteil der Gesamtbeschäftigten in den Städten Aussagen gemacht werden können[5]. Für eine Unternehmensbefragung war der Rücklauf erstaunlich gut; von den angeschriebenen Arbeitgebern antworteten insgesamt 78 Prozent. Damit wurden insgesamt 23 Prozent der in den Städten Beschäftigten erfaßt; die Spanne reicht von 17 Prozent in Essen bis 33 bzw. 34 Prozent in Stuttgart und Konstanz (vgl. Tabelle 1).

Aufgrund der nicht zufälligen Auswahl der Stichprobe[6] erhebt diese Befragung nicht den Anspruch, ein repräsentatives Bild der gesamten Arbeits- und Betriebszeitregelungen in einer Stadt zu geben. Auch lassen sich aus den Daten kaum generelle Vergleiche zwischen den Städten ableiten; die Aussagefähigkeit liegt vielmehr in den möglichen Vergleichen einzelner Bereiche, so zum Beispiel im Verarbeitenden Gewerbe oder im öffentlichen Bereich und auf der Ebene einzelner Unternehmen bzw. Betriebe, etwa von Sparkassen oder Verkehrsbetrieben.

An diesen Daten der Befragung werden schließlich noch die – aus den Experteninterviews und den Workshops in den Städten gewonnenen – eher qualitativen Erkenntnisse gespiegelt.

---

[5] Allerdings waren die uns von den Städten übermittelten Angaben über die großen Arbeitgeber von deutlich unterschiedlicher Vollständigkeit.

[6] Stark überproportional sind in der Befragung Großunternehmen vertreten; ausreichende Daten liegen nur aus fünf Wirtschaftszweigen vor (nur gering vertreten sind Bau, Handel, sonstige Dienstleistungen und Organisationen ohne Erwerbscharakter).

Tabelle 1 – *Rücklauf der Befragung**

| Stadt | Befragte Unternehmen/ Arbeitgeber | Antworten | | Erfaßte Betriebe | Erfaßte Beschäftigte (in % der Gesamt- beschäftigten) |
|---|---|---|---|---|---|
| | | absolut | in % | | |
| Hamburg | 40 | 30 | 75 | 97 | 21 |
| Essen | 29 | 21 | 72 | 33 | 17 |
| Frankfurt | 38 | 28 | 74 | 98 | 27 |
| Stuttgart | 31 | 24 | 77 | 51 | 33 |
| München | 31 | 23 | 74 | 42 | 19 |
| Konstanz | 28 | 28 | 100 | 28 | 34 |
| Insgesamt | 197 | 154 | 78 | 349 | 23 |

* Quelle: Eigene Zusammenstellung des Deutschen Instituts für Urbanistik.

## 2.2 Allgemeine Tendenzen der Arbeits- und Betriebszeitentwicklung

### 2.2.1 Arbeits- und Betriebszeitdauern

ARBEITSZEIT

In der Bundesrepublik Deutschland ist die tarifliche Wochenarbeitszeit seit den fünfziger Jahren kontinuierlich gesunken. Genauso stetig ist der tarifliche Jahresurlaub angestiegen (vgl. Schaubild 1). Mit Ausnahme geringer konjunkturbedingter Schwankungen ist ein ununterbrochener Rückgang auch bei der tatsächlichen jährlichen Arbeitszeit[7] festzustellen, die sich allein von 1960 bis 1986 um 21,7 Prozent verringert hat (seit 1950 sogar um über 30 Prozent).

Hinter dieser kontinuierlichen Verkürzung der Arbeitszeit verbergen sich verschiedene Komponenten mit unterschiedlichen Verläufen. Der Rückgang der tariflichen Wochenarbeitszeit hat sich jahresdurchschnittlich von etwa 0,8 Prozent in den sechziger Jahren auf etwa 0,1 Prozent seit 1975 verlangsamt. Erst ab Mitte der achtziger Jahre nahm die Wochenarbeitszeitverkürzung durch den Einstieg in die 35-Stunden-Woche mit knapp einem Prozent jährlich wieder zu. Gerade die letzten Tarifverhandlungen (zum Beispiel entspricht die Verkürzung von 40 auf 38,5 Stunden bis 1990 im öffentlichen Dienst einer jährlichen Verkürzung von etwa 1,26 Prozent) zeigen eine deutliche Beschleunigung beim Rückgang der tariflichen Wochenarbeitszeit. Es ist allerdings anzunehmen, daß diese Beschleunigung bei Erreichen der 35-Stunden-Woche zunächst wieder gebremst wird.

Der Rückgang der tatsächlichen Jahresarbeitszeit unterliegt dagegen nicht so großen Schwankungen; bis 1975 gab es eine Abnahme von mehr als einem Prozent jährlich, seit 1975 nur noch von knapp 0,6 Prozent.

Die Annahme einer weiteren Verkürzung der tariflichen Wochenarbeitszeit von durchschnittlich 0,8 Prozent jährlich bis zum Jahr 2010 führt zu einer 32,4-Stunden-Woche (ausgehend von 39,3 Stunden 1986). Die Jahresarbeitszeit ginge unter der gleichen Annahme von heute 1630 Stunden[8] auf 1344 Stunden zurück. Zu einem ähnlichen Ergebnis kommt eine Studie von Prognos[9], die bis 1995 von einer jährlichen Verkürzung von 1,25 Prozent ausgeht, bis 2000 von einem Prozent und danach um durchschnittlich 0,5 Prozent. Diesen Zahlen liegen Annahmen über das

---

[7] Die tatsächliche Jahresarbeitszeit wird aus einer ganzen Reihe von Komponenten gebildet: Zahl der Arbeitstage, tarifliche Wochenarbeitszeiten, Urlaub, Krankenstand, Mehrarbeitsstunden, Kurzarbeit, Schlechtwetterausfälle, Streiks/Aussperrungen und Teilzeitarbeit; siehe dazu *Hans Kohler* und *Lutz Reyher*, Arbeitszeit und Arbeitsvolumen in der Bundesrepublik Deutschland 1960–1986, Nürnberg 1988 (Beiträge zur Arbeitsmarkt- und Berufsforschung, Bd. 123). Aus diesem Band stammen auch die angegebenen Daten.

[8] Dies ist die jährliche Arbeitszeit der beschäftigten Arbeitnehmer (Selbständige und mithelfende Familienangehörige werden dabei nicht berücksichtigt); vgl. *Kohler/Reyher*, S. 182.

[9] Vgl. *Prognos-Report*, Nr. 12 (1986), S. 82.

Schaubild 1 – *Entwicklung der tariflichen Wochenarbeitszeit, des tariflichen Jahresurlaubs und der tatsächlichen jährlichen Arbeitszeit (1950–1986)*\*

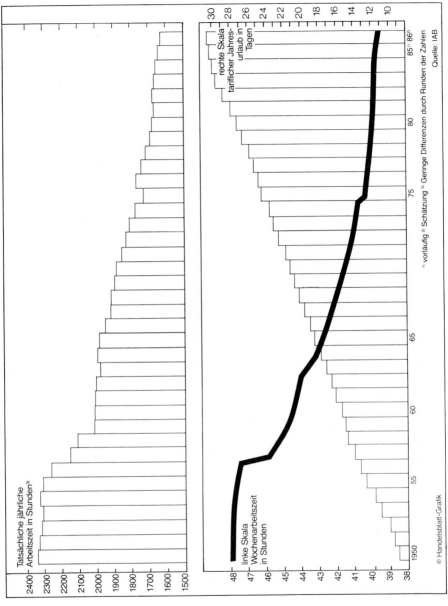

\* Quelle: *Handelsblatt* Nr. 98 vom 26. 5. 1986.

bis dahin erreichte niedrige Niveau und über den dann einsetzenden starken Rückgang des Erwerbspersonenpotentials zugrunde.

Die zukünftigen Arbeitszeitverkürzungen werden sich auf Dauer in allen Bereichen in ähnlichem Umfang durchsetzen, allerdings teilweise mit deutlichen Verzögerungen. Die metallbe- und -verarbeitende Industrie setzte dabei das Signal zum Einstieg in die 35-Stunden-Woche; wie sich jetzt unter anderem im öffentlichen Dienst gezeigt hat, ziehen die einzelnen Wirtschaftszweige Schritt für Schritt nach.

Die verzögerte Durchsetzung der Arbeitszeitverkürzung in einzelnen Branchen zeigt sich auch in der gegenwärtigen Situation. Die derzeitige Arbeitszeit weist deutliche branchenspezifische Unterschiede auf. Die Spanne reicht 1986 bei der tariflichen Wochenarbeitszeit von 38,96 Stunden im Handel und 38,98 Stunden im Verarbeitenden Gewerbe bis zu 40 Stunden im Dienstleistungssektor (ohne Handel) und im öffentlichen Bereich. Wesentlich größer ist die Spannweite bei der tatsächlichen Jahresarbeitszeit. Während im Handel (1551 Stunden) und im Wirtschaftszweig Sonstige Dienstleistungen (1585 Stunden) durchschnittlich am wenigsten gearbeitet wird[10], kommen die Arbeitnehmer in den Bereichen Energiewirtschaft, Bergbau und Verkehr/Nachrichten auf die meisten Jahresarbeitsstunden (1703 Stunden).

Die wesentlich größere Spanne bei der tatsächlichen Jahresarbeitszeit gegenüber der tariflichen Arbeitszeit erklärt sich unter anderem durch die unterschiedlichen Teilzeitquoten und durch die unterschiedliche Überstundenzahl[11]. Eine Betrachtung der tatsächlichen Arbeitszeiten und der Überstunden macht Polarisierungen auf dem Arbeitsmarkt deutlich. Dazu ist es sinnvoll, sich weniger auf die Betriebsbefragungen der Arbeitsamtsstatistik zu stützen, sondern auf Arbeitnehmerbefragungen, da hierbei Dinge erfaßt werden, die durch amtliche Datenquellen nicht berücksichtigt sind. In einer großangelegten Arbeitnehmerbefragung[12] zeigte sich, daß eine ganze Reihe von Beschäftigten immer noch eine vertragliche Arbeitszeit von mehr als 40 Stunden in der Woche hat, davon immerhin mehr als 40 Prozent von 45 Stunden und mehr (vor allem Beschäftigte mit Leitungsfunktionen und Facharbeiter in Klein- und Kleinstbetrieben).

Normale, das heißt zusätzlich abgegoltene Überstunden unterscheiden sich deutlich nach Branchen (von einer Stunde wöchentlich im Bergbau bis zu 4,6 Stunden im Wirtschaftszweig Verkehr/Nachrichten) und nach der Qualifikation der Arbeit-

---

[10] Diese geringen durchschnittlichen Arbeitszeiten lassen sich teilweise auf überdurchschnittlich hohe Teilzeitquoten zurückführen.

[11] Generell ist das Überstundenniveau von 1960 bis 1970 stark angestiegen, danach jedoch – mit besonders deutlichen Abschwüngen in den Rezessionsjahren – stetig gesunken. Erst seit 1983 gibt es wieder einen leichten Anstieg zu verzeichnen; vgl. zur Überstundenentwicklung auch *Michael Weidinger* und *Andreas Hoff*, Tendenzen der Arbeits- und Betriebszeitentwicklung, in: Dietrich Henckel (Hrsg.), Arbeitszeit, Betriebszeit, Freizeit – Auswirkungen auf die Raumentwicklung, Stuttgart 1988, S. 93–133.

[12] Vgl. *Minister für Arbeit, Gesundheit und Soziales des Landes Nordrhein-Westfalen* (Hrsg.), Arbeitszeit '87, Düsseldorf 1987, in dem die Studie des Instituts zur Erforschung sozialer Chancen (ISO) – im folgenden *ISO-Studie* genannt – vorgestellt ist.

nehmer: Mehrmals Überstunden in der Woche machen zwischen 13 Prozent der einfachen Angestellten und 50 Prozent der leitenden Angestellten. Verdeckte, nicht extra abgegoltene Überstunden werden immerhin von 12 Prozent der Beschäftigten geleistet. Diese fallen bei 25 Prozent aller Vorarbeiter/Meister an, aber nur bei 7 Prozent der Beamten. Diese Überstunden sind deswegen besonders erwähnenswert, weil sie nicht in den offiziellen Statistiken erscheinen.
Die in diesen Zahlen sichtbare Polarisierung der Arbeitszeiten zwischen niedrig- und hochqualifizierten Tätigkeiten – wobei vor allem die fachliche Qualifikation und weniger die schulische gemeint ist – wird voraussichtlich noch zunehmen. Das zeigt sich in den betriebsinternen Umsetzungen der allgemeinen Arbeitszeitverkürzungen; für einfache Tätigkeiten werden sie voll umgesetzt, für qualifizierte Tätigkeiten kaum oder gar nicht. Begründen läßt sich dies aus dem verbreiteten Mangel an fachlich qualifizierten Arbeitskräften, der auf längere Zeit eher noch zunehmen wird.

Betriebszeit

Zu den Betriebszeiten der Unternehmen gibt es nur sehr wenig empirisches Material. Die derzeit einzigen repräsentativen Ergebnisse liefert eine Umfrage im Verarbeitenden Gewerbe[13]. Danach beträgt die durchschnittliche wöchentliche Betriebszeit im Verarbeitenden Gewerbe 61 Stunden, im Einschichtbetrieb 40 und im Mehrschichtbetrieb 99 Stunden. Durch den branchenspezifisch unterschiedlichen Anteil an Schichtbetrieb reicht die durchschnittliche Betriebsdauer von 41,3 (Leder- und Bekleidungsgewerbe) und 42,4 Stunden (Holzverarbeitung usw.) bis zu 80,3 (Holzbearbeitung, Papier/Pappe) und 81,3 Stunden (Textilgewerbe). Die Betriebsgröße spielt gegenüber der Branchenzugehörigkeit nur eine geringe Rolle bei der Unterscheidung der Betriebsdauern.
Zur Ergänzung dieser repräsentativen Zahlen des Verarbeitenden Gewerbes mit Zahlen aus anderen Wirtschaftszweigen greifen wir auf unsere Befragung in den Fallstudienstädten zurück. Zwar sind die Daten nicht repräsentativ, sie zeigen jedoch Tendenzen auf (vgl. Tabelle 2). Danach gibt es in allen Wirtschaftsbereichen große Streuungen mit Ausnahme des Bereiches Banken/Versicherungen. Hier scheint die 40-Stunden-Betriebszeit sehr weit verbreitet zu sein. Die längsten Betriebszeiten gibt es tendenziell in den Bereichen Energiewirtschaft/Bergbau und Verkehr/Nachrichten.

---

13 Die Umfrage wurde im Oktober 1984 vom Institut für Arbeitsmarkt- und Berufsforschung (IAB) und vom Ifo-Institut durchgeführt; vgl. *Lutz Reyher u. a.*, Zu den Beschäftigungspotentialen einer Entkoppelung von Arbeits- und Betriebszeit, in: Mitteilungen aus der Arbeitsmarkt- und Berufsforschung, H. 1 (1985), S. 30 ff.; *Kurt Vogler-Ludwig*, Arbeitszeitverkürzung – Betriebszeitverlängerung, in: Karl Furmaniak und Ulrich Weihe (Hrsg.), Flexibilisierung der Arbeitszeit, München 1986, S. 215–232.

Tabelle 2 – *Durchschnittliche Wochenbetriebszeiten in ausgewählten[1] Wirtschaftszweigen**

| Bereich | Durchschnittl. Betriebszeit (in Std.) | Durchschnittl. Betriebszeit, gewichtet nach Betriebsgröße (in Std.) | Zahl der befragten Betriebe | Streuung |
|---|---|---|---|---|
| Energie, Bergbau, Verarbeitendes Gewerbe | 61,6 | 95,2 | 11 | 49,2 |
| Verkehr/Nachrichten, Banken, Versicherungen | 83,2 | 81,2 | 96 | 54,1 |
| Gebietskörperschaften/Sozialvers. | 58,3 | 65,9 | 121 | 38,9 |
| Insgesamt[2] | 62,5 | 60,6 | 343 | – |

\* Quelle: Eigene Erhebung des Deutschen Instituts für Urbanistik.

[1] Bei den anderen Wirtschaftszweigen ist die Stichprobengröße für die Ausweisung von Werten zu gering.
[2] Für alle Wirtschaftszweige.

Zwei Entwicklungen lassen Veränderungen der derzeitigen Betriebszeiten erwarten:
- Die wachsende Kapitalintensität der Produktion und der Betriebsausstattung übt einen Druck auf eine Ausweitung der Betriebszeiten aus.
- Die derzeitigen Arbeitszeitverkürzungen bedeuten – sofern die Betriebszeit nicht von der Arbeitszeit entkoppelt wird – auch Verkürzungen der Betriebszeit.

Sollen die Betriebszeiten jedoch trotz Arbeitszeitverkürzung beibehalten oder sogar ausgedehnt werden, bedingt die notwendige Entkoppelung neue Organisationsformen und teilweise ganz neue Konzepte der Arbeits- und Ruhezeitgestaltung[14]. In der Ifo/IAB-Umfrage hielten 55 Prozent der Betriebe des Verarbeitenden Gewerbes

---

[14] Vgl. *Weidinger/Hoff*, S. 94 ff. Ein inzwischen realisiertes Beispiel ist das „BMW-Modell" im Werk Regensburg. Dort wird seit Mai 1988 eine 54-Stunden-Betriebswoche mit 36 Wochenstunden Arbeitszeit (bei vollem Lohnausgleich) praktiziert. Jeder Arbeiter arbeitet vier Tage in der Woche jeweils neun Stunden, die Produktionsanlagen laufen sechs Tage in der Woche. Drei Beschäftigte kommen auf zwei Arbeitsplätze, die Belegschaft wurde um 800 auf 2600 Beschäftigte erhöht. Damit konnte die Auslastung der Maschinen um 35 Prozent gesteigert werden, mit der Folge einer Gesamtkostenersparnis von 10 Prozent.

eine Entkoppelung grundsätzlich für möglich[15]; nur 16 Prozent waren es in der Kunststoffwarenherstellung/Gummiverarbeitung, 80 Prozent dagegen in der Metallerzeugung/-bearbeitung. Eine Auswertung von Tarifverträgen bezüglich *konkreter* Entkoppelungen ergibt, daß durch die Umsetzung der 38,5-Stunden-Woche in 56 Prozent der Metall- und etwa 80 Prozent der Druck- und holzverarbeitenden Betriebe die Betriebszeiten nicht entkoppelt und die Arbeitszeiten entsprechend gekürzt werden[16].
Die Ifo/IAB-Umfrage brachte das Ergebnis, daß selbst bei einem dauerhaften Nachfrageanstieg 31 Prozent aller befragten Betriebe keine Möglichkeit mehr sehen, die Betriebszeit auszuweiten[17].
Im Falle eines Nachfrageanstiegs würden allerdings zwei Drittel der Betriebe die Betriebszeit ausweiten, sowohl in der Form der Verlängerung der täglichen Betriebszeit als auch durch zusätzliche Arbeitstage. 63 Prozent der Beschäftigten im Produktionsbereich wären davon betroffen; die bei anhaltendem Nachfrageanstieg angestrebte Betriebsdauer läge um 11 Prozent über dem derzeitigen Wert und würde sich damit von durchschnittlich knapp 61 Stunden auf 67 Stunden erhöhen.
Um Aussagen über andere Wirtschaftszweige als das Verarbeitende Gewerbe zu erhalten, greifen wir wieder auf unsere Befragung zurück. Dort wurde unter anderem die Frage gestellt, ob mit Betriebszeitveränderungen gerechnet wird (vgl. Tabelle 3). Dabei zeigte sich:

- Generell halten sich die vorgesehenen Betriebszeitverlängerungen und -verkürzungen etwa die Waage. Da die Verkürzung aber im allgemeinen nur angepaßt an die Arbeitszeitverkürzung stattfindet, Verlängerungen aber eher größeren Umfang haben, ist im Nettoeffekt eine Verlängerung wahrscheinlich.
- Sehr deutlich ist die Tendenz zur Zunahme der Betriebszeitflexibilisierung im Verarbeitenden Gewerbe und bei den Banken und Versicherungen (44 Prozent).
- In den beiden genannten Bereichen ist auch die Samstagsausweitung bei 13 bzw. 16 Prozent der Betriebe akut, während der Sonntag nicht zur Diskussion steht.
- Im Bereich Verkehr/Nachrichten gibt es Tendenzen zur Einschränkung des Wochenendbetriebes.
- Ausgesprochen statisch sind der Bereich Energiewirtschaft/Bergbau sowie der öffentliche Sektor; bei 100 bzw. 96 Prozent aller Betriebe wird mit keinerlei Betriebszeitveränderungen gerechnet.
- Das Verarbeitende Gewerbe ist sehr veränderungsfreudig: 65 Prozent der Betriebe erwarten irgendwelche Veränderungen; dabei wird etwa gleichermaßen mit Betriebszeitverlängerungen, -verkürzungen, Schichtausweitung (wobei offen ist, ob damit tatsächliche Betriebszeitverlängerungen einhergehen) und Flexibilisierung gerechnet.

---

15 Vgl. Ifo/IAB-Umfrage; *Vogler-Ludwig*, S. 232.
16 Vgl. *Gerhard Bosch*, Entkoppelung von Arbeits- und Betriebszeiten, in: WSI-Mitteilungen, H. 12 (1987).
17 Vgl. *Lutz Reyher u.a.*, Arbeitszeitverkürzung – Betriebszeitverlängerung, in: Ifo-Schnelldienst, Nr. 14 (1985), S. 15.

Tabelle 3 – *Betriebszeitveränderungen in ausgewählten Wirtschaftszweigen*\*

Auf die Frage: „Sind in den nächsten Jahren Betriebszeitveränderungen vorgesehen (die Möglichkeit von Kapazitäts-/Nachfrageausweitungen eingeschlossen)?" antworteten mit „Ja" (Antworten in %):

| Betriebs-zeitver-änderung \ Wirtschaftszweig | Energie, Bergbau | Ver-arbeitendes Gewerbe | Verkehr/ Nachrichten | Banken, Versicherungen | Gebietskör-perschaften/ Sozialver-sicherung | Ins-gesamt[1] |
|---|---|---|---|---|---|---|
| Betriebszeitverlängerung | – | 28 | 4 | 16 | 1 | 10 |
| Betriebszeitverkürzung | – | 25 | 13 | 16 | 2 | 11 |
| Schichtausweitung[2] | – | 27 | 10 | 4 | 1 | 10 |
| Schichteinschränkung[2] | – | 5 | 4 | 4 | 1 | 3 |
| Betriebszeit-Flexi-bilisierung/Zunahme | – | 32 | 9 | 44 | – | 14 |
| Betriebszeit-Flexi-bilisierung/Abnahme | – | – | – | – | – | 0 |
| Ausweitung am Samstag | – | 13 | 5 | 16 | – | 6 |
| Einschränkung am Samstag | – | 3 | 7 | – | – | 3 |
| Ausweitung am Sonntag | – | 1 | 2 | – | 1 | 1 |
| Einschränkung am Sonntag | – | – | 6 | – | – | 2 |
| Sonstige | – | 1 | 1 | – | – | 1 |
| Keine Veränderung | 100 | 35 | 74 | 44 | 96 | 70 |
| Befragte Betriebe (abs.) | 11 | 75 | 96 | 25 | 123 | 346 |

Quelle: Eigene Erhebung des Deutschen Instituts für Urbanistik.

\* Alle Wirtschaftszweige.
[1] Alle Wirtschaftszweige.
[2] Bei den Schichtveränderungen ist aufgrund der Fragestellung allerdings offen, ob damit Betriebszeitveränderungen einhergehen.

Um Anhaltspunkte über branchenspezifische Tendenzen zur Betriebszeitausweitung zu gewinnen, läßt sich schließlich auch die Kostensituation in den einzelnen Branchen analysieren[18]. Das Verhältnis der fixen Kosten zu den Personalkosten ist ein tauglicher Indikator dafür, ob sich Betriebszeitausweitungen „rechnen". Generell kommt man zu dem Schluß, daß eine Erweiterung der Betriebszeit in den meisten Branchen des Verarbeitenden Gewerbes zu deutlich verbesserten Kosten-Nutzen-Relationen führen würde. Ein besonders ausgeprägtes Interesse läßt sich bei den Herstellern von Büromaschinen, ADV-Geräten und -Einrichtungen sowie bei den Produzenten von Kunststoffwaren, in der Papier- und Pappeverarbeitung sowie im Ernährungsgewerbe vermuten.

### 2.2.2 Arbeits- und Betriebszeitlagen

Eine Infas-Untersuchung[19] kommt zu dem Ergebnis, daß heute jeder dritte Arbeitnehmer zu mindestens teilweise „ungewöhnlichen" Arbeitszeiten tätig ist, also Wochenend- oder Schichtarbeit leistet oder unregelmäßige und wechselnde Arbeitszeiten hat. Zu noch höheren Zahlen kommt die ISO-Studie[20], in der alle die von der normalen Fünf-Tage-Arbeitswoche abweichenden Arbeitsverhältnisse zusätzlich berücksichtig werden. 45 Prozent der Beschäftigten haben danach zumindest in Teilen von der Norm abweichende Arbeitszeitlagen. Im folgenden werden diese ungewöhnlichen Lagen der Arbeitszeit im einzelnen betrachtet.

SCHICHT- UND NACHTARBEIT

In der Bundesrepublik leisten derzeit etwa 12 Prozent aller Arbeitnehmer regelmäßig Schichtarbeit[21]. Diese Quote hat sich seit 1980 kaum verändert, wie sich in einem Vergleich der Quoten der ISO-Studie mit früheren, vergleichbaren Daten ergibt[22]. Etwa die Hälfte davon arbeitet regelmäßig auch nachts. Insgesamt leisten 13 Prozent aller Beschäftigten regelmäßig Nachtarbeit; auch diese Quote ist seit 1980 in etwa konstant geblieben.

Im Verarbeitenden Gewerbe ist der Anstieg der Schichtarbeit in den letzten Jahren ebenfalls gering. Nach der Selbsteinschätzung der Beschäftigten hat die Quote von 14

---

18 Vgl. dazu die detaillierten Ergebnisse bei *Weidinger/Hoff*, S. 108 ff.
19 Vgl. *Information der Landesregierung NRW*, Nr. 469/7/87 vom 22. 7. 1987 über die Ergebnisse einer Infas-Untersuchung.
20 Vgl. *ISO-Studie*, S. 7.
21 Vgl. ebenda, S. 34 f. Diesen Zahlen liegt die Selbsteinstufung der Beschäftigten zugrunde; Unternehmensbefragungen mit breiteren Definitionen von Schichtarbeit führen im Ergebnis zu höheren Quoten.
22 Vgl. die Hinweise in der *ISO-Studie* sowie *Uwe Engfer u. a.*, Arbeitszeitsituation und Arbeitszeitverkürzung in der Sicht der Beschäftigten, in: Mitteilungen aus der Arbeitsmarkt- und Berufsforschung, H. 2 (1983), S. 91 ff.

Prozent 1981 auf 16 Prozent 1987 zugenommen[23]. Seit Beginn der sechziger Jahre, also in einem Zeitraum von etwa 25 Jahren, hat sie sich allerdings fast verdoppelt[24].
Die heutige Struktur der Schichtarbeit zeigt starke Unterschiede zwischen den Wirtschaftszweigen. Während sie im Baugewerbe, in privaten Haushalten oder in der Land- und Forstwirtschaft praktisch überhaupt nicht vorkommt, liegen die Anteile deutlich über 20 Prozent in den Branchen: Verkehr/Nachrichten (21 Prozent), Metallbau (22 Prozent), Chemie (23 Prozent) und Bergbau (27 Prozent)[25]. Die Ifo/IAB-Umfrage kommt hier wiederum zu deutlich höheren Werten, die sich aus der gegenüber der Arbeitnehmereinschätzung weiteren betrieblichen Definition von Schichtarbeit erklären. Schwer erklärlich ist allerdings eine deutlich andere Rangfolge bezüglich des Einsatzes von Schichtarbeit. So haben in der Betriebsbefragung im Verarbeitenden Gewerbe Holzbearbeitung/Papier (37 Prozent), Metallerzeugung (40 Prozent) und Textil (47 Prozent) die höchsten Schichtarbeitsquoten. Vermutlich spielen hier Repräsentativitätsprobleme und das „Durchschlagen" der Werte von großen Betrieben eine Rolle. Der Schichtarbeiteranteil korreliert nämlich stark mit der Betriebsgröße, große Betriebe haben im allgemeinen kapitalintensivere Produktionsanlagen, deren Auslastung durch Schichtarbeit sichergestellt werden soll.
Deutliche branchenspezifische Unterschiede bestehen auch in der Verteilung von Zwei- und Drei-Schicht-Betrieb: Innerhalb des Verarbeitenden Gewerbe reicht das Verhältnis von 95 : 5 (Holzverarbeitung usw.) bis zu 19 : 81 (Leder/Textil).
In unserer Befragung in den Fallstudienstädten ergaben sich ähnlich hohe Werte wie in der Betriebsbefragung des Ifo/IAB. Die Spanne geht dabei von 4 Prozent (von Schichtarbeit betroffene Beschäftigte) im Bereich Banken/Versicherungen über 20 Prozent im öffentlichen Bereich und 23 Prozent im Verarbeitenden Gewerbe bis zu etwa 35 Prozent im Bereich Energie/Verkehr/Nachrichten. In einer Analyse der „erklärenden Faktoren" für Schichtarbeit[26] erwies sich, daß vor allem der Angestelltenanteil bzw. der Anteil der in der Produktion Beschäftigten mit den unterschiedlichen Schichtarbeitsquoten in Zusammenhang stehen und damit wesentlich aussagekräftiger sind als die Branchenzugehörigkeit. Dies belegt, daß Schichtarbeit nach wie vor stark in der Produktion eingesetzt wird. Neben den manuellen Industrie- und Handwerksberufen sind in besonderem Maße auch soziale Dienstleistungsberufe betroffen[27].
Aus unserer Umfrage lassen sich Tendenzen zur Schichtausweitung ablesen (vgl. Tabelle 3), allerdings betrifft dies ausschließlich den Bereich Verkehr/Nachrichten und das Verarbeitende Gewerbe. Im produzierenden Sektor sind von 27 Prozent der

---

23 Vgl. *ISO-Studie* und *Engfer u. a.*, S. 95.
24 Die Quote der Schichtarbeit stieg von 14 Prozent zu Beginn der sechziger Jahre über 20 Prozent 1976 bis auf 25 Prozent 1986, vgl. *Vogler-Ludwig*, S. 220 und S. 229. Die Zahlen sind höher als die vorgenannten, da sie aus Unternehmensbefragungen stammen.
25 Vgl. *ISO-Studie*, S. 36.
26 Dazu wurden mehrfaktorielle Varianzanalysen mit den Faktoren Angestelltenanteil, Anteil der Produktionsbeschäftigten, Branche und Ort durchgeführt.
27 Vgl. *Engfer u. a.*, S. 95.

Betriebe unter Umständen Schichtausweitungen vorgesehen; 5 Prozent rechnen eher mit einer Einschränkung des Schichtbetriebes. In allen anderen Bereichen scheint sich die Schichtarbeit, wie schon in den letzten Jahren, wenig zu verändern.

WOCHENENDARBEIT

Der Anteil derjenigen Beschäftigten, die an *jedem* Wochenende arbeiten, ist in den letzten Jahren stark gestiegen, von 6 Prozent im Jahr 1984 auf immerhin 14 Prozent 1987[28]. Diese Entwicklung ist vermutlich fast ausschließlich auf den starken Anstieg der Samstagsarbeit zurückzuführen.
32 Prozent der Beschäftigten arbeiten inzwischen mindestens einmal monatlich am Samstag. Noch 1980/81 waren dies erst knapp 20 Prozent. „Dieser enorme Anstieg ist in erster Linie auf die Ausweitung der Samstagsarbeit im industriellen Bereich zurückzuführen. In diesem großen Sektor hat sich der Anteil der regelmäßigen Samstagsarbeiter fast verdreifacht und damit den Quoten in den anderen Wirtschaftszweigen angenähert"[29] (vgl. Tabelle 4). Allein im öffentlichen Bereich ist die Samstagsarbeit kaum ausgeweitet worden. Insgesamt sind mehr als 7 Millionen Beschäftigte regelmäßig am Samstag tätig.

Tabelle 4 – *Regelmäßige Samstagsarbeit im Vergleich (Angaben in %)**

| Branche | Beschäftigte mit regelmäßiger[1] Samstagsarbeit | |
|---|---|---|
| | 1981 | 1987 |
| Grundstoff- und weiterverarbeitende Industrie, Baugewerbe | 11 | 29 |
| Handel, Verkehr und Nachrichten | 32 | 45 |
| Banken, Versicherungen, sonstige private Dienstleistungen | 24 | 34 |
| Öffentlicher Dienst | 30 | 33 |

* Quelle: *ISO-Studie*, S. 44.
[1] Mindestens einmal im Monat.

Eine detaillierte Betrachtung der Branchen bzw. Wirtschaftszweige zeigt, daß ganz unterschiedlich oft regelmäßig samstags gearbeitet wird: Das Spektrum reicht von 12 Prozent der Beschäftigten bei Banken/Versicherungen bis zu 59 und 68 Prozent in den Branchen Nahrung/Genußmittel und Hotel/Gaststätten.

---

[28] Vgl. auch zu den folgenden Daten die *ISO-Studie*, S. 43 ff.
[29] Ebenda, S. 44.

Das starke Vordringen der Samstagsarbeit im Produzierenden Gewerbe erfolgt vor allem durch zusätzlichen Einsatz von Überstunden[30], besonders in der Chemie- und in der Metallindustrie. In den anderen Wirtschaftszweigen ist Samstagsarbeit zu mehr als 80 Prozent Regelarbeitszeit. In Betriebsbefragungen (wie auch in unserer Umfrage) ergeben sich im allgemeinen deutlich niedrigere Werte für Samstagsarbeit, da hier – anders als aus Beschäftigtensicht – nur die Samstage mit Regelarbeit angegeben werden (regelmäßige Überstunden am Wochenende aber unberücksichtigt bleiben). Der Druck auf eine Ausweitung der Betriebszeiten vor allem im industriellen Bereich – hauptsächlich aufgrund der gestiegenen Kapitalintensitäten – hat offensichtlich schon in den vergangenen Jahren zu verstärktem Samstagsbetrieb geführt. Es gibt keine Anzeichen dafür, daß diese Tendenz gebremst würde. In der Betriebsbefragung in den Fallstudienstädten (vgl. Tabelle 3) zeigt sich auch, daß 13 Prozent der Betriebe im Verarbeitenden Gewerbe eine Samstagsausweitung ins Kalkül ziehen (3 Prozent rechnen mit Einschränkungen). Noch deutlicher ist dies allerdings bei den Banken/Versicherungen, bei denen 16 Prozent Ausweitungstendenzen für den Samstag angeben.

Der Sonntag ist nach wie vor der von wirtschaftlichen Aktivitäten freigehaltene Ruhetag. Dennoch leisten 10 Prozent der Beschäftigten, also über 2,2 Millionen Arbeitnehmer, regelmäßig, das heißt mindestens einmal im Monat, Sonntagsarbeit[31]. 1981 waren es noch 7 Prozent; dieser Anstieg ist nahezu ausschließlich auf den Zuwachs im Dienstleistungsbereich zurückzuführen. Während im Verarbeitenden Gewerbe die Quote in diesem Zeitraum mit 5 Prozent praktisch stabil blieb, stieg sie im Dienstleistungsbereich in diesen sechs Jahren von 7 auf 13 Prozent.

Sonntagsarbeit ist in den einzelnen Wirtschaftszweigen sehr unterschiedlich verbreitet. Regelmäßige Arbeit an Sonn- und Feiertagen leisten nur ein Prozent im Handel oder in der Textil- und Bekleidungsbranche. 24 Prozent sind es dagegen im Bereich Verkehr/Nachrichten, 54 Prozent gar in der Gastronomie.

Vor allem „gesellschaftlich wichtige" Gründe erfordern Sonntagsarbeit, also zum Beispiel im Sozialbereich oder in Versorgungs- oder Verkehrsbetrieben. Im engeren Sinne produktionstechnische Gründe spielen nur in 25 Prozent aller Fälle eine Rolle. Im produzierenden Gewerbe ist Sonntagsarbeit nach der heutigen Arbeitsgesetzgebung auch nur aus solchen Gründen erlaubt. Dennoch ist Arbeit an Sonn- und Feiertagen dort in größerem Umfang als Überstundentätigkeit verbreitet. Generell, das heißt über alle Wirtschaftszweige hinweg, gehört für 69 Prozent aller Sonntagsbeschäftigten die Arbeit an diesen Tagen zu ihrer Regelarbeitszeit.

Eine auch in Zukunft zunehmende Sonntagsarbeit läßt sich vor allem im Dienstleistungsbereich erwarten. Es besteht ein deutlicher Zusammenhang zwischen wirtschaftlichem Strukturwandel, Tertiärisierung und wachsendem Freizeitanteil auf der einen Seite und solchen Tätigkeiten, die für den immer anspruchsvolleren Freizeitkonsum an Sonn- und Feiertagen zur Verfügung stehen müssen. Untersucht man

---

[30] Detaillierte Angaben zum Charakter der Samstagsarbeit finden sich ebenda, S. 47.
[31] Vgl. zur Sonntagsarbeit ebenda, S. 46 ff.

die Zahl der Beschäftigten, die aufgrund ihrer Tätigkeiten potentiell für Sonntagsarbeit in Frage kommen, so stellt man fest, daß dieses Beschäftigtenpotential von 1978 bis 1986 um etwa 400 000 Personen gestiegen ist[32]. Diese Zahl entspricht in der Tendenz dem tatsächlichen Anstieg der Sonntagsarbeit in dieser Zeit. Daher läßt sich vermuten, daß ein großer Teil des gewachsenen Beschäftigtenpotentials mit „typischen" Sonntagstätigkeiten auch tatsächlich Sonntagsarbeit verrichtet, daß darüber hinaus aber auch noch weitere Beschäftigte, die früher nicht sonntags gearbeitet haben, nun auch sonntags tätig sind[33].

Auch unsere Betriebsbefragung in den Städten belegt, daß außerhalb des Dienstleistungsbereichs eine Ausdehnung der Sonntagsarbeit kaum zu erwarten ist (vgl. Tabelle 3). Nur einer von 75 Betrieben des Verarbeitenden Gewerbes rechnet mit einer Ausdehnung bzw. Aufnahme der Sonntagsarbeit. Im Bereich Verkehr/Nachrichten wird sogar von einer Reduzierung der Sonntagsarbeit ausgegangen. Allerdings scheinen gerade im Verarbeitenden Gewerbe nur die gesetzlichen Regelungen das entscheidende Hemmnis einer Ausweitung auf den Sonntag zu sein. Einige Branchen, vor allem die elektrotechnische und die Textilindustrie, dringen auf Ausnahmegenehmigungen für Sonntagsarbeit. Wenig versteckt steht hinter diesem Anliegen das Argument der Wahrung der internationalen Konkurrenzfähigkeit. Nur wenige Betriebe können produktionstechnische Gründe als Notwendigkeit der Sonntagsarbeit glaubhaft machen[34]. Solange die gesetzlichen Regelungen allerdings unverändert bleiben und in ihrer Auslegung nicht weiter aufgeweicht werden, dürfte die Zunahme der Sonntagsbeschäftigten in der Industrie unerheblich sein.

2.2.3 Arbeits(zeit)formen

Im folgenden geht es um die Art der Beschäftigungsverhältnisse: um Teilzeitbeschäftigung, um befristete Beschäftigung sowie um die Flexibilität der Arbeitszeitlagen. Damit wird neben den oben beschriebenen Arbeitszeitlagen ein weiterer Aspekt der „Qualität" der Arbeitsverhältnisse aufgegriffen.

TEILZEITARBEIT

Generell ist es äußerst problematisch, von *der* Teilzeitarbeit zu sprechen; eine 30-Stunden-Arbeitswoche hat eine grundsätzlich andere Qualität als eine wöchentliche Arbeitszeit von zehn Stunden. Beispielsweise ist die Frage der sozialen Sicherung in diesem Zusammenhang ganz wesentlich.

---

32 Vgl. dazu die Untersuchung des Instituts der deutschen Wirtschaft (IWD): *Informationsdienst des IWD*, Nr. 40 vom 1. 10. 1987, S. 4: Sonntagsarbeit, Zwang zum Umdenken.
33 Vgl. *ISO-Studie*, S. 48.
34 Die Chip-Produktion stellt solch einen strittigen Grenzfall dar. Beispielsweise darf zwar IBM in Böblingen vorläufig und befristet Sonntagsarbeit einführen, jedoch muß noch nachgewiesen werden, daß die Ausschußquote in der Produktion durch den Sonntagsbetrieb deutlich gesenkt wird; vgl. *Handelsblatt* vom 14. 3. und vom 11. 4. 1988.

Dennoch sollen zunächst – für alle unterschiedlichen Teilzeitformen zusammengefaßt – der heutige Stand der Teilzeitarbeit und ihre Entwicklung aufgezeigt werden[35]. Seit 1960 hat sich die Teilzeitquote bei den Frauen nahezu vervierfacht (von 6,4 Prozent auf 24,4 Prozent 1986); bei den Männern ist sie auf niedrigem Niveau fast unverändert geblieben. Weniger als ein Prozent der Männer ist teilzeitbeschäftigt (vgl. Schaubild 2). Insgesamt ergibt dies einen Anstieg der Teilzeitquote von 2,5 Prozent 1960 auf 9,9 Prozent 1986. Ein starker Anstieg bis 1973 wurde von einer Stagnation abgelöst, die bis 1982 anhielt. Seither ist wieder ein relativ flacher Anstieg zu verzeichnen.

Schaubild 2 – *Teilzeitquoten (bezogen auf die jeweils Gesamtbeschäftigten)* *

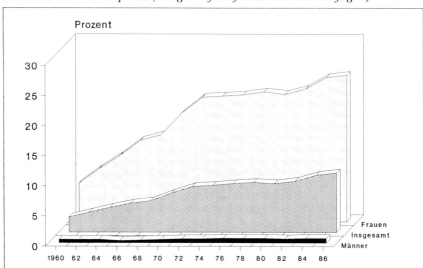

* Quelle: Nach *Hans Kohler* und *Lutz Reyher,* Arbeitszeit und Arbeitsvolumen in der Bundesrepublik Deutschland 1960–1968, Nürnberg 1988, S. 59.

Eine Differenzierung der Teilzeitquoten nach Alter, Familienstand und Wirtschaftsbereich zeigt bei Männern (relativ) hohe Werte für die unter 30- und die über 60jährigen; ebenfalls überdurchschnittlich hoch sind die Quoten in der Land- und Forstwirtschaft sowie bei den in Organisationen ohne Erwerbscharakter Tätigen (vgl. Tabelle 5). Bei den Frauen zeigen sich die Schwerpunkte recht deutlich in den mittleren Altersgruppen sowie bei den verheirateten und verwitweten Frauen. Überdurchschnittlich hoch sind die Teilzeitquoten auch bei den in Organisationen ohne Erwerbscharakter beschäftigten Frauen.

---

[35] Vgl. zum Folgendem auch *Kohler/Reyher*, S. 57 ff. Den Zahlen liegt der relativ enge Teilzeitbegriff der IAB-Rechnung zugrunde.

Tabelle 5 – *Teilzeitarbeit nach ausgewählten Merkmalen (Juni 1984), in % (EG-Stichprobe, Mikrozensus)* *

| Alter, Familienstand, Wirtschaftsabteilung | Teilzeit | | |
|---|---|---|---|
| | Männer | Frauen | Insgesamt |
| Alter von ... bis unter ... Jahre | | | |
| 15–20 | 3,7 | 5,8 | 4,6 |
| 20–25 | 1,8 | 7,9 | 4,6 |
| 25–30 | 2,2 | 20,0 | 9,4 |
| 30–35 | 1,5 | 32,8 | 13,4 |
| 35–40 | 0,9 | 39,1 | 14,5 |
| 40–45 | 0,7 | 41,6 | 15,3 |
| 45–50 | 0,7 | 42,1 | 15,1 |
| 50–55 | 0,8 | 38,2 | 13,2 |
| 55–60 | 1,0 | 34,9 | 13,0 |
| 60–65 | 2,8 | 35,3 | 12,4 |
| 65 und mehr | 46,9 | 45,7 | 46,2 |
| Familienstand | | | |
| ledig | 2,8 | 5,9 | 4,1 |
| verheiratet | 0,9 | 42,3 | 14,8 |
| verwitwet | 4,4 | 40,6 | 30,8 |
| geschieden | 1,5 | 20,0 | 12,5 |
| Wirtschaftsabteilung | | | |
| Land- und Forstwirtschaft | 4,4 | 27,2 | 11,0 |
| Energie-/Wasserversorgung | 0,8 | 24,4 | 2,9 |
| Verarbeitendes Gewerbe | 1,1 | 21,5 | 6,7 |
| Baugewerbe | 1,1 | 33,7 | 3,9 |
| Handel | 1,7 | 34,9 | 21,1 |
| Verkehr, Nachrichten | 1,1 | 31,5 | 8,0 |
| Private Dienstleistungen | 1,7 | 28,1 | 20,0 |
| Org. ohne Erwerbscharakter, Private Haushalte | 6,0 | 43,1 | 30,3 |
| Gebietskörperschaften, Sozialversicherung | 0,9 | 27,0 | 8,6 |
| Kreditinstitute, Versicherungen | 0,9 | 21,3 | 11,0 |
| Insgesamt | 1,5 | 27,9 | 11,6 |

* Quelle: *Hans Kohler* und *Lutz Reyher*, Arbeitszeit und Arbeitsvolumen in der Bundesrepublik Deutschland 1960–1986, Nürnberg 1988, S. 62 (Auszug).

Die höchsten Teilzeitquoten in den Wirtschaftszweigen haben – aufgrund ihres hohen Anteils teilzeitbeschäftigter Frauen – der Handel (21,1 Prozent), die privaten Dienstleistungen (20,0 Prozent) sowie die Organisationen ohne Erwerbscharakter (30,3 Prozent).
Teilzeitbeschäftigung umfaßt ein breites Spektrum von Arbeitsformen. So ist etwa ein Drittel der Beschäftigten weniger als 19 Stunden in der Woche tätig[36] und damit nicht mehr arbeitslosenversichert. Die Beschäftigten mit weniger als 15 Wochenarbeitsstunden liegen unter der Grenze der Sozialversicherungspflicht und sind damit zu der Gruppe von Arbeitnehmern mit geringer oder gar keiner sozialen Sicherung durch Rente oder Arbeitslosengeld zu zählen. Der Anteil dieser „tendenziell geringfügig Beschäftigten", wie sie in der ISO-Studie genannt werden, ist wesentlich stärker gestiegen als die Teilzeitquote der Frauen insgesamt. War ihr Anteil an den teilzeitbeschäftigten Frauen 1970 noch knapp über 10 Prozent, so stieg er über 15 Prozent 1983 bis auf etwa 27 Prozent 1987. Gerade in den letzten Jahren ist also die Tendenz zur geringfügigen Beschäftigung besonders stark gestiegen. Geht man davon aus, daß etwa die Hälfte dieser Arbeitnehmerinnen mit weniger als 15 Wochenarbeitsstunden den „im strengen Sinne" geringfügig Beschäftigten[37] zuzuordnen ist, kommt man auf eine Quote von 3 Prozent geringfügig beschäftigter Frauen.
Teilzeitbeschäftigte werden eher für un- oder geringqualifizierte als für höherqualifizierte Tätigkeiten eingesetzt[38]. Zwei Drittel der teilzeitbeschäftigten Frauen arbeiten als un- oder angelernte Arbeiterinnen oder als einfache Angestellte (gegenüber der Hälfte von vollzeitbeschäftigten Frauen in solchen Positionen). Bei den tendenziell geringfügig Beschäftigten sind es sogar drei Viertel in dieser beruflichen Stellung. Zusätzlich kann man davon ausgehen, daß mindestens drei Viertel der teilzeitbeschäftigten Frauen in einem Tätigkeitsfeld arbeiten, das nicht ihrer erworbenen (Berufs-) Qualifikation entspricht und diese damit durch Nichtanwendung entwertet wird.
Die zukünftige Entwicklung der Teilzeitarbeit ist nicht nur von den Arbeitnehmerwünschen abhängig, sondern stößt auch auf die langsam zunehmende Bereitschaft der Arbeitgeber, Teilzeitarbeitsplätze bereitzustellen. Etwa 7 Prozent der Vollzeitbeschäftigten geben an, lieber in Teilzeit arbeiten zu wollen (bei entsprechenden Einkommensverlusten[39]); allerdings ist zu vermuten, daß dieser Wunsch eher bei höherqualifizierten, einkommensstärkeren Gruppen geäußert wird, für die Teilzeitarbeitsplätze nur in geringem Umfang zur Verfügung stehen. Demgegenüber wünschen sich 18 Prozent der Teilzeitbeschäftigten Vollzeitbeschäftigung. Ein gewichtiges Potential stellt allerdings auch noch die „stille Reserve" an verheirateten, nichterwerbstätigen Frauen dar; von den verheirateten Frauen sind derzeit knapp 43 Prozent teilzeitbeschäftigt.

---

36 Vgl. *ISO-Studie*, S. 65.
37 Dazu zählen alle Beschäftigten, für die in keiner Weise Sozialversicherungsbeiträge geleistet werden.
38 Vgl. *ISO-Studie*, S. 73 ff. Dort wird auf Arbeitssituation und den Arbeitskräfteeinsatz von Teilzeitbeschäftigten in ausführlicher Weise eingegangen.
39 Vgl. ebenda, S. 88.

Auf Arbeitgeberseite scheint ebenfalls ein durchgängiges, allerdings von Branche zu Branche unterschiedlich ausgeprägtes Interesse an einer Ausweitung der Teilzeitbeschäftigung zu bestehen. Starke Bestrebungen sind hierzu in den Bereichen Handel und private Dienstleistungen festzustellen, in denen Teilzeitbeschäftigung als wirkungsvolles Instrument für erforderliche Arbeitszeitflexibilisierungen (aufgrund betrieblicher Kapazitätsanpassungen) gilt. Aber auch in anderen Branchen erwarten die Arbeitgeber eine Zunahme von Teilzeitarbeit: Die Spanne reicht von 6 Prozent der befragten Betriebe im öffentlichen Bereich bis zu 48 Prozent bei den Banken und Versicherungen (vgl. Tabelle 8). Die Zahlen der Betriebsbefragung erlauben zwar keine generellen Hochrechnungen, geben allerdings eine Tendenz wieder: In den nächsten Jahren wird die Zahl der Teilzeitbeschäftigten insgesamt wohl kaum mehr als um 3 Prozentpunkte steigen.

### Befristete Arbeitsverträge

Zur befristeten Beschäftigung gibt es nur relativ wenig empirisches Material[40]. Eine Beschreibung wird dadurch erschwert, daß befristete Beschäftigungen in unterschiedlichsten Formen vorkommen (vgl. Tabelle 6).

Tabelle 6 – *Erwerbstätige mit befristeter Tätigkeit im weiteren Sinn (Juni 1985)*\*

| | | |
|---|---|---|
| Arbeiter | | 505.700 |
| Angestellte | | 544.000 |
| | insgesamt | 1.049.700 |
| | davon ABM | 93.800 |
| Überlassene Arbeitnehmer | | 48.700 |
| Auszubildende, Praktikanten | | 1.797.800 |
| Beamte auf Probe/Zeit/Widerruf, Zeitsoldaten | | 373.200 |
| Wehrpflichtige, Zivildienstleistende | | 179.300 |
| Insgesamt | | 3.448.700 |

\* Quelle: *Helmut Rudolph,* Befristete Beschäftigung – ein Überblick, in: Mitteilungen aus der Arbeitsmarkt- und Berufsforschung, H. 3 (1987), S. 292.

Insgesamt gab es 1985 rund eine Million befristet beschäftigte Arbeiter und Angestellte (5,4 Prozent der Gesamtbeschäftigten). Nimmt man alle anderen Erwerbstätigen mit befristeten Verträgen hinzu, kommt man sogar auf knapp 3,5 Millionen

---

[40] Eine Übersicht über empirische Untersuchungen gibt *Helmut Rudolph*, Befristete Beschäftigung – ein Überblick, in: Mitteilungen aus der Arbeitsmarkt- und Berufsforschung, H. 3 (1987).

befristet Beschäftigte[41]. Setzt man diese Zahl in Beziehung zur Zahl aller beschäftigten Arbeitnehmer (nach der Beschäftigtenstatistik), so kommt man auf ein Verhältnis von etwa 6 : 1, das heißt, sechs Beschäftigten mit unbefristeten Arbeitsverträgen steht einer mit befristeter Tätigkeit gegenüber. Bei der Arbeitnehmerüberlassung werden die tatsächlichen Zahlen durch den hohen Anteil illegaler Zeitarbeit sogar bei weitem unterschätzt. Schätzwerte gehen etwa von 250 000 bis 300 000 illegal beschäftigten Zeitarbeitnehmern aus[42].

Für die Entwicklung der befristeten Beschäftigung lassen sich kaum generelle Werte angeben. Für drei Bereiche – Arbeitsbeschaffungsmaßnahmen, Arbeitnehmerüberlassungen und Auszubildende – gibt es allerdings relativ verläßliche Daten (vgl. Schaubild 3). Die Verläufe sind jeweils deutlich unterschiedlich, da jeweils verschiedene Faktoren ursächlich für die Entwicklungen sind[43]. Die Wachstumsraten von 1984 bis 1986 sind allerdings in allen Fällen besonders hoch; bei den ABM-Beschäftigten durchschnittlich 16 Prozent, bei den Zeitarbeitskräften 45 Prozent und bei den Auszubildenden 4 Prozent. Die weitere Entwicklung der ABM-Beschäftigung läßt sich, da sie stark von Haushaltmitteln abhängig ist, schwer voraussagen. Bei der Zeitarbeit ist ein Abschwächen des Trends jedoch nicht zu erkennen. Seit dem Verbot der Arbeitnehmerüberlassung im Baugewerbe steigt die Zahl der Zeitarbeiter rapide an und ist damit ein äußeres Zeichen für die Flexibilisierungsbestrebungen der Wirtschaft. Bei den Auszubildenden und Praktikanten ist allerdings mit der zurückgehenden Zahl von Schulabgängern mit einem entsprechenden Rückgang zu rechnen. Generell scheint die Zahl befristeter Arbeitsverhältnisse deutlich zu steigen. Allein zwischen 1984 und 1985 stieg der Anteil der im Rahmen befristeter Beschäftigung erbrachten Arbeit am gesamten Arbeitsvolumen der Arbeiter und Angestellten um etwa 0,5 bis ein Prozent[44]. In unserer Betriebsbefragung in den Städten gaben immerhin 6 Prozent der Betriebe Absichten zur Ausweitung befristeter Beschäftigung an, sogar 9 Prozent der Betriebe im Verarbeitenden Gewerbe. Mit einem weiteren Anstieg ist aber auch in größerem Umfang seit dem Inkrafttreten des Beschäftigungsförderungsgesetzes im Jahr 1985 zu rechnen. Allerdings reicht seine Gültigkeit zunächst nur bis 1990, so daß es danach eventuell wieder zu einer Einschränkung der Befristungsmöglichkeiten kommen könnte.

Es gibt deutliche Branchenunterschiede bei der befristeten Beschäftigung. Dabei ist generell beobachtbar, daß Betriebsbefragungen in der Tendenz deutlich niedrigere Werte ergeben als Arbeitnehmerbefragungen. Nach den Mikrozensusdaten von 1984 reicht die Spanne von 2,5 Prozent in der Energiewirtschaft und 3,2 Prozent bei den

---

41 Hier werden überlassene Arbeitnehmer hinzugerechnet, obwohl sie im strengen Sinn unbefristete Arbeitsverträge besitzen.
42 Vgl. *Jörg Hohmeier*, Zeitarbeit als ein Beispiel neuer Arbeitsformen, in: Dietrich Henckel (Hrsg.), Arbeitszeit, Betriebszeit, Freizeit, Stuttgart 1988, S. 135–151. Dort wird in ausführlicher Weise auf Zeitarbeit eingegangen.
43 Vgl. *Rudolph*, S. 292.
44 Vgl. ebenda, S. 288.

Schaubild 3 – *Entwicklung ausgewählter befristeter Beschäftigungen (1980–1986) (1980 = 100)\**

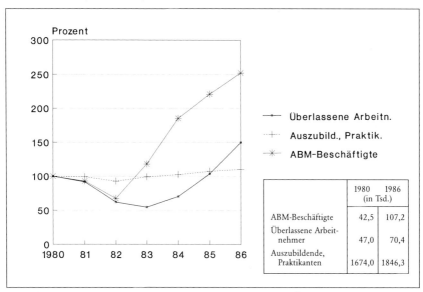

\* Quelle: Nach *Helmut Rudolph,* Befristete Beschäftigung – ein Überblick, in: Arbeitsmarkt- und Berufsforschung, H. 3 (1987), S. 292.

Banken und Versicherungen bis zu knapp 10 Prozent im privaten Dienstleistungsbereich. Auch im öffentlichen Bereich existiert ein hoher Anteil von Zeitarbeitsverträgen (6,7 Prozent), wobei auch hier allein von 1983 bis 1985 etwa eine Verdoppelung solcher Arbeitsverträge zu verzeichnen war[45].

FLEXIBLE ARBEITSZEIT

Der Begriff der Arbeitszeitflexibilisierung umfaßt im Prinzip sämtliche Regelungen, die von einer für die ganze Wirtschaft und alle Arbeitnehmer einheitlichen Arbeitszeitlage und -dauer von etwa acht Stunden täglich, knapp 40 Stunden bei fünf Arbeitstagen in der Woche und 46 Wochen Jahresarbeitszeit (ohne Krank- und Ausfallzeiten) abweichen. Es ist hier nicht möglich, alle möglichen Regelungen oder Arbeitsformen – von der Teilzeitarbeit bis zum Sabbatjahr – darzulegen. Wir wollen hier auf die unterschiedlichen Regelungen für Beginn und Ende der täglichen Arbeitszeit – zum Teil mit Übertragbarkeit von „Zeitguthaben" – und auf einige Aspekte kapazitätsorientierter Arbeitszeiten beschränken. Bei der flexiblen Arbeitszeit ist zwischen der „arbeitnehmer- und der arbeitgeberorientierten Flexibilität" zu unterscheiden. Auf der einen Seite geht es um die Ausdehnung der individuellen Wahlmöglichkeiten und

---

[45] Vgl. ebenda, S. 298.

damit um die wachsende Selbstbestimmung über die Lage und Dauer der täglichen Arbeitszeit. Die „arbeitgeberorientierte Flexibilisierung" stellt dagegen die Arbeitgeberinteressen in den Vordergrund und beschränkt unter Umständen den Selbstbestimmungsspielraum der Arbeitnehmer über Lage und Dauer der eigenen Arbeitszeit. Ein Extrembeispiel ist die kapazitätsorientierte variable Arbeitszeit (KAPOVAZ), das heißt im Prinzip „Arbeit auf Abruf", bei der die Ungewißheit über die Lage und tägliche Dauer der Arbeitszeit besonders groß ist.

Flexible Arbeitszeit wird nicht von der amtlichen Statistik erfaßt. Daher muß die Entwicklung über Stichproben-Erhebungen geschätzt werden. In der ISO-Studie[46] kommt man zu 14 Prozent der Beschäftigten mit gleitender Arbeitszeit (1987) gegenüber noch 12 Prozent 1980. Bei einem Drittel der Befragten ist die tägliche Arbeitszeit gleich und kann nur in ihrer Lage verschoben werden.

In den einzelnen Wirtschaftszweigen ist die gleitende Arbeitszeit sehr unterschiedlich verbreitet, am stärksten im Bereich Banken und Versicherungen (35 Prozent) und im öffentlichen Dienst (24 Prozent). „Jedoch haben sich Formen gleitender Arbeitszeit in den letzten Jahren zunehmend auch im Bereich des Verarbeitenden Gewerbes durchgesetzt, mit einem Anteil der Beschäftigten mit Gleitzeit um 11 Prozent."[47]

In unserer Befragung in den Städten ergeben sich deutlich höhere Werte mit allerdings derselben Tendenz. Der Grund für die doch recht großen Unterschiede liegt zum einen an dem schnelleren Vordringen flexibler Arbeitszeitregelungen in den Großstädten[48], zum anderen an der Großbetriebsorientierung unserer Befragung[49] (vgl. Tabelle 7). So ist die höchste Flexibilität bei den Banken und Versicherungen gegeben – dort haben nur 29 Prozent feste Arbeitszeiten –, die geringste im Bereich Verkehr/Nachrichten, in dem Betriebsnotwendigkeiten vielfach noch feste Arbeitszeiten (81 Prozent) nötig machen.

Die Umfrage belegt den klaren Zusammenhang zwischen dem Ausmaß der Gleitzeittätigkeiten und dem Tertiärisierungsgrad. Das zeigt auch die ISO-Studie; der Anteil der Gleitzeit ist bei den Arbeitern deutlich geringer als bei den Angestellten[50].

Bemerkenswert, daß bei der normalen Gleitzeittätigkeit mit der Möglichkeit des Ansammelns von Zeitguthaben – die eigentlich als Zeichen einer gewissen „zeitlichen Selbstbestimmung" gilt – nur 22 Prozent dieser Beschäftigten allein nach persönlichen Interessen entscheiden können, wann sie kürzer oder länger arbeiten. Bei allen anderen richtet sich die Flexibilität nach betrieblichen Erfordernissen, bei 16 Prozent bestimmt sogar vorrangig der Vorgesetzte die Arbeitszeit[51].

---

[46] Vgl. zum folgenden auch *ISO-Studie*, S. 52 ff.
[47] Vgl. ebenda, S. 53.
[48] In Großstädten ist aufgrund der größeren Optionen für (Konsum-)Freizeit die Arbeitnehmernachfrage nach Gleitzeitregelungen wesentlich ausgeprägter als auf dem Land. Zusätzlich ist die Tertiärisierung – die auch mit flexiblen Arbeitszeiten korreliert – höher.
[49] In Großbetrieben ist Gleitzeittätigkeit mit 21 Prozent etwa doppelt so stark verbreitet wie in Kleinbetrieben, vgl. *ISO-Studie*, S. 55.
[50] Vgl. ebenda, S. 53.
[51] Vgl. ebenda, S. 56 f.

Tabelle 7 – *Flexible Arbeitszeit in ausgewählten Wirtschaftszweigen (in % der Beschäftigten)* *

| Wirtschaftszweig | Feste Arbeitszeit | Gleitzeit mit nur kurzfristigem Zeitausgleich | Flexible Arbeitszeit mit längerfristigen Möglichkeiten des Zeitausgleichs | Sonstige Arbeitszeitregelungen |
|---|---|---|---|---|
| Energiewirtschaft | 67 | 30 | 0 | 3 |
| Verarbeitendes Gewerbe | 56 | 22 | 19 | 3 |
| Verkehr/Nachrichten | 81 | 12 | 0 | 7 |
| Banken, Versicherungen | 29 | 63 | 6 | 2 |
| Öffentlicher Bereich | 57 | 25 | 0 | 18 |

* Quelle: Eigene Erhebung des Deutschen Instituts für Urbanistik.

Der Anteil von Beschäftigten mit KAPOVAZ liegt derzeit bei etwa 5 Prozent, wobei es bei den Teilzeitbeschäftigten sogar 10 Prozent sind[52]. Besondere Einsatzfelder für KAPOVAZ sind der Einzelhandel, zunehmend aber auch andere Dienstleistungsbereiche (zum Beispiel das Reinigungsgewerbe) oder das Verarbeitende Gewerbe und damit alle Bereiche, in denen ein stark variabler, arbeitsanfallorientierter Arbeitskräfteeinsatz notwendig ist.

Generell ist für die Zukunft mit einer weiteren starken Ausweitung von flexibler Arbeitszeit zu rechnen. In unserer Betriebsbefragung in den Städten gaben insgesamt 20 Prozent der Betriebe an, mit einer Zunahme der Arbeitszeitflexibilisierung zu rechnen, bei allerdings deutlichen branchenspezifischen Unterschieden (vgl. Tabelle 8). Während es im Verarbeitenden Gewerbe 55 Prozent der Betriebe und bei den Banken und Versicherungen 44 Prozent sind, gehen im öffentlichen Bereich nur 3 Prozent (!) von einer weiteren Flexibilisierung der Arbeitszeit aus. In den erstgenannten Wirtschaftszweigen werden zwischen 10 und 20 Prozent der Beschäftigten in den nächsten Jahren davon betroffen sein, wie unsere Befragungsergebnisse ausweisen. Dies bedeutet vor allem eine Zunahme von mehr oder weniger flexibler Gleitzeit.

KAPOVAZ spielt (mit Ausnahme des Handels und bestimmter Dienstleistungsbereiche) eine eher nachrangige Rolle. Zwar geben auch 20 Prozent der Betriebe des Verarbeitenden Gewerbes und 24 Prozent bei den Banken und Versicherungen beabsichtigte Ausweitungen von kapazitätsorientierten, variablen Arbeitszeiten an. Davon sind aber jeweils nur relativ wenige Beschäftigte betroffen. Auch ist in vielen Fällen nicht „Arbeit auf Abruf" gemeint, sondern die absprachebedingte kurz- bis mittelfristige Anpassung der Arbeitszeit an Kapazitätserfordernisse.

Insgesamt wird aus den vorangehenden Ausführungen deutlich, daß von Ausweitungen flexibler Arbeitszeit – ob von Gleitzeit- oder anderen flexiblen Formen – nur eine Minderheit von Beschäftigten wirklich – das heißt im Sinne wachsender zeitlicher Selbstbestimmung – profitiert.

## 2.3 Arbeits- und Betriebszeit im Städtevergleich

Vor dem Hintergrund der generellen Entwicklungen wird im folgenden auf die spezifische Situation in den Fallstudienstädten eingegangen. Verschiedene Faktoren haben unterschiedliche Strukturen und Entwicklungen der Arbeits- und Betriebszeit zur Folge:

- „Harte", das heißt meßbare Faktoren sind beispielsweise Wirtschaftsstruktur, Tertiärisierung (auch des Verarbeitenden Gewerbes), Betriebsgrößen, Kapitalintensität oder Tätigkeitsstruktur.

---

[52] Diese Werte aus der *ISO-Studie* (S. 58) decken sich mit den in einer Analyse der FORSA (Gesellschaft für Sozialforschung und statistische Analysen) ermittelten Zahlen.

Tabelle 8 – *Veränderungstendenzen der Arbeitszeit in ausgewählten Wirtschaftszweigen**

Auf die Frage: „Sind in den nächsten Jahren Veränderungen der Arbeitszeitregelungen vorgesehen?" antworteten mit „Ja" (in % der Betriebe):

| Wirtschafts-zweig / Arbeitszeit-veränderung | Energie, Bergbau | Ver-arbeitendes Gewerbe | Verkehr/ Nachrichten | Banken, Versicherungen | Gebietskör-perschaften/ Sozialver-sicherung | Ins-gesamt[1] |
|---|---|---|---|---|---|---|
| Arbeitszeitflexibilisierung: Zunahme | 36 | 55 | 5 | 44 | 3 | 20 |
| Arbeitszeitflexibilisierung: Abnahme | – | – | – | – | 1 | 0 |
| Kapazitätsorientierte Arbeitszeiten: Einführung/ Erweiterung | 9 | 20 | 7 | 24 | – | 9 |
| Kapazitätsorientierte Arbeitszeiten: Abnahme | – | – | – | – | – | – |
| Teilzeitbeschäfigung: Zunahme | 36 | 27 | 17 | 48 | 6 | 19 |
| Teilzeitbeschäftigung Abnahme | – | – | – | – | – | – |
| Befristete Arbeitsverträge: Zunahme | 9 | 9 | 4 | 4 | 2 | 6 |
| Befristete Arbeitsverträge: Abnahme | – | 4 | 2 | – | – | 1 |
| Antwortende Betriebe (abs.) | 11 | 75 | 99 | 25 | 123 | 349 |

Quelle: Eigene Erhebung des Deutschen Instituts für Urbanistik.

[1] Alle Wirtschaftszweige.

- „Weiche", in der Regel nicht quantifizierbare Faktoren sind unter anderem der gewerkschaftliche Organisationsgrad in Verbindung mit der Durchsetzungsfähigkeit gewerkschaftlicher Positionen, traditionelle Unterschiede der Arbeitsformen oder die Durchsetzungsfähigkeit von „Zeitinteressen" bei qualifizierten Arbeitnehmern.

Sind auf der Basis der „harten" Faktoren teilweise direkte Hochrechnungen von Arbeits- und Betriebszeitgrößen möglich, so können die „weichen" Faktoren erst in bewertenden Urteilen über die Entwicklungen in den einzelnen Städten herangezogen werden[53].

In Tabelle 9 wurde nebeneinandergestellt, für welche Aspekte von Arbeits- und Betriebszeit die genannten „harten" Faktoren von Bedeutung sind. Dazu wurde das vorhandene empirische Material nach Belegen für die einzelnen Zusammenhänge durchgesehen. Aus der Übersicht geht unter anderem hervor, daß die Wirtschafts- und Branchenstruktur für alle Aspekte der Arbeits- und Betriebszeit von Bedeutung ist, das heißt, daß es jeweils branchentypische (unterschiedliche) Ausprägungen der Arbeits- und Betriebszeitparameter gibt. Ortsspezifische Besonderheiten, also Unterschiede, die nicht nur auf wirtschaftsstrukturelle Verschiedenheiten zurückzuführen sind, konnten nur bei der Flexibilität der Arbeitszeitregelungen festgestellt werden. Aufgrund der deutlichen Differenzierung von Arbeits- und Betriebszeitaspekten nach der Branchenstruktur wurden auf der Basis der unterschiedlichen Branchenstruktur in den Fallstudienstädten (vgl. Tabelle 10) aus den bundesdurchschnittlichen, branchentypischen Arbeits- und Betriebszeitregelungen Hochrechnungen vorgenommen. Dadurch erhält man für die einzelnen Städte Aussagen über die Verbreitung von Arbeits- und Betriebszeitformen unter der Annahme brancheneinheitlicher Regelungen[54]. Es ist offensichtlich, daß diese Werte – im folgenden als *„fiktive Werte"* bezeichnet – aufgrund der anderen maßgebenden Faktoren nur eine Annäherung an die Realität in den Städten darstellen. Sie eignen sich allerdings gut für eine Schätzung der branchenbedingten Potentiale für bestimmte Arbeits- und Betriebszeitregelungen.

Diesen Potentialen oder fiktiven Werten werden in Teilen die Ergebnisse aus der Befragung in den Städten gegenübergestellt.

---

[53] Vgl. dazu Abschnitt 2.3.3.
[54] Auch innerhalb der Branchen gibt es allerdings zum Teil recht deutliche Unterschiede. Das zeigt zum einen die Befragung in den Fallstudienstädten, zum anderen ist beispielsweise der Einsatz neuer, kapitalintensiver Technologien in den einzelnen Branchen räumlich ganz unterschiedlich verteilt; vgl. dazu *Busso Grabow* und *Dietrich Henckel*, Großräumige Disparitäten bei den Einsatzbedingungen und Einsatzformen neuer Produktionstechnologien, in: Informationen zur Raumentwicklung, H. 12 (1986), S. 873–884.

Tabelle 9 – Faktoren zur Erklärung räumlich unterschiedlicher Arbeits- und Betriebszeiten*

| Arbeits-/Betriebszeit | Wirtschafts-/Branchen-Struktur | Tertiärisierung | Stellung im Beruf/Qualifikation | Betriebsgröße | Ort[1] |
|---|---|---|---|---|---|
| Arbeitszeitdauer | ● | | | | |
| Betriebszeitdauer | ● | ● | ● | ● | |
| Überstunden | ● | | | | |
| Entkoppelung von Arbeits- und Betriebszeit | ● | | | | |
| Schicht- und Nachtarbeit | ● | ● | ● | ● | |
| Samstagsarbeit | ● | ● | ● | ● | |
| Sonntagsarbeit | ● | ● | ● | ● | |
| Teilzeitarbeit | ● | ● | ● | ● | |
| Befristete Arbeitsverträge | ● | | ● | ● | |
| Flexible Arbeitszeit | ● | | | | ● |

* Quelle: *Hans Kohler* und *Lutz Reyher*, Arbeitszeit und Arbeitsvolumen in der Bundesrepublik Deutschland 1960–1986, Nürnberg 1988; *Lutz Reyher u. a.*, Zu den Beschäftigungspotentialen einer Entkoppelung von Arbeits- und Betriebszeit, in: Mitteilungen aus der Arbeitsmarkt- und Berufsforschung, H. 1 (1985), S. 30 ff.; *Karl Vogler-Ludwig*, Arbeitszeitverkürzung – Betriebszeitverlängerung, in: Karl Furmaniak und Ulrich Weihe (Hrsg.), Flexibilisierung der Arbeitszeit, München 1986; *ISO-Studie*; eigene Erhebung des Deutschen Instituts für Urbanistik.

[1] Ist „Ort" als Bestimmungsfaktor angegeben, so gibt es über die wirtschaftsstrukturellen Faktoren hinaus deutlich unterscheidbare lokale Besonderheiten der Arbeits- oder Betriebszeit(entwicklung).

Tabelle 10 – Branchenstruktur in den Fallstudienstädten (1986) (Anteil der Beschäftigten an den Gesamtbeschäftigten in %)*

| Bereich | Hamburg | Essen | Frankfurt | Stuttgart | München | Stadt Konstanz | Kreis Konstanz |
|---|---|---|---|---|---|---|---|
| **Land- und Forstwirtschaft** | 0,4 | 0,6 | 0,2 | 0,4 | 0,4 | 1,2 | 1,4 |
| **Energie, Bergbau** | 1,4 | 6,9 | 0,8 | 1,3 | 1,1 | 0,8 | 0,7 |
| Chemie, Mineralöl, Kunststoff | 4,2 | 2,3 | 9,2 | 1,1 | 1,2 | . | 3,4 |
| Steine, Erden, Keramik, Glas | 0,3 | 1,4 | 0,2 | 0,2 | 0,2 | . | 0,7 |
| Metallerzeugung, Eisen, Stahl | 1,3 | 1,9 | 0,4 | 0,6 | 0,4 | . | 9,9 |
| Metallbau, Maschinen- und Fahrzeugbau | 6,7 | 5,7 | 4,5 | 17,3 | 10,4 | . | 8,7 |
| Elektro, Feinmechanik, Optik, Spiel- und Schmuckwaren | 4,3 | 7,9 | 7,8 | 11,9 | 11,4 | . | 10,6 |
| Holz, Papier, Druck | 1,5 | 2,8 | 1,5 | 2,0 | 1,8 | . | 2,3 |
| Textil, Bekleidung | 0,4 | 0,8 | 0,5 | 0,8 | 1,0 | . | 4,1 |
| Nahrung, Genuß | 2,6 | 2,0 | 1,2 | 1,9 | 2,2 | . | 4,8 |
| **Verarbeitendes Gewerbe insgesamt** | 21,3 | 24,8 | 25,3 | 35,8 | 28,6 | 32,9 | 44,5 |
| **Bau** | 5,4 | 8,3 | 5,0 | 5,4 | 5,9 | 4,7 | 6,1 |
| **Handel** | 18,6 | 17,4 | 14,2 | 13,8 | 15,2 | 12,7 | 11,4 |
| **Verkehr/Nachrichten** | 12,7 | 5,0 | 12,5 | 5,0 | 6,1 | 6,6 | 4,4 |
| **Kredit, Versicherungen** | 7,1 | 3,7 | 11,8 | 7,5 | 7,9 | 3,5 | 3,0 |
| Hotel, Gaststätten | 3,5 | 3,1 | 3,8 | 2,2 | 4,4 | . | 4,0 |
| Sonstige Dienstleistungen | 21,6 | 22,7 | 17,6 | 16,5 | 22,0 | . | 18,1 |
| **Sonstige Dienstleistungen insgesamt** | 25,1 | 25,8 | 21,4 | 18,7 | 26,4 | 28,7 | 21,4 |
| Private Organisationen | 1,9 | 3,3 | 3,0 | 4,5 | 3,2 | . | 1,3 |
| Private Haushalte | 0,1 | 0,1 | 0,1 | 0,1 | 0,2 | . | 0,2 |
| **Org. ohne Erwerbscharakter insgesamt** | 2,0 | 3,4 | 3,1 | 4,6 | 3,4 | 2,7 | 1,5 |
| **Gebietskörperschaften/Sozialversicherung** | 5,9 | 4,2 | 5,6 | 7,2 | 5,0 | 6,2 | 5,5 |

* Quelle: Statistik der sozialversicherungspflichtig Beschäftigten, Statistisches Bundesamt; Statistisches Jahrbuch deutscher Gemeinden (Stadt Konstanz).

### 2.3.1 Arbeits- und Betriebszeit in den Städten

BETRIEBSZEITDAUER

Die Betriebsdauer im Verarbeitenden Gewerbe beträgt – wie vorher erwähnt – im Bundesdurchschnitt 60,6 Stunden. Aufgrund der Branchenverteilung im produzierenden Bereich ergeben sich für die Fallstudienstädte unterschiedliche fiktive Werte, die von 56,9 in München bis zu 63,5 in Frankfurt reichen[55]. So sind in Frankfurt überproportional viele, in München besonders wenige Branchen mit ausgedehnter Betriebszeit vertreten, wobei München und Stuttgart sehr ähnliche Werte aufweisen.

Die Frage nach Betriebszeitausweitungen kann aus verschiedener Sicht betrachtet werden. Zunächst spielt einmal die Kostensituation, das heißt die Kapitalintensität der Anlagen, eine wesentliche Rolle. Zum zweiten ist die grundsätzliche Möglichkeit der Entkoppelung von Arbeits- und Betriebszeiten mitentscheidend, und schließlich ist die zukünftige Nachfrage bei bestimmten Branchen ein wichtiger Faktor für mögliche Betriebszeitausweitungen.

In Tabelle 11 wurden die entsprechenden Werte für das Verarbeitende Gewerbe auf der Basis unterschiedlicher Branchenstruktur hochgerechnet. Darauf aufbauend wird versucht, diese unterschiedlichen Faktoren einer möglichen Betriebszeitausweitung nebeneinanderzustellen und zu gewichten (vgl. Tabelle 12).

Generell weist ein Vergleich der fiktiven Kapitalintensitäten und der ebenfalls fiktiven Betriebsdauern darauf hin, daß bereits in der Vergangenheit mit der Betriebszeit auf die Kapitalintensität der Produktion reagiert wurde. In der Zusammenstellung zeigt sich nämlich, daß vor allem die in München und Stuttgart überproportional stark vertretenen Branchen im Bundesdurchschnitt relativ wenig kapitalintensiv sind. Damit geht auch eine geringe fiktive Betriebsdauer in diesen beiden Städten einher. Allerdings läßt sich vermuten, daß aufgrund des höheren Einsatzes neuer Produktionstechnologien gerade in München und Stuttgart die tatsächliche Kapitalintensität deutlich höher als die fiktive ist und damit auch die durchschnittlichen Betriebsdauern höher sein dürften. Darauf deuten auch die Ergebnisse der Betriebsbefragung in den Fallstudienstädten hin.

In keiner Stadt wirken alle Faktoren möglicher Betriebszeitveränderungen mit ihren (teilweise fiktiven) Ausprägungen gleichgerichtet; es ergibt sich ein recht widersprüchliches Bild. Die Befragung in den Städten hilft hier etwas weiter, indem sie im Verarbeitenden Gewerbe deutliche Tendenzen offenbart (vgl. Tabelle 13). Nur in München und Stuttgart wird eindeutig von Betriebszeitverlängerungen ausgegangen, während allein in Frankfurt von jedem zweiten befragten Betrieb mögliche Verkürzungen der Betriebszeit ins Kalkül gezogen werden. Diese Ergebnisse korrespondieren gut mit den (fiktiven) Werten der Betriebsdauern; daher läßt sich vermuten, daß die Betriebszeitausweitung zumindest teilweise einen „Nachholeffekt" bei den Branchen mit bisher relativ geringen Betriebsdauern kennzeichnet, während Betriebe mit relativ

---

[55] Die Ergebnisse der Befragung können hier nicht zum Vergleich herangezogen werden, da nur undifferenziert nach der Betriebszeit der größten Betriebsteile gefragt wurde.

Tabelle 11 – *Aspekte der Betriebszeit und Betriebszeitausweitung im Verarbeitenden Gewerbe (fiktive Werte)*[1] *

| Aspekt | Hamburg | Essen | Frankfurt | Stuttgart | München | Konstanz | Bundesrepublik Deutschland |
|---|---|---|---|---|---|---|---|
| Betriebsdauer (in Wochenstd.) | 61,3 | 60,0 | 63,5 | 57,1 | 56,9 | 61,3 | 60,6 |
| Entkoppelungsmöglichkeit (wie viele Betriebe – in % – halten sie für möglich?) | 54 | 53 | 56 | 60 | 57 | 55 | 55 |
| Ertragsfaktor[2, 3] (in %) | 6,3 | 6,1 | 6,4 | 6,4 | 6,3 | . | 6,3 |
| Verhältnisfixkosten/Personalkosten[3] | 0,51 | 0,44 | 0,45 | 0,43 | 0,44 | . | 0,52 |
| Kapitalintensität pro Arbeitsstunde bei einer angenommenen Wochenbetriebszeit von 40 Std. (in DM) | 232 | 191 | 306 | 163 | 166 | 216 | 195 |

* Quelle: Eigene Berechnungen des Deutschen Instituts für Urbanistik auf der Grundlage von *Karl Vogler-Ludwig*, Arbeitszeitverkürzung – Betriebszeitverlängerung, in: Karl Furmaniak und Ulrich Weihe (Hrsg.), Flexibilisierung der Arbeitszeit, München 1986, S. 215 ff.; *Michael Weidinger* und *Andreas Hoff*, Tendenzen der Arbeits- und Betriebszeitentwicklung, in: Dietrich Henckel (Hrsg.), Arbeitszeit, Betriebszeit, Freizeit, Stuttgart 1988, S. 93 ff.; *Gerhard Bosch*, Entkoppelung von Arbeits- und Betriebszeiten, in: WSI-Mitteilungen, H. 12 (1987).

[1] Die bundesdurchschnittlichen branchentypischen Regelungen wurden auf die jeweilige Branchenstruktur der Städte hochgerechnet.
[2] Der Ertragsfaktor ist der Wert, um den die Produktionskosten je Betriebsstunde bei Betriebszeitverdoppelung sinken würden (vgl. *Weidinger/Hoff*, Tendenzen, S. 113 ff.).
[3] Ohne Grundstoff- und Produktionsgüterindustrie.

Tabelle 12 – *Tendenzen der Betriebszeitausweitung im Verarbeitenden Gewerbe (fiktive Werte)* *

| Anlaß | Hamburg | Essen | Frankfurt | Stuttgart | München | Konstanz |
|---|---|---|---|---|---|---|
| Betriebsdauer | O | O | – | + | + | O |
| Entkoppelungsmöglichkeit | – | – | O | + | + | O |
| Ertragsfaktor | O | O | O | O | O | . |
| Fixkostenanteil | + | O | O | O | O | . |
| Kapitalintensität | + | O | ++ | – | – | + |
| Nachfrageausweitung | O | + | ++ | – | + | – |

\* Quelle: Eigene Zusammenstellung auf der Grundlage von Tabelle 11; zur Schätzung der Nachfrageausweitungen wurden die Produktionsvorausschätzungen des Ifo-Instituts (vgl. *Handelsblatt* vom 11. 4. 1988) verwendet.

+ Druck bzw. Anreiz zur Betriebszeitausweitung
O geringer Anreiz
– kein Anreiz; eventuell Anreiz zur Betriebszeitverkürzung
· keine Angabe möglich

ausgedehnter Betriebszeit diese mit der Arbeitszeitverkürzung ebenfalls einschränken.
In den Wirtschaftszweigen Energie, Verkehr, Nachrichten sowie im öffentlichen Bereich kann man nach den Ergebnissen der Befragung mit einer leichten Tendenz der Betriebszeiteinschränkung rechnen. Bei den Banken und Versicherungen halten sich Ausweitungs- und Verkürzungsabsichten etwa die Waage (vgl. Tabelle 13) – beides in jeweils nicht unerheblichem Umfang. Die geringste Bewegung der Betriebszeiten ist eindeutig im öffentlichen Bereich zu erwarten, wobei Verkürzungsabsichten nur in München und Stuttgart angegeben werden. Am wenigsten will Konstanz hier an seinen Betriebszeiten verändern.
Über die „starre" Verkürzung, Erhaltung oder Ausweitung von Betriebszeiten hinaus besteht in vielen Bereichen zusätzlich das Bestreben, Betriebszeiten zu flexibilisieren, also der Nachfrage anzupassen. Dies geschieht meistens durch die Inanspruchnahme von Überstunden. Allgemein bestehen hierzu, wie bereits erwähnt, die stärksten Tendenzen im Verarbeitenden Gewerbe und bei den Banken und Versicherungen. Im Verarbeitenden Gewerbe sind diese Bestrebungen in München und Stuttgart besonders ausgeprägt (vgl. Tabelle 14). Bei den Banken und Versicherungen sind die Unterschiede von Stadt zu Stadt noch größer; während in München fünf von sechs befragten Betrieben entsprechende Absichten hegen, ist es in Essen, Stuttgart und

Tabelle 13 – *Tendenzen der Betriebszeitveränderung in ausgewählten Wirtschaftszweigen\**
(Wieviel Prozent der Betriebe rechnen mit Verlängerung/Verkürzung?)

| Bereich | Betriebszeit | Hamburg | Essen | Frankfurt | Stuttgart | München | Konstanz | Insgesamt |
|---|---|---|---|---|---|---|---|---|
| Verarbeitendes Gewerbe | Verlängerung | 8 | 23 | 8 | 57 | 71 | 18 | 28 |
| | Verkürzung | 0 | 31 | 50 | 21 | 29 | 23 | 25 |
| | Nettoeffekt | +8 | −8 | −42 | +36 | +42 | −5 | +3 |
| Energie/Verkehr/ Nachrichten | Verlängerung | 14 | 0 | 0 | 0 | 16 | 0 | 4 |
| | Verkürzung | 14 | 33 | 7 | 8 | 0 | 67[1] | 11 |
| | Nettoeffekt | 0 | −33 | −7 | −8 | +16 | −67 | −7 |
| Banken/Versicherungen | Verlängerung | 12 | 0 | 33 | 0 | 16 | 0 | 16 |
| | Verkürzung | 37 | 0 | 17 | 0 | 0 | 0 | 16 |
| | Nettoeffekt | −25 | 0 | +16 | 0 | +16 | 0 | 0 |
| Öffentlicher Bereich | Verlängerung | 0 | 25[1] | 0 | 0 | 0 | 0 | 1 |
| | Verkürzung | 0 | 0 | 0 | 14 | 11 | 0 | 2 |
| | Nettoeffekt | 0 | +25 | 0 | −14 | −11 | 0 | −1 |

\* Quelle: Eigene Erhebung des Deutschen Instituts für Urbanistik.

[1] Stichprobengröße n < 5.

Tabelle 14 – *Tendenzen der Betriebszeitflexibilisierung in ausgewählten Wirtschaftszweigen**

(Wieviel Prozent der Betriebe rechnen mit einer Zunahme der Flexibilisierung?)[1]

| Bereich | Hamburg | Essen | Frankfurt | Stuttgart | München | Konstanz | Insgesamt |
|---|---|---|---|---|---|---|---|
| Verarbeitendes Gewerbe | 33 | 23 | 17 | 64 | 57 | 12 | 32 |
| Energie/ Verkehr/ Nachrichten | 0 | 12 | 9 | 4 | 5 | 67[2] | 8 |
| Banken/ Versicherungen | 38 | 0 | 50 | 0 | 83 | 0 | 44 |
| Öffentlicher Bereich | 0 | 0 | 0 | 0 | 0 | 0 | 0 |

* Quelle: Eigene Erhebung des Deutschen Instituts für Urbanistik.

[1] Hier ist nur die Zunahme der Betriebszeitflexibilisierung ausgewiesen, da kein Betrieb mit einer Abnahme rechnet.
[2] Stichprobengröße n = 3.

Konstanz dagegen kein einziger. Für den öffentlichen Bereich sind in keiner Stadt Betriebszeitflexibilisierungen vorgesehen.
Insgesamt zeigt sich also ein deutlich treibender Effekt auf Betriebszeitausweitungen und -flexibilisierungen des Verarbeitenden Gewerbes[56] vor allem in den prosperierenden Städten München und Stuttgart. Inwieweit solche Veränderungen Ausweitungen ins Wochenende oder Ausdehnungen des Schichtbetriebes bedeuten, wird im folgenden näher beleuchtet.

SCHICHTBETRIEB

Geht man von den branchentypischen Durchschnittswerten für Schichtarbeit aus, so ergeben sich aufgrund der unterschiedlichen Branchenstruktur in den Fallstudienstädten unterschiedliche fiktive Werte für den Anteil der Schichtarbeit (vgl. Tabelle 15). Allerdings müssen die Konstanzer Zahlen stark relativiert werden: In Klein- und Mittelbetrieben, wie sie für Konstanz prägend sind, ist der Schichtarbeitsanteil – vor allem im Verarbeitenden Gewerbe – deutlich niedriger als in Großbetrieben. Das wird auch in unserer Befragung in den Fallstudienstädten deutlich; bei den befragten großen Unternehmen des Verarbeitenden Gewerbes (die in Konstanz wesentlich kleiner sind als in den anderen Städten) ergaben sich deutliche Abweichungen gegenüber den fiktiven Werten (vgl. Tabelle 16). Konstanz hat nach den Firmenangaben den niedrigsten Schichtarbeiteranteil, die höchsten Anteile finden sich in Stuttgart und München. Auffallend ist auch, daß Drei-Schicht- oder Konti-Schicht-Betrieb in nennenswertem Umfang nur in Essen und Frankfurt zu verzeichnen sind und damit in diesen Städten in größerem Umfang die belastendste Art der Schichtarbeit vertreten ist. In München und Stuttgart macht diese Form der Schichtarbeit nur einen geringen Teil aus.
Für die Zukunft sind Ausweitungen des Schichtbetriebes vor allem im Verarbeitenden Gewerbe und dort wiederum in Branchen mit starkem Wachstum und mit starkem Konkurrenzdruck zu erwarten. Auch hier ergibt sich aus der Befragung, daß München und Stuttgart die Vorreiter bei der Schichtausweitung sind (vgl. Tabelle 17), obwohl dort schon in relativ großem Umfang Schichtarbeit betrieben wird. In den Städten mit einem hohen Anteil an Drei-Schicht-/Konti-Schicht-Betrieb bzw. mit einem höheren Anteil an Problembranchen (Essen) sind dagegen Stagnationen oder Einschränkungen des Schichtbetriebes zu erwarten.

WOCHENENDBETRIEB

Samstags- und Sonntagsarbeit ist in verschiedenen Branchen und Wirtschaftszweigen unterschiedlich stark vertreten. Auf der Basis der bundesdurchschnittlichen branchentypischen Quoten für Wochenendarbeit[57] wurden für die einzelnen Städte

---

56 Diese Aussage gilt allerdings nur für die großen Unternehmen in den Städten.
57 Die Werte wurden der *ISO-Studie* entnommen.

Tabelle 15 – *Schichtarbeit (fiktive Werte[1] in % der Gesamtbeschäftigten)**

| Schichtarbeit | Hamburg | Essen | Frankfurt | Stuttgart | München | Konstanz | Bundesrepublik Deutschland |
|---|---|---|---|---|---|---|---|
| Schichtarbeiteranteil im Verarbeitenden Gewerbe | 24 | 25 | 21 | 24 | 23 | 26 | 25 |
| darunter im Drei-Schicht-Betrieb | 7 | 8 | 7 | 5 | 6 | 10 | 9 |
| Schichtarbeiteranteil insgesamt | 9,7 | 9,4 | 9,9 | 10,2 | 8,8 | 9,9 | 10,0 |

\* Quelle: Eigene Berechnungen des Deutschen Instituts für Urbanistik auf der Grundlage von *Karl Vogler-Ludwig*, Arbeitszeitverkürzung – Betriebszeitverlängerung, in: Karl Furmaniak und Ulrich Weihe (Hrsg.), Flexibilisierung der Arbeitszeit, München 1986, S. 215 ff., und *ISO-Studie*.

[1] Die bundesdurchschnittlichen branchentypischen Regelungen wurden auf die jeweilige Branchenstruktur der Städte hochgerechnet.

Tabelle 16 – *Schichtarbeit im Verarbeitenden Gewerbe (große Unternehmen) in den Fallstudienstädten (Angaben in % der Gesamtbeschäftigten)**

| Schichtarbeit | Hamburg | Essen | Frankfurt | Stuttgart | München | Konstanz | Insgesamt |
|---|---|---|---|---|---|---|---|
| Anteil der Schichtarbeiter | 18 | 21 | 15 | 27 | 24 | 10 | 22 |
| darunter Drei-Schicht- und Konti-Schicht-Betrieb | 6 | 12 | 14 | 3 | 2 | 3 | 6 |

\* Quelle: Eigene Erhebung des Deutschen Instituts für Urbanistik.

Tabelle 17 – *Veränderungstendenzen der Schichtarbeit in den Fallstudienstädten in ausgewählten[1] Wirtschaftszweigen**
(Wieviel Prozent der Betriebe rechnen mit Ausweitung oder Einschränkung der Schichtarbeit?)

| Bereich | Schichtarbeit | Hamburg | Essen | Frankfurt | Stuttgart | München | Konstanz | Insgesamt |
|---|---|---|---|---|---|---|---|---|
| Verarbeitendes Gewerbe | Ausweitung | 33 | 15 | 0 | 57 | 71 | 6 | 27 |
|  | Einschränkung | 8 | 23 | 0 | 0 | 0 | 0 | 5 |
|  | Nettoeffekt | +25 | −8 | 0 | +57 | +71 | +6 | +22 |
| Energie/Verkehr/ Nachrichten | Ausweitung | 0 | 0 | 9 | 4 | 22 | 33[2] | 9 |
|  | Einschränkung | 0 | 8 | 0 | 4 | 0 | 66[2] | 4 |
|  | Nettoeffekt | 0 | −8 | +9 | 0 | +22 | −33 | +5 |

\* Quelle: Eigene Erhebung des Deutschen Instituts für Urbanistik.

[1] Von den Banken/Versicherungen und im öffentlichen Bereich wurden keine Veränderungsabsichten angegeben.
[2] Stichprobengröße n = 3.

fiktive Werte für regelmäßige[58] Samstags- und Sonntagsarbeit hochgerechnet (vgl. Tabelle 18), die aufgrund der spezifischen Branchenstruktur jeweils zu erwarten wären. Insgesamt haben die Ergebnisse eine relativ geringe Streubreite; bei der Samstagsarbeit reicht die Spanne von 30,7 Prozent (Stuttgart) bis zu 34,9 Prozent (Hamburg); bei der Sonntagsarbeit von 8,1 Prozent (Stuttgart) bis 10,1 Prozent (Frankfurt). Im Verarbeitenden Gewerbe ist die Streubreite größer. Im Rahmen des regelmäßigen Schichtbetriebes können hier in Stuttgart nur 3,4 Prozent der Schichtarbeiter als regelmäßige Samstagsarbeiter angenommen werden, in Frankfurt dagegen 10 Prozent. Die nach der Hochrechnung relativ ausgeprägte Samstagsarbeit in Hamburg und in Konstanz ist die Folge unterschiedlicher Strukturen. In Hamburg sind drei Wirtschaftszweige überproportional stark vertreten (vgl. Tabelle 19), die besonders hohe Anteile an Beschäftigten mit regelmäßiger Samstagsarbeit haben (zwischen 43 und 48 Prozent), nämlich private Dienstleistungen (ohne Banken und Versicherungen), Handel und Verkehr/Nachrichten. In Konstanz ist es vor allem der hohe Anteil der privaten Dienstleistungen, der eine überdurchschnittliche Samstagsbeschäftigung vermuten läßt. Die Struktur der Samstagsarbeit in den Städten weist viele Gemeinsamkeiten auf. Überall ist der größte Anteil der Samstagsbeschäftigten im Bereich der privaten Dienstleistungen anzunehmen; in München und Konstanz liegt er sogar bei über einem Drittel (vgl. Tabelle 19). Die einzige Ausnahme bildet Stuttgart, wo knapp ein Drittel der Samstagsbeschäftigten im Verarbeitenden Gewerbe angenommen werden kann und nur etwa ein Viertel im Bereich der privaten Dienstleistungen.

Regelmäßig, das heißt mindestens einmal monatlich sonntags beschäftigt sind knapp 10 Prozent der Arbeitnehmer, davon über die Hälfte in den Wirtschaftszweigen Verkehr/Nachrichten und private Dienstleistungen. In den Fallstudienstädten verbergen sich hinter den relativ ähnlichen fiktiven Werten wieder deutlich unterschiedliche Strukturen. In München und Konstanz stellen vermutlich vor allem die in den privaten Dienstleistungsunternehmen Beschäftigten einen wesentlichen Anteil der Sonntagsbeschäftigung (vgl. Tabelle 19); hier machen sich die fremdenverkehrsorientierten Dienstleistungen besonders bemerkbar. In Hamburg und Frankfurt sind es in größerem Umfang die Beschäftigten in der Verkehrs- und Nachrichtenbranche, die zusammen mit den im privaten Dienstleistungsbereich Beschäftigten etwa zwei Drittel der Sonntagsbeschäftigung stellen. In Essen und Stuttgart ist die Sonntagsarbeit nach der Hochrechnung am geringsten ausgeprägt, gleichzeitig verteilen sich die betroffenen Arbeitnehmer – vor allem in Stuttgart – relativ gleichmäßig auf mehrere Branchen.

Zwischen den Großstädten und Konstanz als einer Stadt mittlerer Größe gibt es aufgrund der branchenbezogenen Hochrechnung der Wochenendarbeit keine wesentlichen Unterschiede; die fiktiven Werte für Konstanz liegen im Rahmen der anderen Städte. Zwar ist anzunehmen, daß die Samstagsarbeit im Verarbeitenden Gewerbe – die in Großunternehmen stärker verbreitet ist als in kleinen und mittleren

---

[58] Regelmäßig heißt hier: mindestens einmal monatlich.

Tabelle 18 – Wochenendarbeit in den Fallstudienstädten (fiktive Werte[1] in % der Gesamtbeschäftigten)*

| Arbeitstyp | Hamburg | Essen | Frankfurt | Stuttgart | München | Stadt Konstanz | Kreis Konstanz | Bundesrepublik Deutschland |
|---|---|---|---|---|---|---|---|---|
| Samstagsarbeit[2] | 34,9 | 32,6 | 32,9 | 30,7 | 32,0 | 34,7 | 32,7 | 31,7 |
| Samstagsarbeit im Schichtbetrieb im Verarbeitenden Gewerbe (in % der Schichtarbeiter) | 6,4 | 5,3 | 10,0 | 3,4 | 4,6 | 7,6 | . | 6,0 |
| Sonntagsarbeit[2] | 9,9 | 8,3 | 10,1 | 8,1 | 8,9 | 9,9 | 8,6 | 7,8 |

\* Quelle: Eigene Berechnungen des Deutschen Instituts für Urbanistik auf der Grundlage von *Karl Vogler-Ludwig*, Arbeitszeitverkürzung – Betriebszeitverlängerung, in: Karl Furmaniak und Ulrich Weihe (Hrsg.), Flexibilisierung der Arbeitszeit, München 1986, S. 215 ff., und *ISO-Studie*.

[1] Die bundesdurchschnittlichen branchentypischen Regelungen wurden auf die jeweilige Branchenstruktur der Städte hochgerechnet.
[2] Regelmäßig, d. h. mindestens einmal monatlich.

Tabelle 19 – *Struktur der Wochenendarbeit in den Fallstudienstädten in ausgewählten Wirtschaftszweigen (fiktive Werte[1] in % der gesamten Samstags- bzw. Sonntagsbeschäftigten)**

| Bereich | Hamburg | | Essen | | Frankfurt | | Stuttgart | | München | | Konstanz | |
|---|---|---|---|---|---|---|---|---|---|---|---|---|
| | Sa | So | Sa | So | Sa | So | Sa | So | Sa | So | Sa | So |
| Verarbeitendes Gewerbe | 17 | 14 | 20 | 17 | 20 | 17 | 30 | 22 | 24 | 16 | 26 | 20 |
| Handel | 23 | 2 | 23 | 2 | 19 | 1 | 19 | 2 | 20 | 2 | 16 | 1 |
| Verkehr/Nachrichten | 17 | 31 | 7 | 14 | 18 | 30 | 8 | 15 | 9 | 16 | 9 | 16 |
| Private Dienstleistungen (ohne Banken/Versicherungen) | 28 | 32 | 31 | 37 | 27 | 31 | 24 | 27 | 33 | 42 | 36 | 41 |
| Öffentlicher Bereich | 6 | 13 | 4 | 11 | 6 | 12 | 8 | 20 | 5 | 12 | 6 | 14 |

Quelle: Eigene Berechnungen des Deutschen Instituts für Urbanistik auf der Grundlage der *ISO-Studie*.

* Die bundesdurchschnittlichen branchentypischen Regelungen wurden auf die jeweilige Branchenstruktur der Städte hochgerechnet; die Werte ergeben nicht 100%, da nicht alle Wirtschaftszweige aufgeführt sind.

[1]

Unternehmen – in Konstanz etwas überschätzt wird. Mehr als ausgeglichen wird dies jedoch durch die fremdenverkehrsorientierten Wochenenddienstleistungen, die in Konstanz eine wichtige Rolle spielen.

Die Ergebnisse der Befragung in den Fallstudienstädten korrespondieren relativ gut mit den fiktiven Werten – mit einer auffälligen Ausnahme. In München wird von den befragten Betrieben des Verarbeitenden Gewerbes für etwa 15 Prozent der Beschäftigten unregelmäßige Samstagsarbeit[59] angegeben. Dies ist ein Hinweis auf eine wahrscheinlich nachfragebedingte, ortstypische Inanspruchnahme des Samstags für den Betrieb der Unternehmen (vielfach auch durch Überstunden), die deutlich über das Branchentypische hinausgeht und sich damit auch von den anderen Städten abhebt. Nur in Frankfurt ist die – hier allerdings regelmäßige – Samstagsarbeit in ähnlichem Umfang vertreten, bedingt durch den Konti-Schicht-Betrieb in der chemischen Industrie.

Eine Ausweitung der Samstagsbetriebszeiten ist für die Zukunft vor allem im Verarbeitenden Gewerbe und bei den Banken und Versicherungen zu erwarten. Dies ist für die Städte mit einem hohen Beschäftigtenanteil in diesen Branchen daher auch von besonderer Bedeutung, wie etwa für Frankfurt (im tertiären Sektor) und für Stuttgart und Konstanz (im sekundären Sektor) (vgl. Tabelle 20). Allerdings werden in den großen Unternehmen in den Städten entsprechende Erwartungen deutlich unterschiedlich formuliert. Während es im Verarbeitenden Gewerbe wiederum die Münchener und Stuttgarter Unternehmen sind, die Ausweitungen in den Samstag kalkulieren, formulieren bei den Banken und Versicherungen Hamburger und Frankfurter Betriebe Ausweitungsabsichten. Bemerkenswert ist auch, daß es lediglich in Hamburg Betriebe des produzierenden Sektors gibt, die mit Einschränkungen des Samstagsbetriebes rechnen. In Konstanz und Frankfurt gibt es für den Samstagsbetrieb im Verarbeitenden Gewerbe keine Veränderungsabsichten.

Veränderungstendenzen beim Sonntagsbetrieb bzw. bei der Sonntagsarbeit gibt es vor allem im Dienstleistungsbereich, aber auch in den Wirtschaftszweigen Energie, Verkehr, Nachrichten. Während im letztgenannten Wirtschaftszweig eher Einschränkungen erwartet werden können, wie sie dezidiert in Essen, Konstanz und Stuttgart angegeben wurden, ist im Dienstleistungsbereich ein weiteres Wachstum zu erwarten. Hier sind es vor allem Konstanz, München und Frankfurt, die wegen ihrer starken Fremdenverkehrsorientierung mit einer weiteren Zunahme der Sonntagsbeschäftigung rechnen müssen. Im Verarbeitenden Gewerbe gibt es nur wenig Bewegung; der einzige Betrieb der Umfrage, der mit einer Aufnahme bzw. Ausweitung des Sonntagsbetriebes rechnet, liegt in München.

Teilzeitarbeit

Über die Teilzeitarbeit liegen für die Städte Daten aus der amtlichen Statistik vor. Die Spanne reicht dabei von 6,5 Prozent in Frankfurt bis 9,9 Prozent in Hamburg (vgl.

---

[59] Die Befragungsergebnisse lassen sich aufgrund verschiedener Rückfragen als häufigere, allerdings nicht allwöchentliche Samstagsbeschäftigung interpretieren.

Tabelle 20 – *Tendenzen der Ausweitung am Samstag in den Fallstudienstädten in ausgewählten Wirtschaftszweigen*\*
(Wieviel Prozent der Betriebe rechnen mit einer Verlängerung/Verkürzung der Samstags-Betriebszeit?)

| Bereich | Samstags-Betriebszeit | Hamburg | Essen | Frankfurt | Stuttgart | München | Konstanz | Insgesamt |
|---|---|---|---|---|---|---|---|---|
| Verarbeitendes Gewerbe | Ausweitung | 8 | 15 | 0 | 29 | 43 | 0 | 13 |
|  | Einschränkung | 17 | 0 | 0 | 0 | 0 | 0 | 3 |
| Energie/Verkehr/ Nachrichten | Ausweitung | 14 | 0 | 2 | 4 | 11 | 0 | 5 |
|  | Einschränkung | 0 | 17 | 2 | 8 | 0 | 67[1] | 7 |
| Banken/ Versicherungen | Ausweitung | 38 | 0 | 17 | 0 | 0 | 0 | 16 |
|  | Einschränkung | 0 | 0 | 0 | 0 | 0 | 0 | 0 |

\* Quelle: Eigene Erhebung des Deutschen Instituts für Urbanistik.

[1] Stichprobengröße n = 3.

Tabelle 21). Die unterschiedliche Branchenstruktur hat für das Ausmaß der Teilzeitbeschäftigung nur relativ geringe Erklärungskraft, entscheidender sind hier zum Beispiel unterschiedliche demographische Strukturen. So stehen die geringen Anteile der Teilzeittätigkeit in Frankfurt oder München sicherlich mit den relativ hohen Anteilen an jüngeren, ledigen Arbeitnehmern im umgekehrten Zusammenhang, da diese in den meisten Fällen vollzeitbeschäftigt sind.

Tabelle 21 – *Teilzeitbeschäftigte Arbeitnehmer in den Fallstudienstädten (1986) (in % der Gesamtbeschäftigten)\**

| Hamburg | Essen | Frankfurt | Stuttgart | München | Kreis Konstanz |
|---|---|---|---|---|---|
| 9,9 | 7,8 | 6,5 | 6,9 | 7,4 | 8,0 |

\* Quelle: Statistisches Bundesamt (Ergebnisse auf Kreisebene).

Die stärksten Zunahmen der Teilzeitbeschäftigung sind bei den privaten Dienstleistungen einschließlich der Banken und Versicherungen und im Handel zu erwarten. In Hamburg sind in diesen Branchen derzeit besonders viele Menschen beschäftigt (56,4 Prozent), in Stuttgart besonders wenige (37,5 Prozent). Eine entsprechende Differenz findet sich bereits heute bei den Teilzeitquoten. Hamburg hat die höchste, Stuttgart neben Frankfurt die niedrigste. Die zu erwartende Ausweitung im Teilzeitbereich wird diese Unterschiede also eher noch verstärken.

Die relativ breite und generelle Tendenz zur Ausweitung der Teilzeitarbeit wird durch die Befragungsergebnisse bestätigt. Keiner der 349 befragten Betriebe ging von einer Abnahme der Teilzeitbeschäftigung aus, dafür wurden in allen Branchen und allen Städten erwartete Zunahmen angegeben. Drei Ausnahmen gab es allerdings: Keine öffentliche Einrichtung in Hamburg und in München ging von einem Wachstum der Teilzeitarbeit aus, und Essen bildete den einzigen Ausreißer bei den Banken und Versicherungen (vgl. Tabelle 22). In dieser Branche werden starke Ausweitungsabsichten bei der Teilzeitarbeit in süddeutschen Städten deutlich. Im Verarbeitenden Gewerbe geben die Hamburger Betriebe die größten, die Münchener Betriebe die geringsten Veränderungsabsichten bei der Teilzeitbeschäftigung an. Für München ist dies besonders bemerkenswert, zeigt es doch, daß die Ausweitungs- und Flexibilisierungsbestrebungen der Münchener Unternehmen des Verarbeitenden Gewerbes nicht mit Zunahmen der Teilzeitbeschäftigung gekoppelt sind. In diesem Bereich geben in Hamburg die meisten Betriebe Veränderungsabsichten an.

Tabelle 22 – *Tendenzen der Teilzeitausweitung in den Fallstudienstädten in ausgewählten Wirtschaftszweigen**
(Wieviel Prozent der Betriebe rechnen mit einer Ausweitung der Teilzeitbeschäftigung?)

| Bereich | Hamburg | Essen | Frankfurt | Stuttgart | München | Konstanz | Insgesamt |
|---|---|---|---|---|---|---|---|
| Verarbeitendes Gewerbe | 50 | 16 | 25 | 36 | 14 | 18 | 27 |
| Energie/Verkehr/Nachrichten | 25 | 33 | 14 | 20 | 17 | 33[1] | 20 |
| Banken/Versicherungen | 25 | 0[1] | 33 | 67[1] | 83 | 100[1] | 48 |
| Öffentlicher Bereich | 0 | 25[1] | 10 | 29 | 0 | 17 | 6 |

\* Quelle: Eigene Erhebung des Deutschen Instituts für Urbanistik.
[1] Stichprobengröße n < 5.

Befristete Beschäftigung

Die auf der Basis der Branchenstruktur hochgerechneten fiktiven Werte der befristeten Beschäftigung sind für alle Städte nahezu identisch; Hamburg und Essen liegen mit 5,7 Prozent um ein Geringes höher als alle anderen Städte mit 5,5 Prozent der Gesamtbeschäftigten. Daß dennoch Unterschiede bestehen, belegt die Befragung (vgl. Tabelle 23). Im tertiären Bereich scheint gerade in den prosperierenden Regionen der Anteil der befristeten Arbeitsverhältnisse besonders hoch zu sein; auch die Zahlen des öffentlichen Dienstes weisen trotz problematischer Vergleichbarkeit in diese Richtung. Im Verarbeitenden Gewerbe sind es dagegen Hamburg, Essen und Konstanz, deren Unternehmen höhere Werte der befristeten Beschäftigung angeben.

Ein Indiz für den Umfang der Zeitarbeit in den Städten ist die Zahl der dort vertretenen Zeitarbeitsfirmen[60], die zwischen 30 in Essen und 78 in München schwankt; in Konstanz ist keine derartige Firma eingetragen. Bezogen auf die Zahl der in den Städten Beschäftigten, ergeben sich ebenfalls deutliche Unterschiede: In Stuttgart und Essen sind es knapp 14 Firmen (auf 100.000 Beschäftigte), in München zwölf, in Frankfurt elf und in Hamburg nur knapp sechs. Dies ist ein Hinweis auf einen ähnlich starken Einsatz der Zeitarbeit in stark prosperierenden wie in strukturschwachen Regionen.

Mit Zunahmen der befristeten Beschäftigung ist im Bereich der privaten Dienstleistungen, in geringerem Umfang auch im Verarbeitenden Gewerbe zu rechnen. Für den öffentlichen Bereich gibt die Stadt Stuttgart als einzige an, dort ein Wachstum von befristeten Beschäftigungsverhältnissen zu erwarten. Die Tatsache, daß in keiner anderen Stadt mit entsprechenden Zunahmen gerechnet wird, muß sicherlich etwas relativiert werden. In den vergangenen Jahren gab es im öffentlichen Bereich einen starken Anstieg der Zeitarbeitsverträge. Es ist kaum anzunehmen, daß diese Entwicklung gänzlich zum Stillstand gekommen ist. Auch für die nächsten Jahre muß man im öffentlichen Dienst wahrscheinlich mit weiteren Zunahmen befristeter Beschäftigungsverhältnisse rechnen.

Geht man von den Beschäftigungszahlen in den drei genannten Bereichen – private Dienstleistungen, Verarbeitendes Gewerbe, öffentlicher Dienst – in den Städten aus, so deutet sich vor allem für Konstanz, aber auch für München und Stuttgart die Möglichkeit überdurchschnittlich hoher Zunahmen der Zahl befristeter Beschäftigungsverhältnisse an.

Flexible Arbeitszeit

Die auf der Basis der branchenunterschiedlichen Verbreitung bestimmter Arbeitszeitregelungen berechneten fiktiven Werte ergeben nur ganz geringe Unterschiede zwischen den Städten. Aus den Befragungsergebnissen geht jedoch hervor, daß neben den Branchenunterschieden deutliche stadtspezifische Differenzierungen der

---

[60] Die Auszählungen erfolgten über die Branchen-Fernsprechbücher.

Tabelle 23 – *Befristete Beschäftigung in den Fallstudienstädten in ausgewählten Wirtschaftszweigen[1] und Veränderungstendenzen (in % der Gesamtbeschäftigten)*\*

(Wieviel Prozent der Betriebe rechnen mit einer Zu- bzw. Abnahme der befristeten Beschäftigung?)

| Bereich | Anteil der Befristung und Veränderung | Hamburg | Essen | Frankfurt | Stuttgart | München | Konstanz | Insgesamt |
|---|---|---|---|---|---|---|---|---|
| Verarbeitendes Gewerbe | Anteil der befristet Beschäftigten | 3 | 2 | 1 | 1 | 1 | 3 | 1 |
| | Zunahme/Abnahme | 8/8 | 8/0 | 8/8 | 14/7 | 0/0 | 0/0 | 9/4 |
| Energie/Verkehr/ Nachrichten | Anteil der befristet Beschäftigten | 2 | 2 | 3 | 4 | 5 | 3 | 3 |
| | Zunahme/Abnahme | 0/0 | 8/0 | 0/2 | 8/4 | 6/0 | 33[2]/0 | 5/2 |
| Banken/ Versicherungen | Anteil der befristet Beschäftigten | 0 | 0 | 1 | 2 | 3 | 0 | 1 |
| | Zunahme/Abnahme | 0/0 | 0/0 | 17/0 | 0/0 | 0/0 | 0/0 | 4/0 |

\* Quelle: Eigene Erhebung des Deutschen Instituts für Urbanistik.

[1] Der öffentliche Bereich wurde wegen der Heterogenität der Daten nicht aufgenommen; z. B. waren Universitäten nur teilweise enthalten.
[2] Stichprobengröße n = 3.

Arbeitszeitregelungen festzustellen sind. Diese Abweichungen sind so offensichtlich, daß man von einer grundsätzlichen Tendenz sprechen kann.
In der Verbreitung einzelner Arbeitszeitregelungen gibt es deutliche Branchenunterschiede. Das größte Ausmaß starrer Arbeitszeitregelungen – bei denen Beginn und Ende der täglichen Arbeitszeit feststehen – gibt es im Bereich Energie/Verkehr/Nachrichten. „Normale" Gleitzeitregelungen sind am stärksten bei den Banken und Versicherungen verbreitet, und weitergehende flexible Arbeitszeitregelungen mit der Möglichkeit des längerfristigen Ansparens bzw. Ausgleichens von Zeiten finden sich im Verarbeitenden Gewerbe (vgl. Tabelle 24). Letzteres ist jedoch fast ausschließlich auf München und Stuttgart beschränkt, wo etwa jeder vierte Beschäftigte im produzierenden Sektor entsprechend flexible Arbeitszeiten in Anspruch nehmen kann. Zum großen Teil dürften dies allerdings (hoch-)qualifizierte, tertiäre Tätigkeiten betreffen. In Konstanz ist die „normale" Gleitzeit im Verarbeitenden Gewerbe weit überdurchschnittlich vertreten. Auf der anderen Seite des Spektrums stehen die Essener Betriebe, in denen noch über 90 Prozent der Beschäftigten in der Industrie starre Arbeitszeiten haben.
Bei den Banken und Versicherungen ist Gleitzeit für mehr als zwei Drittel der Beschäftigten in München, Frankfurt und Konstanz an der Tagesordnung. Weitergehend flexibel können, wie schon im Verarbeitenden Gewerbe, die Münchener und Stuttgarter Arbeitnehmer arbeiten.
Im öffentlichen Dienst und im Bereich Energie/Verkehr/Nachrichten ist es eher umgekehrt; hier zeigt sich in München und Stuttgart die geringste Flexibilität bei den Arbeitszeitregelungen. Allerdings ist der letztgenannte Bereich relativ homogen; die Versorgungsfunktion bei Energie und Nachrichten und der öffentliche (Personen-)Verkehr lassen nur relativ geringe zeitliche Flexibilität zu. Der öffentliche Bereich zeigt wieder stärkere Schwankungen; Konstanz und Essen haben hier den größten Anteil an Gleitzeitbeschäftigten.
Bei der Frage zukünftiger Arbeitszeitflexibilisierungen sind vor allem im Verarbeitenden Gewerbe und bei den Banken und Versicherungen deutliche Zunahmen zu erwarten (vgl. Tabelle 25). Etwa die Hälfte der Betriebe dieser Branchen gibt entsprechende Absichten an. Für beide Branchen gilt auch, daß dort, wo flexible Arbeitszeiten schon relativ weit verbreitet sind, weitere Tendenzen der Flexibilisierung bestehen und relativ starre Regelungen auch starr bleiben. Eine Ausnahme bildet Konstanz, wo derzeit realistische Flexibilisierungsmöglichkeiten wohl schon ziemlich weit ausgeschöpft sind.
Insgesamt kann man von weiteren Polarisierungstendenzen in den Städten ausgehen. Versteht man die Selbstbestimmung über die Lage der Arbeitszeit als einen Beitrag zum individuellen Zeitwohlstand, so bringt die Polarisierung für die Beschäftigten im Verarbeitenden Gewerbe und bei den Banken und Versicherungen Vorteile vor allem in München und Stuttgart; den Beschäftigten in Essen gereicht sie eher zum Nachteil. Im öffentlichen Bereich gibt es kaum Flexibilisierungstendenzen; auffallend ist, daß in München – auch hier wieder im Gegensatz zur Industrie – mit keinerlei Flexibilisierungen gerechnet wird, obwohl die bestehenden Regelungen relativ starr sind.

Tabelle 24 – *Flexibilität der Arbeitszeiten in den Fallstudienstädten in ausgewählten Wirtschaftszweigen (in % der Beschäftigten[1])\**

| Bereich | Form der Arbeitszeit | Hamburg | Essen | Frankfurt | Stuttgart | München | Konstanz | Insgesamt |
|---|---|---|---|---|---|---|---|---|
| Verarbeitendes Gewerbe | starr | 65 | 91 | 75 | 43 | 54 | 24 | 55 |
| | gleitend[2] | 26 | 6 | 20 | 31 | 17 | 73 | 25 |
| | flexibel[3] | 9 | 2 | 5 | 25 | 29 | 3 | 19 |
| Energie/Verkehr/ Nachrichten | starr | 82 | 82 | 82 | 84 | 92 | 89 | 81 |
| | gleitend[2] | 16 | 15 | 11 | 16 | 5 | 0 | 12 |
| | flexibel[3] | 0 | 0 | 0 | 0 | 0 | 0 | 0 |
| Banken/ Versicherungen | starr | 56 | 100 | 16 | 50 | 7 | 30 | 29 |
| | gleitend[2] | 43 | 0 | 78 | 30 | 82 | 70 | 63 |
| | flexibel[3] | 1 | 0 | 5 | 20 | 10 | 0 | 7 |
| Öffentlicher Bereich | starr | 45 | 64 | 61 | 83 | 70 | 53 | 57 |
| | gleitend[2] | 29 | 36 | 26 | 11 | 11 | 47 | 25 |
| | flexibel[3] | 0 | 0 | 0 | 6 | 0 | 0 | 1 |

\* Quelle: Eigene Erhebung des Deutschen Instituts für Urbanistik.

[1] Die Summe der drei Arbeitszeitformen ergibt unter Umständen weniger als 100 %, wenn auch andere als die genannten von den Betrieben angegeben wurden.
[2] „Normale" Gleitzeit mit Zeitausgleich von maximal zehn Stunden pro Monat.
[3] Flexible Arbeitszeit/Gleitzeit mit der Möglichkeit des längerfristigen Ansparens bzw. Ausgleichs von Zeiten.

Tabelle 25 – *Zunahme der Arbeitszeitflexibilisierung in den Fallstudienstädten in ausgewählten[1] Wirtschaftszweigen**
(Wieviel Prozent der Betriebe rechnen mit ...?)

| Bereich | Form der Arbeitszeit-regelung | Hamburg | Essen | Frankfurt | Stuttgart | München | Konstanz | Insgesamt |
|---|---|---|---|---|---|---|---|---|
| Verarbeitendes Gewerbe | Flexibilisierung | 67 | 31 | 42 | 79 | 86 | 41 | 55 |
| | kapazitätsorientierte variable Arbeitszeiten | 25 | 15 | 17 | 29 | 43 | 6 | 20 |
| Energie/Verkehr/ Nachrichten | Flexibilisierung | 25 | 17 | 5 | 8 | 6 | 33[3] | 8 |
| | kapazitätsorientierte variable Arbeitszeiten | 25 | 8 | 5 | 4 | 6 | 33[2] | 7 |
| Banken/ Versicherungen | Flexibilisierung | 38 | 0 | 33 | 33[2] | 83 | 0 | 44 |
| | kapazitätsorientierte variable Arbeitszeiten | 0 | 0 | 17 | 33[2] | 67 | 0 | 24 |
| Öffentlicher Bereich | Flexibilisierung | 0 | 25[2] | 3 | 14 | 0 | 17 | 3 |
| | kapazitätsorientierte variable Arbeitszeiten | 0 | 0 | 0 | 0 | 0 | 0 | 0 |

* Quelle: Eigene Erhebung des Deutschen Instituts für Urbanistik.

[1] Im öffentlichen Bereich gibt kein einziger Betrieb entsprechende Flexibilisierungen an.
[2] Stichprobengröße n < 5.

Tabelle 24 – *Flexibilität der Arbeitszeiten in den Fallstudienstädten in ausgewählten Wirtschaftszweigen (in % der Beschäftigten[1])\**

| Bereich | Form der Arbeitszeit | Hamburg | Essen | Frankfurt | Stuttgart | München | Konstanz | Insgesamt |
|---|---|---|---|---|---|---|---|---|
| Verarbeitendes Gewerbe | starr | 65 | 91 | 75 | 43 | 54 | 24 | 55 |
| | gleitend[2] | 26 | 6 | 20 | 31 | 17 | 73 | 25 |
| | flexibel[3] | 9 | 2 | 5 | 25 | 29 | 3 | 19 |
| Energie/Verkehr/ Nachrichten | starr | 82 | 82 | 82 | 84 | 92 | 89 | 81 |
| | gleitend[2] | 16 | 15 | 11 | 16 | 5 | 0 | 12 |
| | flexibel[3] | 0 | 0 | 0 | 0 | 0 | 0 | 0 |
| Banken/ Versicherungen | starr | 56 | 100 | 16 | 50 | 7 | 30 | 29 |
| | gleitend[2] | 43 | 0 | 78 | 30 | 82 | 70 | 63 |
| | flexibel[3] | 1 | 0 | 5 | 20 | 10 | 0 | 7 |
| Öffentlicher Bereich | starr | 45 | 64 | 61 | 83 | 70 | 53 | 57 |
| | gleitend[2] | 29 | 36 | 26 | 11 | 11 | 47 | 25 |
| | flexibel[3] | 0 | 0 | 0 | 6 | 0 | 0 | 1 |

\* Quelle: Eigene Erhebung des Deutschen Instituts für Urbanistik.

[1] Die Summe der drei Arbeitszeitformen ergibt unter Umständen weniger als 100 %, wenn auch andere als die genannten von den Betrieben angegeben wurden.
[2] „Normale" Gleitzeit mit Zeitausgleich von maximal zehn Stunden pro Monat.
[3] Flexible Arbeitszeit/Gleitzeit mit der Möglichkeit des längerfristigen Ansparens bzw. Ausgleichs von Zeiten.

Tabelle 25 – Zunahme der Arbeitszeitflexibilisierung in den Fallstudienstädten in ausgewählten[1] Wirtschaftszweigen*
(Wieviel Prozent der Betriebe rechnen mit ...?)

| Bereich | Form der Arbeitszeit-regelung | Hamburg | Essen | Frankfurt | Stuttgart | München | Konstanz | Insgesamt |
|---|---|---|---|---|---|---|---|---|
| Verarbeitendes Gewerbe | Flexibilisierung | 67 | 31 | 42 | 79 | 86 | 41 | 55 |
|  | kapazitätsorientierte variable Arbeitszeiten | 25 | 15 | 17 | 29 | 43 | 6 | 20 |
| Energie/Verkehr/Nachrichten | Flexibilisierung | 25 | 17 | 5 | 8 | 6 | 33[3] | 8 |
|  | kapazitätsorientierte variable Arbeitszeiten | 25 | 8 | 5 | 4 | 6 | 33[2] | 7 |
| Banken/Versicherungen | Flexibilisierung | 38 | 0 | 33 | 33[2] | 83 | 0 | 44 |
|  | kapazitätsorientierte variable Arbeitszeiten | 0 | 0 | 17 | 33[2] | 67 | 0 | 24 |
| Öffentlicher Bereich | Flexibilisierung | 0 | 25[2] | 3 | 14 | 0 | 17 | 3 |
|  | kapazitätsorientierte variable Arbeitszeiten | 0 | 0 | 0 | 0 | 0 | 0 | 0 |

Quelle: Eigene Erhebung des Deutschen Instituts für Urbanistik.

\* Im öffentlichen Bereich gibt kein einziger Betrieb entsprechende Flexibilisierungen an.
[1] 
[2] Stichprobengröße n < 5.

Konstanz und Essen sind die Städte mit zukünftig stärkeren Flexibilisierungen; auch hier wird Bestehendes – nämlich bereits relativ flexible Arbeitszeitregelungen – weiter verstärkt.

Die Zunahme von kapazitätsorientierten, variablen Arbeitszeiten, das heißt von einer stark an den Arbeitgeberinteressen orientierten Flexibilisierung, ist besonders im Handel, bei den privaten Dienstleistungen, den Banken und Versicherungen und im Verarbeitenden Gewerbe zu erwarten. Über die beiden letztgenannten Wirtschaftszweige gibt die Befragung Auskunft; in beiden sind es wiederum Münchener und Stuttgarter Betriebe, die am häufigsten Zunahmen der kapazitätsorientierten, variablen Arbeitszeiten erwarten. Neben der befristeten Beschäftigung ist in den stark prosperierenden Städten also eine weitere, nicht gerade arbeitnehmerorientierte Veränderung der Arbeits(zeit)formen in Sicht. Insgesamt wird die absolute Zahl der Beschäftigten mit solchen Arbeitszeitformen allerdings relativ gering bleiben.

2.3.2 Vergleich ausgewählter öffentlicher Betriebe/Einrichtungen

Für verschiedene öffentliche Betriebe bzw. Einrichtungen wurden im einzelnen die unterschiedlichen Arbeits- und Betriebszeitregelungen in den Fallstudienstädten verglichen. Aus Übersicht 2 wird ersichtlich, welche Einrichtungen in welchen Städten herangezogen wurden. Ein vollständiger Vergleich für alle Einrichtungen in allen Städten war aufgrund der Lücken beim Rücklauf der Daten nicht möglich.

Der Vergleich zwischen den Städten – ohne hier einzelne Befragungsergebnisse darzustellen – weist auf eine Reihe von Gemeinsamkeiten hin. Jeweils spezifische Arbeitsinhalte und Funktionen von bestimmten Einrichtungen – wie zum Beispiel von Krankenhäusern oder Stadtwerken – machen ähnliche Arbeits- und Betriebszeitorganisationen in einem gewissen Rahmen notwendig. Dennoch zeigen sich auch gewisse Unterschiede zwischen den Städten, an denen zumindest teilweise die spezifische kommunale Politik des Personaleinsatzes und der Arbeitszeitgestaltung sichtbar ist. In einigen Städten sind bestimmte Tendenzen beispielsweise beim Einsatz von Schichtarbeit oder bei der Flexibilität von Arbeitszeitregelungen durchgängig zu beobachten, in anderen Städten ist ein durchgängiges Konzept kaum festzustellen.

Schichtarbeit ist aufgrund der besonderen Aufgabenstellung und wegen des notwendigen Rund-um-die-Uhr-Betriebes besonders bei Polizei, Feuerwehr und in den Krankenhäusern vertreten. Bis zu 61 Prozent (Polizei), 83 Prozent (Krankenhaus) und 85 Prozent (Feuerwehr) sind hier im Drei- bzw. Konti-Schicht-Betrieb tätig. Daß auch weniger Beschäftigte in diesen Bereichen dieser belastenden Arbeitsform ausgesetzt werden müssen, zum Beispiel nur 26 Prozent bei der Polizei und 40 Prozent im Krankenhaus, zeigen andere Beispiele. Vor allem in München und Frankfurt scheinen Organisationsformen, die in größerem Ausmaß auf Drei-Schicht- bzw. Konti-Schicht-Betrieb zurückgreifen, vertreten zu sein. In Konstanz und Hamburg ist eine eher umgekehrte Tendenz festzustellen. Im Rahmen der Möglichkeiten wird Drei-Schicht-Arbeit vermieden.

Übersicht 2 – *Empirische Basis für den Vergleich von Arbeits- und Betriebszeit in öffentlichen Betrieben bzw. Einrichtungen[1] der Fallstudienstädte**

| Bereich | Hamburg | Essen | Frankfurt | Stuttgart | München | Konstanz |
|---|---|---|---|---|---|---|
| Sparkassen | ● | ● | ● | ● | ● | ● |
| Polizei |  | ● | ● |  | ● | ● |
| Universität(en) | ● | ● |  | ● | ● | ● |
| Stadtwerke | ● |  | ● | ● | ● | ● |
| Museumsbetriebe | ● | ● |  |  |  |  |
| Finanzverwaltung | ● | ● |  |  |  |  |
| Krankenhäuser | ● |  | ● | ● | ● |  |
| Ordnungsverwaltung |  |  | ● | ● | ● |  |
| Baubehörde |  |  | ● |  | ● |  |
| Branddirektion |  |  | ● |  | ● |  |
| Gesundheitsbehörde | ● |  | ● |  | ● |  |
| Sozialbehörde | ● |  | ● | ● |  |  |
| Stadtreinigung | ● |  | ● | ● |  |  |

\* Quelle: Eigene Darstellung des Deutschen Instituts für Urbanistik.
[1] Die Fallstudienstädte stellten jeweils nur Angaben zu ausgewählten Betrieben bereit.

Ähnliches gilt für die regelmäßige Wochenendarbeit, wobei hier neben den genannten Bereichen auch beispielsweise Stadtwerke und Sozialbehörden gefordert sind. Hier zeigt sich ebenfalls, daß unterschiedliche Organisationsformen zu unterschiedlicher Arbeitnehmerbetroffenheit führen. Da die Aufgaben in allen Städten in vergleichbarer Weise zu erfüllen sind, stellt sich im Prinzip die Frage, inwieweit Wochenendarbeit möglichst auf alle Beschäftigten verteilt wird – mit relativ geringen Einsätzen für jeden einzelnen – oder ob ein geringerer Anteil der Beschäftigten regelmäßig am Wochenende arbeitet. Die Spanne der von regelmäßiger Samstags- und Sonntagsarbeit Betroffenen reicht zum Beispiel bei der Polizei von 0 bis 31 Prozent, in den Stadtwerken von 4 bis 45 Prozent und in den Krankenhäusern von 40 bis 75 Prozent.

Da es kaum durchgängige Tendenzen innerhalb der einzelnen Städte gibt, lassen sich nur wenige generalisierende Aussagen machen. In einigen Münchener Einrichtungen ist die Wochenendarbeit überdurchschnittlich, in Stuttgart sind die Zahlen nur in Krankenhäusern besonders hoch. Ein tendenziell geringeres Maß an Samstags- und Sonntagsarbeit scheint es in Hamburg zu geben.

Die Arbeitszeitflexibilität beschränkt sich im öffentlichen Bereich bis auf wenige Ausnahmen – unter den verglichenen Einrichtungen die Sozialbehörden – auf die „normale" Gleitzeit mit relativ geringen Möglichkeiten des Zeitausgleichs. Für die Sparkassen gilt dagegen ähnliches, wie es im vorigen Abschnitt zu dem gesamten Wirtschaftszweig Banken/Versicherungen ausgeführt wurde. Allerdings fällt auf, daß die Sparkassen in Hamburg, Essen und Stuttgart noch ausschließlich starre Arbeitszeiten beibehalten haben. Relativ große Verbreitung der Gleitzeit findet sich inzwischen in den Verwaltungsbereichen; starre Regelungen sind vor allem bei Polizei, Feuerwehr und in den Krankenhäusern vertreten. Eindeutige Tendenzen in den Städten lassen sich kaum feststellen.

Das Ausmaß der Teilzeitarbeit und der Umfang befristeter Beschäftigungsverhältnisse korrelieren miteinander; beide werden zum einen als Flexibilisierungsinstrument, zum anderen als Instrument der Arbeitsmarktpolitik im Sinne der zumindest kurzfristigen Schaffung zusätzlicher Beschäftigungsmöglichkeiten genutzt. Daher sind auch für beide Arbeitsformen ähnliche Tendenzen bzw. Schwerpunktsetzungen in den Fallstudienstädten zu bemerken. Auffällig ist die Häufigkeit von Teilzeit- und befristeter Beschäftigung in Hamburg. Hier zeigen sich eindeutig die Auswirkungen arbeitsmarktpolitischer Bemühungen. Ähnliches gilt auch für Essen, wobei hier allerdings nur die Daten aus der Kommunalverwaltung insgesamt als Informationsgrundlage zur Verfügung stehen. So gibt es in Essen fast 20 Prozent Teilzeit- und befristet Beschäftigte, in Hamburg arbeiten in einzelnen Behörden bis zu 35 Prozent teilzeit und bis zu 15 Prozent befristet. Frankfurt ist die Stadt mit den wenigsten Beschäftigten in den beiden Arbeitsformen. Etwa 5 Prozent der Beschäftigten in den öffentlichen Einrichtungen sind teilzeitbeschäftigt; etwa 2 Prozent haben befristete Beschäftigungsverträge. In den anderen Städten gibt es weniger klare Tendenzen. So arbeiten in Konstanz in der Kommunalverwaltung zwar 18 Prozent der Beschäftigten teilzeit, aber nur 4 Prozent sind befristet beschäftigt.

Ins Auge fallen auch die Unterschiede bei den Universitäten, in denen beide Arbeitsformen in der Regel stark vertreten sind. Bei den Teilzeittätigkeiten, die im Durchschnitt von etwa 25 Prozent der Beschäftigten ausgeübt werden, liegen vor allem München, aber auch Essen deutlich unter dem Durchschnitt. In Stuttgart gibt es eine deutlich über dem Durchschnittswert von etwa 30 Prozent liegende Zahl befristet Beschäftigter in Höhe von 43 Prozent.

Die zukünftige Entwicklung der Arbeits- und Betriebszeiten verspricht in den betrachteten Einrichtungen und Betrieben wenig Dynamik. Änderungsabsichten werden noch am ehesten von den Sparkassen, den Stadtwerken und den Sozialbehörden formuliert. Im Rahmen der geringen Veränderungsabsichten zeigt sich Stuttgart noch am beweglichsten, während in München für keine einzige Einrichtung irgendwelche Veränderungen angenommen werden.

Insgesamt zeigt die doch recht breite Palette der unterschiedlichen Regelungen, daß deutliche Bewegungsspielräume vorhanden wären. Die Stadt in ihrer Funktion als großer Arbeitgeber könnte einerseits arbeitsmarktwirksame Anstrengungen unternehmen, andererseits wären auch Anpassungsleistungen an veränderte Nachfragezeiten im Spektrum der möglichen Arbeitsorganisation relativ problemlos zu leisten. Schließlich zeigt die unterschiedliche Flexibilität der Arbeitszeitregelungen – die das jeweilige Ausmaß zeitlicher Selbstbestimmung der öffentlichen Arbeitnehmer bestimmen –, daß auch hier kommunale Handlungsmöglichkeiten mit dem Ziel der Vermehrung des Zeitwohlstandes lägen.

### 2.3.3 Zusammenfassende Bewertung

Bevor nochmals auf die Städte im einzelnen eingegangen wird, werden kurz die allgemein beobachtbaren räumlichen Unterschiede der gegenwärtigen Arbeits- und Betriebszeitstrukturen bzw. deren absehbare Entwicklungen beschrieben.

Besonders ausgeprägte Tendenzen zur Betriebszeitausweitung finden sich vor allem in den prosperierenden Regionen, speziell im Verarbeitenden Gewerbe, nahezu beschränkt auf den Süden der Bundesrepublik. Hierbei liegt vielfach die Ausweitung der Arbeit auch auf den Samstag im Interesse der Unternehmen. Die Ausweitungstendenzen haben verschiedene Gründe. Zum einen ist die Kapitalintensität der Anlagen relativ hoch. Obwohl die entsprechenden Branchenstrukturen dies nicht vermuten lassen, ist der Einsatz neuer Produktionstechnologien im südlichen Teil der Bundesrepublik[61] besonders groß. Andererseits ist die hohe Forschungs- und Entwicklungsintensität süddeutscher Betriebe mit entsprechendem Einsatz von Humankapital ein Grund für Ausweitungsbestrebungen. Es zeigt sich, daß hochqualifizierte Arbeitskraft vergleichbaren Auslastungstendenzen und Verschleißerscheinungen unterliegt wie kapitalintensive, qualitativ hochwertige maschinelle Anlagen. Der nationale und vor allem der internationale Konkurrenzdruck zukunftsorientierter Branchen zwingt beinahe zu ausgedehntem Betrieb, zur Beschleunigung der Entwicklungs- und Produktionsprozesse und zur Anpassung an die immer schneller werdenden Produktzyklen.

Neben der Ausdehnung der Samstagsbetriebszeit in diesen Branchen und Regionen sollen die vorgesehenen Betriebszeiterweiterungen durch eine Ausdehnung der Schichtarbeit erreicht werden. Gleichzeitig ist in anderen Regionen mit stagnierenden oder schrumpfenden Branchen des Verarbeitenden Gewerbes ein Rückgang der Schichtarbeit zu beobachten und auch zukünftig zu erwarten – einerseits durch Schrumpfen schichtbetriebsorientierter Branchen, andererseits durch direkte Einschränkungen des Schichtbetriebs. Damit findet eine „Nord-Süd-Wanderung" der Schichtarbeit statt. Allerdings „wandert nur die zweite Schicht", das heißt, während der Drei-Schicht- oder Konti-Schicht-Betrieb zum Beispiel im Ruhrgebiet eingeschränkt wird, sind in den prosperierenden süddeutschen Regionen höchstens Erweiterungen zu einem Zwei-Schicht-Betrieb zu erwarten. Drei-Schicht-Betrieb scheint dort kaum durchsetzbar zu sein.

Mit der Tendenz zur Betriebszeitausweitung durch Samstagsbetrieb oder zusätzliche Schichten gehen deutliche Bestrebungen zur Flexibilisierung der Betriebszeiten

---

[61] Vgl. dazu *Grabow/Henckel,* Großräumige Disparitäten.

einher. In den wirtschaftskräftigen Regionen des Südens wird damit versucht, Kapazitätsausweitungen nicht auf Dauer zu installieren, sondern zumindest teilweise durch kurzfristige Veränderungen der Betriebszeiten flexible Anpassung an Nachfrageschwankungen zu ermöglichen.

Befristete Beschäftigung findet sich – in verstärktem Maße nach dem Inkrafttreten des Beschäftigungsförderungsgesetzes – in allen Teilen der Bundesrepublik. Jedoch zeigen sich ebenfalls deutliche räumliche Unterschiede. Im Norden der Bundesrepublik bzw. in den Regionen mit Strukturproblemen wird befristete Beschäftigung verstärkt im Verarbeitenden Gewerbe eingesetzt. Hier scheint die Befristung vor allem als Instrument zur flexiblen Anpassung an den wirtschaftlichen Strukturwandel zu dienen. In süddeutschen Städten bzw. in prosperierenden Regionen werden befristete Arbeitsverträge weniger im sekundären Bereich als vielmehr im Dienstleistungsbereich vergeben. Eine gewisse „Amerikanisierung" der Verhältnisse im tertiären Sektor bei einer Zunahme unqualifizierter Tätigkeiten scheint sich hier abzuzeichnen.

In den süddeutschen Städten sind die Arbeitszeitregelungen deutlich flexibler als in den anderen untersuchten Städten der Bundesrepublik. Dies gilt allerdings nur für das Verarbeitende Gewerbe und für den Bereich der privaten Dienstleistungen. Im öffentlichen Bereich ist es eher umgekehrt. Innerhalb der Städte sind also im allgemeinen ebenfalls polarisierende Tendenzen bei der Entwicklung des Zeitwohlstandes im Sinne der Selbstbestimmung der Lage der Arbeitszeit zu beobachten. Die räumlichen Disparitäten der Arbeitszeitflexibilität werden sich sogar noch verstärken. Die Ergebnisse der Befragung deuten darauf hin, daß dort, wo flexible Arbeitszeiten schon relativ breit vertreten sind, weitere Flexibilisierung angestrebt wird; dort, wo noch in größerem Umfang starre Arbeitszeiten zu finden sind, werden sich diese in absehbarer Zeit kaum ändern. Ähnliches gilt für die Teilzeittätigkeit, bei der vor allem die Branchenstruktur auf eine weitere Verstärkung des „Teilzeitgefälles" zwischen den Städten hinweist.

Für diese sich eher verstärkenden räumlichen Unterschiede der Arbeits- und Betriebszeiten sind neben den bereits genannten Gründen noch zwei Faktoren zu erwähnen. Zum einen scheint aufgrund der traditionell starken Rolle der Gewerkschaften im Norden und Westen der Bundesrepublik die Diffusion neuer Arbeits- und Betriebszeitregelungen dort relativ kontrolliert und gebremst zu erfolgen. In süddeutschen Unternehmen scheinen Betriebsräte und Belegschaften – teilweise gegen den Gewerkschaftskurs – schneller ihre „individuellen" Arbeits- und Betriebszeitbedürfnisse durchzusetzen. Zum anderen erlaubt der Mangel an hochqualifizierten Arbeitnehmern gerade auf den süddeutschen Arbeitsmärkten den dort Beschäftigten, ihre Interessen auf „arbeitnehmerorientierte" Veränderungen der Arbeitszeiten mit dem nötigen Nachdruck zu formulieren und auch zu verwirklichen. Beide Faktoren führen zu der Vielfalt von flexiblen Arbeitszeitregelungen in süddeutschen Unternehmen und zu einer wachsenden Zahl von Betrieben, die als „Zeitpioniere" bezeichnet werden können. Allerdings gilt dies nicht für den öffentlichen Bereich, in dem – wie bereits erwähnt – die Flexibilität eher gering ist.

## Hamburg

Hamburg ist unter den Fallstudienstädten die am stärksten vom Dienstleistungsbereich geprägte Stadt mit Schwerpunkten im Handel und im Verkehrs- und Medienbereich. Dadurch sind vor allem Samstags-, aber auch Sonntagsarbeit stärker vorgedrungen als in vielen anderen Städten. Auch in anderen Branchen bzw. Bereichen ist Wochenendarbeit teilweise schon traditionell verbreitet: Der Hafen ist ein kontinuierlich betriebsamer Warenumschlagplatz, Grundstoff- und Nahrungsmittelindustrie sowie die chemische Industrie haben teilweise Rund-um-die-Uhr-Betrieb.

In Zukunft wird vor allem die Samstagsarbeit noch zunehmen, wobei allerdings auch gegenläufige Entwicklungen wirken. Zum einen sind beispielsweise bei den Banken und Versicherungen deutliche Absichten einer Ausweitung der Betriebszeit in den Samstag festzustellen, gleichzeitig werden die werktäglichen Betriebszeiten allerdings eher verkürzt. Dagegen wird im Verarbeitenden Gewerbe eher mit Einschränkungen des Samstagsbetriebes gerechnet, ebenso in den Hafenbetrieben, in denen trotz wachsender Umschlagszahlen durch Technikeinsatz und Rationalisierung immer weniger Beschäftigte regelmäßig Wochenendarbeit verrichten müssen.

Im Verarbeitenden Gewerbe kann man insgesamt von wenig veränderten Betriebszeiten für die absehbare Zukunft ausgehen. Zwar gibt es gewisse Einschränkungen des Samstagsbetriebes, in anderen Bereichen wird dafür mit Schichtausweitungen gerechnet. Bei möglichen Nachfrageausweitungen erlauben es die „Flächenreserven" in den Betrieben und in der Stadt, eher „in die Fläche als in die Zeit" auszuweiten. Trotz der geringen Veränderungstendenzen bei den Betriebszeiten sind deutliche Bestrebungen einer Betriebszeitflexibilisierung zu erkennen, die mit einer gewissen Notwendigkeit struktureller und konjunktureller Anpassungsleistungen in Zusammenhang stehen. Auf diesen Anpassungsdruck weist auch der überdurchschnittlich hohe Anteil befristet Beschäftigter im Verarbeitenden Gewerbe hin.

Der in Hamburg bereits heute sehr hohe Anteil der Teilzeitbeschäftigten dürfte sich zukünftig auch im Verarbeitenden Gewerbe noch weiter erhöhen. Damit läßt sich bei der hohen Arbeitslosigkeit zumindest auf einen gewissen Umverteilungseffekt der Arbeit hoffen. Allerdings führen die Arbeitsmarktprobleme möglicherweise auch zum verstärkten Hinnehmen von Teilzeittätigkeiten unter der Sozialversicherungsgrenze oder von befristeten Arbeitsverträgen, so daß die Gefahr eines Ansteigens der Zahl prekärer Beschäftigungsverhältnisse gegeben ist.

Arbeitszeitveränderungen setzen sich in Hamburg relativ stetig, aber auch zurückhaltend durch. Über alle Wirtschaftszweige hinweg sind derzeit flexible Arbeitszeitregelungen – vor allem „normale" Gleitzeit – im Rahmen des Üblichen verbreitet. Mit Ausnahme des öffentlichen Bereiches kann man allgemein von moderaten Veränderungsabsichten in Richtung auf eine weitere Arbeitszeitflexibilisierung ausgehen.

Im öffentlichen Bereich werden die arbeitsmarktpolitischen Bemühungen der Hansestadt deutlich sichtbar. Teilzeitarbeit und befristete Beschäftigung – in größerem Umfang aufgrund des ABM-Programms – sind stark vertreten. Damit wird einerseits ein Beitrag zur Umverteilung von Arbeit, andererseits zur qualifikationserhaltenden

zusätzlichen Beschäftigung zumindest für begrenzte Zeit geleistet. Gleichzeitig zeichnet sich der öffentliche Bereich aber auch dadurch aus, daß er im Gegensatz zu anderen Städten besonders belastende Arbeitsformen wie Schichtarbeit oder Wochenendarbeit relativ gering hält bzw. gleichmäßiger verteilt.
Insgesamt zeigt sich Hamburg als eine Stadt, in der sich Arbeits- und Betriebszeitveränderungen mit einer gewissen Zurückhaltung durchsetzen. Bei den Arbeitszeiten rührt dies auch daher, daß – anders als in München, einer Stadt vergleichbarer Größe – der „ansteckende" Effekt von „Hochschulzeiten", also aus dem Hochschulbereich stammenden Arbeitsgewohnheiten mit spät in den Abend versetzten Zeiten, kaum eine Rolle spielt.

## Essen

Essen ist noch geprägt von seiner 160jährigen Geschichte erfolgreicher Kohleförderung und Stahlproduktion. Die Umstrukturierung zu einem Handels- und Dienstleistungszentrum des Ruhrgebietes ist allerdings inzwischen weit fortgeschritten. Unter anderem durch das Verbot der Stahl- und Waffenproduktion in der Nachkriegszeit und die in Essen früh einsetzende Kohlenkrise ergaben sich relativ frühzeitig Anpassungsnotwendigkeiten an veränderte wirtschaftliche Bedingungen. Strukturelle Hinterlassenschaften wie traditionelle Arbeitsformen oder verfestigte Qualifikationsstrukturen sind jedoch noch bis in die heutige Zeit zu spüren.
Im Verarbeitenden Gewerbe sind neben den nach wie vor schrumpfenden Branchen auch Branchen vertreten, die eine zukunftsweisende Entwicklungsdynamik tragen könnten (Energie, Elektrotechnik, Fahrzeugbau), bei denen man von wachsender Nachfrage ausgehen kann. So sind in einzelnen Betrieben auch Betriebszeitausweitungen beabsichtigt. In der Summe ist jedoch mit Betriebszeitverkürzungen zu rechnen. Bei Schichtbetrieb, der heute noch überproportional stark durch Drei-Schicht-Betrieb geprägt ist, ist insgesamt ebenfalls mit weiteren Einschränkungen zu rechnen. Das führt im Endeffekt zu einem sehr deutlichen Rückgang der Schichtarbeit, da neben den erwähnten Einschränkungsabsichten auch die Branchen, in denen Schichtarbeit traditionell in größerem Ausmaß vertreten war, weiter schrumpfen.
Die Tendenzen zur Betriebszeitflexibilisierung sind nur gering. Dies ist wenig überraschend, da besondere Flexibilisierungsbestrebungen in der Regel mit Ausweitungsabsichten – die in Essen kaum zu erwarten sind – in engem Zusammenhang stehen. In Essen sind die Arbeitszeiten in nahezu allen Wirtschaftszweigen noch relativ starr, starrer als in den anderen Fallstudienstädten. Daß diese Tatsache in so einhelliger Weise über die einzelnen Branchen hinweg gilt, scheint ein Zeichen für Beharren auf traditionellen Arbeitsformen zu sein. Auch zeichnen sich in absehbarer Zeit keine größeren Flexibilisierungen der Arbeitszeit ab; bestehende starre Arbeitszeitregelungen werden sich kaum lockern. Hiermit wächst die Disparität gegenüber Städten und Regionen, in denen flexible Regelungen der Arbeitszeit heute schon verbreitet sind und sich noch verstärken.

Eine Ausnahme bildet in Essen der öffentliche Bereich. Hier ist die Flexibilität der Arbeitszeitregelungen, zumindest in der Form von Gleitzeit, relativ weit gediehen. Es gibt Bestrebungen, diese Flexibilität noch auszuweiten. Auch gibt es Hinweise auf eine Ausdehnung von Betriebszeiten, das heißt von Zeiten, in denen öffentliche Einrichtungen zur Verfügung stehen. Dies zeigt eine Beweglichkeit und Veränderungsbereitschaft, die man eher in der privaten Wirtschaft vermutet hätte.
Befristete Beschäftigungsverhältnisse finden sich in Essen überdurchschnittlich viel im Verarbeitenden Gewerbe und relativ wenig im Dienstleistungsbereich. Gleichzeitig ist die Zahl der Zeitarbeitsfirmen und daher vermutlich auch der Zeitarbeitskräfte relativ hoch. Dies steht mit noch nicht überwundenen Strukturproblemen im Zusammenhang, wobei die notwendigen betrieblichen Anpassungsleistungen in Teilen mittels befristeter Beschäftigung unterstützt werden sollen. Die hohe Arbeitslosigkeit verstärkt auf der anderen Seite die Bereitschaft der Arbeitnehmer, auch befristete oder unter Umständen auch prekäre Beschäftigungsverhältnisse einzugehen. Sowohl Teilzeit- als auch befristete Beschäftigung sind im öffentlichen Bereich in Essen besonders stark ausgeprägt, unter den Fallstudienstädten nur vergleichbar mit Hamburg. Dahinter steht wohl der Versuch, solchen Beschäftigungsformen in einer durch Arbeitslosigkeit besonders belasteten Region arbeitsmarktpolitisch – soweit wie möglich – Positives abzugewinnen. Zum einen verhindern zeitlich begrenzte Beschäftigungsverhältnisse in qualifizierten Arbeitsfeldern den Qualifikationsverfall bei Arbeitnehmern. Teilzeitbeschäftigung kann auf der anderen Seite einen Beitrag zur Umverteilung von Arbeit leisten.
Zeitliche Veränderungen und Flexibilisierungen gehen in Essen am ehesten noch vom öffentlichen Bereich aus, auch wenn in einzelnen Betrieben der privaten Wirtschaft ebenfalls entsprechende Anstöße gegeben werden. Im Ganzen gesehen ist die „zeitliche Entwicklung" in Essen durch das Zusammenwirken verschiedener Faktoren jedoch eher zurückhaltend einzuschätzen. Die Wirtschaft, geprägt durch Großunternehmen und Konzerne, ist ähnlich wie die Gewerkschaften an tradierten Strukturen und Handlungsmustern orientiert, so daß sich von daher neue Zeitmuster nur schwer durchsetzen können. Dies hat zu einer zeitlich insgesamt eher konservierenden Mentalität geführt, die von dem vergleichsweise schwach ausgeprägten Hochschulbereich mit seinen „anderen Zeiten" auch kaum wirksame Veränderungsimpulse aufnehmen kann.

FRANKFURT

Frankfurt ist im Vergleich zu anderen Städten in der Außenwahrnehmung vor allem durch drei Wirtschaftszweige – durch Banken und Versicherungen, den Verkehrs- und Mediensektor sowie durch die chemische Industrie – geprägt.
Die stärksten Veränderungsimpulse auf die Gestaltung der Betriebszeiten gehen vom Banken- und Versicherungsbereich aus. Hier ist Betriebszeitverlängerung genauso beabsichtigt wie Betriebszeitflexibilisierung; Verlängerungen betreffen dabei vor allem den Samstag. Daneben hat Frankfurts Rolle als wichtigster internationaler Verkehrs-

knotenpunkt der Bundesrepublik und als wichtiges Verteilzentrum Auswirkungen auf die gegenwärtigen und zukünftigen Zeitstrukturen. Der kontinuierliche Betrieb des Flughafens mit nur kurzer Nachtflugunterbrechung, die immer stärker an logistischen, zeitoptimierten Konzepten orientierten Zu- und Ablieferungen der Verteilzentren haben für Teile des Dienstleistungsbereichs Ausdehnungen der Betriebszeiten in die Nacht und ins Wochenende zur Folge. Schon heute läßt sich aufgrund der spezifischen Frankfurter Branchenstruktur ein relativ großes Ausmaß an Sonntagsarbeit vermuten, das sich in Zukunft noch verstärken dürfte.

Die überdurchschnittlich stark vertretene Wochenendarbeit hat ihre Ursache aber auch im Verarbeitenden Gewerbe: Vor allem in der chemischen Industrie ist ein kontinuierlicher Schichtbetrieb rund um die Uhr üblich. Ein großer Teil der Schichtarbeit wird in drei (oder sogar vier) Schichten geleistet.

Diese Tatsache scheint einer der Gründe zu sein, warum in Frankfurt im Verarbeitenden Gewerbe – sowohl beim Schicht- als auch beim Wochenendbetrieb – kaum mit Ausweitungen der Betriebszeit, dafür aber in größerem Umfang mit Verkürzungen gerechnet wird. Der Rund-um-die-Uhr-Betrieb läßt sich einerseits nicht weiter ausdehnen, andererseits werden die Arbeitszeitverkürzungen in Betrieben ohne kontinuierliche Produktion vielfach direkt in Betriebszeitverkürzungen umgesetzt. Wenn sich Kapazitäten nachfragebedingt ausweiten müssen – was aufgrund der Struktur des Verarbeitenden Gewerbes in Frankfurt auch für die Zukunft anzunehmen ist –, dann wird dies hauptsächlich durch stärkere Kapazitätsauslastungen oder Ausweitungen in die Fläche realisiert werden; nur in geringem Umfang werden Ausdehnungen der Betriebszeit erfolgen. Auch scheint die Tendenz zur Flexibilisierung der Betriebszeiten in Frankfurt geringer ausgeprägt zu sein als in anderen Städten.

Hinsichtlich der Arbeitszeit gibt es ein relativ breites Spektrum an flexiblen Regelungen. Auch hier sind die Banken und Versicherungen in gewissem Sinne Vorreiter, da Gleitzeitregelungen sich in diesem Wirtschaftszweig in breitem Umfang durchgesetzt haben und auch weitere Flexibilisierungen beabsichtigt sind. Allerdings profitieren nur wenige Beschäftigte von flexiblen Regelungen, die über die normale Gleitzeit hinausgehen. Im Verarbeitenden Gewerbe sind demgegenüber starre Regelungen noch weit verbreitet; zukünftige Flexibilisierungsabsichten sind kaum zu erkennen. Der öffentliche Bereich liegt etwa zwischen diesen beiden Polen und gibt damit so etwas wie ein Durchschnittsbild der für Frankfurt charakteristischen Arbeitszeitdynamik.

Frankfurt ist die Stadt mit dem geringsten Anteil an Teilzeitbeschäftigten. Vermutlich wird dies so bleiben. Zum einen gibt es eine deutliche Berufs- und Karriereorientierung vor allem bei den qualifizierten Angestellten, die eher Mehrarbeit als Teilzeitarbeit begünstigt. Dies korrespondiert mit einem hohen Anteil an jungen, aktiven „Singles" oder in kinderlosen Zweierbeziehungen lebenden Menschen, die fast ausschließlich vollzeitbeschäftigt sind. Schließlich ist auch die Zahl der nicht in der Stadt wohnenden Beschäftigten sehr hoch; bei langen Arbeitswegen wird Teilzeittätigkeit kaum in Erwägung gezogen.

Insgesamt zeigt sich, daß die Veränderungsimpulse der Arbeits- und Betriebszeiten gerade aus den Bereichen kommen, die das Bild Frankfurts nach außen prägen. Die zu erwartenden Veränderungen äußern sich unter anderem darin, daß sich die bestehenden Unterschiede der Zeitautonomie, also der Selbstbestimmung über die eigene Arbeitszeitlage eher noch verstärken und damit eine „zeitliche" Schichtung der Arbeitnehmer in ganz neuer Weise herbeiführen können. Ganz unterschiedliche Zeitstrukturen entwickeln sich nebeneinander und prägen die jeweiligen Lebensbereiche in unterschiedlichster Art und Weise. Diese zeitliche Vielfalt wirft die Frage der Verträglichkeit der verschiedenen Zeitstrukturen in der Zukunft auf.

Stuttgart

Stuttgart ist deutlich stärker als andere Großstädte durch das Verarbeitende Gewerbe geprägt; mehr als jeder dritte Beschäftigte arbeitet im sekundären Sektor. Die schwerpunktmäßig vertretenen Branchen zeigen eine deutliche Entwicklungsdynamik, wobei allerdings in der Automobilindustrie und den zuliefernden Branchen in den nächsten Jahren Stagnation oder sogar eine rückläufige Entwicklung nicht auszuschließen sind. Kennzeichnend für die Unternehmen sind ein relativ breiter Einsatz neuer Produktionstechnologien und starke Exportorientierung. Vor allem in den großen Unternehmen sind flexible Arbeitszeiten und häufiger Schichtbetrieb (vor allem Zwei-Schicht-Betrieb) anzutreffen – häufiger, als aufgrund der Branchenstruktur zu erwarten wäre; angesichts des überdurchschnittlichen Einsatzes von teuren Produktionstechniken und Humankapital ist die Kapitalintensität relativ hoch.
Die genannten Faktoren sind die Ursache für eine starke Tendenz zur Ausweitung der Betriebszeiten. Wie etwa auch in München sind die Flächenengpässe einer der Gründe, zeitliche Erweiterungen anzustreben. Die Ausdehnung wird teilweise in den Samstag gehen – der im Verarbeitenden Gewerbe bisher noch relativ wenig als Betriebstag genutzt wird –, teilweise wird der Schichtbetrieb ausgeweitet werden. Damit verbunden sind starke Bestrebungen zur Flexibilisierung der Betriebszeiten. Besonders in den Branchen, in denen zukünftige Nachfragerückgänge oder – aufgrund von Wechselkursschwankungen – Exporteinbrüche eintreten können, scheinen relativ kurzfristige Möglichkeiten von Betriebszeitveränderungen auch notwendig zu sein. Die starke Tendenz zur Betriebszeitausweitung beschränkt sich in Stuttgart vor allem auf das Verarbeitende Gewerbe. Dagegen sind Bestrebungen einer weiteren Arbeitszeitflexibilisierung in nahezu allen Bereichen festzustellen. Bereits derzeit sind in Stuttgart stärker als in allen anderen Fallstudienstädten innovative und flexible Arbeitszeitregelungen vertreten, die über die „normale" Gleitzeit oftmals deutlich hinausgehen. Es gibt bereits eine gewisse „zeitflexible Tradition"; bekannte zeitflexible Regelungen sind teilweise von in dieser Region ansässigen Unternehmen entwickelt worden. Sicher ist die ökonomische Prosperität der Region ein Grund, der die Unternehmen schneller und konfliktfreier auf Arbeitnehmerwünsche nach veränderten Arbeitszeiten reagieren läßt. Dazu kommt, daß bei der Konkurrenz vieler Firmen um qualifizierte Kräfte auf dem Arbeitsmarkt attraktive Arbeitszeitregelungen

einen wichtigen Wettbewerbsfaktor darstellen. Schließlich sind auch die Betriebsräte in der Region meistens kompromißbereit, wenn Arbeitnehmerwünsche in Abweichung von Gewerkschaftsmaximen formuliert werden.

Im Gegensatz dazu sind im öffentlichen Bereich – in dem in Stuttgart überdurchschnittlich viele Beschäftigte arbeiten – starre Regelungen noch sehr stark verbreitet. Allerdings sind hier in Teilbereichen Ansätze und Bestrebungen zu flexibleren Arbeitszeiten festzustellen. Damit scheint der Öffentliche Dienst zumindest teilweise der „zeitflexiblen Tradition" in Stuttgart gerecht werden zu wollen, auch wenn noch starke Diskrepanzen zwischen Beschäftigten im öffentlichen und privaten Bereich zu finden sind.

Wochenendarbeit ist in Stuttgart geringer ausgeprägt als in vielen anderen Städten. Das liegt unter anderem am relativ geringen Anteil der privaten – auch der fremdenverkehrsorientierten – Dienstleistungen. Etwa ein Drittel der Samstagsbeschäftigten – und das ist deutlich mehr als in anderen Städten – ist im produzierenden Bereich tätig. Mit Ausnahme dieses Bereichs wird es geringe Samstagsausweitungen geben; Sonntagsarbeit wird kaum zunehmen.

Zeitarbeit und befristete Beschäftigungen, die zuletztgenannten vor allem im tertiären Bereich, sind in Stuttgart vermutlich relativ stark ausgeprägt. Einiges spricht dafür, daß die Flexibilisierungsbestrebungen der Wirtschaft diesen Effekt mitbedingen, das heißt hier negative Seiten der Flexibilisierung aus der Sicht der Arbeitnehmer sichtbar werden. Ähnlich wie in München zeigen sich hier Polarisierungstendenzen im Hinblick auf den Zeitwohlstand; neben einer wachsenden Zahl von Arbeitnehmern mit relativ großer Zeitautonomie und gesicherten Arbeitsplätzen werden zeitlich befristete Arbeitsverträge, Arbeit auf Abruf oder prekäre Beschäftigungsverhältnisse zunehmen.

## München

Viele der in München vertretenen Branchen und Unternehmen des Verarbeitenden Gewerbes unterliegen in starkem Ausmaß der Weltmarktkonkurrenz. Die Stärken dieser Unternehmen liegen weniger im Massengeschäft und in der möglichst kostensparenden Güterproduktion, sondern im Forschungs- und Entwicklungsbereich und in der Herstellung (technisch) hochwertiger Produkte. Vor allem die großen Unternehmen sind durch relativ flexible Arbeitszeiten, Schichtbetrieb – der deutlich höher ist, als es die Branchenstruktur erwarten ließe – und hohe Kapitalintensität, vor allem beim Einsatz von Humankapital, gekennzeichnet. Die starke Verbreitung von flexiblen Arbeitszeitregelungen in diesem Bereich steht mit dem hohen Anteil tertiärer Tätigkeiten im sekundären Sektor im Zusammenhang.

Die beschriebenen Strukturen führen in Verbindung mit dem auch in Zukunft absehbaren überdurchschnittlich hohen Wachstum zu einer deutlichen Tendenz der Betriebszeitausweitung. Auch die räumliche Enge in München ist ein Grund für eher zeitliche Expansion als für Ausdehnung in den Betriebsflächen. Die Ausweitungen werden einerseits den Samstag, andererseits den Schichtbetrieb betreffen. Allerdings wird sich dies vor allem auf den Zwei-Schicht-Betrieb beschränken. Drei- oder Konti-Schicht-Betrieb läßt sich in München kaum durchsetzen. Mit den Ausweitungen geht eine deutliche Tendenz zur Flexibilisierung der Betriebszeiten einher. Mit dem Instrument flexibler, kapazitätsorientierter Arbeitszeitregelungen und durch Überstunden geht es um die verstärkte kurzfristige, nachfragebezogene Anpassung der Betriebszeiten.

Die in München mit deutlich überproportionalem Anteil vertretenen hochqualifizierten Arbeitnehmer haben die „Marktmacht" zur Durchsetzung ihrer Zeitinteressen. Dies gilt generell für flexible Arbeitszeitregelungen. Sie sind aber auch Vorreiter bei der Einführung bisher ungewöhnlicher Arbeitszeitformen, zum Beispiel der sogenannten „Hochschulzeiten" mit spätem Beginn und teilweiser Abendarbeit. Daneben tendieren sie zur Blockbildung von Arbeitszeiten. Solche Arbeitszeitformen werden in starkem Ausmaß von den in München stark vertretenen relativ jungen „Singles" gewählt.

Hinter diesen Zeitinteressen steht das starke Bedürfnis nach Zeitwohlstand in einer Stadt mit bundesweit bekanntem hohem Freizeitwert. Bestimmte Arbeitszeiten sind – als Voraussetzung für Freizeitaktivitäten – durchsetzbar und werden als sozialer Besitzstand verteidigt. Das gilt beispielsweise für Brücken- und Randtage; auch der freie Freitagnachmittag wird wie in keiner anderen Stadt zum nahezu selbstverständlichen „Zeitbesitzstand".

Nicht nur im Verarbeitenden Gewerbe, sondern auch in einem großen Teil des Dienstleistungssektors sind Münchener Betriebe Vorreiter bei flexiblen Arbeits- und Betriebszeitformen. Beispielsweise sind bei den Banken und Versicherungen flexible Regelungen bereits heute in großem Ausmaß vertreten, wobei für die Zukunft mit deutlichen Ausweitungen in den Samstag bei weiterer Betriebszeitflexibilisierung gerechnet werden kann. Auch im Einzelhandel waren Münchener Betriebe „Pioniere" bei der Einführung flexibler, individueller und absprachebedingter Regelungen. Dahinter stehen zum einen die hohe Nachfrage nach solchen flexiblen, differenziert gestaltbaren Arbeitszeiten bei Frauen (bei hoher Frauenerwerbstätigkeit) und zum anderen die relativ große Bereitschaft und Flexibilität bei Betriebsräten, auch teilweise abweichend vom Gewerkschaftskurs den von Arbeitnehmern präferierten Regelungen zuzustimmen.

Der öffentliche Bereich zeigt – nach den vorliegenden Daten – in München allerdings ein regelrechtes Kontrastprogramm. Starre Arbeitszeitregelungen sind hier so stark verbreitet wie in keiner anderen Fallstudienstadt; regelmäßige Schicht- und Wochenendarbeit sind ebenfalls überdurchschnittlich häufig vertreten. Damit verbunden ist eine relativ geringere Beweglichkeit; Veränderungen, beispielsweise Flexibilisierungen von Regelungen, sind kaum in Sicht. Es zeigt sich also eine erstaunliche und vermutlich noch wachsende Polarität der Arbeitszeitregelungen zwischen der privaten Wirtschaft und dem öffentlichen Bereich.

Deutliche Polarisierungstendenzen gibt es allerdings auch noch auf einer anderen Ebene. Es ist zu vermuten, daß der Anteil prekärer und befristeter Beschäftigungsverhältnisse ebenfalls überdurchschnittlich hoch ist, vor allem im Bereich der niedrig oder nichtqualifizierten Dienstleistungen. Der private, teilweise stark fremdenverkehrsorientierte Dienstleistungsbereich ist in München gut ausgeprägt und wächst weiter. Unter anderem aufgrund der hohen Lebenshaltungskosten sind auch viele Arbeitnehmer – vor allem Frauen – dazu genötigt, solche Beschäftigungsverhältnisse einzugehen. Neben einer relativ großen Zahl „zeitlich" und materiell wohlhabender Menschen gibt es also auch eine wachsende Zahl derer, die an diesem Wohlstand nicht teilhaben.

## Konstanz

Die Wirtschaft in Konstanz ist besonders durch den privaten Dienstleistungsbereich und das Verarbeitende Gewerbe geprägt. In der Industrie finden sich relativ junge Unternehmen mit hohem Tertiärisierungsgrad; viele Betriebe sind Konzerntöchter.
Aus dem Verarbeitenden Gewerbe sind keine großen Veränderungsimpulse bei den Betriebszeiten zu erwarten. Verlängerungs- und Verkürzungsabsichten werden nur in geringem Umfang angegeben und halten sich etwa die Waage. Schichtbetrieb ist relativ wenig verbreitet; dort, wo in Schichten gearbeitet wird, findet sich vor allem Zwei-Schicht-Betrieb. Auch hier gibt es nur geringe Ausweitungsabsichten. Ähnliches gilt für die Samstagsarbeit, die nur in geringem Umfang vertreten ist und auch in absehbarer Zeit kaum zunehmen wird. Ein Grund dafür ist die durch Klein- und Mittelbetriebe geprägte Branchenstruktur. In solchen Betrieben ist Schicht- oder Wochenendbetrieb im allgemeinen relativ wenig verbreitet. Eine weitere Ursache für die geringen Veränderungsabsichten liegt zum Teil darin, daß für die Zukunft nur mit gemäßigtem Wachstum gerechnet werden kann. Ein Druck auf Kapazitätsausweitungen besteht nur in wenigen Fällen. Schließlich sind auch Bestrebungen zu einer Flexibilisierung der Betriebszeiten kaum auszumachen.
Aufgrund der deutlichen Dienstleistungsorientierung kann man von relativ weit verbreiteter Wochenendarbeit ausgehen. Die Zunahme der Freizeit und der Freizeitmobilität in anderen Regionen betrifft Konstanz als Stadt mit hohem Freizeitwert besonders und führt zu einer Ausweitung der Wochenendarbeit – vor allem bei den fremdenverkehrsorientierten Dienstleistungen. Dem stehen eher Einschränkungen in einem anderen Bereich traditioneller Wochenendarbeit, dem Versorgungs-, Verkehrs- und Nachrichtensektor gegenüber. Hier ist durch organisatorische Veränderungen und Rationalisierungen ein leichter Rückgang der Beschäftigung am Wochenende anzunehmen. Insgesamt führt das zu einer Umstrukturierung der Wochenendarbeit in dem Sinne, daß in absehbarer Zeit mehr als die Hälfte der Samstags- und Sonntagsarbeit im Bereich der privaten, schwerpunktmäßig fremdenverkehrsorientierten Dienstleistungen geleistet wird.
Bei den Arbeitszeiten gibt Konstanz ein Bild relativer Offenheit ab. Unter den Fallstudienstädten könnte man sie als die „Gleitzeitstadt" kennzeichnen. In allen Bereichen, vom Verarbeitenden Gewerbe bis zum Öffentlichen Dienst, ist die „normale" Gleitzeit überdurchschnittlich stark vertreten. Allerdings scheint damit das Flexibilitätspotential bei den Arbeitszeiten schon relativ weit ausgeschöpft zu sein. Weitere Verände-

rungen bzw. Flexibilisierungen sind nur in geringem Umfang zu erwarten. Der stärkste Druck dürfte hier noch aus dem Bereich der Hochschule kommen, die in Konstanz aufgrund ihrer Größe und ihrer Bedeutung für den lokalen Arbeitsmarkt prägende Bedeutung besitzt. „Hochschulzeiten" im Sinne von weitergehenden flexiblen Arbeitszeitregelungen werden sich in begrenztem Umfang, vor allem im Bereich der Datenverarbeitung und Elektrotechnik, weiter ausbreiten.

Zukünftige Arbeitszeitverkürzungen werden in Großstädten hauptsächlich in der Form von Blockfreizeiten wahrgenommen. In Konstanz wird dagegen täglichen Arbeitszeitverkürzungen der Vorzug gegeben. Durch die relative Nähe der Funktionen Wohnen, Erholung und Arbeit lassen sich auch kurze Freizeitgewinne sinnvoll nutzen.

Insgesamt sind in Konstanz aufgrund des geringen Veränderungsdrucks und durch die kleinstädtische Tradition und Struktur nur geordnete und begrenzte Zeitveränderungen zu erwarten. Die Arbeits- und Betriebszeitregelungen in allen Wirtschaftszweigen befinden sich dabei in gewissem Einklang. Zeitlicher Wohlstand in der Form der Selbstbestimmung über die Lage der Arbeitszeit ist in allen Bereichen gleichermaßen verbreitet. Einzig im Bereich der fremdenverkehrsorientierten Dienstleistungen sind stärkere Veränderungsimpulse zu erwarten, wobei hier vor allem die zahlenmäßige Zunahme der Beschäftigung relevant ist. Damit geht ein insgesamt höheres Aktivitätsniveau am Wochenende und eventuell auch in den Abend- und Nachtstunden einher.

## 2.4 Fazit

1. In der Arbeitswelt ist derzeit ein *Umbruch der Zeitstrukturen* zu verzeichnen. Der Grundpfeiler der betrieblichen Arbeitsorganisation, nämlich eine Betriebszeit, die gleich der „normalen" täglichen Arbeitszeit oder ein ganzes Vielfaches davon ist, gerät ins Wanken. Davon werden alle Bereiche tangiert, in denen bisher der (gleichmäßige) Rhythmus des Arbeitslebens zu spüren war.
2. Die *Arbeitszeiten* sind seit langem rückläufig. An dieser Entwicklung wird sich auch in absehbarer Zukunft nichts ändern. Allerdings werden sich die polarisierenden Tendenzen in bezug auf die Arbeitszeiten verstärken. Hochqualifizierte, auf dem Arbeitsmarkt nachgefragte Arbeitnehmer behalten ihre bereits langen Arbeitszeiten – unter anderem durch Überstunden – vielfach unverändert bei. Für niedrig Qualifizierte werden die Arbeitszeitverkürzungen voll, teilweise sogar überproportional stark, umgesetzt.
3. Ein *qualitativer Wandel der Arbeitsformen* zeigt sich in der zunehmenden Lockerung starrer Arbeitszeiten zugunsten von Gleitzeitregelungen oder weitergehender Flexibilisierung. Damit haben etwa 20 Prozent der Beschäftigten flexible Arbeitszeiten, vor allem in der Form von Gleitzeit. Insgesamt profitiert von den zukünftigen Ausweitungen flexibler Arbeitszeitregelungen allerdings nur eine Minderheit von Beschäftigten im Sinne wachsender zeitlicher Selbstbestimmung; für viele bleibt die Fremdbestimmtheit der Arbeitszeitlage bestehen.

4. Jeder dritte Arbeitnehmer hat derzeit zumindest teilweise *„ungewöhnliche"* *Arbeitszeiten*, leistet also Wochenend- oder Schichtarbeit oder hat unregelmäßige oder wechselnde Arbeitszeiten.
5. *Schichtarbeit* wird nur im Verarbeitenden Gewerbe leicht zunehmen. In allen anderen Bereichen wird es – wie in den letzten Jahren – kaum Veränderungen geben.
6. Die Tendenz zur *Samstagsarbeit* hat sich in den letzten Jahren deutlich verstärkt. Dies ist in erster Linie auf die Ausweitung der Samstagsarbeit im industriellen Bereich zurückzuführen, der sich damit den Quoten in anderen Wirtschaftszweigen angenähert hat. Die Zunahme ist ungebremst; auch zukünftig wird es weitere Ausweitungen in den Samstag geben (mit Ausnahme des öffentlichen Bereichs).
7. *Sonntagsarbeit* hat ebenfalls zugenommen. Dieser Anstieg ist fast ausschließlich auf den Zuwachs im Dienstleistungsbereich zurückzuführen. Dort wird es auch weitere Zunahmen geben, wärend außerhalb des Dienstleistungsbereichs kaum ein Mehr an Sonntagsarbeit zu erwarten ist – solange die gesetzlichen Regelungen unverändert bleiben und in ihrer Auslegung nicht aufgeweicht werden. So wird auch die zukünftige Zunahme der Sonntagsarbeit in der Industrie ihrem Umfang nach unerheblich sein.
8. Mit dem starken Anstieg der *Teilzeitquote* – fast ausschließlich bei Frauen – in den letzten 20 Jahren ist auch die Zahl der *geringfügig Beschäftigten*, das heißt von nicht Sozialversicherten, stark gewachsen. Diese Entwicklung wird sich in absehbarer Zukunft kaum abschwächen.
9. Als Folge der Flexibilisierungsbestrebungen der Wirtschaft gab es bei der *Zeitarbeit* und bei den *befristeten Beschäftigungsverhältnissen* in den letzten Jahren rapide Zuwächse. Der Anstieg der befristeten Arbeitsverträge wurde durch das Beschäftigungsförderungsgesetz deutlich forciert. Erst 1990 wird dieser Trend durch das Auslaufen der Geltungsdauer dieses Gesetzes möglicherweise gebremst werden.
10. Die *Betriebszeiten* entwickeln sich unterschiedlich. Auf der einen Seite gibt es Verkürzungen, die durch Arbeitszeitverkürzungen bedingt sind. Auf der anderen Seite bestehen deutliche Ausweitungstendenzen im Sinne von (weiterem) Schicht- und Samstagsbetrieb.
11. Die *Ausweitungsbestrebungen* sind vor allem durch die wachsende Kapitalintensität der Anlagen beim Einsatz neuer Techniken und durch die schneller werdenden Produktzyklen bedingt. Daher sind Betriebszeitausweitungen auch hauptsächlich in wachsenden Branchen mit hohem Technologieeinsatz und/ oder innovativen Produkten zu erwarten.
12. In den Bereichen mit unveränderten oder wachsenden Betriebszeiten kommt es zu einer zunehmenden zeitlichen *Entkoppelung von Arbeits- und Betriebszeiten*. Veränderte Arbeits- und Organisationsformen, bei denen von den bisher üblichen Arbeitszeitdauern und -lagen abgewichen wird, ermöglichen die Entkoppelung.

13. Vor dem Hintergrund der generellen Tendenzen der Arbeits- und Betriebszeitentwicklung gibt es in der Umsetzung deutliche *räumliche Unterschiede*, die sich mittelfristig sogar noch verstärken werden.
14. Besonders ausgeprägte Absichten der *Betriebszeitausweitung* finden sich vor allem in *prosperierenden Regionen*, speziell im Verarbeitenden Gewerbe, nahezu beschränkt auf den Süden der Bundesrepublik. Diese Ausweitungen gehen mit starken Bestrebungen für eine Flexibilisierung der Betriebszeiten einher.
15. Die Ausweitungstendenzen im Süden und die Bestrebungen nach einer Ausdehnung des Schichtbetriebs führen bei gleichzeitigem Rückgang der Schichtarbeit in Regionen mit stagnierenden oder schrumpfenden Branchen zu einer „*Nord-Süd-Wanderung*" *der Schichtarbeit*. Allerdings gehen die Ausweitungen in prosperierenden Regionen kaum über den Zwei-Schicht-Betrieb hinaus.
16. *Befristete Beschäftigung* findet sich in *Regionen mit Strukturproblemen* verstärkt im Verarbeitenden Gewerbe. In süddeutschen Städten werden befristete Arbeitsverträge eher im Dienstleistungsbereich vergeben. Hier zeichnet sich eine gewisse „Amerikanisierung" der Verhältnisse im tertiären Sektor bei einer Zunahme unqualifizierter Tätigkeiten ab.
17. In den untersuchten süddeutschen Städten sind die *Arbeitszeitregelungen deutlich flexibler* als in den anderen Untersuchungsstädten der Bundesrepublik. Dies gilt allerdings nur für das Verarbeitende Gewerbe und den Bereich der privaten Dienstleistungen. Im öffentlichen Bereich ist es eher umgekehrt, so daß innerhalb der Städte im allgemeinen ebenfalls *Polarisierungstendenzen des Zeitwohlstandes* im Sinne der Selbstbestimmung über die Lage der Arbeitszeit zu beobachten sind.

# 3. Stadt und Freizeit

Die vielfältigen Angebote und Möglichkeiten in den Städten binden noch immer einen hohen Anteil der anfallenden Tages- und Wochenendfreizeit der Bewohner, obwohl mit zunehmender Mobilität die zeitlich beschränkte „Stadtflucht" an Bedeutung gewinnt. Die Gegenbewegung dazu, der Städtetourismus und die Freizeitpendler, kompensiert diese Entwicklung, insbesondere in attraktiven Städten, teilweise.

Nicht nur die Mobilität, sondern auch der Medienkonsum[1] hält den Stadtbewohner von der Nutzung des öffentlichen Angebots und des öffentlichen Raumes ab.

Demographische Veränderungen, Wertewandel, Einkommensentwicklung, Arbeitszeitreduzierung und Flexibilisierung sowie Mobilität sind einige wichtige Faktoren, die die Nachfrage nach Freizeitinfrastruktur in den Städten beeinflussen.

Zusammen mit der strukturell bedingten unterschiedlichen Entwicklung dieser Faktoren in den Städten sind die verschiedenen Angebote sowie die natürlichen und historischen Gegebenheiten Grundlage für eine stadtspezifisch unterschiedliche Entwicklung.

Diese Unterschiede lassen sich jedoch nicht monokausal aus einzelnen, isolierten Bereichen wie Kultur, Sport oder städtischem Grün ableiten, sondern sind das Ergebnis des Zusammenspiels verschiedener, zuweilen quantitativ nicht faßbarer Einstellungen und Konstellationen. Gerade mit zunehmender Freiheit bei der Gestaltung individueller Lebensmöglichkeiten wächst die Unwägbarkeit individuellen Verhaltens, das ja in seiner Summe das städtische Leben bestimmt. (Hier können nicht alle Aspekte, die für die Stadt im Zusammenhang mit der Freizeitentwicklung interessant sind, behandelt werden.)

Das Verhalten der Bevölkerung in der Freizeit ist nicht als unabhängig von den Veränderungen zu betrachten, die sich aus veränderten Inhalten und Formen der Arbeit ergeben. Diese Veränderungen stellen zusammen mit weiteren Arbeitszeitverkürzungen sowie strukturellen demographischen Verschiebungen (Freizeitstundensumme) den Rahmen dar für die wahrscheinlichen freizeitbezogenen Auswirkungen auf die Stadt. Die Darstellung unterschiedlicher Freizeitstile gibt sodann eine Möglichkeit, in erster Annäherung stadtbezogene Aussagen zur möglichen Struktur der Nachfrage nach Freizeitangeboten in den Fallstudienstädten zu machen. Dem gleichen Zweck dienen Erörterungen zur Frage der Stadtbindung. Arbeitszeitverkürzung und variable Arbeitszeitlagen können zunehmend zur Verbreitung von Blockfreizeiten führen, die sich besonders gut dazu eignen, in Form von Kurzurlauben außerhalb der Stadt verbracht zu werden. Wie stark diese Möglichkeit der Freizeit-

---

[1] Fragen des Umfangs und der Entwicklung des Medienkonsums wurden im Rahmen dieser Untersuchung nur am Rande behandelt.

gestaltung in den einzelnen Fallstudienstädten genutzt werden wird, hängt nicht zuletzt von der subjektiven Einschätzung der Stadt und ihrer spezifischen Attraktivität durch die Bewohner ab. Die unterschiedlich stark ausgeprägte Stadtzufriedenheit bzw. Stadtbindung soll hierzu Tendenzen in den Fallstudienstädten aufzeigen. Schließlich werden durch die Zusammenstellung freizeitrelevanter Infrastruktur das Angebotspotential in den Fallstudienstädten exemplarisch vorgeführt und stadtspezifische Ausprägungen thematisiert.

## 3.1 Veränderungstendenzen in der Freizeit

Die Übergänge zwischen Arbeit und Nichtarbeit werden alles in allem fließender. Eine Reihe von Tätigkeiten wird in der arbeitsfreien Zeit mit der gleichen Zielstrebigkeit und ähnlich systematisch wie die Arbeit am Arbeitsplatz verrichtet. Dazu gehört unter anderem jede Art von häuslicher Verwaltungsarbeit, die mit zunehmender Verrechtlichung und Bürokratisierung des Lebens immer breiteren Raum einnimmt (Versicherungen, Krankenkassen, Abzahlungskäufe, Garantieleistungen, Gerichtsverfahren bei Streitigkeiten, eine Vielzahl von Überweisungen, Einhalten von Fristen, Steuererklärungen und anderes mehr). Der Haushalt und die damit zusammenhängenden Tätigkeiten und Verpflichtungen erfordern zunehmend mehr an Managementleistungen, wie sie im Betrieb üblich sind; diese „Verbetrieblichung privater Lebensführung"[2] wird sich in Zukunft noch steigern. Aber auch umgekehrt werden viele Dinge, die nicht zur Erwerbsarbeit gehören, während der Arbeitszeit erledigt (Kopieren privater Unterlagen, Schreiben von Reklamationen, Terminvereinbarungen mit Handwerkern usw.). Das starke Ansteigen von Informationstätigkeiten schafft für diese Art wechselseitiger Diffundierung von Tätigkeiten immer mehr und bessere Voraussetzungen.
Gleiches gilt aber auch für handwerkliche Tätigkeiten. Die Do-it-yourself-Branche lebt nicht zuletzt von eben dieser Durchdringung beruflicher Fertigkeiten mit solchen, die in der Freizeit benötigt werden. Die gegenseitige Durchdringung von Arbeit und Freizeit wird auch deutlich in veränderten Erwartungen, die die Menschen an die Qualität ihrer Freizeit stellen. Entspannung und Muße sind zwar noch immer geschätzte Formen der Freizeitverbringung, zunehmend wird aber der Wert der andersartigen Anspannung und Anregung zur Rekreation erkannt und gesucht.
Der Sportboom, die Fitnessorientierung, aber auch die größere kulturelle und soziale Interessiertheit sind Ausdruck einer Lebenseinstellung, die die arbeitsfreie Zeit nicht als die bloße Abwesenheit von (Erwerbs-)Arbeit versteht, sondern als Freiraum zur aktiven Gestaltung des eigenen Lebens. In diesem Sinne wird auch die Fortbildung nicht als bloße Verlängerung des Arbeitens empfunden, sondern reicht hinein bis in Formen persönlicher Entwicklung, die zunehmend häufiger mit dem Interesse an sich

---

2 Vgl. *Christiane Müller-Wichmann*, Von wegen Freizeit. Argumente pro und contra 7-Stunden-Tag, Frankfurt/M. 1987.

selbst, an der Selbstfindung verknüpft sind. Solche Lebensfelder werden nicht selten ähnlich systematisch und vergleichbar zielstrebig wie die Arbeitszeit ausgefüllt, meist allerdings mit weitaus größerem Enthusiasmus.

Weiterbildung erhält ein neues Gewicht. Auch dieser Bereich ist gekennzeichnet durch eine zweifache Verankerung; zum einen im beruflichen Bereich, zum anderen im privat-persönlichen. Hierin spiegeln sich die beiden bestimmenden Ursachenkomplexe, der Strukturwandel auf der einen Seite und der Wertewandel auf der anderen. In dieser Wechselwirkung liegt die besondere Dynamik der Weiterbildung für den Freizeitbereich. Während der Strukturwandel zunehmend berufliche Qualifizierung, Informiertheit und eine ganzheitliche (systemische) Betrachtungsweise nahelegt, werden eben diese Eigenschaften im privaten Bereich individuell zur Entwicklung und ganzheitlichen Förderung genutzt. In der wachsenden Bedeutung der Weiterbildung läßt sich daher nicht nur eine immer häufiger gewählte Form der Zeitverwendung identifizieren, sondern vor allem eine „neue Sicht der Dinge" (Biedenkopf), also eine Veränderung der Einstellung und des Bewußtseins.

Aufs Ganze gesehen nimmt die Menge an Freizeit, also die Zahl der Menschen mit Freizeitanforderungen, ab. Aber die Bevölkerungsentwicklung bewirkt auch, daß zunehmend mehr ältere Menschen mit ihrer freien Zeit das Profil von Freizeitangeboten bestimmen. Zeitrelevant ist schließlich auch die zunehmende Zahl von kleinen Haushalten und die steigende Erwerbsquote bei den Frauen. In all diesen Fällen wird es schwieriger, notwendige Erledigungen und Besorgungen zu delegieren, also eine gewisse Parallelität bei der Bewältigung des Alltags wirksam werden zu lassen.

In der Zusammenschau der verschiedenen, teilweise gegenläufigen Tendenzen zeigt sich, daß Veränderungen aus reduzierter und teilweise flexibilisierter Arbeitszeit sich nur zum Teil in quantitativen Dimensionen veränderten Freizeitverhaltens abbilden lassen. Die absehbaren Veränderungen sind vornehmlich qualitativer Art und resultieren gleichermaßen aus gewandelten Arbeitsinhalten und Arbeitsformen wie aus veränderten Bedürfnissen und Handlungsstrukturen in der arbeitsfreien Zeit. Bei der Diskussion um die quantitativen Veränderungen sollte dieser qualitative Aspekt daher nicht aus den Augen verloren werden, denn in ihm spiegeln sich Anspruchsveränderungen an die Freizeit und an Freizeitangebote, die sich gegenwärtig nicht oder nur unzureichend in konkrete Planungsempfehlungen umsetzen lassen.

3.1.1 Freizeit und Obligationszeit

Bei der Bestimmung der Freizeit als frei verfügbarer Zeit muß der zunehmende Anteil von Tätigkeiten mit verpflichtendem Charakter (Obligationszeit) an der insgesamt verfügbaren Zeit berücksichtigt werden. Zur Obligationszeit gehören unter anderem:
- Haushalts- und Reparaturarbeiten,
- Einkäufe und langwierige Konsumentscheidungen,
- Behördengänge, Erledigungen und Besorgungen sowie
- familiäre und gesellschaftliche Verpflichtungen[3].

---
[3] Vgl. *Horst W. Opaschowski*, Wie leben wir nach dem Jahr 2000?, Hamburg 1987, S. 14.

Frei verfügbare Zeit ist also nicht nur von Arbeitszeitverkürzungen abhängig, sondern auch von der Veränderung der tendenziell zunehmenden Obligationszeiten. Ein empirischer und prognostischer Vergleich für den Zeitraum zwischen 1950 und 2010 zeigt eine deutlich veränderte Verteilung des Jahreszeitbudgets. Nach dieser Berechnung wird die Arbeitszeit in diesem Zeitraum um rund 39 Prozent sinken und die Freizeit (also abzüglich der Obligationszeit für nicht erwerbsorientierte Verpflichtungen) um 44 Prozent zunehmen. Auch die Obligationszeit nimmt in diesem Zeitraum um rund 22 Prozent zu. Die Veränderungen werden aber besonders deutlich am veränderten Gewicht, das Arbeit einerseits und Freizeit andererseits haben; während die Arbeitszeit 1950 noch 31 Prozent der insgesamt verfügbaren Zeit einnahm, wird sie bis 2010 um über 11 Prozentpunkte auf nur knapp 19 Prozent sinken, im gleichen Zeitraum erhöht sich der Freizeitanteil von rund 18 auf 26 Prozent. Interessant ist insbesondere der steigende Anteil der Obligationszeit; zwischen 1990 und 2010 wird das zeitliche Gewicht der Obligationszeiten jenes der Erwerbsarbeit übertroffen haben und im Jahre 2010 mit rund zwei Prozentpunkten oberhalb des Anteils der Zeit für Erwerbsarbeit liegen[4]. Eine Umfrage des Forschungsinstituts für Freizeit und Tourismus in der Schweiz[5] bestätigt diese Tendenz. Danach wird insbesondere mehr Zeit für Weiterbildung, Soziales/Kultur/Politik, Haushalt/Eigenarbeit/Hobby und Familie/Kindererziehung verwendet.

### 3.1.2 Die Freizeitstundensumme

Die potentielle Nachfrage nach Freizeitinfrastruktur ist nicht nur von der Entwicklung der individuellen Freizeit abhängig. Ein anderer wichtiger Faktor ist die Entwicklung der Bevölkerung. Die Freizeitstundensumme ist ein Konstrukt, das die Entwicklung der arbeitsfreien Zeit mit der quantitativen Bevölkerungsentwicklung und der Veränderung ihres demographischen Aufbaus verknüpft[6]. Eine überschlägige Modellrechnung, die den veränderten demographischen Bevölkerungsaufbau sowie die demographische Entwicklung insgesamt berücksichtigt, zeigt, daß selbst bei einer Arbeitszeitverkürzung auf 30 Wochenstunden im Jahr 2010 die wöchentliche „Freizeitmenge", bezogen auf das Bundesgebiet, konstant bleibt[7]. Bezogen auf die Kernstädte der Untersuchungsregionen, sinkt die Freizeitstundensumme sogar erheblich bis 2005 – mit Ausnahme von Konstanz[8] (vgl. Schaubild 4).

---

[4] Der Prognose liegen folgende Annahmen zugrunde: Für 1990 eine Fünf-Tage-Woche mit 38 Arbeitsstunden und 200 Arbeitstagen im Jahr; für 2010 wird von einer Vier-Tage-Woche ausgegangen, bei 35 Wochenstunden Arbeit und 165 Arbeitstagen jährlich.
[5] *FIF-Akzente*, 1987.
[6] Im einzelnen vgl. hierzu *Difu-Projektgruppe*, Zeitplanung, in: Dietrich Henckel (Hrsg.), Arbeitszeit, Betriebszeit, Freizeit – Auswirkungen auf die Raumentwicklung, Berlin 1988, S. 153–196.
[7] Vgl. ebenda, S. 187.
[8] Die Berechnungen wurden auf der Basis der Bevölkerungsprognose der Bundesforschungsanstalt für Landeskunde und Raumordnung durchgeführt.

Schaubild 4 – *Wochenfreizeitstunden der Bevölkerung insgesamt in den Fallstudienstädten bei Arbeitszeitverkürzung (1984 = 100)* *

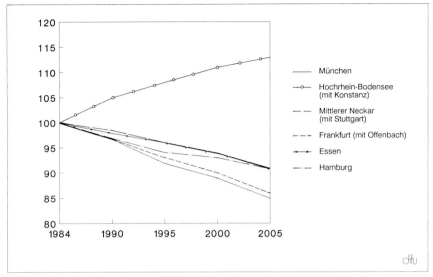

* Quelle: Eigene Darstellung des Deutschen Instituts für Urbanistik.

Ausschlaggebend für diesen Effekt ist die prognostizierte Bevölkerungsentwicklung[9]. Der insgesamt zu erwartende Rückgang der Bevölkerungszahlen überkompensiert die individuelle Zunahme der Freizeit, und dies, obwohl der Anteil der älteren Bevölkerung (über 60 Jahre) mit viel freier Zeit drastisch steigt (2010 werden nach dieser Modellrechnung 34 Prozent der Freizeitstunden auf diese Bevölkerungsgruppe entfallen, 1984 waren es nur 29 Prozent).

Die unterschiedliche Entwicklung in den Kernstädten einerseits und den Mittelstädten und Kreisen andererseits (der Kreis Konstanz erreicht bei der Freizeitstundensumme einen Wert von 113 Prozent, während die Kernstädte im Durchschnitt auf 90 Prozent des Ausgangswertes von 1984 fallen) ist das Ergebnis unterschiedlicher Bevölkerungsentwicklung in den verschiedenen Regionen. In weniger verdichteten Räumen steigt die Freizeitstundensumme; hier schlägt sich eine erhöhte Stadtrandwanderung nieder und damit die begründete Annahme, daß in solchen Regionen nach dem Jahr 2000 vergleichsweise mehr „Freizeitstundenträger" leben werden als zum gegenwärtigen Zeitpunkt (vgl. Schaubild 5).

Für die Nutzung städtischer Infrastruktur ist das in mehrfacher Hinsicht von Belang. Für die Fallstudienstädte resultiert daraus im Prinzip eine verminderte Nachfrage nach Infrastrukturleistungen[10]. Hingegen dehnen sich die Verdichtungsräume aus, so

---

[9] Nach *Prognos-Report*, Nr. 12 (1986) wurden folgende Ausgangswerte zugrunde gelegt: 1980 61 658 Mio.; 1984 61 049 Mio.; 2000 59 084 Mio; 2010 55 830 Mio. Einwohner.

[10] *Albrecht Göschel u.a.*, Infrastrukturrevision, Berlin (Deutsches Institut für Urbanistik, in Vorbereitung).

Schaubild 5 – *Wochenfreizeitstunden der Bevölkerung insgesamt in unterschiedlichen Regionstypen bei Arbeitszeitverkürzung (1984 = 100)\**

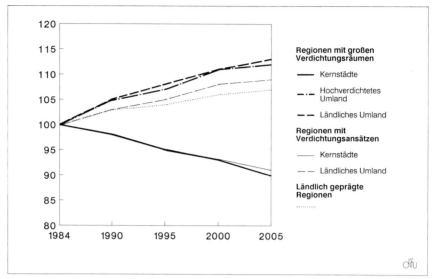

\* Quelle: Eigene Darstellung des Deutschen Instituts für Urbanistik.

daß wegen der zentralen Versorgungsfunktion der Kernstadt die Zahl der Nachfragenden steigen oder zumindest gleich bleiben könnte. Daher kann aus der absehbaren Bevölkerungsverringerung nicht unmittelbar auf eine verminderte Nachfrage in den Fallstudienstädten geschlossen werden. Zu erwarten sind vor allem beträchtliche Verschiebungen in der Nachfragerichtung. Der Anteil der Älteren an der Bevölkerung wird besonders in den Kernstädten steigen, während der der jüngeren Menschen und solcher, die sich im Erwerbsalter befinden, tendenziell sinkt.

Diese Bevölkerungsentwicklung bewirkt auch, daß zunehmend mehr ältere Menschen mit ihrer freien Zeit das Profil von Freizeitangeboten bestimmen. Damit ist insgesamt eine Verlangsamung im Wechsel von Moden und Trends nach dem Jahr 2000 abzusehen. Die eigentliche Entwicklungsdynamik liegt in der Zeit davor, also in unserer Gegenwart.

3.1.3 Freizeitstile

In den von Markt- und Freizeitforschern durchgeführten soziodemographischen Analysen werden Merkmale sozialer Gruppen bestimmten Freizeit- und Konsumverhaltensweisen, also Lebensstilen, zugeordnet. Über eine solche Typisierung läßt sich nur eine Annäherung an das Freizeitverhalten in Städten konstruieren.

Eine Analyse der Freizeitstile, wie sie Opaschowski vornimmt, kommt zu sieben unterschiedlichen Typen (vgl. Übersicht 3). Werden die den einzelnen Typen nahelie-

Übersicht 3 – *Freizeitstile einzelner sozialer Gruppen**

| Soziodemographische Merkmale der sozialen Gruppen | Freizeitstil – als Konsumenten | bevorzugte Tätigkeiten in der Freizeit | Anteil der Bevölkerung ab 14 J., in % |
|---|---|---|---|
| überwiegend 14- bis 19jährige Jugendliche, vor allem Schüler und Auszubildende | Anpassungs- konsument | – mit Freunden zusammensein<br>– Disco besuchen,<br>  Sport treiben<br>– Musik hören<br>– Einkaufsbummel machen | 12 |
| überwiegend Singles (Ledige und Geschiedene) unter 40 Jahren, überwiegend weibliche Angestellte | Geltungs- konsument | – mit dem Auto herumfahren<br>– Essen gehen<br>– ins Kino gehen<br>– Schallplatten hören<br>– Einkaufsbummel machen | 12 |
| überwiegend Männer unter 40 Jahren, vor allem Ledige und Geschiedene | Erlebnis- konsument | – Reisen<br>– Sport treiben<br>– in die Kneipe gehen<br>– mit dem Auto herumfahren | 14 |
| überwiegend leitende, qualifizierte Angestellte, höhere Beamte, mittleres Management | Anspruchs- konsument | – Lesen<br>– sich entspannen<br>– exklusive Sportarten<br>– Besuch von Oper, Konzert, Theater | 12 |
| überwiegend Frauen über 40 Jahre mit mittlerer und höherer Bildung | Kultur- konsument | – sich weiterbilden<br>– Studienreisen machen<br>– Besuch von Museen, Kunstausstellungen<br>– Besuch von Oper, Konzert, Theater<br>– Lesen | 9 |
| überwiegend Hausfrauen, vor allem untere und mittlere Schicht | Versorgungs- konsument | – Handarbeiten<br>– Gartenarbeiten<br>– Illustrierte lesen<br>– in Ruhe Kaffee trinken<br>– Besuche empfangen/machen | 17 |
| überwiegend Rentner, auch Arbeitslose, Sozialhilfeempfänger und Studenten | Spar- konsument | – Wandern<br>– Fahrrad fahren<br>– Heimwerken<br>– Fernsehen<br>– Radio hören<br>– Lesen<br>– Sport treiben<br>– in die Kirche gehen | 24 |

\* Quelle: Nach *Horst W. Opaschowski*, Konsum in der Freizeit, Hamburg 1987, S. 34 ff.

genden Merkmale für die Städte zusammengetragen, stützt die Ausprägung der Merkmale die Vermutung, daß die Konsumententypen in den Untersuchungsstädten unterschiedlich häufig auftreten, sich also Hinweise auf städtische Unterschiede ableiten lassen.

Eine Zusammenfassung ähnlicher Konsumententypen ergibt folgende Rangfolge der Städte[11]:

| Versorgungs- und Sparkonsument | Geltungs-, Erlebnis- und Anspruchskonsument |
|---|---|
| 1. Essen | 1. Frankfurt |
| 2. Hamburg | 2. München |
| 3. Frankfurt | 3. Stuttgart |
| 4. Stuttgart | 4. Hamburg/Konstanz |
| 5. Konstanz | 5. Essen |
| 6. München | |

Die Bevölkerungsgruppen, die eher dem Typ des Versorgungs- und Sparkonsumenten zuzuordnen sind, sind demnach in Essen, Hamburg und auch Frankfurt stärker vertreten als in den restlichen Fallstudienstädten. Frankfurt, München und Stuttgart weisen danach höhere Anteile vom Typ des Geltungs-, Erlebnis- und Anspruchskonsumenten auf. Bei beiden Typen relativ weit vorn vertreten ist Frankfurt, was als Hinweis auf eine etwas ausgeprägtere Polarisierung bei den Konsumententypen gewertet werden kann.

Da die Altersgruppe der 14- bis 19jährigen in Essen, Hamburg und Konstanz etwas stärker vertreten ist als in den übrigen Fallstudienstädten, läßt sich daraus auf eine entsprechend höhere Zahl von Anpassungskonsumenten in diesen Städten schließen. Für eine unterschiedliche Ausprägung bei den Kulturkonsumenten gibt es keinen verwertbaren Hinweis.

Prognosen über Bevölkerungsentwicklungen in den Städten legen die Annahme nahe, daß die Häufigkeit der Merkmale, die dem Typ des Kultur-, Spar- und Versorgungskonsumenten zugeordnet sind, in den meisten großen Städten eher zunimmt[12]. Hier dürfte München eine Ausnahme bleiben, da insbesondere der Typ des Geltungs-

---

[11] Zur Typenbildung wurden folgende Merkmale der Fallstudienstädte verwendet: 6- bis 15jährige, 15- bis 18jährige, 18- bis 45jährige, ab 65jährige, Männer, Einpersonenhaushalte, Zweipersonenhaushalte, Drei- und Mehrpersonenhaushalte, Frauenerwerbsquote, Arbeitslosenquote, Kaufkraft und Anteil Hochqualifizierter an Beschäftigten insgesamt. Die Rangfolge ergibt sich aus der Auszählung der ersten drei Städte pro Konsum- und Freizeittyp über alle Merkmale.

[12] Dies gilt nur unter der Annahme, daß die Typen selbst, aber auch die Merkmalszuordnung zu den Typen Beständigkeit aufweist.

und Anspruchskonsumenten vom Image dieser Stadt im besonderen Maße angezogen wird. Von Bedeutung für die Städte ist auch, daß der Spar- und Versorgungskonsument seine Freizeit am ehesten wohngebietsorientiert verbringt.

Danach läßt sich insbesondere für Essen und Hamburg eine etwas höhere Neigung zur Freizeitverbringung in der Stadt und im näheren Umfeld der Stadt ableiten als in Frankfurt und München; hier dürfte der Anteil der Bevölkerungsgruppen, die die Freizeit eher außerhalb der Stadt verbringen, höher liegen.

Die unterschiedliche Ausprägung der Lebensstile kann eine Präferenz für die eine oder andere Variante der Arbeitszeitverkürzung bedeuten. Versorgungs-, Spar- und Kulturkonsumenten dürften zur Verkürzung der Tagesarbeitszeit neigen, während zum Beispiel Geltungs- und Erlebniskonsumenten wohl eher Blockfreizeiten bevorzugen. Andererseits hat die Veränderung der Zeitstrukturen durchaus auch Einflüsse auf die Lebensstile, da Verhaltensweisen auch von Veränderungen der Lebensbedingungen abhängen. Die Zunahme von prekären Beschäftigungsformen und Teilzeitarbeit wird nicht ohne Auswirkungen auf das Freizeit- und Konsumverhalten sein.

### 3.2 Städtische Freizeitinfrastruktur

Das Bedürfnis, insbesondere der Stadtbewohner, nach Natur und naturnahen Flächen wird weiter steigen. Obwohl das städtische Umfeld – so aufgelockert und grün es auch sein mag – die Wanderung in einem Mittelgebirge nicht ersetzen kann, sollte zumindest ein Teil dieses Bedürfnisses stärker im Stadtgebiet selbst befriedigt werden können. Der oft formulierte Anspruch an ein ganzheitliches Leben hat auch eine räumliche Dimension. Pulsierende Lebendigkeit und Schnelligkeit einer Stadt müssen sich mit der Möglichkeit zum Ausspannen und Erholen, also der Ruhe, verbinden können. In diesem Zusammenhang gewinnen städtische Parks, grüne Inseln, begrünte Baulücken und Innenhöfe sowie wild wuchernde und zugängliche Brachen an Bedeutung. Der freie, unverbaute Blick in einer Parkanlage ist im städtischen Umfeld genauso wichtig wie die grüne Nische in einer verkehrsberuhigten Einkaufszone.

Kleingärten sind für Städter eine Möglichkeit, sich innerhalb des Stadtgebietes „territorial" mit diesen zu identifizieren; sie tragen insofern zu einer Art Heimatbindung bei und bergen in Anbetracht der Vielfalt des Stadtlebens die Möglichkeit des zeitweiligen Rückzugs in übersichtliche – dorfähnliche – Strukturen. Das Bedürfnis, insbesondere von Stadtbewohnern, selbstgestaltend tätig zu sein, ist längst noch nicht befriedigt und wird aufgrund von Veränderungen der Arbeitszeit und der tendenziell abstrakter werdenden Arbeitsinhalte noch weiter steigen. Da die meisten Stadtwohnungen jedoch nur „auf Essen, Schlafen und Medienkonsum angelegt sind (AG Stadtforschung 1986)"[13], kann dieses Bedürfnis für viele Stadtbewohner nur in einem Zweitwohnsitz außerhalb der Stadt, in Kleingartenanlagen oder entsprechenden Einrichtungen (zum Beispiel Mietergärten) befriedigt werden.

---

13 Vgl. *Müller-Wichmann*, S. 32.

Das zunehmende Bedürfnis nach Sport und Bewegung leitet sich aus der Zunahme an bewegungsarmen Tätigkeiten und aus der Anhäufung von Streßfaktoren durch die Beschleunigung ab: Beide Ursachen konzentrieren sich vor allem in Großstädten; auf beide Bedürfnisse sollte auch, soweit wie möglich, vor Ort eingegangen werden. Der zunehmende Technikeinsatz in allen Lebensbereichen verringert in wachsendem Maße die Notwendigkeit des Menschen, sich selber zu bewegen. Die Beschleunigung der Entwicklung in allen Lebensbereichen hat nichts mit der körperlichen Bewegung des Menschen selbst zu tun. Der damit jedoch im Zusammenhang stehende psychische Streß kann durch körperliche Bewegung wieder abgebaut werden.

Natur und Kultur haben sich historisch zu Gegensätzen entwickelt. Diese Entwicklung schlägt sich räumlich im Gegensatz zwischen Land und Stadt nieder. Für die Attraktivität der Städte ist das Bildungs- und Kulturangebot, wozu auch Stadtgestalt und Atmosphäre der Stadt insgesamt gehören, der wichtigste Faktor. Diese Funktion des städtischen Raumes wird nur unwesentlich relativiert durch die Verbesserung der Zugänglichkeit von Informationen und Unterhaltung mittels neuer Medien im ländlichen Raum. Im Zusammenhang mit veränderten Anforderungen in der Arbeitswelt wird das Bildungs- und Kulturangebot in zunehmendem Maße auch als ein Faktor der Wirtschaftsförderung angesehen. Kultur schafft das Milieu für städtisches Kreativitätspotential.

### 3.2.1 Naturnahe Flächen

Bei dem Bedürfnis nach Grün, nach optischer und akustischer Ruhe, handelt es sich nicht um eine vorübergehende Modeerscheinung. Stadtflucht, ob als Wohnort- oder Freizeitverlagerung, weist auf einen langanhaltenden Trend.

Der Einwohnerrückgang in den meisten Großstädten ist zum Teil auf das zunehmende Bedürfnis nach Natur zurückzuführen; die damit einhergehende „Ausdünnung" der Städte kann mittel- bis langfristig die Grundlage dafür sein, dem Bedürfnis innerhalb der Stadt zunehmend gerecht zu werden.

Eine Betrachtung der ausgewiesenen Erholungsflächen[14] pro Einwohner in den Fallstudienstädten (vgl. Schaubild 6) legt den Schluß nahe, daß dem wachsendem Bedürfnis nach „Grün" in den meisten Städten Rechnung getragen wird. Bei dieser Zunahme handelt es sich nicht nur um statistische Effekte, die durch die Bevölkerungsentwicklung bedingt sind, sondern die Erholungsflächen haben sich seit 1977 auch absolut verändert.

Nicht nur Erholungsflächen dienen der Erholung, sondern auch andere naturnahe Flächen wie Wald- und Landwirtschaftsflächen. Erholungsflächen sind jedoch besser als diese Flächen in allen Städten über das gesamte Stadtgebiet verteilt und kommen insofern dem Anspruch der guten Erreichbarkeit näher. Werden Wald- und Landwirtschaftsflächen in der Grünflächenbilanz mitberücksichtigt, so zeigt sich, daß die Zunahme der Erholungsflächen vor allem auf Kosten dieser Flächen erfolgte.

---

[14] Unbebaute Flächen, die der Erholung dienen.

Schaubild 6 – *Erholungsflächen[1] in den Fallstudienstädten (1977 und 1985) (in qm pro Einwohner)\**

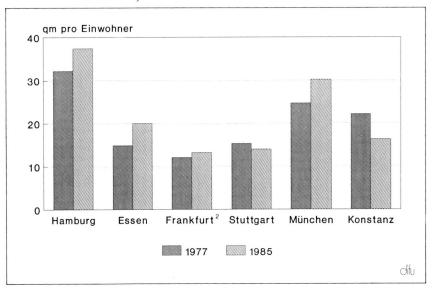

\* Quelle: Statistische Jahrbücher deutscher Gemeinden; eigene Berechnungen des Deutschen Instituts für Urbanistik.
[1] Unbebaute Flächen, die der Erholung dienen.
[2] Für Frankfurt liegen für die Zeit vor 1981 keine Angaben vor, daher ist statt 1977 der Wert für 1981 ausgewiesen.

In den Fallstudienstädten zeigen sich bei Beständen, Strukturen und Entwicklungen der naturnahen Flächen insgesamt erhebliche Unterschiede (vgl. Schaubild 7): Während Hamburg und München einen hohen Anteil an Erholungsflächen haben, sind in Stuttgart, Konstanz und Frankfurt die Wald-, aber auch die Landwirtschaftsflächen überdurchschnittlich hoch vertreten. In Frankfurt nahmen die naturnahen Flächen auch durch die Ausdehnung des Gemeindegebietes insgesamt zu. Der vergleichsweise starke Zuwachs dieser Flächen in Stuttgart erfolgte offensichtlich aufgrund einer Umverteilung aus anderen Nutzungsarten.
Wald- und Landwirtschaftsflächen befinden sich überwiegend in Stadtrandlagen und konkurrieren als Ausflugsziel mit außerhalb der Stadt liegenden Erholungsgebieten. Die Nutzung dieser Flächen durch die Stadtbewohner hängt vor allem von der Zugänglichkeit und dem Attraktivitätsgefälle zwischen außerhalb und innerhalb des Stadtgebietes liegenden Erholungsflächen ab. Unterschiede zwischen einzelnen ausgewählten Städten macht eine Umfrage des B.A.T.- Freizeit-Forschungsinstituts deutlich (vgl. Schaubild 8).
Diese Umfrage zeigt, daß die Mehrheit der Befragten in innerstädtischen Parks keine Alternative zur Wochenendfahrt ins Grüne sieht. Zwischen den Städten gibt es jedoch

Schaubild 7 – *Naturnahe Flächen in % der Gemeindefläche (1977 und 1985) (in qm pro Einwohner)* *

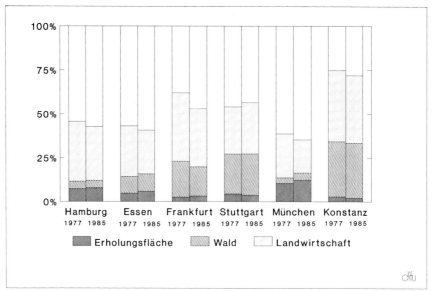

* Quelle: Statistisches Jahrbuch deutscher Gemeinden; eigene Berechnungen des Deutschen Instituts für Urbanistik.

erhebliche Unterschiede bei der Beurteilung. Während die befragten Umlandbesucher in Hamburg, Frankfurt und München die Alternative Stadtpark ungefähr gleich einschätzen – nur 16 bis 18 Prozent der Befragten sehen eine Alternative im Stadtpark –, sind die Unterschiede bei der Beurteilung der Parkbesucher erheblich: 42 Prozent dieser Gruppe sieht in Hamburg in den innerstädtischen Parks eine Alternative zur Wochenendfahrt ins Grüne, während es in München 29 Prozent und in Frankfurt 17 Prozent sind. Aus einem unterschiedlichen Attraktivitätsgefälle zwischen Umlanderholungsgebieten und Stadtparks in den Städten lassen sich die Beurteilungsdifferenzen allein nicht erklären. Zur Interpretation der Unterschiede bedürfte es näherer Untersuchungen.

Während mehr als zwei Drittel der Stadtbewohner in Parks keine Alternative zur Wochenendfahrt ins Naherholungsgebiet sehen, spielen für das Alltagsleben die im Stadtgebiet verteilten Erholungsflächen eine größere Rolle. Der Verteilung dieser Flächen im Stadtgebiet kommt dabei die gleiche Bedeutung wie dem Umfang zu, so daß die Bewertung der Situation in einer Stadt nicht allein aus dem Umfang der Erholungsflächen abgeleitet werden kann.

Wie ein Blick in Statistik und Flächennutzungsplan zeigt, sind in München sowohl Umfang als auch Verteilung vergleichsweise günstig. Nach einer Befragung des B.A.T.-Freizeit-Forschungsinstituts ist für 75 von 100 befragten Parkbesuchern in Frankfurt

Schaubild 8 – *Park als Alternative zum Umland?* *

Frage: „Können Sie sich vorstellen, daß die innerstädtischen Parks Ihrer Stadt, wenn man alle Parks zusammennimmt, eine gleichwertige Ergänzung sein können zur Fahrt am Wochenende ‚ins Grüne'?"[1]

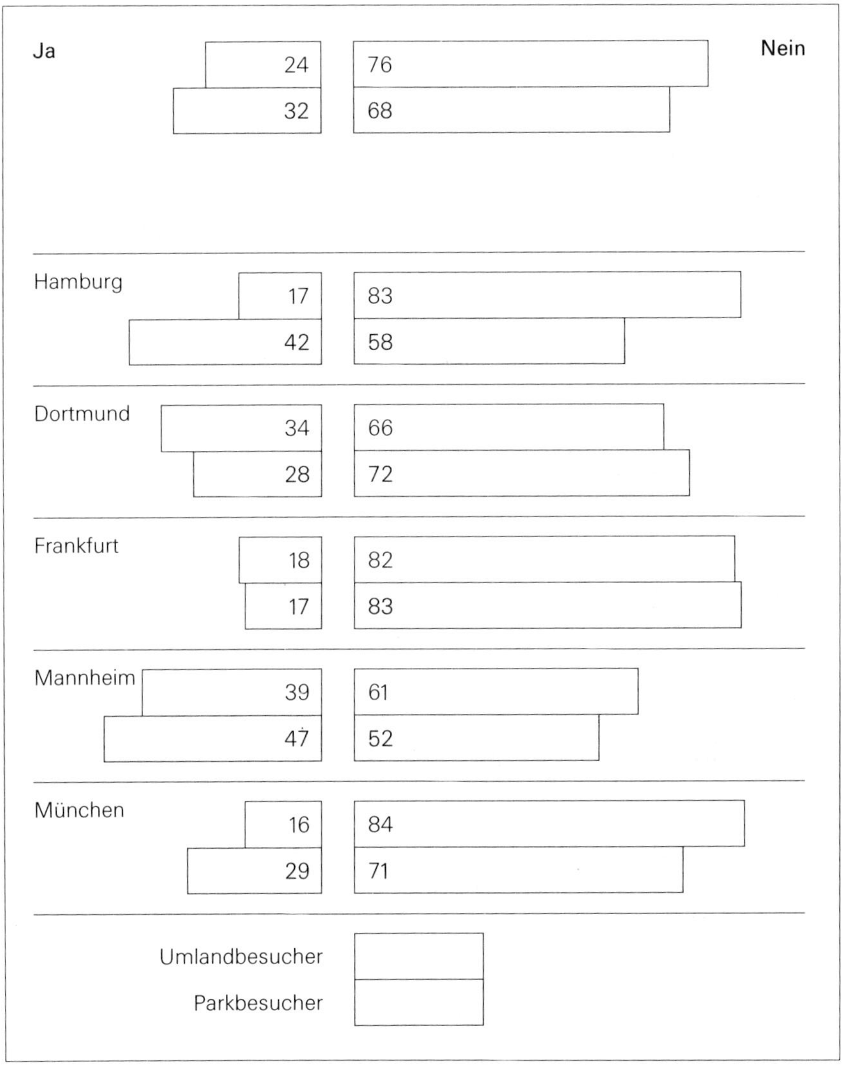

| | Ja | | | Nein |
|---|---|---|---|---|
| | | 24 | 76 | |
| | | 32 | 68 | |
| Hamburg | | 17 | 83 | |
| | | 42 | 58 | |
| Dortmund | | 34 | 66 | |
| | | 28 | 72 | |
| Frankfurt | | 18 | 82 | |
| | | 17 | 83 | |
| Mannheim | | 39 | 61 | |
| | | 47 | 52 | |
| München | | 16 | 84 | |
| | | 29 | 71 | |

Umlandbesucher
Parkbesucher

\* Quelle: *B.A.T.-Freizeit-Forschungsinstitut,* Freizeit im Grünen, Hamburg 1986.
[1] 1033 Befragte im Umland, 523 Befragte in Parks; Angaben in % (geschlossene Fragestellung).

der Weg von der Wohnung zum Park kürzer als zwei Kilometer, gleiches gilt für 49 Prozent in München und 39 Prozent in Hamburg (vgl. Tabelle 26).

Tabelle 26 – *Entfernung der Wohnung von einem Park (Antworten in %)* *

Frage: „Wie weit ist Ihre Wohnung von hier entfernt?"

| Entfernung | Hamburg | Frankfurt | München |
|---|---|---|---|
| 10 km und mehr | 14 | 0 | 10 |
| 5–10 km | 20 | 2 | 20 |
| 2– 5 km | 27 | 23 | 21 |
| 0– 2 km | 39 | 75 | 49 |

* Quelle: *B.A.T.-Freizeit-Forschungsinstitut,* Freizeit im Grünen, Hamburg 1986.

Der Versuch, die Verteilung der Grünflächen in allen Städten über Konzentrationsmaße zu analysieren, scheiterte an vergleichbaren Daten. Ein Vergleich[15] zwischen Essen und Frankfurt – hier ist er in Ansätzen möglich (vgl. Tabelle 27) – zeigt für Frankfurt eine relativ geringe Konzentration, das heißt eine vergleichsweise gute Verteilung der naturnahen Flächen über das Stadtgebiet. In der Tendenz wird damit für Frankfurt das Ergebnis der B.A.T.-Umfrage bestätigt.

Tabelle 27 – *Konzentration naturnaher Flächen[1] in Essen und Frankfurt (1985)* *

| Gemeindeflächenanteil in % | naturnahe Flächen, Anteil in % | |
|---|---|---|
| | Essen | Frankfurt |
| 10 | 1,0 | 2,4 |
| 30 | 8,0 | 17,0 |
| 50 | 22,0 | 38,0 |
| 75 | 52,0 | 73,0 |

* Quelle: Handbuch Essener Statistik; Statistisches Jahrbuch Frankfurt am Main 1986.

[1] Ackerland, Gartenland, Wiesen und Wald.

---

[15] Hier lagen Stadtteildaten für vergleichbare Flächenkategorien zum gleichen Zeitpunkt vor. Fehler ergeben sich jedoch durch den unterschiedlichen Zuschnitt der Stadtteile (Flächenanteile an der gesamten Gemeindefläche).

Zwar sind in Essen relativ viele kleine Grünflächen im nördlichen Stadtbereich vorhanden, doch konzentrieren sich die größeren naturnahen Flächen in einzelnen Stadtteilen im Süden der Stadt. Die Bemühungen der Stadt Essen in den letzten Jahren zeigen Möglichkeiten einer Verbesserung dieser Situation auf. Die unterschiedliche Ausgangssituation in der Flächenverteilung ist damit begründbar, daß sich insbesondere in Städten mit einer traditionell hohen wirtschaftlichen Konzentration die wirtschaftliche Nutzung vergleichsweise stark durchgesetzt hat und ein Druck zur Inanspruchnahme wirtschaftlich nicht genutzter Flächen entstand.

Grünflächenpolitik kann heute – bei der hohen Mobilität der Stadtbewohner und der zunehmenden Freizeit – selbst zum wirtschaftlichen Faktor werden. Eine stärkere Bindung der Bewohner in ihrer Freizeit an die Stadt ist unter bestimmten Bedingungen durchaus möglich. So deutet die B.A.T.-Studie „Freizeit im Grünen" darauf hin, daß immerhin ein starkes Drittel der Freizeitpendler ins Umland unter bestimmten Bedingungen innerstädtische Parkanlagen aufsuchen würden (vgl. Schaubild 9).

Einige der genannten Bedingungen können in Parks sicher nicht realisiert werden, andere hingegen wie „naturbelassenes Grün", „weniger geordnete Anlagen", „stille Winkel, Ruhezonen" ließen sich mit relativ geringem Aufwand umsetzen.

### 3.2.2 Kleingärten

Der Bedarf an Kleingärten ergibt sich einerseits aus der Sozial- und Bevölkerungsstruktur einer Stadt, andererseits spielen die Dominanz bestimmter Lebensstile in einer Stadt, aber auch Traditionen und die gewachsene Flächenstruktur eine gewisse Rolle.

Kleingärten sind, ähnlich wie öffentliche Grünanlagen, Einrichtungen, die Bewohner in ihrer Freizeit an die Stadt binden. Die Unterschiede bezüglich Zahl und Fläche der Gärten je 1000 Einwohner sind in den Fallstudienstädten recht erheblich (vgl. Tabelle 28).

Sowohl nach durchschnittlicher Größe als auch nach Fläche je Kleingarten und Zahl der Anlagen (hieraus lassen sich Rückschlüsse auf die Verteilung im Stadtgebiet, also die Zugänglichkeit ziehen) liegt Hamburg, gefolgt von Frankfurt und Essen, an der Spitze der Kleingartenversorgung in den Fallstudienstädten.

Die Versorgung mit Kleingärten ist in München und Stuttgart am schlechtesten. Stuttgart hat, allerdings von einem sehr geringen Niveau ausgehend, den höchsten Zuwachs an Kleingärten seit 1969. Jedoch ist die Nachfrage nach Kleingärten weiterhin sehr hoch. Im Flächennutzungsplan wird mit 100 Hektar nur etwa ein Sechstel des nachgefragten Bedarfs berücksichtigt.

Der Rückgang der Kleingärten in München um rund 10 Prozent seit 1969 und die relativ geringe Zahl insgesamt spiegeln sicher einen geringeren Bedarf wider, lassen sich aber auch mit der gespannten Flächensituation erklären.

Kleingartenanlagen werden in vielen Fällen als Zwischennutzungsformen auf Zeit angesehen, oft sind es Reserveflächen für Gewerbe, die bei Bedarf für diese Nutzung

**Schaubild 9** – *Notwendige Veränderungen von innerstädtischen Parkanlagen**

Frage: „Was müßte am Angebot aller innerstädtischen Parks Ihrer Heimatstadt geändert werden, damit Sie am Wochenende eher in einen Park gehen, als ins Umland zu fahren?"[1]

| | Gewünschte Veränderungen | Keine Veränderungen möglich |
|---|---|---|
| Parkbesucher | 42 | 58 |
| Umlandbesucher | 36 | 64 |

| | Parkbesucher | Umlandbesucher |
|---|---|---|
| See zum Baden und für anderen Wassersport | 15 | 14 |
| Weitläufigeres Wegenetz für Fußgänger, getrennte Radwege | 15 | 14 |
| Stille Winkel, Ruhezonen, Sitzecken zum Ausruhen und Verweilen | 9 | 13 |
| Naturbelassenes Grün, weniger geordnete Anlagen | 11 | 13 |
| Gute Gastronomie zu erschwinglichen Preisen | 14 | 12 |
| Weniger Besucher, nicht so große Besuchermassen | 13 | 12 |
| Vielfältige Spiel- und Sportmöglichkeiten für Kinder und Erwachsene | 14 | 9 |
| Grill- und Feuerstellen für verschiedene Feste | 8 | 9 |
| Gepflegte, saubere Parkanlagen | 6 | 8 |
| Größere Flächen zum Sonnen und Liegen | 4 | 7 |
| Mehr kulturelle Veranstaltungen | 11 | 5 |
| Gepflegte Umkleide-, Dusch- und Toilettenräume | 2 | 5 |
| Personen, die Anregungen für Fitneß und Sport geben | 3 | 3 |

\* Quelle: *B.A.T.-Freizeit-Forschungsinstitut*, Freizeit im Grünen, Hamburg 1986.

[1] 1033 Befragte im Umland, 523 Befragte in Parks; Angaben in %; Mehrfachnennungen möglich (geschlossene Fragestellung).

Tabelle 28 – *Kleingärten*[1] *(1981)**

| Stadt | Anlagen | Kleingärten auf 1000 Einwohner | Fläche je Kleingarten in qm | Kleingartenflächen pro Einwohner in qm | Kleingärten in Daueranlagen in % |
|---|---|---|---|---|---|
| Hamburg | 484 | 21,2 | 530 | 9,7 | 95,5 |
| Essen | 210 | 17,3 | 424 | 7,3 | 44,5 |
| Frankfurt | 198 | 23,1 | 312 | 7,2 | 100,0 |
| Stuttgart | 117 | 5,3 | 372 | 2,0 | 53,9 |
| München | 110 | 7,7 | 301 | 2,4 | 55,1 |
| Konstanz | 11 | 17,5 | 250 | 4,4 | 25,0 |

* Quelle: Statistische Jahrbücher deutscher Gemeinden.

[1] In dieser Statistik sind nur die ausgewiesenen Kleingärten erfaßt, nicht die in manchen Gegenden verbreiteten Obstgärten („Gütle"), die ähnliche Funktionen erfüllen.

wieder aktiviert werden können. Eine dauerhafte Sicherung der Kleingartenanlage verändert deren Charakter. Kleingärten in Daueranlagen haben oft die Bedeutung eines Zweitwohnsitzes innerhalb des Stadtgebietes. Auch hier zeigen sich zwischen den Städten erhebliche Unterschiede (vgl. Tabelle 28).

Obwohl das ländliche Umfeld von Konstanz mehr unmittelbare Alternativen zu Kleingartenanlagen bietet als zum Beispiel München und Stuttgart, ist die Kleingartenversorgung in Konstanz besser als in diesen Städten. Auch liegt sie leicht über dem Durchschnitt der Stadtgrößenklasse.

Kleingärten sind Ersatz für fehlende Hausgärten und insofern eher ein Großstadtphänomen. Das hinter dem Kleingartenbedarf stehende Grundbedürfnis, sich auf ein Stück selbstgestaltete Natur zurückziehen und jahreszeitliche Veränderungen wahrnehmen zu können, wird durch den weiter fortschreitenden Abstraktionsprozeß im Arbeitsleben, das mit einer zeitlichen Linearisierung einhergeht, eher weiter zunehmen. Die möglichst umfassende Befriedigung dieses Bedürfnisses im Stadtgebiet (bzw. im Stadtrandgebiet) ist aus stadt- und raumpolitischen Gründen sinnvoll. Sicher gibt es auch andere Möglichkeiten, diesem Gestaltungs- und Naturbedürfnis innerhalb des Stadtgebietes annähernd gerecht zu werden. In Berlin sind Beispiele bekannt, bei denen Kirchengemeinden große Gemeinschaftsgärten angelegt haben, die regelmäßig von interessierten Mitgliedern der Gemeinde bearbeitet und abgeerntet werden. Andere Möglichkeiten sind Mietergärten; aber auch die Inanspruchnahme der Bewohner für die Gestaltung und Pflege des öffentlichen Raumes würde über die Steigerung des Verantwortungsgefühls für die unmittelbare Umwelt und der Identifikationsmöglichkeit hinaus dem angesprochenen Bedürfnis entgegenkommen.

### 3.2.3 Sport und Bewegung

Sport und Bewegung sind stark auf die Möglichkeiten vor Ort angewiesen. Die Notwendigkeit, aber auch das Bedürfnis nach dieser Art der Freizeitverbringung gewinnen noch an Bedeutung. Grundsätzlich gilt, daß für die meisten individuellen und wenig spezialisierten Bewegungsarten wohnungsnahe Grünflächen und Grünzüge bevorzugt in Frage kommen; insofern sind abwechslungsreiche Grünflächen multifunktionale Einrichtungen, die darüber hinaus im Vergleich zu spezialisierten Einrichtungen weniger aufwendig sind.

Bei spezialisierten Einrichtungen wie Sporthallen, Sportplätzen, Bädern usw., die auch als Einrichtung für den organisierten Massensport gedacht sind, zeigen sich in den Fallstudienstädten Unterschiede[16] (vgl. Tabelle 29).

Dieses Ergebnis korrespondiert mit den Mitgliedschaften in Sportvereinen. Während in München auf 100 Einwohner 17,2 Sportvereinsmitglieder kommen, sind es in Hamburg 19,2 und in Stuttgart 21,7[17].

---

[16] Für alle Städte vergleichbare Zahlen gibt es nur von 1976.
[17] Vergleichbare Zahlen für Essen, Frankfurt und Konstanz standen nicht zur Verfügung.

Tabelle 29 – *Sporthallen, Sportplätze, Hallen- und Freibäder (1976) nach Rangfolgen (Einwohner pro qm Fläche)*\*

| Rang | Sporthallenflächen | | Sportplatzflächen | | Hallenbadwasserflächen | | Freibadwasserflächen (künstlich) | |
|---|---|---|---|---|---|---|---|---|
| 1. | Stuttgart | (7,1) | Stuttgart | (0,42) | Stuttgart | (89) | Essen | (23) |
| 2. | Konstanz | (7,2) | Essen | (0,44) | Essen | (133) | Frankfurt | (25) |
| 3. | Essen | (7,9) | Frankfurt | (0,45) | Frankfurt | (145) | Konstanz | (28) |
| 4. | Hamburg | (8,4) | Konstanz | (0,50) | Hamburg | (190) | Stuttgart | (33) |
| 5. | München | (8,9) | Hamburg | (0,65) | München | (250) | München | (54) |
| 6. | Frankfurt | (9,6) | München | (1,3) | Konstanz | (280) | Hamburg | (54) |

\* Quelle: Statistisches Jahrbuch deutscher Gemeinden 1976; eigene Berechnungen des Deutschen Instituts für Urbanistik.

Tabelle 30 – *Angebot ausgewählter privater Einrichtungen in den Fallstudienstädten (absolut und Einwohner je Einrichtung)*\*

| Sportart | Hamburg | | Essen | | Frankfurt | | Stuttgart | | München | | Konstanz | |
|---|---|---|---|---|---|---|---|---|---|---|---|---|
| | abs. | EW/Einr. | abs. | EW/Einr. | abs. | EW/Einr. | abs. | EW/Einr. | abs. | EW/Einr. | abs. | EW/Einr. |
| Tennis | 52 | 30 220 | 37 | 16 630 | 23 | 25 757 | 23 | 24 580 | 42 | 30 350 | 6 | 11 760 |
| Squash | 21 | 74 820 | – | – | 5 | 118 480 | 2 | 282 740 | 19 | 67 090 | 1 | 70 540 |
| Sauna | 13 | 120 860 | 10 | 61 540 | 9 | 65 820 | 10 | 56 550 | 9 | 141 630 | – | – |

\* Quelle: Auszählung nach den Telefonbüchern der jeweiligen Stadt 1986/87; Statistisches Jahrbuch deutscher Gemeinden; eigene Berechnungen des Deutschen Instituts für Urbanistik.

Angebotsunterschiede zwischen den Fallstudienstädten zeigen sich in besonderem Maße bei den Sportplatz- und Hallenbadwasserflächen. Dies kann als Hinweis auf eine unterschiedliche Nachfrage, aber auch auf eine bessere Förderung organisierter Massensportarten gedeutet werden.

Das lange vorherrschende Konzept eines möglichst flächendeckenden Angebots an Schwimmhallen mit Sportbadcharakter wird aufgrund von Bedarfsänderungen, Einnahmedefiziten und nicht zuletzt wegen der Haushaltssituation in vielen Städten seit längerem in Frage gestellt.

Die in Stadtrandlagen oder im Umland betriebenen Freizeitbäder mit Saunen, Fitnesscentern, südlichem Ambiente und verbraucherorientierten Öffnungszeiten ziehen dem traditionellen Stadtbad die Besucher ab und werden von einem neuen Publikum frequentiert. Diese Tendenz macht deutlich, daß auch vor dem Hintergrund der Bevölkerungsentwicklung das Konzept des spezialisierten Sportbades wirtschaftlich keine Zukunft hat. In vielen Städten sind bzw. werden neue Konzeptionen entwickelt, die eine „Umrüstung" auf den veränderten Bedarf zum Inhalt haben[18].

Die Entwicklung der vergangenen Jahre zeigt, daß der Freizeitbereich insgesamt zunehmend Feld privater Investitionen wird. Für die spezialisierte Nachfrage im Sportbereich (zum Beispiel Squash, Tennis, Fitness) gibt es ein breites und wachsendes Angebot auf privatwirtschaftlicher Ebene (vgl. Tabelle 30).

Dadurch verschärft sich der Wettbewerb zwischen unterschiedlichen Angeboten und Anbietern. Auch kommunale Anbieter geraten dadurch unter Druck. Hier stellt sich die Frage, welche Nachfragebereiche die Kommune abdecken soll und welche Angebotskombinationen gewählt werden sollen, damit die Deckung des Grundbedarfs unter wirtschaftlichen Gesichtspunkten gewährleistet werden kann.

### 3.2.4 Bildung und Kultur

Kultur in einer Stadt wird nicht ausschließlich von den zählbaren Einrichtungen geprägt. Diese stellen nur einen Teil des Angebotes dar und lassen nur begrenzt auf die kulturelle Vielfalt, das kulturelle Milieu einer Stadt insgesamt schließen.

Die Entwicklung der Zahl der Theaterplätze und Besucherzahlen zeigt, daß die Erhöhung des Angebotes in den meisten Städten nicht zu entsprechenden Besucherzahlerhöhungen führte, sondern mit einer Abnahme einherging (vgl. Tabelle 31).

Nur in den beiden Solitärstädten München und Konstanz nahmen mit einem höheren Angebot an Theaterplätzen auch die Besucherzahlen zu. Gründe hierfür sind der Freizeittourismus, aber auch die im Vergleich zu den anderen Fallstudienstädten geringere Konkurrenz durch Kulturangebote in umliegenden Städten. Während sich zum Beispiel Ruhrgebietsbewohner am kulturellen Angebot des gesamten Ruhrgebietes orientieren können, konzentrieren sich die Münchener und das Münchener Umland auf die Kernstadt.

---

[18] Vgl. z.B. Bäderkonzept der Hamburger Wasserwerke (Drucksache 11/4574) oder die Stuttgarter Bäderkonzeption bis zum Jahre 2000 (Gemeinderatsdrucksache 297/1987).

Tabelle 31 – *Öffentliche und private Theater im Vergleich (1974/75 und 1984/85)**

| Stadt | Theaterplätze | | Besucher pro 1000 Einwohner | | Zahl der Theater[1] | Veränderung 1974/75 – 1984/85 in % | |
|---|---|---|---|---|---|---|---|
| | 31.12.1974 | 1.1.1985 | 1974/75 | 1984/85 | 1985 | Theaterplätze | Besucher pro 1000 Einw. |
| Hamburg | 7 986 | 8 890 | 1 286 | 933 | 17 | 11,6 | –27,4 |
| Essen | 1 434 | 1 444 | 356 | 253 | 4 | 0,7 | –28,9 |
| Frankfurt | 3 976 | 3 931 | 1 208 | 948 | 7 | –1,1 | –21,5 |
| Stuttgart | 5 113 | 5 499 | 1 290 | 992 | 8 | 7,5 | –23,1 |
| München | 11 411 | 12 733 | 1 361 | 1 767 | 35 | 11,6 | +29,8 |
| Konstanz | 404 | 498 | 1 057 | 1 540 | 2 | 23,3 | +45,7 |

* Quelle: Statistisches Jahrbuch deutscher Gemeinden; eigene Berechnungen des Deutschen Instituts für Urbanistik.

[1] Offensichtlich verbergen sich in den Daten des Statistischen Jahrbuchs deutscher Gemeinden unterschiedliche Zählweisen in den Städten. Beispielsweise weist eine Veröffentlichung der Stadt Frankfurt 21 Theater aus.

In polyzentrischen Regionen bietet sich bei kulturellen Angeboten, die mit hohen Investitionen verbunden sind, Arbeitsteilung, also eine gegenseitige Ergänzung an. Nicht Konkurrenz, sondern abgestimmte Vielfalt hebt das kulturelle Niveau einer polyzentrischen Region und damit auch das der einzelnen Städte.

Generell kann die Abnahme der Theaterbesuche auch mit einer Tendenz zur eher aktiven Freizeitgestaltung im Zusammenhang gesehen werden.

Anders sieht es bei der Museumsnutzung aus. Mit einem durchschnittlichen Zuwachs der Ausstellungsflächen in den Fallstudienstädten von 1976 bis 1983 um 25,1 Prozent ging eine Zunahme der Besucherzahlen um rund 60 Prozent einher. Die höchsten Steigerungsraten verzeichneten Frankfurt und Stuttgart. Wie jedoch die Entwicklung zeigt, ist nicht die Zahl der Theaterplätze bzw. – bei den Museen – die Ausstellungsfläche ausschlaggebend für das Maß der Frequentierung. Beispielsweise haben in Frankfurt die Museumsflächen nur um 3,5 Prozent zugenommen, die Besucherzahlen stiegen jedoch in der gleichen Zeit um rund 170 Prozent an. Die unterschiedliche Nutzungsintensität[19] hängt von unterschiedlichen Faktoren ab (Attraktivität der Ausstellungen, Öffnungszeiten, Touristen, Bekanntheitsgrad, Attraktivität des Museumsumfeldes usw.).

Die Zunahme der Museumsbesuche bestätigt das generell gestiegene Bildungsinteresse, was auch und in anderer Weise im Anstieg der Teilnehmerzahl an Volkshochschulkursen zum Ausdruck kommt (vgl. Tabelle 32).

Tabelle 32 – *Teilnehmer an Volkshochschulkursen je 1000 Einwohner (1976 und 1986)\**

| Stadt | 1976 | 1986 | Veränderung in % |
|---|---|---|---|
| Hamburg | 53 | 34 | −56,0 |
| Essen | 19 | 45 | 57,8 |
| Frankfurt | 104 | 122 | 14,8 |
| Stuttgart | 57 | 96 | 40,6 |
| München | 46 | 83 | 44,6 |

\* Quelle: Statistisches Jahrbuch deutscher Gemeinden; eigene Berechnungen des Deutschen Instituts für Urbanistik.

Im Durchschnitt der Fallstudienstädte[20] ist die Teilnahme pro 1000 Einwohner um rund 36 Prozent gestiegen. Diese Steigerung wurde meist über eine intensivere Nutzung bestehender Einrichtungen realisiert.

---

[19] Besucher pro Quadratmeter Ausstellungsfläche 1983: Hamburg 27, Essen 26, Frankfurt 92, Stuttgart 42, München 39, Konstanz 38 (Daten aus dem Statistischen Jahrbuch deutscher Gemeinden). In mehreren Städten beziehen sich diese Daten auf eine Zeit vor der Fertigstellung wichtiger Museumsneubauten, wie beispielsweise am Museumsufer in Frankfurt.

[20] Ohne Konstanz.

Insgesamt wird anhand der exemplarischen Beispiele Theater, Museen und Volkshochschulen innerhalb der bildungsorientierten Einrichtungen eine Verlagerung zu eher aktiven Bereichen deutlich, zudem stehen Angebote, die passiv konsumiert werden können, auch stärker in Konkurrenz mit dem Medienangebot.
Zeitstrukturveränderungen entfalten im Theaterbereich keinen weiteren Bedarf. Die Entwicklung der Nachfrage nach Weiterbildung und anderen aktiven Formen der Freizeitgestaltung ergibt sich eher aus veränderten Anforderungen der Arbeitswelt sowie veränderten Werthaltungen. Hier zeigt sich auch gegenwärtig ein Nachfrageüberhang, der aber unter der Voraussetzung flexibler organisatorischer Formen (Mehrfachnutzungen bestehender Einrichtungen, zum Beispiel von Schulen und öffentlichen Gebäuden) mit der bestehenden Infrastruktur bewältigt werden könnte.

### 3.3 Freizeitbindung an die Stadt

Vor dem Hintergrund der Veränderungen von Arbeitszeitstrukturen einerseits und einem Zuwachs an arbeitsfreier Zeit andererseits ist der Frage nachzugehen, ob das daraus resultierende Mehr an disponibler Freizeit als Potential erhöhter Aktivität in der Stadt selbst anzusehen ist oder eher und verstärkt zu außerstädtischen, also außenorientierten Aktivitäten führen wird. Dabei spielen auch objektive Kriterien wie die Ausstattung mit verschiedensten infrastrukturellen Einrichtungen, das kulturelle und sportliche Angebot sowie Weiterbildungsmöglichkeiten und anderes eine Rolle. Angesichts der objektiv hohen Infrastrukturausstattung in den Großstädten kommt der subjektiven Einschätzung des „Gebrauchswertes" der Stadt ganz wesentliche Bedeutung zu. Letztlich entscheidet diese subjektive Einschätzung, ob und wie intensiv Angebote genutzt und die Stadt nicht nur als Arbeits- und Wohnort, sondern auch als Ort der Freizeitverbringung in Anspruch genommen wird. Teilaspekte dieser Fragestellung werden im „BUNTE-Städtetest 1987" untersucht[21].
Die für unser Thema zentrale Fragestellung der Stadtbindung in der Freizeit ist bislang noch nicht Gegenstand wissenschaftlicher Bearbeitung gewesen. Die vorliegende Befragung zur Stadtzufriedenheit erlaubt hierzu erste Annäherungen. Es handelt sich um den Versuch, über das Maß der Stadtzufriedenheit und durch die Konzentration auf freizeitrelevante Merkmale eine gewisse Vorstellung von unterschiedlichen Tendenzen in den Fallstudienstädten zu erlangen.
Der BUNTE-Städtetest 1987 gibt Auskunft über die Zufriedenheit der Bewohner mit ihrer Stadt. Die Untersuchung bezieht sich auf die zwölf Großstädte Berlin, Bremen, Dortmund, Düsseldorf, Duisburg, Essen, Frankfurt, Hamburg, Hannover, Köln, München und Stuttgart. In diesen Städten sind jeweils 500 repräsentativ ausgewählte Bewohner nach einem einheitlichen Frageraster befragt worden. Die Zufriedenheit wurde anhand von 34 Merkmalen, die mittels des Schulnotensystems (Noten von

---

21 Vgl. BUNTE-Städtetest 1987, München 1988, Durchführung Prof. J. Friedrichs, Forschungsstelle Vergleichende Stadtforschung, Universität Hamburg.

1 bis 6) von den Befragten bewertet wurden, ermittelt. In Tabelle 33 sind die Merkmale entsprechend ihrer durchschnittlichen Bewertung in den zwölf Städten zusammengestellt.

Für die Frage nach der Stadtbindung in der Freizeit sind nicht alle Merkmale gleichermaßen von Bedeutung. Für die Fallstudienstädte (außer Konstanz, das nicht im Test vertreten war) wurden deshalb 14 Befragungsmerkmale ausgewählt, denen „Freizeitrelevanz" zugesprochen werden kann (vgl. Tabelle 34).

Dabei spielen, wie sich zeigt, soziale Komponenten eine vergleichsweise große Rolle. Von den 14 Merkmalen stellen allein fünf Kategorien dar, die in der einen oder anderen Weise soziale Bindungsqualität beschreiben. Freunde, aufgeschlossene Nachbarn oder die Kontaktfreude der Stadtbewohner stellen explizit den sozialen Aspekt möglicher Stadtbindung in den Vordergrund, aber auch Kneipen und Vereine beeinflussen das Maß der Bindung an die Stadt.

Das Gewicht, das diese und die anderen Merkmale in den einzelnen Städten haben, wurde nicht abgefragt. Welche Bedeutung ihnen zukommt, war lediglich bundesweit und nicht stadtbezogen Gegenstand einer Befragung. Von den für die Stadtbindung berücksichtigten Merkmalen werden etwa „Freunde", „Grünanlagen" oder „aufgeschlossene Nachbarn" hinsichtlich ihrer Bedeutung recht hoch bewertet, andererseits spielen etwa „Kneipen", „Weiterbildung" oder „Kinos" eine nur untergeordnete Rolle. Wegen der fehlenden städtischen Zuordnung konnten diese Befragungsergebnisse nicht verwertet werden, sie sollten aber bei der Erörterung einzelner Merkmale immer auch mitbedacht werden. Sie sind daher in Tabelle 34 ebenfalls ausgewiesen.

Als interkommunales Beurteilungsinstrument ist die Benotung nur bedingt geeignet, da sich die Beurteilungen auf die jeweils eigene Stadt beziehen. Bei der Frage nach der Bedeutung für die „Stadtbindung" ist aber weniger die absolute „Zensur" interessant als vielmehr die relative und von Stadt zu Stadt variierende Position (Rangplatz), die einzelne Befragungsmerkmale oder Gruppen von ihnen im Befragungsset einnehmen.

In Tabelle 34 sind daher die 14 Beurteilungsmerkmale nach ihren Rangplätzen aufgeführt, wobei die ursprüngliche Einordnung im größeren Befragungszusammenhang (34 Merkmale) beibehalten wurde, um Bedeutungsunterschiede und Zusammenhänge deutlicher erkennbar werden zu lassen.

Über die Darstellung der Benotungsergebnisse hinaus werden im folgenden auch objektive, quantitative Kriterien bei der Einschätzung der Stadtbindung verwendet, die die Befragungsergebnisse aus dem BUNTE-Städtetest teilweise bestätigen, teilweise aber auch relativieren.

Das markanteste Ergebnis des Städtetests ist das unerwartet gute Abschneiden der wirtschaftlich bedrängten Städte Duisburg und Essen und das deutlich schlechtere Abschneiden prosperierender Städte wie München, Stuttgart oder Frankfurt. Als Erklärung für diese Umdrehung üblicher Einschätzungen weisen die Autoren der Untersuchung auf mögliche Polarisierungserscheinungen in den wirtschaftlich starken Städten und Solidarisierungseffekte in den wirtschaftlich bedrängten Städten hin. In der schlechteren Bewertung äußern sich die Wahrnehmungen jenes Bevölkerungsan-

Tabelle 33 – *Befragungsmerkmale in zwölf Großstädten (durchschnittliche Benotungsrangfolge) und ihr Gewicht\**

| Merkmal | Durch-schnittliche Benotung (1–6) | Gewicht (6–1) | Merkmal | Durch-schnittliche Benotung (1–6) | Gewicht (6–1) |
|---|---|---|---|---|---|
| 1. Geschäftsdichte | 2,03 | 3,4 | 18. Weltoffenheit | 2,51 | 3,2 |
| 2. Vielseitige Angebote | 2,04 | 3,8 | 18. Gastvorstellungen (Theater u. a.) | 2,51 | 2,2 |
| 3. Zentrale Lage | 2,17 | 3,0 | 20. Wohnlage | 2,54 | 4,1 |
| 4. Freunde | 2,18 | 3,9 | 21. Kontaktfreude der Einwohner | 2,55 | 3,6 |
| 5. Weiterbildung | 2,21 | 2,6 | 22. Nachtleben | 2,58 | 1,4 |
| 6. Preisgünstige Angebote | 2,24 | 4,1 | 23. Entfernung Arbeitsplatz/Wohnung | 2,59 | 3,4 |
| 6. Kneipen | 2,24 | 2,9 | 23. Historischer Stadtkern | 2,59 | 2,8 |
| 8. Theater, Konzerte | 2,26 | 2,4 | 25. Arbeitsentgelt | 2,67 | 3,8 |
| 9. Grünanlagen | 2,29 | 3,9 | 26. Tag-/Nachtbetrieb (ÖPNV) | 2,69 | 2,7 |
| 9. Netzdichte (ÖPNV) | 2,29 | 3,4 | 27. ÖPNV-Preise | 2,92 | 3,5 |
| 11. Naherholung | 2,30 | 3,8 | 28. Arbeitsmöglichkeiten | 2,99 | 3,5 |
| 11. Kinos | 2,30 | 1,8 | 29. Wohnungsauswahl | 3,06 | 3,6 |
| 13. Abwechslung (Spielpläne) | 2,33 | 2,2 | 30. Hochhäuser | 3,15 | 0,9 |
| 14. Vereine | 2,34 | 3,0[1] | 31. Miete | 3,20 | 3,8 |
| 14. Kontaktmöglichkeit | 2,34 | 3,5 | 32. Klima/Wetter | 3,38 | 3,9 |
| 16. Sprache/Dialekt | 2,39 | 2,6 | 33. Lärmbelästigung | 3,40 | 4,0 |
| 17. Aufgeschlossenheit der Nachbarn | 2,40 | 3,8 | 34. Luft (Sauberkeit) | 3,48 | 4,2 |

\* Quelle: *Bunte-Städtetest 1987*, München 1988, Durchführung Prof. J. Friedrichs, Forschungsstelle für Vergleichende Stadtforschung, Universität Hamburg.

[1] Sportmöglichkeiten.

Tabelle 34 – Faktoren der Freizeitbindung[1] in den Fallstudienstädten (Rangziffern der Bewertung)*

| Faktor | Hamburg | Essen | Frankfurt | Stuttgart | München | Im Durchschnitt der 12[2] Städte | |
|---|---|---|---|---|---|---|---|
| | | | | | | Benotung | Position |
| Geschäftsdichte | 2 | 6 | 3 | 3 | 5 | 2,03 | 1 |
| Vielseitige Angebote | 3 | 1 | 2 | 1 | 1 | 2,04 | 2 |
| Freunde | 1 | 3 | 5 | 8 | 13 | 2,18 | 4 |
| Weiterbildung | 5 | 13 | 8 | 2 | 3 | 2,21 | 5 |
| Kneipen | 14 | 2 | 13 | 15 | 17 | 2,24 | 6 |
| Theater, Konzerte | 13 | 15 | 5 | 6 | 7 | 2,26 | 8 |
| Grünanlagen | 10 | 6 | 19 | 5 | 18 | 2,29 | 9 |
| Naherholung | 8 | 13 | 12 | 7 | 2 | 2,30 | 9 |
| Kinos | 24 | 9 | 15 | 17 | 10 | 2,30 | 9 |
| Abwechslung | 10 | 11 | 11 | 10 | 8 | 2,33 | 13 |
| Vereine | 6 | 3 | 9 | 12 | 14 | 2,34 | 14 |
| Aufgeschlossene Nachbarn | 9 | 10 | 18 | 20 | 21 | 2,40 | 17 |
| Kontaktfreude der Bewohner | 21 | 17 | 24 | 25 | 30 | 2,55 | 21 |
| Luftqualität | 33 | 32 | 34 | 32 | 32 | 3,48 | 34 |
| Durchschnittliche Bewertung | 2,25 | 2,06 | 2,48 | 2,40 | 2,39 | – | – |
| | II | I | V | IV | III | – | – |

* Quelle: *Bunte-Städtetest*, München 1988; eigene Berechnungen des Deutschen Instituts für Urbanistik.
[1] Ausgewählte Faktoren (vollständige Liste vgl. Tabelle 33), daher sind nicht alle Rangplätze in dieser Tabelle vertreten.
[2] Bezogen auf die Städte des *Bunte-Städtetests*; vgl. S. 135.

teils, der an der positiven Entwicklung der Stadt nicht teilhat und den Abstand zwischen möglicher und tatsächlicher Lebenssituation täglich erlebt. Anders in den wirtschaftlich schwächeren Regionen und Städten: Hier sind die Zeichen abnehmender Prosperität allgemein, und das Urteil der Befragten über „die Lebensbedingungen in der Stadt bemißt sich an dem Möglichen"[22].

Im folgenden werden die fünf in den Städtetest einbezogenen Fallstudienstädte (Essen, Hamburg, München, Stuttgart und Frankfurt) in der Reihenfolge der abnehmenden „Stadtbindung" und vor dem Hintergrund unterschiedlicher Bewertung stadtbindender Faktoren diskutiert. Konstanz, das nicht im Städtetest vertreten war, wird anhand anderer Unterlagen (Workshop, Strukturdaten) diskutiert.

*Essen* nimmt bei der Befragung der zwölf Großstädte den zweiten Rang ein. Daraus spricht eine ausgesprochen große Zufriedenheit der Stadtbewohner mit ihrer Stadt. In Essen sind es vor allem soziale Faktoren (Freunde, aufgeschlossene Nachbarn, Kontaktfreude der Bewohner), die eine überdurchschnittlich starke Bindung an die Stadt signalisieren. Von den Untersuchungsstädten ist Essen diejenige, in der die Hochschätzung solcher sozialer Faktoren die deutlichste Ausprägung erfährt. Diese Hochschätzung korrespondiert mit weiteren sozial bedeutsamen Faktoren: Kneipen und Vereine werden in Essen überdurchschnittlich gut bewertet, was auch in der günstigen (hohen) Rangplazierung aller genannten Merkmale seinen Ausdruck findet.

Diese hohe Stadtzufriedenheit könnte – zusammen mit anderen Faktoren – zu einer vergleichsweise hohen Stadtbindung führen, vor allem deshalb, weil sie mit einem hohen Anteil älterer Menschen (über 65 Jahre) und einem hohen Anteil sehr junger Menschen (15 Jahre und jünger) einhergeht. Essen hat hier die höchsten Anteile dieser Personengruppen in den Fallstudienstädten. Ganz junge und bereits ältere Menschen sind in der Regel weniger außenorientiert als Menschen „im besten erwerbsfähigen Alter". Der Anteil dieser Gruppen an der Gesamtbevölkerung bestimmt in nicht unerheblichem Maße das Leben und die allgemeine Grundaktivität einer Stadt. Solche Menschen üben aufgrund ihrer Fürsorgebedürftigkeit auch auf andere Menschen gewisse (stadt)bindende Wirkungen aus. Stadtbindend wirkt schließlich auch die unterdurchschnittliche Kaufkraft Essens; es ist die niedrigste der Fallstudienstädte (vgl. Tabelle 35). Kaufkraft oder durchschnittliche Einkommenshöhe entscheiden darüber, ob die vergleichsweise kostenaufwendige Form des Kurzurlaubs außerhalb der Stadt (Städtereisen, Skiurlaub und anderes) in Frage kommt. Ein relativ hohes Einkommen ist also Voraussetzung für die aufwendigere und außenorientierte Form der Freizeitgestaltung; aus dieser Perspektive ist die Essener Bevölkerung eher stadtorientiert.

Die soziale Bindungskomponente ist auch in *Hamburg* recht stark ausgeprägt (Freunde, Vereine, Kontaktfreude der Einwohner), wenn auch nicht mit der gleichen Prägnanz und Eindeutigkeit wie in Essen. Diese Einschätzung resultiert weniger aus

---

22 Vgl. ebenda, S. 28.

Tabelle 35 – *Kaufkraftkennziffern der Fallstudienstädte je Einwohner (1988) (Bundesdurchschnitt = 100)* *

| Hamburg | Essen | Frankfurt | Stuttgart | München | Konstanz |
|---|---|---|---|---|---|
| 114,2 | 101,4 | 117,9 | 124,0 | 121,9 | 108,4 |

\* Quelle: *GfK Marktforschung*, Kaufkraftkennziffern der Gemeinden (Bundesrepublik Deutschland) mit 10 000 und mehr Einwohnern, Nürnberg 1987.

den Rangunterschieden zwischen den beiden Städten als vielmehr aus der „Rangklumpung", die die relevanten Faktoren in Essen erfahren; Freunde, Vereine und Kneipen belegen dort zwei dicht aufeinanderfolgende Ränge (Rang 2 und 3), während sie in Hamburg sehr viel stärker verteilt und auf teilweise sehr viel niedrigeren Rängen (Kneipen) auftreten. Für unterdurchschnittlich bedeutsam werden in Hamburg Faktoren wie Kneipen, Theater und Kinos gehalten. Das spricht für eine eher naturbezogene Freizeitorientierung, die auch ihren Ausdruck in einer relativ positiven Beurteilung von Naherholung und städtischem Grün (Grünanlagen) findet. Bemerkenswert ist der fünfte Rang für die Weiterbildung; er ist zwar nur geringfügig niedriger als im Durchschnitt der zwölf Städte, kontrastiert aber deutlich mit der tatsächlichen niedrigen Inanspruchnahme, zumindest von Volkshochschulkursen (vgl. Tabelle 32).
Hamburg weist unter den Fallstudienstädten (für Konstanz sind keine Werte ausgewiesen) die niedrigste Zahl von Teilnehmern an Volkshochschulkursen, bezogen auf die Zahl der Einwohner, auf. Die stadtbindende Wirkung von Weiterbildung dürfte sich in Zukunft verstärken. Bei sich beschleunigendem Strukturwandel wird die Notwendigkeit, sich weiterzubilden, steigen, wobei zunehmend größere Anteile von Freizeit auf Weiterbildungsaktivitäten entfallen werden.
Das vergleichsweise hohe Maß an Stadtzufriedenheit (zweiter Rang unter den Fallstudienstädten und dritter Rang unter den zwölf Städten) läßt sich für Hamburg nicht eindeutig auf einige wenige Faktoren zurückführen, sondern ergibt sich aus der Summe relativ positiver Bewertungen bei den meisten Befragungsmerkmalen. Insgesamt wird man sagen können, daß Hamburg, ähnlich wie Essen, eine relativ hohe soziale Bindungskraft auf seine Bewohner ausübt, die sich auch auf die Freizeitverbringung auswirkt.
Die *Münchener* zeigen sich insbesondere mit den Naherholungsmöglichkeiten sehr zufrieden. Angesichts der nahen Alpen und des Alpenvorlandes entspricht dies einer allgemeinen Einschätzung, die auch von Nicht-Münchenern geteilt wird. Deutlich weniger einverstanden sind sie mit den eher sozialen Aspekten des Stadtlebens; Freunde, die Aufgeschlossenheit der Nachbarn oder die Kontaktfreude der Bewohner werden durchweg unterdurchschnittlich bewertet, nicht nur im Vergleich der Fallstudienstädte, sondern auch in bezug auf die zwölf untersuchten Großstädte insgesamt. Die Zufriedenheit der Münchener mit ihrer Stadt basiert weniger auf den frei-

zeitbindenden Faktoren als auf Faktoren wie Einkaufsmöglichkeiten, Arbeitsbedingungen oder der Verkehrserschließung durch öffentliche Verkehrsmittel. Die freizeitbindenden Faktoren stehen in München vor allem in Konkurrenz mit der Attraktivität des näheren und weiteren Umlandes. Freizeit ist in München in besonderer Weise von einer agilen, sport- und fitnessorientierten Aktivität geprägt. Daß Freizeit unter diesen Aspekten einen auch deutlich nach außen gerichteten, außerstädtischen Akzent erhält, liegt auf der Hand. Dieser Trend wird sicherlich auch unterstützt durch die vergleichsweise hohe Kaufkraft der Bevölkerung, die sich außerstädtische Freizeitaktivitäten leisten kann.

Die demographische Struktur zeigt vergleichsweise niedrige Werte beim Anteil der älteren sowie jüngeren, noch betreuungsbedürftigen Bevölkerungsgruppen (vgl. Tabelle 36). Auch dies spricht für eine gewisse Bewegungsfreiheit vieler Bewohner und dafür, daß Freizeit außerhalb der Stadtgrenzen verbracht werden kann. Andererseits stehen einige der Bewertungen im Gegensatz zu objektiv vorhandenen oder tatsächlich genutzten Möglichkeiten. Mit rund 30 Quadratmeter je Einwohner offeriert München ein Erholungsflächenangebot, wie es außer Hamburg keine der Fallstudienstädte aufweist (vgl. Tabelle 37). Auch die Fortbildungsaktivitäten sind in München hoch (vgl. Tabelle 32), und die kulturelle Nachfrage hinsichtlich Theater und Konzert übertrifft alle entsprechenden Werte der anderen Fallstudienstädte (vgl. Tabelle 38; hier relativiert allerdings der hohe Fremdbesucheranteil die Aussagekraft des Wertes für die Münchener Bevölkerung).

Tabelle 36 – *Anteil der 65jährigen und Älteren sowie der 15jährigen und Jüngeren in den Fallstudienstädten (1985) (in %)\**

| Alter | Hamburg | Essen | Frankfurt | Stuttgart | München | Konstanz |
|---|---|---|---|---|---|---|
| 65 Jahre und älter | 17,1 | 17,3 | 16,5 | 16,6 | 15,7 | 16,1 |
| 15 Jahre und jünger | 11,8 | 12,5 | 12,3 | 11,7 | 10,4 | 11,9 |

\* Quelle: Statistisches Jahrbuch deutscher Gemeinden 1986.

Tabelle 37 – *Erholungsflächen in den Fallstudienstädten (1985) (in qm je Einwohner)\**

| Hamburg | Essen | Frankfurt | Stuttgart | München | Konstanz |
|---|---|---|---|---|---|
| 37 | 20 | 13 | 14 | 30 | 16 |

\* Quelle: Statistisches Jahrbuch deutscher Gemeinden 1986.

Tabelle 38 – *Theater- und Konzertbesuche je 1000 Einwohner in den Fallstudienstädten (1984 und 1985)* *

| Hamburg | Essen[1] | Frankfurt | Stuttgart | München | Konstanz |
|---------|----------|-----------|-----------|---------|----------|
| 1354    | 346      | 1028      | 1163      | 1862    | 355      |

* Quelle: Statistisches Jahrbuch deutscher Gemeinden 1986.

[1] Die sehr viel niedrigere Besucherhäufigkeit in Essen ist der polyzentrischen Struktur des Ruhrgebiets zuzuschreiben; da es in allen Ruhrgebietsstädten kulturelle Angebote gibt, verteilt sich das Besucheraufkommen auf ein entsprechend breiteres Angebot.

Aus der Perspektive der Freizeitbindung an die Stadt sind also beide Aspekte der Freizeitverbringung – sowohl der außenorientierte als auch der stadtbezogene – ähnlich stark vertreten, wenn auch der außerstädtische in München zu dominieren scheint. Unter den freizeitbindenden Faktoren beurteilen die *Stuttgarter* ihre Grünanlagen besonders gut. Im Vergleich der Fallstudienstädte (Durchschnitt 12. Rang), aber auch im Vergleich mit der durchschnittlichen Beurteilung in den zwölf Großstädten (9. Rang) erreicht das städtische Grün in Stuttgart einen herausgehobenen 5. Rangplatz. Das ist erstaunlich, denn ein quantitativer Vergleich zeigt, daß Stuttgart nach Frankfurt die kleinste Erholungsfläche je Einwohner unter den sechs Fallstudienstädten bereitstellt (vgl. Tabelle 37).

Insgesamt erscheint aber das Bild ähnlich wie bei München. Soziale Kontakte oder Möglichkeiten dazu werden auch in Stuttgart nicht besonders gut benotet. Anders als in München wird Naherholung nicht mit einem so starken Ausrufungszeichen versehen; der 7. Rang und eine Benotung von 2,25 (Durchschnitt der fünf Fallstudienstädte: 2,16) sind niedrige Werte für eine landschaftliche Umgebung (Schwarzwald, Schwäbische Alb), die im Prinzip der Münchens durchaus an Reiz vergleichbar ist.

Auffallend ist die große Zufriedenheit mit den Weiterbildungsmöglichkeiten in Stuttgart. Diese Einordnung (2. Rang) spricht für einen starken beruflichen Kontext, in dem die Stadt von ihren Bewohnern gesehen und geschätzt wird. Die hohe tatsächliche Inanspruchnahme der Kursangebote der Volkshochschulen in der Stadt untermauert diese Einschätzung (vgl. Tabelle 32).

Alles in allem erwächst auch in Stuttgart die Zufriedenheit der Einwohner mit ihrer Stadt nur bedingt aus typisch freizeitbezogenen Faktoren. Entscheidender sind andere Faktoren, insbesondere die positiv bewerteten Arbeitsbedingungen, wobei die Höhe der Entlohnung, die vergleichsweise geringe Entfernung zum Arbeitsplatz sowie die Vielzahl der angebotenen Arbeitsmöglichkeiten die besten Noten aller zwölf untersuchten Großstädte erhalten haben.

Die Zufriedenheit der *Frankfurter* mit ihrer Stadt ist nicht besonders hoch. Unter den zwölf untersuchten Städten nimmt Frankfurt die letzte Position ein, bezogen auf die freizeitbindenden Faktoren und im Vergleich der fünf Fallstudienstädte ebenfalls. Die Zufriedenheit mit sozialen Bindungskomponenten in der Stadt (Freunde, Nachbarn, Kontaktfreude der Bewohner) ist in Frankfurt vergleichsweise niedrig, im Vergleich mit den anderen Fallstudienstädten fällt die Stadt damit aber nicht besonders negativ aus dem Rahmen. Hierin drückt sich vielleicht eine gewisse ambivalente Einstellung der Bewohner gegenüber dem großstädtischen Erscheinungsbild aus, das Bedürfnissen nach persönlicher Ansprache und mehr spontanen zwischenmenschlichen Kontakten eher entgegenwirkt. Die auch in Frankfurt zu beobachtenden stärker stadtteilbezogenen Aktivitäten könnten eine Antwort auf dieses Phänomen sein.

Von den freizeitbindenden Faktoren wird lediglich das Theater- und Konzertangebot herausragend positiv bewertet (bester Rangplatz der Fallstudienstädte). Hierin mögen sich bis zu einem gewissen Grad auch Elemente einer Fremdbeurteilung widerspiegeln, denn objektiv ist die Besucherhäufigkeit in Frankfurt im Vergleich zu den anderen Fallstudienstädten bestenfalls durchschnittlich (wobei allerdings – wie in den ebenfalls polyzentrischen Regionen Essen und Stuttgart auch – die Nähe zu anderen Spielstätten zu berücksichtigen ist); in München, Hamburg und Stuttgart liegt sie höher (vgl. Tabelle 38).

Die Zufriedenheit mit der „zentralen Lage der Stadt", eine der abgefragten städtischen Qualitäten, ist in Frankfurt besonders groß; die Stadt erreicht hier als einzige der Fallstudienstädte Rang 1. Diese exponierte Bewertung läßt eine starke Außenorientierung des „durchschnittlichen" Frankfurters vermuten. In der Betonung der zentralen Lage Frankfurts drückt sich unausgesprochen auch eine Beziehungsvielfalt zum Umland und zu anderen Orten aus. Bestätigt wird diese Vorstellung durch den besonders hohen Pendleranteil einerseits sowie durch die Funktion Frankfurts als Finanzmetropole mit starken grenzüberschreitenden Kapitalflüssen. Wie stark sich diese „Ausstrahlung" auch als nach außen gerichtete Freizeitorientierung niederschlägt, läßt sich nicht sagen. Es spricht aber einiges dafür, daß die empfundene Zentralität der Stadt zusätzliche, auch räumliche Wahlmöglichkeiten bei der Freizeitorientierung mit sich bringt.

*Konstanz* ist nicht im Städtetest enthalten, so daß für die Stadt keine den anderen Fallstudienstädten vergleichbaren Eigenbewertungen vorliegen. Auf der Basis der von uns geführten Interviews, der Workshops und in Einschätzung der strukturellen Gegebenheiten lassen sich jedoch auch für diese Stadt Aussagen machen.

Konstanz ist im Unterschied zu den anderen in die Untersuchung einbezogenen Großstädten eine vergleichsweise kleine Stadt, deren Einwohner ein teilweise abweichendes Verhaltensrepertoire erkennen lassen. In zeitlicher Hinsicht wird die Stadt beeinflußt durch die angrenzende Schweiz mit ihren zum Teil abweichenden Öffnungszeiten (samstags, Donnerstagabend, aber auch an deutschen Feiertagen). Von daher stellen „Grenzüberschreitungen" sowohl in räumlicher als auch in zeitlicher Hinsicht eine gewisse Selbstverständlichkeit dar. Ein anderer Zeitrhythmus als in den anderen

Städten entsteht zudem wegen der ein- bis zweistündigen Mittagsruhe, in der ein großer Teil des Einzelhandels seine Geschäfte geschlossen hält.

Konstanz ist durch einen hohen Anteil Nichtqualifizierter, wie Tabelle 39 ausweist, gekennzeichnet. Von den Fallstudienstädten hat Konstanz mit nahezu 35 Prozent den höchsten Anteil Nichtqualifizierter an den Gesamtbeschäftigten.

Tabelle 39 – *Anteil Nichtqualifizierter an den Beschäftigten in den Fallstudienstädten 1985 (in %)* *

| Hamburg | Essen | Frankfurt | Stuttgart | München | Konstanz[1] |
|---|---|---|---|---|---|
| 22,7 | 23,3 | 23,6 | 28,7 | 25,2 | 34,6 |

* Quelle: *Martin Koller* und *Herbert Kridde*, Beschäftigung und Arbeitslosigkeit in den Regionen, in: Mitteilungen aus der Arbeitsmarkt- und Berufsforschung, H. 3 (1986), S. 385–408.

[1] Den Werten liegen Daten aus Arbeitsamtsbezirken zugrunde. Der besonders hohe Wert für Konstanz resultiert teilweise auch aus dem eher ländlich geprägten Umfeld, in dem der Anteil Nichtqualifizierter typischerweise höher liegt als in Großstädten.

Nichtqualifizierte haben schon wegen ihres in der Regel niedrigeren Einkommens und starrer Zeitbindungen eine vergleichsweise gering ausgeprägte außerstädtische Orientierung. Hinzu kommt die große Zahl solcher Beschäftigten, die im Hotel- und Gaststättengewerbe – vor allem „in der Saison" – überdurchschnittlich stark zeitlich gebunden sind. Konstanz ist eine Freizeitstadt für viele Menschen aus anderen Städten. Diese touristische Prägung bringt es mit sich, daß eine gewisse kontinuierliche Dienstleistungsbereitschaft die Zeitmuster bestimmter Gruppen von Beschäftigten prägt. Für diese stellt sich das Problem Freizeit nicht in der gleichen Weise wie für die wachsende Zahl hochqualifizierter Beschäftigter in Zukunftsbranchen mit hohen Einkommen und durchsetzungsfähigen Zeitautonomiewünschen. Anders als in den großen Städten dürften sich jedoch die Wünsche auch dieser Beschäftigten weniger auf weit außerhalb der Stadt gelegene Attraktivitäten richten. Die Stadt und ihre nahe Umgebung haben eine Vielzahl landschaftlich reizvoller Attribute, entweder in den Stadtgrenzen selbst oder in allernächster Umgebung.

## 3.4 Thesen zur städtischen Planung

Die gewachsene Infrastruktur wird durch die zu erwartenden zeitstrukturellen Veränderungen nicht in Frage gestellt. Doch ändert sich eine Reihe von Rahmenbedingungen, auf die auch die Planung der städtischen Freizeitinfrastruktur reagieren muß.

Die wichtigsten Veränderungen resultieren aus zurückgehenden Bevölkerungszahlen, dem steigenden Anteil älterer Menschen und nicht zuletzt aus dem Wertewandel, der sich in veränderten Ansprüchen und Bedürfnissen äußert.
Angesichts zunehmender Freizeit werden auch in Zukunft Sport und Bewegung ein großes Gewicht haben. Die Fitnessorientierung wird jedoch insgesamt für einen kleiner werdenden Anteil der Bevölkerung im aktiven Alter von Bedeutung sein. Während also für diese Bevölkerungsgruppe entsprechende Angebote weiterhin bereitgehalten werden müssen, werden Formen weniger leistungsbezogener Freizeitbetätigungen mit stärker sozialen Aspekten zunehmen. Wandern, Radwandern, Exkursionen mit informativem Charakter, Seminare zu sachbezogenen Themen bis hin zu Selbsterfahrungsgruppen machen das Spektrum aus, das bereits heute in jedem Volkshochschulprogramm seinen deutlichen Ausdruck findet. Für diese breit diversifizierte Nachfrage lassen sich zunehmend weniger nach Fläche und Ausstattung genormte Angebote schaffen. Ein großer Teil zukünftiger Aktivitäten ist durch Merkmale wie Selbstorganisation, Spontaneität und wechselnde Inhalte gekennzeichnet. Dies stellt neue Anforderungen an die Art und den Umfang kommunaler Planung. Organisatorische Maßnahmen werden in Zukunft an Bedeutung gewinnen. Wenn man die vorhandenen Einrichtungen der Freizeitinfrastruktur als Hardware bezeichnet, so wird es künftig darauf ankommen, die Software zu vermehren, das heißt ein Angebot an neuen und wechselnden Inhalten zu ermöglichen.
Angesichts des enger werdenden finanziellen Spielraums der Kommunen bieten sich solche Lösungen auch aus wirtschaftlichen Gründen an. Nicht alles bedarf der neuen (zementierten) Einrichtung. In sehr vielen Fällen kann an vorhandene Einrichtungen angeknüpft werden, und vieles sollte auch der Improvisation überlassen werden, wodurch auch Kreativität und Identifikation der Nutzer gefördert werden.
Die zunehmende Ausdifferenzierung der Freizeitaktivitäten, neue Bedürfnisse und Ansprüche sprechen für stärkere Multifunktionalität von Freizeiteinrichtungen bei der Planung und Errichtung neuer Einrichtungen. Die Diversifikation der Nachfrage nach Freizeitbetätigung bringt es mit sich, daß die Anforderungen an neue Einrichtungen sehr verschiedenartig sein können. Die Flexibilität der Einrichtungen soll variable Nutzungsformen zulassen und begünstigen. Daß solche Einrichtungstypen im Prinzip kostenaufwendiger sind, liegt auf der Hand. Doch heißt Multifunktionalität nicht, Einrichtungen bis in das letzte Detail möglicher Nutzungen durchzuplanen. Weniger Perfektion bei der Planung, ausreichend Zeit, die verschiedenen Nutzungsformen organisch wachsen zu lassen, bis hin zu der Entscheidung, daß den unterschiedlichen Nutzergruppen Improvisation und behelfsmäßige Lösungen zugemutet werden, gehören zur Forderung nach Multifunktionalität ebenso wie die Flexibilität in der organisatorischen Konzeption.
Nicht alle Wünsche nach hochspezialisierten Freizeiteinrichtungen sind a priori Aufgaben der öffentlichen Hand. Spaßbäder, Tennisanlagen, Squash und ähnliches werden heute schon überwiegend von Privaten angeboten. Konzeptionelle Überlegungen sollten aber auch den wachsenden Bereich betrieblicher Angebote einbeziehen. Hier bedarf es der Absprache und Koordination, um auch Menschen außer-

halb der Betriebe (bei entsprechender Kapazität) an betrieblicher Freizeitinfrastruktur teilhaben zu lassen.

Für eine größere Zahl von Stadtbewohnern ist die Inanspruchnahme von vergleichsweise teuren privaten Einrichtungen allerdings nicht möglich. Dies stellt ein grundsätzliches Problem dar, weil auf diese Weise einer schon heute zu beobachtenden Polarisierung zwischen kommerziellen Luxusangeboten und Einfachstangeboten der Stadt Vorschub geleistet wird. Ob dieses Gefälle durch Absprachen und kommunale Beteiligungsformen zwischen privaten und öffentlichen Anbietern vermindert werden kann, wäre konkret zu prüfen. Jedenfalls sollten Überlegungen dazu bei der Konzipierung kommunaler Freizeitangebote in Zukunft eine größere Rolle spielen als bisher.

40 Prozent der Freizeit werden außerhalb der eigenen Wohnung verbracht. Das Bedürfnis nach Natur, nach geschützten Räumen wächst und wird in Zukunft noch zunehmen. Gerade wegen der Empfindlichkeit solcher Räume gegenüber zu hoher Nutzung ist der Bedarf besonders groß. Steigendes Umweltbewußtsein und ein wachsender Anteil an alten Menschen lassen erwarten, daß die Bedeutung naturnaher Räume weiter steigt – ein Trend, der maßgeblich die städtische Attraktivität bestimmen wird. Komplementär zu den Erholungsflächen in größeren Anlagen ist die Bedeutung des Wohnumfelds für die Lebensqualität in der Stadt. Urbanität und naturbezogenes Umfeld stellen keine Gegensätze dar und bedürfen der Zusammenführung auch im Lebensalltag der Stadtbewohner.

Insgesamt zeigt sich, daß die städtische Freizeit künftig stärker als bisher durch zwei Aspekte bestimmt sein wird, einem höheren Anteil älterer Menschen und einem durch veränderte Werthaltungen gewandelten Freizeitbedürfnis. Diese veränderte Haltung auch der Freizeit gegenüber findet unter anderem in einem erhöhten Anspruch nach „Selbstkompetenz"[23] ihren Ausdruck. Selbstkompetenz oder Handlungskompetenz sind der deutlichste Ausfluß des Wertewandels und erfassen alle Altersgruppen und Schichten. Für die Freizeit in der Stadt resultiert daraus vor allem eine Vielzahl von Aktivitäten unterschiedlichster Art (vom Nähkurs bis zur Yogagruppe, vom Langlauf bis zum makrobiotischen Ernährungskonzept). Zunehmend gewinnen dabei informelle Aktivitätsmuster an Bedeutung (Selbsthilfegruppen, aber auch sachbezogene lose Zusammenschlüsse). Für solche Gruppierungen müssen organisatorisch auch durch zeitliche Öffnung öffentlicher Einrichtungen „Gelegenheitspotentiale" geschaffen werden (Hochschulen, Volkshochschulen, Schulen, Räume in Rathäusern, in Gemeindezentren und anderes mehr). Die steigende Zahl selbstbestimmter Gruppenaktivitäten zeigt, daß Menschen in ihrer freien Zeit nicht immer fest strukturierter Vorgaben bedürfen. Dem Gestaltungswillen und der Gestaltungsfähigkeit sollte mehr Raum (auch im wörtlichen Sinne) gegeben werden. Damit Menschen sich in ihrer Freizeit wohlfühlen können, bedarf es keiner Freizeitpädagogik.

---

23 *Helmut Klages*, Wertwandel als Herausforderung kommunaler Kulturpolitik. Vortrag beim „Forum Kultur 90" in Essen am 10. 2. 1988, S. 20 f. (unveröffentlicht).

## 3.5 Fazit

1. Die Übergänge zwischen Freizeit und Arbeit werden fließender, immer mehr Elemente aus dem einen Bereich finden sich im anderen und umgekehrt.
2. Die künftigen Veränderungen im Freizeitbereich werden vor allem qualitativer Art sein (Wertewandel, Verschiebung der Altersstruktur), quantitative Aspekte spielen eine nachrangige Rolle.
3. Die Freizeitstundensumme nimmt in den Kernstädten tendenziell ab, in weniger verdichteten Regionen (Mittelstädten und Kreisen) eher zu.
4. Die individuelle Freizeit nimmt nicht im gleichen Maße zu, wie die Arbeitszeit zurückgeht. Verpflichtende Tätigkeiten wie Hausarbeit, Erziehung, Besorgungen usw. nehmen zu.
5. Weiterbildung und die dafür verwendete Zeit erhält in Zukunft ein neues Gewicht. Dabei spielen nicht nur die steigenden Qualifikationsanforderungen im Berufsleben, sondern auch verstärkte Bemühungen um individuelle Handlungskompetenz und Persönlichkeitsentwicklung eine Rolle.
6. Eine Unterteilung von sozialen (Alters-)Gruppen nach Konsumententypen mit dem Ziel der Ermittlung von Tendenzen in ihren Freizeitorientierungen verweist auf unterschiedliche Ausprägungen bei den Fallstudienstädten. Versorgungs- und Sparkonsumenten und damit wohnfeldorientierte Freizeitformen finden sich stärker in Essen und Hamburg, während Frankfurt und München höhere Anteile von Geltungs-, Erlebnis- und Anspruchskonsumenten aufzuweisen scheinen, womit in stärkerem Maße konsumorientierte und außerstädtische Freizeitformen einhergehen. In Stuttgart und Konstanz zeigen sich weniger eindeutige Verteilungen.
7. Die exemplarisch untersuchten Infrastrukturbereiche zeigen je nach Infrastrukturtyp unterschiedliche stadtspezifische Ausprägungen. Systematische Unterschiede über alle Infrastrukturbereiche hinweg lassen sich jedoch nicht erkennen:
    - Außer in Stuttgart und in Konstanz gab es in allen Fallstudienstädten einen Zuwachs an *Erholungsflächen*. Die Verteilung der Grünflächen in der Stadt und die Zugänglichkeit für die Stadtbewohner sind allerdings unterschiedlich gut gewährleistet. Bis zu einem gewissen Grade werden Mängel durch Naherholungsgebiete am Stadtrand ausgeglichen.
    - Frankfurt, Hamburg und Essen sind vergleichsweise gut mit *Kleingärten* ausgestattet. In Frankfurt und in Hamburg sind die Kleingartenanlagen zu nahezu 100 Prozent als Dauerlagen ausgewiesen, in den übrigen Fallstudienstädten sind dies deutlich weniger. Die Wahrscheinlichkeit einer zukünftigen Umnutzung ist hier weit höher.
    - Im Angebot an *Sportplatz- und Hallenbadwasserflächen* zeigen sich sehr deutliche Unterschiede zwischen den Fallstudienstädten. Stuttgart und Essen weisen hier besonders günstige Relationen je Einwohner auf.
    - Im *Kultur- und Bildungsbereich* zeigt sich in allen Städten eine gewisse Verlagerung zur eher aktiven Teilhabe an, die durch tendenziell zurückgehende Be-

sucherzahlen beim Theater, aber erhöhte Nachfrage bei Museen und – massiv – bei Volkshochschulen dokumentiert wird.

Eine vergleichsweise niedrige Angebotsdichte in einigen Bereichen muß nicht notwendig als Ausdruck einer defizitären Situation interpretiert werden. Überdies wird Stadtzufriedenheit vor allem durch soziale Aspekte beeinflußt, denen durch einen rechnerischen Vergleich der Infrastrukturausstattung kaum Rechnung getragen werden kann.

8. Die Gefahr polarisierender Tendenzen im Hinblick auf die Nutzungsmöglichkeiten der Freizeit besteht grundsätzlich in allen Großstädten. Gutsituierte Bevölkerungsgruppen können ihre vermehrte Freizeit außerhalb der Stadt verbringen, während wirtschaftlich schwächere die vorhandenen Freizeiteinrichtungen in der Stadt wegen fehlender finanzieller Mittel nicht oder nur wenig nutzen können.

9. Die Freizeitbindung an die Stadt ist in den Fallstudienstädten unterschiedlich stark ausgeprägt und durch zahlreiche Aspekte bestimmt. Dabei sind Faktoren wie soziale Komponenten, Attraktivitätsgefälle zwischen Stadt und Umland und Freizeitangebote von Bedeutung.

10. Die Veränderung von Freizeitansprüchen ergibt sich aus dem Zusammenwirken gewandelter Arbeitsformen und Arbeitsinhalte sowie aus neuen Werthaltungen. Die Befriedigung dieser Ansprüche obliegt nicht allein der Stadt mit ihren Angeboten. Zu einem wesentlichen Teil kommen private Angebote den vielfältigen Bedürfnissen und Wünschen flexibler nach.

11. Die städtische Planung muß vor allem Bedingungen schaffen, unter denen sich Gestaltungswille und selbstbestimmte Aktivitätsformen spontan äußern und Möglichkeiten räumlicher Kristallisation bieten.

# 4. Zeitfenster – Nutzungszeiten

## 4.1 Einführung

Durch zeitliche Strukturveränderungen werden die Zeiten, in denen man bestimmten Aktivitäten nachgehen kann (zum Beispiel Einkaufen, Sport treiben), genauso beeinflußt wie die Möglichkeiten, mit Familienmitgliedern, Freunden und Bekannten gemeinsam Zeit zu verbringen. Die Überschneidung von Zeiten, die Vereinbarkeit von Zeiten in unterschiedlichen Lebensbereichen kann mit dem Begriff „Zeitfenster" charakterisiert werden. Dabei wird schon deutlich, wie facettenreich die mit diesem Begriff umschriebenen Tatbestände sind.

Die Möglichkeiten von Gruppen, gemeinsame Zeit zu verbringen, also die gesellschaftliche Integration durch Gleichzeitigkeit, wird als Zeitfenster bezeichnet. Grob kann man für diese Gleichzeitigkeit von Gruppen zwei Bereiche unterscheiden, den der Arbeit und jenen der arbeitsfreien Zeit. Offensichtlich hängen beide auch miteinander zusammen: Je höher die Gleichzeitigkeit im Arbeitsprozeß, desto höher die Gleichzeitigkeit in der arbeitsfreien Zeit. Umgekehrt reduziert sich durch Flexibilisierung der Arbeitszeiten im Betrieb der Umfang der gemeinsamen Arbeitszeiten größerer Gruppen[1], was sich entsprechend in der arbeitsfreien Zeit auswirkt. Dort geht es vor allem um die Frage gemeinsamer Zeiten (gemeinsamer Freizeit) von Familien und anderen sozialen Gruppen (Vereinen, Gemeinden usw.). Mit einer weiteren Flexibilisierung und Ausdifferenzierung von Zeiten ist in Einzelfällen sicherlich auch eine bessere Koordination innerhalb *kleiner* sozialer Gruppen (wie zum Beispiel Familien) möglich, insgesamt muß man jedoch davon ausgehen, daß die Zeitfenster *größerer* Gruppen kleiner werden und der Koordinationsaufwand erheblich steigt.

Ein weiterer Aspekt der Zeitfenster besteht in der Chance, bestimmte Einrichtungen und Angebote zu nutzen. Um also bestimmte Einrichtungen etwa des Handels, der Infrastruktur überhaupt in Anspruch nehmen zu können, müssen die Angebotszeiten (Öffnungszeiten) mit den (potentiellen) Nachfragezeiten unterschiedlicher Bevölkerungsgruppen übereinstimmen. Dabei ist die Dauer der potentiellen Nutzungszeiten bedeutungsgleich mit der „Größe" des Zeitfensters.

Die Überlagerung beider Aspekte – gemeinsame Gruppenzeiten und Übereinstimmung von Angebots- und Nachfragezeiten – zeigt eine weitere Dimension des Zeitfensters. Es geht dabei um die Chancen von Gruppen, gemeinsam Einrichtungen nutzen zu können (zum Beispiel gemeinsamer Familieneinkauf).

---

[1] Insbesondere in Betrieben, deren Organisation sich nicht anpaßt, werden die Koordinationsprobleme immer höher. Anpassungen bedeuten unter anderem veränderte Qualifikationen, ein höheres Maß an Verantwortungsdelegation, ein höheres Ausmaß an Vertretung.

Der Rahmen der Zeitfenster wird durch verschiedene Faktoren bestimmt:
- Rechtliche Regelungen schränken in bestimmten Bereichen Nutzungsmöglichkeiten zu bestimmten Zeiten ein oder schließen sie aus.
- Ökonomische Gegebenheiten bestimmen etwa die Angebotszeiten von Dienstleistungen, von Verkehrsangeboten im öffentlichen Nahverkehr.
- Die ständige Verfügbarkeit von Angeboten ist teilweise abhängig von technischen Voraussetzungen (zum Beispiel Stromerzeugung).
- Die Standortverteilung von Einrichtungen und damit die Dauer der Wege machen Distanz zu einem limitierenden Faktor.
- Die Arbeitsorganisation, also die Arbeitszeit nach Dauer und Lage sowie das Ausmaß der flexiblen Anfangs- und Endzeiten, beeinflußt das mögliche Maß an Gleichzeitigkeit von Gruppen sowohl in der Arbeit selbst als auch in der Freizeit.

Durch die absehbaren Zeitveränderungen (und die angestrebten Veränderungen gesetzlicher Regelungen) werden die Zeitfenster in erheblichem Maße verändert. Es sind sowohl Tendenzen absehbar, die zu einer Vergrößerung beitragen (etwa Arbeitszeitverkürzung, Ausdehnung von Angebotszeiten), als auch solche, die eine Verkleinerung bewirken (beispielsweise Ausdifferenzierung von Arbeitszeitlagen). Die Frage, wer von einer Vergrößerung profitieren kann, wer Einbußen erleiden wird, läßt sich nur für Einzelfälle und kleine Gruppen beantworten. Ein genereller Trend läßt sich hier kaum beschreiben.

Durch technische Mittel wird es in immer mehr Bereichen möglich, „Kontaktzeiten" zu erweitern oder eine Verringerung möglicher „Kontaktzeiten" zu überspielen. Im betrieblichen Bereich sind „electronic mail" (elektronische Briefkästen), Telefonanrufbeantworter und alle sonstigen Möglichkeiten der Speicherung und programmgesteuerten Abwicklung von Prozessen sowie Fernwirken Beispiele dafür. Solche und andere technische Mittel werden zunehmend auch im privaten Bereich angewandt; Beispiele aus dem privaten Bereich sind Videorecorder, Tonband, Zeitschaltuhren und ähnliches.

Die bisherige Zeitorganisation sowie die technischen, ökonomischen und sonstigen Gegebenheiten haben – innerhalb der Zeitfenster, die sich auf unterschiedlichen Ebenen und in unterschiedlichen Bereichen herausgebildet haben – zu einer bestimmten Nutzung von Einrichtungen, zu einer bestimmten Abnahme von Angeboten (zum Beispiel Strom) oder Inanspruchnahme von Dienstleistungen im Zeitverlauf geführt. In vielen Fällen lassen sich typische Nutzungsverläufe feststellen, die nur in seltenen Fällen durch Gleichmäßigkeit gekennzeichnet sind.

Die Nutzungsverläufe können sich unter den bisherigen Bedingungen derart entwickelt haben, daß sehr starke Schwankungen mit Staus und Überlastungen auftreten und damit Druck zur Ausweitung von Angebotszeiten ausgeübt wird. Starke Unterauslastungen zu bestimmten Zeiten können hingegen Angebotseinschränkungen zu entsprechenden Zeiten nahelegen.

Überlastungen und Staus führen bei den Betroffenen zu Zeitverlusten, die jedoch deren Zeitfenster individuell einschränken, weil die Handlungsmöglichkeiten in dieser Zeit wieder beschnitten werden.

Durch Veränderungen von Arbeitszeiten, Betriebszeiten und arbeitsfreien Zeiten werden sich auch die Zeitfenster der Nutzer ändern. Unter Umständen wandeln sich dadurch wiederum die typischen Nutzungsmuster der Inanspruchnahme von Einrichtungen.

Die Zeitfenster sind für die kommunale Entwicklung von besonderer Bedeutung, weil durch ihre Veränderungen das soziale Leben und die Versorgungsmöglichkeiten der Bevölkerung beeinflußt werden, weil sich veränderte Anforderungen ergeben können, auf die die Kommune etwa durch infrastrukturelle Anpassung reagieren muß. Aus den bisherigen Nutzungsverläufen der Inanspruchnahme von Angeboten lassen sich teilweise Hinweise auf notwendige/erwartbare Veränderungen ableiten.

Die vielfältigen und weitreichenden Fragen im Zusammenhang mit Zeitfenstern und Nutzungsverläufen können im folgenden nur in Teilaspekten und nur exemplarisch dargestellt werden[2]. Als Bezugsperiode wird ausschließlich der Tag betrachtet, weil die dort auftretenden Veränderungen besonders relevant erscheinen. Die Wahl längerer Bezugsperioden (Woche, Monat, Jahr) würde das Gewicht auf andere als die bisher beschriebenen Fragestellungen verschieben. Zeitfenster und Nutzungsverläufe werden vor allem im Hinblick auf die Möglichkeiten der Inanspruchnahme bestimmter Einrichtungen und Angebote betrachtet. Die sozialen Aspekte der gemeinsamen Zeiten von Gruppen bleiben dagegen weitgehend unberücksichtigt[3].

## 4.2 Zeitliche Nutzungsbeschränkungen durch rechtliche Regelungen

Viele Gesetze und Verordnungen enthalten mehr oder weniger ausdrückliche und strenge Bestimmungen, die einen Zeitbezug haben und definierte Aktivitäten zu bestimmten Zeiten einschränken oder ausschließen. Systematisieren lassen sich diese Bestimmungen nach der zeitlichen Bezugsperiode und dem Regelungsbereich. Die zeitliche Bezugsperiode kann sich vom Tag bis zum Jahr, auf die Jahreszeit oder noch längere Perioden erstrecken. Die Regelungsbereiche reichen von der Arbeitszeit/Betriebszeit über den Schutz vor Immissionen und dem Schutz der Natur bis zu Feiertagsregelungen und ähnlichem. In Übersicht 4 sind nach dieser Systematik die wesentlichen Bestimmungen in der Bundesrepublik zusammengefaßt.

Sucht man stärker nach dem Kern dieser Regelungen, so steht implizit hinter den meisten Regelungen das Ziel, Ruhephasen sicherzustellen und damit einen Rhythmus aufrechtzuerhalten: der Tag-Nacht-Rhythmus, der Wochenrhythmus mit dem Wochenende und der jahreszeitliche Rhythmus in der Natur. Der Gesetzgeber

---

2 Das breite Spektrum der Problemstellungen und der Mangel an verwertbaren empirischen Materialien ist dafür maßgebend.
3 Vgl. zu einigen Aspekten dieser Problematik ausführlicher z.B. *Jürgen P. Rinderspacher*, Am Ende der Woche. Die soziale und kulturelle Bedeutung des Wochenendes, Bonn 1987; *Müller-Wichmann*, Von wegen Freizeit.

Übersicht 4 – *Rechtliche Regelungen mit Zeitbezug nach zeitlicher Bezugsperiode und Regelungsbereich – Auswahl\**

| Zeitbezug | Arbeitszeit | Betriebszeit/ Öffnungszeit | Schutz vor Immissionen | Schutz der Natur | Sonstiges |
|---|---|---|---|---|---|
| Tag | Arbeitszeitordnung, Jugendarbeits-schutzgesetz, Mutterschutzgesetz, Gesetz über die Arbeitszeit in Bäckereien und Konditoreien | Ladenschlußgesetz, Gaststättengesetz mit Sperrstunden-verordnung | Immissionsschutzgesetz, TA Lärm, DIN 18005 (Schallschutz im Städtebau), VDI Richtlinie 2058 (Arbeitslärm), Straßen-verkehrsordnung, Flugverkehrsgesetz, Gesetz zum Schutz gegen Fluglärm mit besonderen Lärmverordnungen, Ordnungswidrigkeitengesetz, Gesetz zum Schutz gegen Baulärm, Rasen-mäherverordnung, Verordnung über die zeitliche Beschränkung des Flugbetriebes mit Leichtflugzeugen, Verkehrslärmschutz-gesetz (Entwurf) | | Hausordnungen |
| Woche/ Wochenende | Art. 140 Grundgesetz, Gewerbeordnung | Ladenschluß-gesetz | Straßenverkehrsordnung | | |
| Jahr | Bundesurlaubs-gesetz | | | | |
| Jahreszeit/ Saison | | | | Bundes- und Lan-desnaturschutz-gesetze mit Verord-nungen, Bundes-jagdgesetz, Wild-schongesetz, Kul-turpflanzenschutz-gesetz | Bundeskleingarten-gesetz, Ferienver-ordnungen |
| Sonstiges | Feiertagsgesetz, Reichsversiche-rungsordnung | | | | Höchstrichterliche Urteile (z. B. zu Kirchenglocken) |

Quelle: Eigene Zusammenstellung des Deutschen Instituts für Urbanistik.

\*

geht davon aus, daß ohne diese Bestimmungen die Aufrechterhaltung solcher Rhythmen nicht gewährleistet wäre, deshalb werden beispielsweise
- Arbeitszeiten am Wochenende und in der Nacht nur in Ausnahmefällen und für bestimmte, besonders schutzbedürftige Gruppen gar nicht zugelassen,
- Lärmemissionen in der Nacht stark eingeschränkt oder durch Aktivitätsverbote verhindert (zum Beispiel Nachtflugverbot),
- Regenerationszeiten der Natur gesichert (zum Beispiel Schutz des Wilds in der Brunftzeit)[4].

Betroffen sind von diesen Bestimmungen jeweils bestimmte Bevölkerungsgruppen, (etwa Erwerbstätige, werdende Mütter, Jugendliche[5]), Angehörige bestimmter Branchen (zum Beispiel Handel, Bäcker) oder die gesamte Bevölkerung (zum Beispiel Schutz der Nachtruhe).

Betrachtet man die Veränderungstendenzen, so läßt sich feststellen, daß in den meisten Bereichen Lockerungsbestrebungen im Gange sind, daß versucht wird, die zulässigen Zeiten auszudehnen und die Schutzbestimmungen zu lockern. Damit soll der Möglichkeitsraum ausgeweitet werden. Als Folge davon ist eine Veränderung des Rhythmus in Richtung einer Linearisierung zu erwarten. Dahinter stehen im wesentlichen ökonomische Interessen. Für Gegentendenzen sorgen lediglich ökologische Interessengruppen im Umweltbereich.

Die zeitlichen Nutzungsmöglichkeiten auszudehnen, schafft zwangsläufig zusätzliche Potentiale, bringt aber neben nachteiligen Wirkungen wie der Reduzierung von Ruhephasen auch immer eine Flexibilisierung und Umverteilung von Zeiten für jeweils unterschiedliche Gruppen mit entsprechenden Auswirkungen auf deren Zeitfenster mit sich.

Gesetzliche Beschränkungen von bestimmten Aktivitäten zu bestimmten Zeiten können zum Teil durch technische Einrichtungen „überspielt" werden. Das heißt, mit Technik können die Zeitfenster, die durch Gesetz beschränkt sind, ausgeweitet werden. Beispiele dafür sind etwa Automaten als „Verkaufsstellen", die Automatisierung von Produktionsprozessen bis hin zu „Geisterschichten" ohne Personal.

### 4.3 Angebotszeiten und Nutzungsverläufe für ausgewählte Bereiche

Die generellen Regelungen, die die zeitliche Zulässigkeit von Nutzungen einschränken, werden ausgeformt durch die speziellen Angebots-, Öffnungs- und Aktivitätszeiten unterschiedlicher Einrichtungen.

Im folgenden wird anhand ausgewählter Bereiche – soweit möglich – überprüft, ob in den Angebotszeiten zwischen den Untersuchungsstädten Unterschiede bestehen und

---

[4] Ein weiteres Beispiel dieser Art aus der Schweiz stellt das Pilzsammelverbot an allen Tagen mit einem ungeraden Datum dar.

[5] Darüber hinaus gibt es noch eine Vielzahl weiterer, auch zeitlicher Schutzbestimmungen etwa für Jugendliche, die im Jugendschutzgesetz, im Rundfunkstaatsvertrag (Sendezeiten von jugendgefährdenden Filmen) und anderen rechtlichen Regelungen enthalten sind.

Übersicht 5 – *Zeitbezug ausgewählter Regelungsbereiche\**

| Regelungsbereich | Zeitliches Regelungsziel |
|---|---|
| Arbeitszeit/ Betriebszeit | Regelung zulässiger Arbeitszeiten (nach Lage und Dauer) |
| | Verbot von Wochenendarbeit |
| | Schutz bestimmter Gruppen vor extremen Arbeitszeiten (Kinder, Jugendliche, Mütter) |
| | Regelung zulässiger Öffnungszeiten von Läden, Gaststätten |
| | Festlegung von Mindesterholungsphasen (Urlaub) |
| Schutz vor Immissionen | Festlegung von zulässigem Lärm im Tag/Nacht-Rhythmus, teilweise differenziert nach unterschiedlichen Baugebieten |
| | Beschränkungen zugunsten von Nachtruhe, Sonntagsruhe (Straßenverkehrsordnung, Lärmverordnung, Feiertagsgesetz) |
| Schutz der Natur | Sicherung von Regenerationsphasen für die Natur (z. B. Schonzeiten für Tiere) |
| Sonstiges | Sicherung der Nachtruhe (Hausordnungen) |
| | Verkehrsentzerrung (Ferienverordnungen) |
| | Schutz von Erntephasen (Bundeskleingartengesetz) |

\* Quelle: Eigene Zusammenstellung des Deutschen Instituts für Urbanistik.

welche Unterschiede sich in der tatsächlichen Nutzung (Tagesganglinien) herausgebildet haben.

Darüber hinaus wird diskutiert, welche Veränderungstendenzen bei den Zeitfenstern und damit bei der tatsächlichen Inanspruchnahme zu erwarten sind. Es sollen also Anhaltspunkte dafür gewonnen werden, ob veränderte Anforderungen an das zeitliche Angebot bestimmter Bereiche zu erwarten sind und ob zeitliche Beeinflussung und Steuerung von stark schwankenden Inanspruchnahmen möglich und zweckmäßig sein könnten[6] – über die rein ökonomische Betrachtung hinaus, nach der Entzerrung in der Regel sinnvoll ist.

### 4.3.1 Handel

Das für alle Städte gleichermaßen geltende Ladenschlußgesetz ist seit seinem Erlaß 1956 immer wieder Gegenstand heftiger Auseinandersetzungen gewesen. In den letzten Jahren ist einerseits eine Reihe von Ausnahmen hinzugekommen, andererseits

---

[6] Explizit wird der Steuerungsaspekt in Kap. 7 noch einmal aufgegriffen.

werden durch Länderverordnungen Ausnahmen häufiger in Anspruch genommen, unter anderem folgende:
- In Gemeinden mit mehr als 200 000 Einwohnern dürfen Geschäfte an Verkehrsknoten bis 21.00 Uhr geöffnet haben. Vorläufer dieser Entwicklung war unter anderem die langjährige Ausnahmeregelung der Klett-Passage in Stuttgart.
- Im Zusammenhang mit Messen, Sonderveranstaltungen usw. werden immer häufiger Ausnahmegenehmigungen (nach § 16) gewährt.
- In einigen Bundesländern sollen durch Rechtsverordnung sogenannte Dienstleistungsabende eingeführt werden. In jüngster Zeit wird jedoch versucht, durch tarifvertragliche Vereinbarung die bestehenden Regelungen festzuschreiben.

Die Auseinandersetzungen um das Ladenschlußgesetz haben in letzter Zeit erheblich an Schärfe zugenommen; dabei machen unterschiedliche Gruppen – unabhängig von der Frage des Schutzes der im Handel Beschäftigten – sowohl eine Ausweitung als auch eine Einengung der Zeitfenster geltend:
- Einzelne Handelsverbände und Gewerkschaften heben hervor, daß sich das Zeitfenster durch die bislang üblichen Öffnungszeiten bei sinkenden Arbeitszeiten weiter öffnen würde.
- Andere Handelsverbände und Frauenverbände machen geltend, daß sich durch Zunahme der Erwerbstätigkeit von Frauen, durch zusätzliche Belastungen der arbeitsfreien Zeit die Zeitfenster weiter verkleinert hätten.

Eine überschlägige Modellrechnung ergibt, daß rund ein Drittel aller Haushalte aufgrund seiner Erwerbstätigkeit (Vollerwerbstätigkeit) nur die arbeitsfreie Zeit für Einkaufen zur Verfügung hat. Diese Haushalte haben demnach potentiell rund 14 Stunden pro Woche Zeit zum Einkaufen (vgl. Übersicht 6) bei sehr ungleicher Verteilung.

Insbesondere von seiten berufstätiger Frauen gerieten die Ladenschlußregelungen zunehmend in die Kritik[7]. Nach einer Umfrage des Hamburger Marktforschungsinstituts GFM sprechen sich 55 Prozent aller 5000 repräsentativ befragten Hausfrauen für eine Änderung bisheriger Ladenschlußzeiten aus[8]. Der Anteil der Frauen, die eine Änderung wünschen, nimmt mit der Berufstätigkeit, mit steigendem Haushaltsnettoeinkommen zu. 77 Prozent aller vollerwerbstätigen Frauen und 67 Prozent der Frauen mit einem Haushaltsnettoeinkommen von über 4000 DM (bei einem Haushaltsnettoeinkommen unter 1500 DM sind es nur 49 Prozent) wünschen eine Verlängerung der Ladenöffnungszeiten. Auch bei jüngeren Frauen (72 Prozent bei den unter 35jährigen) und bei Frauen mit Kindern (62 Prozent) ist der Wunsch besonders ausgeprägt.

Auch nach Bundesländern ergeben sich Unterschiede: Nur Baden-Württemberg (53 Prozent) und Nordrhein-Westfalen (49 Prozent) weisen gegenüber dem Bundes-

---

[7] Vgl. z.B. Kommentare in *Die Zeit* vom 3. 11. 1987 und in *Die Tageszeitung* vom 11. 11. 1987.
[8] Vgl. *Gesellschaft für Marketing, Kommunikations- und Sozialforschung (GFM-GETAS)*, Service Sonderreihe „Frage des Monats", Oktober 1987: Verbraucherwünsche zu Ladenschlußzeiten, Hamburg 1987 (vervielfältigt).

Übersicht 6 – *Zeitfenster Einkaufen – Modellrechnung**

| Grundlagen | | | |
|---|---|---|---|
| Erwerbsquote Frauen 1984 | 35,3 % | | (1) |
| verheiratete Frauen | 42,5 % | ≙ 6.448 Mio. weibl. Erwerbspersonen | (2) |
| Teilzeitquote Frauen (unterhalb tarifl. Vollarbeitszeit) | 32,3 % | | (3) |
| Zahl der Haushalte insges. | 25,336 Mio. | | (4) |
| Zahl der Mehrpersonenhaushalte 1982 | 17,410 Mio. | | (5) |
| Zahl der erwerbstätigen weibl. Einpersonenhaushalte (Ledige, Geschiedene, Verwitwete) | 4,821 Mio. | | (6) |
| **Annahmen** | | | |
| Verheiratete Frauen haben eine durchschnittl. Teilzeitquote von 32,3 % | | | (7) |
| Es gibt 1 Mio. vollerwerbstätige männliche Einpersonenhaushalte | | | (8) |
| Vollerwerbstätige Ehefrauen haben vollerwerbstätige Ehemänner (Doppelerwerbstätigkeit) | | | (9) |
| **Berechnungen, Ergebnisse** | | | |
| Aus (7) und (2) folgt: | 2,1 Mio. | teilzeiterwerbstätige verheiratete Frauen | (10) |
| Aus (2) und (10) folgt: | 4,3 Mio. | vollerwerbstätige verheiratete Frauen, d. h. ebenso viele Haushalte mit vollerwerbstätigen Frauen | (11) |
| Aus (4) und (11) folgt: | 25 % | der Mehrpersonenhaushalte mit vollerwerbstätigen Ehefrauen | (12) |
| Aus (11), (4) und (9) folgt: | 17 % | aller Haushalte haben wegen Doppelerwerbstätigkeit nur die arbeitsfreien Zeiten, also i. d. R. abends und den Samstag, zum Einkaufen | (13) |
| Aus (6) und (9) folgt: | 1,6 Mio. | teilzeiterwerbstätige weibl. Einpersonenhaushalte | (14) |
| Aus (6) und (14) folgt: | 3,3 Mio. | vollerwerbstätige weibl. Einpersonenhaushalte | (14) |
| Aus (6) und (14) folgt: | 3,3 Mio. | vollerwerbstätige weibl. Einpersonenhaushalte | (15) |
| Aus (15), (11) und (8) folgt: | 8,6 Mio. | Haushalte können nur in d. arbeitsfreien Zeiten | (16) |
| Aus (16) und (4) folgt: | 34 % | aller Haushalte einkaufen | |

\* Quelle: Statistisches Jahrbuch 1985; eigene Annahmen und Berechnungen des Deutschen Instituts für Urbanistik.

durchschnitt (55 Prozent) niedrigere Werte aus. Lediglich in Nordrhein-Westfalen bilden die Frauen, die keine Änderungen der bisherigen Regelungen wünschen, mit 50 Prozent aller Befragten die Mehrheit – wohl ein Hinweis auf die unterproportionale Erwerbstätigkeit von Frauen in diesem Bundesland.

Nach einer von Emnid für die Wirtschaftsjunioren im Mai 1986 in 60 Städten der Bundesrepublik durchgeführten Straßenbefragung von insgesamt 11 517 Personen (3 249 im Einzelhandel tätige Selbständige und Angestellte sowie 8 268 Passanten) wünschen 70 Prozent der befragten Personen und noch 56 Prozent der Selbständigen und 58 Prozent der Angestellten im Einzelhandel abendliche Einkaufsmöglichkeiten. 82 Prozent halten flexiblere Öffnungszeiten bei Banken, Versicherungen und Behörden für sehr gut oder gut[9]. Nach einer Befragung der Arbeitsgemeinschaft der Verbraucher zeigten sich dagegen 42 Prozent der Befragten an einer Veränderung uninteressiert[10].

Solche Veränderungen der Wünsche und Verbrauchergewohnheiten sind auch in anderen Ländern zu beobachten: In New York hat sich der verkaufsoffene Sonntag als Erfolg herausgestellt, wobei der Einkauf eher Freizeitaspekte aufweist[11]. In Österreich hat man versuchsweise damit begonnen, die Öffnungszeiten den Ladeninhabern innerhalb fester Grenzen selbst zu überlassen (Montag bis Freitag können die Geschäfte zwischen 6.00 und 22.00 Uhr geöffnet werden, eine maximale wöchentliche Öffnungszeit von 56 Stunden darf nicht überschritten werden)[12].

Insbesondere die Kritik der berufstätigen Frauen und die Forderungen einiger Frauenbeauftragten nach einer Flexibilisierung von Öffnungszeiten deuten an, daß mit einer veränderten Erwerbsstruktur, der zunehmenden Erwerbstätigkeit von Frauen und ihren dadurch kleiner werdenden Zeitfenstern diese Kritik an Dynamik noch gewinnen dürfte.

Auch die Konzentration im Handel ist ein wichtiger Faktor, der dazu beigetragen hat, die Zeitfenster zu verkleinern – für die Versorgung sind mehr und weitere Wege erforderlich[13], die auch Zeit kosten. Darüber hinaus hat sich das Kundenverhalten durch die intensivere Nutzung des Wochenendes als Blockfreizeit teilweise in Richtung auf zusätzliche Erfordernisse in der Woche verschoben, was das teilweise hohe Interesse an längeren Abendöffnungszeiten mit erklären kann.

Schließlich gibt es im Einzelhandel Gruppen, die an Veränderungen der Ladenschlußregelungen interessiert sind, weil sie sich durch ihre Angebotsform, ihren Standort oder die Möglichkeit, „Zeit" als Wettbewerbsfaktor zu nutzen, Vorteile versprechen. Dazu gehören neben den Verbrauchermärkten auf der grünen Wiese Einkaufszentren und Passagen sowie kleine, flexible Firmen.

---

9   *Wirtschaftsjunioren Deutschland (WJD)*, Rundschreiben Nr. 24/86: „Ladenschluß", Bonn 1986 (vervielfältigt).
10  Zitiert nach *Handelsblatt* vom 6. 5. 1987.
11  Vgl. *Der Tagesspiegel* vom 16. 11. 1986.
12  Vgl. *Handelsblatt* vom 24. 8. 1988.
13  Vgl. *Werner Brög*, Auswirkungen der Zeitorganisation im Verkehr – Probleme, Veränderungstendenzen. Vortrag im Difu-Seminar am 8.12.1987 in Berlin, Berlin 1987 (unveröffentlicht).

Aber Kritik und Interesse der an Änderungen Interessierten, die auf eine breite Koalition von Bewahrern der geltenden Regelungen treffen, vermögen derzeit weniger als diejenigen, die eine extensive Nutzung der Ausnahmen betreiben und besondere Handelsformen als „Schlupfloch" nutzen. Typisches Beispiel dafür sind die Tankstellen, die ihr Sortiment immer stärker erweitert haben, auch wenn es den in südlichen Ländern üblichen Supermarkt in der Autobahnraststätte noch nicht gibt.

Die Analyse der vorliegenden Untersuchungen zu Besucherströmen im Einzelhandel läßt einige Veränderungstendenzen der Vergangenheit sichtbar werden. Die Erhebung der Bundesarbeitsgemeinschaft der Mittel- und Großbetriebe des Einzelhandels (BAG) aus dem Jahre 1984[14] weist für die Besucherzahlen insgesamt im Durchschnitt aller erfaßten Unternehmen nach wie vor eine ausgeprägte Nachmittagsspitze an Wochentagen auf (vgl. Schaubild 10). Im Vergleich zu 1980, dem Jahr der vorangegangenen Erhebung, zeigte sich 1984, daß zwar die Mittagsspitze gewachsen war, aber eine generelle Tendenz zur Einebnung bestand, die allerdings mit erheblichen Kundenverlusten an den Wochentagen (-8 bzw. -10 Prozent) und einem leichten Wachstum der Kundenzahl am langen Samstag verbunden war (+2 Prozent). Die Abnahme der Nachmittags- und die Erhöhung der Mittagsspitze hat sich 1984 erstmals gezeigt. Die BAG zieht daraus den Schluß: „Sollte sich diese Entwicklung fortsetzen, ist die Diskussion über verlängerten Ladenschluß überflüssig."[15]

Die bundesweiten (Durchschnitts-)Ergebnisse lassen sich in Teilen für die Fallstudienstädte regionalisieren, und zwar differenziert nach Hauptlagen (Innenstädte) und Nebenlagen (Nebenzentren)[16]. Trotz gewisser Unterschiede zwischen den Städten fallen für alle Städte zwei Dinge ins Auge (vgl. Schaubild 11):

- Die Nachmittagsspitze ist in den Nebenlagen deutlich ausgeprägter als in den Hauptlagen – ein Hinweis darauf, daß in den Hauptlagen die Mittagspause intensiver für Einkäufe genutzt werden dürfte, während in Nebenlagen die Zeit nach Feierabend wichtiger ist; die Nebenlagen dienen also eher den wohnortnahen Einkäufen.
- Am Freitag ist die Nachmittagsspitze sowohl in Haupt- als auch in Nebenlagen stärker ausgeprägt, was dafür spricht, daß am Freitag ebenfalls die Zeit nach dem – häufig vorverlegten – Feierabend besonders intensiv genutzt wird.

In den einzelnen Untersuchungsstädten sind folgende Punkte für die Tage Donnerstag und Freitag bemerkenswert:

---

[14] Die BAG führt alle vier Jahre Erhebungen über Kundenfrequenzen bei den Mitgliedsunternehmen, vor allem Kaufhäusern, durch.

[15] Vgl. *Bundesarbeitsgemeinschaft der Mittel- und Großbetriebe des Einzelhandels* (Hrsg.), Gefahr für die Innenstädte wächst. Ergebnisse der Untersuchung Kundenverkehr 1984, Köln 1984.

[16] Die Daten liegen, außer für Konstanz, für alle fünf Städte vor. Allerdings fehlen bei einzelnen Auswertungen jeweils einzelne Städte, wenn die Datenbasis zu gering war. Die Daten wurden uns freundlicherweise von der BAG zur Verfügung gestellt.

- Hamburg weist insgesamt die geringsten Ausschläge in der Verteilung der Kunden auf, das Kundenverhalten ist am kontinuierlichsten.
- In Essen liegt die Mittagsspitze in den Hauptlagen später als in den anderen Städten und ist kürzer.
- Frankfurt, für das nur Nebenlagen ausgewiesen sind, weist als einzige Stadt in Nebenlagen an beiden Tagen ausgeprägte Mittagsspitzen auf.
- Stuttgart, für das nur Hauptlagen ausgewiesen sind, zeigt zwischen den beiden Wochentagen die geringsten Abweichungen; als einzige Stadt hat sie auch donnerstags in Hauptlagen die Spitze nachmittags.
- München weist sowohl in Hauptlagen als auch in Nebenlagen die stärksten Unterschiede zwischen den beiden Wochentagen auf: eine sehr nachhaltige Verschiebung der Spitze aus der Mittagszeit in den Nachmittag.

Diese Unterschiede können in der Weise interpretiert werden, daß in München von Montag bis Donnerstag die Mittagspause in den Hauptlagen sehr viel intensiver als in den anderen Städten für Einkäufe genutzt wird. Dafür spricht auch, daß die Gleitzeit- und flexiblen Arbeitszeitregelungen in den süddeutschen Fallstudienstädten weiter verbreitet sind als in Hamburg und Essen[17]. Die kurze Mittagsspitze in Essen würde sich aus den geringen Möglichkeiten der Beschäftigten, die Mittagspause auszudehnen, erklären.

Die stärkere Frequenz am Freitag in den Hauptlagen deutet auf Versorgungseinkäufe für das Wochenende hin. Der frühe Anstieg auf die Nachmittagsspitze (in Haupt- und Nebenlagen) in München ist aus dem für München typischen frühen Arbeitsende am Freitag erklärbar.

Bei den Besucherfrequenzen am langen Samstag gibt es keine gravierenden Unterschiede zwischen den Fallstudienstädten (vgl. Schaubild 11). Auffällig sind in allen Städten die Unterschiede zwischen Haupt- und Nebenlagen: In Nebenlagen fällt die Kundenfrequenz nach einer Spitze in den späten Vormittagsstunden am Nachmittag deutlich ab, während in den Hauptlagen zwischen dem späten Vormittag und dem späten Nachmittag ein relativ gleichmäßig hohes Niveau zu beobachten ist. Das dürfte ebenfalls auf die unterschiedlichen Funktionen der Lagen zurückzuführen sein: In Nebenlagen werden eher Versorgungseinkäufe getätigt, in Hauptlagen (in denen gerade ein nachhaltiges „Upgrading" zu beobachten ist) geht es eher um „Erlebniskonsum"[18].

---

17 Vgl. Kap. 2.
18 Insbesondere unter diesem Aspekt ist zu erwarten, daß sich dies in der neuen Erhebung entsprechend niederschlägt. Es wäre auch lohnend zu überprüfen, wieweit nach 1984 das Einkaufen in den Passagen Hamburgs zu zeitlichen Verschiebungen der Kundenfrequenz geführt hat. Eine Infas-Untersuchung, die eine stärkere Belebung der Innenstadt abends festgestellt hat, könnte in diese Richtung deuten; vgl. *Institut für angewandte Sozialwissenschaft (Infas)*, Veränderungen der Attraktivität der Hamburger Innenstadt, Bonn-Bad Godesberg 1986 (vervielfältigt).

Schaubild 10 – *Besucherzahlen der Mittel- und Großbetriebe des Einzelhandels im Tagesverlauf (1980 und 1984)\**

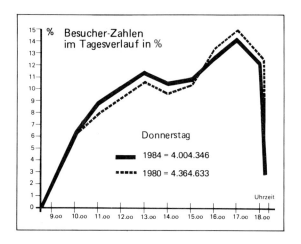

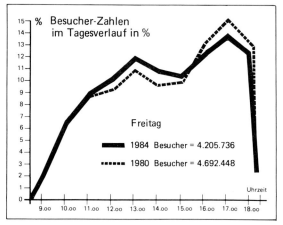

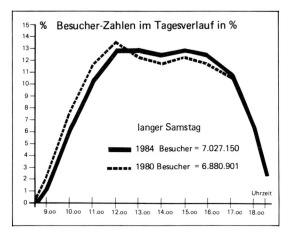

\* Quelle: *Bundesarbeitsgemeinschaft der Mittel- und Großbetriebe des Einzelhandels* (Hrsg.), Gefahr für die Innenstädte wächst. Ergebnisse der Untersuchung Kundenverkehr 1984, Köln 1984, S. 16 f.

Schaubild 11 – *Besucherzahlen der Mittel- und Großbetriebe des Einzelhandels im Tagesverlauf in den Fallstudienstädten (1984)\**

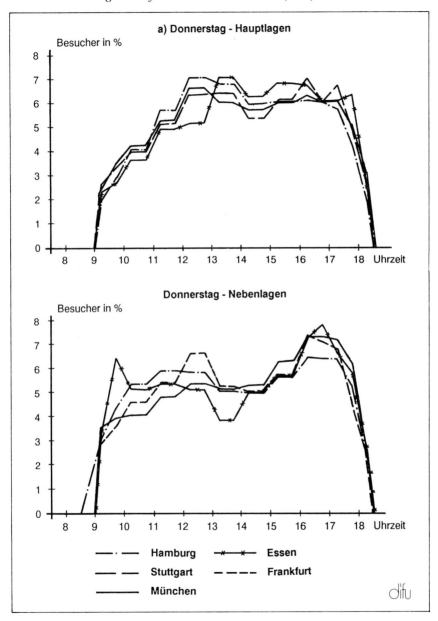

\* Quelle: Eigene Darstellung des Deutschen Instituts für Urbanistik auf der Basis von Daten der Bundesarbeitsgemeinschaft der Mittel- und Großbetriebe des Einzelhandels e.V.

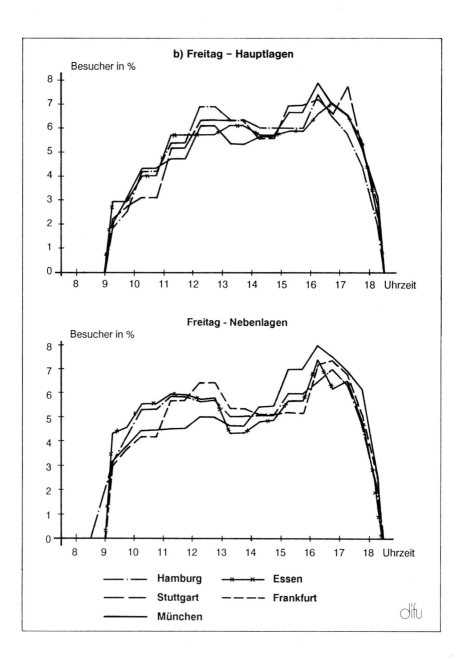

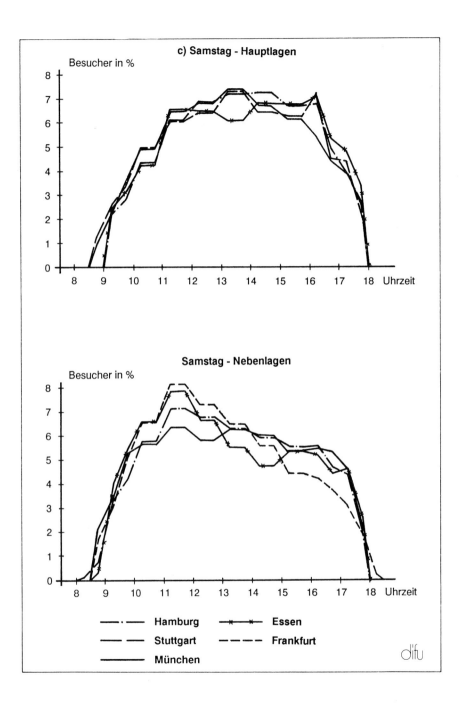

Schaubild 12 – *Besucherzahlen im Tagesverlauf in einem SB-Warenhaus (1985)*\*

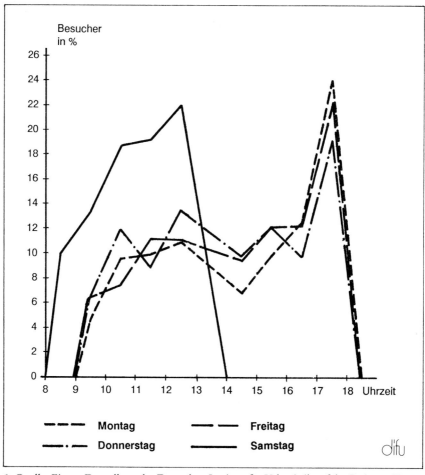

\* Quelle: Eigene Darstellung des Deutschen Instituts für Urbanistik auf der Basis von Daten des Instituts für Selbstbedienung und Warenwirtschaft.

Ein vom Institut für Selbstbedienung untersuchter typischer SB-Markt[19], in dem 1985 in einer „Normalwoche" sowohl die Kundenfrequenz als auch die Umsätze untersucht wurden, weist an allen Wochentagen eine ausgeprägte Nachmittagsspitze auf (vgl. Schaubild 12)[20]. Von Montag bis Freitag wird rund ein Drittel der Umsätze (34,2 Prozent) nach 16.00 Uhr getätigt. Für die Umsätze liegen jedoch auch Vergleichs-

---

[19] Vgl. *Institut für Selbstbedienung und Warenwirtschaft (ISB)* (Hrsg.), Kundenlaufstudie in einem SB-Warenhaus, Köln 1986.
[20] Da sich Umsatz und Kundenfrequenz parallel verhalten, werden sie nicht gesondert ausgewiesen.

zahlen aus dem Jahr 1974 vor; dabei zeigt sich ähnlich wie bei den Betrieben der BAG eine Entwicklung zu einer niedrigeren Nachmittagsspitze. 1974 wurden noch 42,4 Prozent des Umsatzes nach 16.00 Uhr getätigt. Erhöht haben sich die Umsätze vor allem in der Zeit von 10.00 bis 13.00 Uhr. Sollte diese Tendenz tatsächlich typisch für SB-Märkte sein, so könnte dies bedeuten, daß sich insgesamt durch Arbeitszeitverkürzung und zunehmende Flexibilisierung (Gleitzeit, Teilzeit und ähnliches) für die Mehrheit der Kunden die Zeitfenster geöffnet haben.

Gleichwohl liegt in dem untersuchten SB-Markt immer noch in den letzten eineinhalb Stunden zwischen 17.00 und 18.30 Uhr die absolute Umsatz- und Kundenspitze; Montag, Dienstag und Freitag wird ein Fünftel bis ein Viertel des Tagesumsatzes in dieser Zeit gemacht. Das erklärt deutlich, warum trotz ähnlicher Verschiebungstendenzen der Kundenfrequenzen in Richtung auf den Mittag die Verbände der BAG und der Selbstbedienungswarenhäuser gleichwohl unterschiedliche Haltungen zum Ladenschluß haben. Die SB-Warenhäuser könnten durch eine Zeitausweitung am Abend auf zusätzliche Kunden hoffen. Die gleichen Argumente bringen auch Manager von großen Einkaufszentren vor: Für sie wäre eine Ausdehnung der Öffnungszeiten in den Abend ökonomisch von Interesse, was sie aus Erfahrungen von längeren Öffnungszeiten zu besonderen Anlässen schließen zu können meinen. Durch längere Öffnungszeiten glauben sie auch ihre Chancen zu erhöhen, Kunden aus konkurrierenden Freizeitmärkten gewinnen zu können.

Kundenlaufuntersuchungen unter Bedingungen der Ausnahme vom Ladenschlußgesetz zeigen sehr unterschiedliche Ergebnisse:
- Erhebungen in der Klett-Passage am Hauptbahnhof in Stuttgart, wo schon seit Jahren eine Ausnahmegenehmigung besteht und Öffnungszeiten bis 22.00 Uhr üblich sind, zeigen, daß die Umsätze nach den üblichen Öffnungszeiten mehr als 25 Prozent betragen, die Geschäftsleute mit den Ergebnissen zufrieden sind und auch keine Schwierigkeiten bestehen, Personal für die Abendzeiten zu gewinnen.
- In Berlin wurde 1985 anläßlich verschiedener Veranstaltungen (Bundesgartenschau, Theatertreffen, „Sommernachtstraum") an mehreren Freitagen eine Öffnungszeit bis 21.00 Uhr durch Rechtsverordnung zugelassen. Eine Erhebung der Forschungsstelle für den Einzelhandel brachte folgende Ergebnisse[21]:
  - Vor allem Betriebe in der City nutzten die Möglichkeit;
  - durchschnittlich 60 Prozent des Publikums kauften nicht, sondern informierten sich nur;
  - zwar verzeichneten 77 Prozent der befragten Einzelhändler Zusatzumsätze, nach Abzug der Zusatzkosten waren diese aber nur für 30 Prozent lohnend;
  - nur ein Drittel bezeichnete die abendliche Öffnung als Erfolg, dennoch würden sich zwei Drittel der Betriebe wieder an einer solchen Aktion beteiligen;
  - zwei Drittel der Befragten würden eine generelle Liberalisierung der Ladenöffnungszeiten befürworten.

---

21 Vgl. *Mitteilungen aus der Forschungsstelle für den Handel*, Nr. 1 (1986).

- In Berlin ist es möglich, in der City Geschäfte für touristischen Bedarf länger geöffnet zu halten (bis 21.00 Uhr), wobei nur die Inhaber nach den üblichen Öffnungszeiten arbeiten dürfen. Wie eine ältere Untersuchung von 1984[22] zeigt, halten viele Geschäfte, vor allem Boutiquen, aus Gründen der Kundenbindung offen; der wirtschaftliche Erfolg wird von den Autoren der Studie insgesamt bezweifelt. Befragungen einzelner Unternehmen zeigen jedoch, daß sie sich an diese Möglichkeit durch eine spätere Öffnung am Vormittag (11.00 Uhr) anpassen, 30 Prozent und mehr des Umsatzes an Wochentagen und Samstagen nach den üblichen Ladenschlußzeiten machen und ihren Kundeneinzugsbereich wesentlich vergrößert haben.

Insgesamt ist auch im Handel eine weitere Ausdifferenzierung zu beobachten. Die Differenzierung zwischen Versorgungs- und Erlebniseinkauf wird ausgeprägter, und damit geht eine Ausdifferenzierung nach Standorten und „Zeiten" einher. Versucht man eine Bilanz der dargestellten Entwicklungen und der absehbaren Zeitveränderungen zu den Auswirkungen auf die Städte zu ziehen, so wird folgendes deutlich:

- Insgesamt haben sich durch kürzere Arbeitszeiten, durch zunehmende Gleitzeitregelungen usw. die Zeitfenster im Handel geöffnet und werden sich weiter öffnen.
- Wie sich die Entwicklung in einzelnen Städten weiter ausprägt, hängt von der zukünftigen Entwicklung von Gleitzeitregelungen und der Standortverteilung von Betriebsstätten und Geschäften ab; Zugänglichkeit ist das entscheidende Kriterium für die Nutzung etwa der Mittagspause zum Einkaufen.
- Unterschiede zwischen den Städten werden sich auch nach der Art der Arbeitszeitverkürzungen ergeben. Blockverkürzungen, die zu einer „kurzurlaubsähnlichen" Ausweitung des Wochenendes führen, können den Druck auf die Öffnungszeiten in der Woche erhöhen: Wenn das Wochenende frei bleiben soll, müssen Einkäufe in der Woche getätigt werden; die Zeitfenster sind dann relativ klein.
- Neben dem Interesse einzelner Handelsformen und -verbände an einer Betriebszeitausweitung werden auch bestimmte Bevölkerungsgruppen – wie die berufstätigen Frauen – immer stärker die Ausdehnung der Ladenöffnungszeiten verlangen, weil für sie die Zeitfenster objektiv kleiner geworden sind[23]. Ähnliches gilt für Hochqualifizierte mit langen Arbeitszeiten, die sich darüber hinaus an Erfahrungen in anderen Ländern orientieren. Der Vergleich mit anderen Ländern könnte allerdings auch zu dem Schluß führen, daß die Ladenschlußzeiten

---

22 Vgl. *Industrie- und Handelskammer zu Berlin* (Hrsg.), Ergebnisse einer Umfrage beim Einzelhandel in der Berliner City zur Ausnahmeregelung nach dem Ladenschlußgesetz während des „Berliner Sommernachtstraumes 1984", Berlin o. J. (vervielfältigt).

23 Da erwerbstätige Frauen immer stärker doppelt belastet sind durch Haushalt und Beruf, ist bei weiterer Abstinenz der Männer, Einkäufe zu tätigen, das Zeitfenster für Haushalte kleiner geworden. Das Zeitfenster für gemeinsame Einkäufe wird bei wachsender Frauenerwerbstätigkeit weiterhin kleiner werden.

etwas „typisch Deutsches" seien, das zur kulturellen Identität gehöre und deshalb erhalten bleiben müsse.
- Zu prüfen wäre schließlich, ob nicht die Rahmensetzung einer maximalen Öffnungszeit innerhalb weiterer Grenzen als heute genügen würde, um die intendierten Schutzfunktionen zu wahren und gleichzeitig kleinräumig dem Handel die Möglichkeit zu geben, sich an den Zeitfenstern seiner Klientel gezielter auszurichten.

### 4.3.2 Ausgewählte Infrastruktureinrichtungen

Die Überprüfung der Angebotszeiten infrastruktureller Einrichtungen und – soweit möglich – ihrer Inanspruchnahme im Tagesverlauf gibt Hinweise darauf, wie gut Angebot und Nachfrage aufeinander abgestimmt sind, ob die Zeitfenster groß genug oder Veränderungen nötig sind. Vor dem Hintergrund sich wandelnder Zeitstrukturen werden auch veränderte Anforderungen an Öffnungszeiten sichtbar.

KINDERGÄRTEN

Im Zusammenhang mit der Veränderung von Arbeitszeiten und der zunehmenden Erwerbstätigkeit von Frauen spielen die Öffnungszeiten von Einrichtungen zur Betreuung von Kindern und Jugendlichen eine immer wichtigere Rolle.
Schon in den frühen siebziger Jahren wurden Probleme mit Kindergartenöffnungszeiten aus einzelnen Großstädten berichtet: Durch die Regelung der Öffnungszeiten und des Arbeitsbeginns berufstätiger Frauen ergab es sich, daß Vorstadtkindergärten relativ unterbelegt, Innenstadtkindergärten jedoch überbelegt waren. Der Grund dafür war, daß die Frauen ihre Kinder mit in die Stadt nehmen mußten und sie nicht am Wohnort unterbringen konnten, weil die Öffnungszeiten um die Dauer der „Pendelzeit" zu spät lagen.
Zwischen den Öffnungszeiten der städtischen Kindergärten in den Untersuchungsstädten gibt es Abweichungen: Sie beginnen zwischen 6.30 Uhr (München), 7.00 Uhr (Konstanz), 7.30 Uhr (Frankfurt) und 8.00 Uhr (Hamburg, Essen und Stuttgart), wobei in nahezu jeder großen Stadt auch noch Kindergärten mit abweichenden Öffnungszeiten vorhanden sind; meist schließen sie zwischen 16.30 und 17.00 Uhr. Eine in Stuttgart durchgeführte Befragung bei den Eltern der in städtischen Kindergärten und Kindertagesheimen betreuten Kinder ergab, daß zwei Drittel der Befragten die Öffnungszeiten für ausreichend halten[24]. Umgekehrt wird jedoch auch erkennbar, daß ein Drittel der Eltern eine Ausdehnung der Öffnungszeiten am Morgen oder frühen Abend wünscht. Abendbetreuung (1,9 Prozent) und Samstagsbetreuung (4,9 Prozent) stoßen dagegen auf geringes Interesse. Bei den Eltern von Kindern in Kindertagesheimen meinten dagegen 92,1 Prozent, daß eine Abend-, und 90 Prozent, daß eine Samstagsbetreuung nicht erforderlich sei[25].

---

[24] Vgl. Gemeinderatsdrucksache 18/1987, S. 2.
[25] Vgl. ebenda, S. 3.

Daß immerhin ein Drittel der Befragten eine Ausweitung der Öffnungszeiten wünscht und zwischen 8 und 9 Prozent der Eltern von Kindern in Kindertagesheimen sogar an Abend- und Samstagsbetreuung Interesse haben, läßt vermuten, daß diese Anforderungen mit einer weiteren Ausdifferenzierung von Arbeitsformen und Arbeitszeitlagen an Bedeutung gewinnen. Dafür spricht eine ganze Reihe von Hinweisen:

- Vom Deutschen Jugendinstitut wird ein Modellprojekt durchgeführt, um die Bedingungen zu überprüfen, unter denen Kinder optimal (kindgerecht) ganztägig betreut werden können. Hintergrund ist die Forderung von Müttern und Vätern mit besonderen Arbeitsformen, die Öffnungszeiten stärker den Arbeitsmarktbedingungen anzupassen, damit die Anforderungen der Arbeitswelt nicht auf dem Rücken der Kinder ausgetragen werden[26].
- Die Forderung nach flexibleren Öffnungs- und Schließungszeiten von Kindergärten und Kindertagesstätten wird auch von verschiedenen Frauenbeauftragten vorgebracht[27].
- In Berlin wurde erstmals ein Kinderhaus für die Betreuung von Kindern bis zu 10 Jahren rund um die Uhr eingerichtet. Gedacht ist diese Einrichtung für Alleinerziehende und Ehepaare, die im Schichtdienst arbeiten. In der arbeitsfreien Zeit wird eine Mitarbeit der Eltern erwartet[28].

Eine Erhebung aus Berlin über ganztägige Kindertagesstätten belegt auch, daß die Auslastung ganztägig sehr gut ist[29].

Die Notwendigkeit, Öffnungszeiten zu flexibilisieren und auszuweiten, wird für die einzelnen Städte im wesentlichen von folgenden Faktoren abhängen, die zukünftig allgemein stärker ins Gewicht fallen werden, und zwar von der

- Frauenerwerbstätigkeit,
- Zahl der alleinerziehenden Erwerbstätigen,
- Entwicklung von Arbeitsformen mit unüblichen Arbeitszeitlagen.

Von der Überlagerung dieser Faktoren, also von der Frage, wieweit sich innerhalb der Familie durch versetzte Arbeitszeiten neue Zeitfenster (für die Kinderbetreuung) öffnen, wird es abhängen, ob sich tatsächlich zusätzliche Anforderungen an institutionelle Regelungen stellen.

SCHULEN

Die Schulen sind traditionell ein Bereich mit sehr starren Zeiten. In vielen Städten sind Versuche, die Schulanfangszeiten zur Entzerrung des morgendlichen Berufsver-

---

[26] Vgl. *Harald Seehausen*, Sozialpsychologische Folgewirkungen der modernen Technologie auf junge Familien, in: Neue Praxis, 1986, S. 257-264.
[27] Vgl. z.B. *Stadtbau-Informationen*, Nr. 12 (1987), S. 194, zu den Forderungen der hessischen Staatssekretärin Otti Geschka.
[28] Vgl. *Volksblatt Berlin* vom 27.10.1987.
[29] Vgl. *Bericht über Bedarf und Planung von Kindertagesstätten*. Entwurf, Berlin 1987, S. 33 (vervielfältigt).

kehrs zu staffeln, gescheitert[30]. Auch gab es schon in der Vergangenheit Vorschläge, die auf eine deutliche zeitliche Flexibilisierung des Schulbetriebs hinausliefen, aber neue organisatorische und pädagogische Konzepte vorausgesetzt hätten (Auflösung des Klassenverbands, Lernen mit audiovisuellen Medien und in Kleingruppen)[31]. Es spricht nicht viel dafür, daß die Rolle der Schulen als Taktgeber bisheriger Zeiten sich in absehbarer Zeit wesentlich ändern wird. Gleichwohl ist in Teilbereichen, also für bestimmte Bevölkerungsgruppen, durch zunehmende Erwerbstätigkeit eher mit kleiner werdenden Zeitfenstern zu rechnen, so daß auch auf das Schulsystem die Forderung der Zeiterweiterung zukommt.

Diese Forderung wird schon jetzt mit Nachdruck vorgebracht und bezieht sich auf den Ausbau einer bestimmten Schulform: die Ganztagsschule. Dabei ist zu berücksichtigen, daß die Ausstattung mit Ganztagsschulen auch von ausbildungspolitischen Konzeptionen abhängt, wie ein Blick auf internationale Unterschiede deutlich macht. Die Ausstattung mit Ganztagsschulen in den Fallstudienstädten weist Unterschiede auf, die zum Teil sicherlich auch auf Unterschiede in der Zeitorganisation in diesen Städten zurückgeführt werden können (vgl. Tabelle 40). Jedenfalls machen die Planungen deutlich, daß ein erhöhter Bedarf für die Zukunft gesehen wird.

Tabelle 40 – *Ganztagsschulen in den Fallstudienstädten** 

| Stadt | Regelschulen | Sonderschulen | Regelschulen | Sonderschulen |
|---|---|---|---|---|
| | vorhanden | | geplant | |
| Hamburg | 3 | 12 | – | 1 |
| Essen | 3 (1)[1] | 1 | 2 | – |
| Frankfurt | 4 | 1 | – | – |
| Stuttgart | 3 | 5 | 1 | – |
| Konstanz | 1 (1)[1] | – | – | – |
| München | 11 | 13[2] | 1 | – |

* Quelle: Auskünfte der Schulverwaltungen der Städte.
[1] Private Einrichtungen.
[2] Volks- und Sonderschulen.

---

[30] Allerdings gab es durch neue Schulkonzeptionen (reformierte Oberstufe, Kollegstufe und ähnliches) bei den älteren Schülerjahrgängen durchaus bereits eine gewisse Ausdifferenzierung von Zeiten. Auch bei Unterrichtszeiten am Samstag haben sich nach Schularten, Bundesländern und Regionen Unterschiede herausgebildet.
[31] Vgl. *Jacques de Chalendar*, Die Neuordnung der Zeit, Aldingen 1972, S. 88 ff. und 98 ff.

Wieder sind es nicht zufällig die für Frauenfragen Zuständigen, die eine Zunahme von Ganztagsschulen fordern:
- Mehrere Frauenbeauftragte von Städten und Bundesländern haben sich in dieser Richtung geäußert[32].
- Mit dem Verweis auf die vielen Ganztagsschulen in Frankreich und Großbritannien hat sich auch die ehemalige Familienministerin Süssmuth für diese Forderung eingesetzt[33].

Die stadtspezifischen Erfordernisse werden dabei von den gleichen Faktoren bestimmt wie bei den Kindergärten.

VOLKSHOCHSCHULEN

In der Bundesrepublik ist die Zahl der abgehaltenen Volkshochschulkurse zwischen 1976 und 1986 nachhaltig gestiegen[34]:
- bei den Tageskursen (Beginn bis 17.00 Uhr) um rund 18 Prozent,
- bei den Abendkursen (Beginn nach 17.00 Uhr) um rund 16 Prozent,

wobei die Abendkurse mit einem Anteil von rund 75 Prozent am gesamten Angebot immer noch den Schwerpunkt bilden. Typischerweise werden die berufsbezogenen Kurse stärker in den Abendstunden abgehalten/belegt, während die Tageskurse hauptsächlich von älteren und nicht berufstätigen Personen besucht werden. Mit einer Verschiebung der Bevölkerungsstruktur zugunsten der älteren Jahrgänge kommen größere Bevölkerungsteile in den Genuß größerer zeitlicher Wahlmöglichkeiten.

Mit einer Ausdifferenzierung der Arbeitszeiten werden sich die Zeitfenster tendenziell verengen. Wegen der wachsenden Bedeutung von Fortbildung und beruflicher Weiterbildung werden auch die Volkshochschulen, die in diesem Bereich eine wichtige Funktion haben, Kursangebote für besondere Gruppen zu anderen Zeiten als bisher schaffen müssen.

Ein Hinweis auf diese Entwicklung ist in dem steigenden Angebot an Wochenend- und Ferienkursen zu sehen. Immer mehr Volkshochschulen führen Sommerkurse durch, außerdem wird die Bedeutung von Sommervolkshochschulen, meist Einrichtungen jüngeren Datums, voraussichtlich wachsen.

Ein weiterer Hinweis kann in ersten Ansätzen für Kurse (wie sie auch in der privaten Wirtschaft und sonstigen Fortbildungseinrichtungen entwickelt werden) für besonders belastete Gruppen wie Wechselschichtarbeiter gesehen werden.

Es deutet sich insofern an, daß sich auch das Volkshochschulangebot zeitlich weiter flexibilisieren muß[35], um den sich ausdifferenzierenden Anforderungen gerecht zu werden.

---

32 Vgl. z. B. die Frauenbevollmächtigte der Hessischen Landesregierung, Otti Geschka, zitiert nach *Stadtbau-Informationen*, Nr. 12 (1987), S. 194.
33 Zit. nach *Der Tagesspiegel* vom 3. 2. 1988.
34 Vgl. *Statistische Mitteilungen des Deutschen Volkshochschulverbandes Frankfurt*, verschiedene Jahrgänge.
35 Die VHS trägt auch in der Statistik den Veränderungen durch eine verfeinerte Erfassung der zeitlichen Organisationsformen über Tages- und Abendkurse hinaus seit 1987 Rechnung.

BIBLIOTHEKEN

Die Öffnungszeiten der städtischen Bibliotheken beginnen in allen Fallstudienstädten um 10.00 Uhr und reichen bis 18.00 oder 19.00 Uhr; in Ausnahmefällen sind sie kürzer oder länger, teilweise gibt es halbe oder ganze Tage, an denen geschlossen ist. Universitätsbibliotheken haben in der Regel bis 20.00 Uhr (in Konstanz bis 21.30 Uhr) sowie samstags geöffnet.

Über den Bibliotheksbereich gibt es (bis auf wenige beispielhafte ältere Untersuchungen) keine Studien zur Inanspruchnahme im Tagesverlauf. Wegen der Differenzierung zwischen Nutzern (Lesern) und Ausleihenden sind solche Untersuchungen auch relativ aufwendig; bei elektronischen Ausleihsystemen wäre eine Tagesganglinie der Ausleihvorgänge leicht zu ermitteln. Solche Untersuchungen wären wegen der daraus abzuleitenden Anpassung an Besucherwünsche auch zweckmäßig. Allerdings ergeben sich erhebliche Interessenkonflikte, weil einerseits Ausweitungen der Öffnungszeiten an organisatorische und finanzielle Grenzen stoßen (Bibliotheken sind dem öffentlichen Dienst zugeordnet) und weil andererseits im Zuge von Spardiskussionen einzelne Bibliotheken in der Gefahr stünden, ihre Öffnungszeiten einschränken oder ganz schließen zu müssen.

Die Abfrage bei den Fallstudienstädten ergab nur Hinweise auf Erfahrungswerte. Danach ist der Besucheranteil zwischen 10.00 und 12.00 Uhr gering und zwischen 17.00 und 19.30 Uhr hoch. Für samstags geöffnete Bibliotheken werden in der Regel relativ hohe Besucherfrequenzen angegeben.

Das Deutsche Bibliotheksinstitut geht davon aus, daß bei einer Nachfrageorientierung der Bibliotheken abends länger geöffnet sein müßte, daß aber gegenwärtig dazu kein Anreiz bestehe.

MUSEEN

Die Regelöffnungszeiten in den Museen der Fallstudienstädte liegen von Dienstag bis Sonntag zwischen 10.00 und 17.00 oder 18.00 Uhr (am Montag ist überall geschlossen). In den meisten Städten – am ausgeprägtesten in München – werden jedoch an ausgewählten Tagen oder für Sonderausstellungen auch Abendöffnungszeiten bis 20.00 oder gar 22.00 Uhr angeboten.

Untersuchungen über die Besucherfrequenzen im Tagesverlauf liegen aus den Fallstudienstädten im wesentlichen nicht vor. Im Streit um längere Öffnungszeiten der Museen in Berlin wurden auch Erfahrungen einzelner Museen bekannt, die ihre Versuche mit Abendöffnungszeiten mangels Besucherinteresses einstellten[36]. Gleichwohl läuft in Berlin und einigen anderen Städten gegenwärtig wieder eine Diskussion um die Ausweitung der Abendöffnungszeiten, bei der neben der Frage veränderter Zeitfenster vor allem die Debatte um Kultur als Standortfaktor im Hintergrund steht.

---

[36] Vgl. *Der Tagesspiegel* vom 27. 11. 1987.

Eine Untersuchung des Instituts für Museumskunde gibt einige Hinweise auf zeitliche Schwankungen der Besucherströme und der jeweiligen Zeitfenster[37]:
- Von allen befragten Besuchern kommt mehr als ein Viertel sonntags. Auch am Samstag liegt in den Großstadtmuseen der Besucheranteil noch wesentlich höher als an den Wochentagen. Betrachtet man die Besucheranteile zusätzlich nach unterschiedlichen Gruppen der Erwerbsposition, zeigt sich, daß insbesondere in den Großstädten die Erwerbstätigen ihre Besuche sehr viel stärker auf das Wochenende legen (vgl. Tabelle 41).
- Jahreszeitliche Schwankungen zeigen im Winter eine noch stärkere Konzentration auf das Wochenende, an einzelnen Werktagen kommen nur noch 7 Prozent der Besucher. Darin wird ein Ansatz, über saisonal differenzierte Öffnungszeiten nachzudenken, gesehen.
- Vor allem am Wochenende sind es meist einheimische Besucher, die das Museum besuchen (über 50 Prozent am Sonntag in den Großstadtmuseen), während werktags einschließlich samstags nur jeweils jeder dritte Besucher aus der Stadt selbst kommt.
- Pauschal läßt sich feststellen, daß über den Tag verteilt rund ein Drittel der Besuche vormittags beginnt, die Hälfte nachmittags, der Rest in der Mittagszeit. In den Großstädten gehen mittags zahlreiche Besucher in die Museen, unter denen auch ortsansässige Besucher verstärkt vertreten sind. Somit wird die These von Kurzbesuchen in der Mittagspause gestützt.

Die wenigen Informationen belegen, daß auch für Museumsbesuche die Zeitfenster der unterschiedlichen Bevölkerungsgruppen sehr stark variieren und durch eine weitere Individualisierung und Ausdifferenzierung der Arbeitszeiten eine weitere Veränderung erfahren werden. Bei zunehmender Wochenendarbeit dürften sich die Zeitfenster zwar nicht unbedingt verkleinern; weil die ersatzweise zur Verfügung stehenden freien Tage in der Woche aber als Werktage viel breitere Möglichkeiten bieten, dürfte die Konkurrenz um das „freie Zeitbudget" potentieller Besucher schärfer werden.

Bäder

Die Öffnungszeiten kommunaler Hallenbäder hängen sehr stark vom Typ der Einrichtung ab. Traditionelle Hallenbäder schließen in der Regel relativ früh und stehen in den Abendstunden Vereinen zur Verfügung. Die Öffnungszeiten in den Fallstudienstädten reichen von 6.30 bis 7.00 Uhr am Morgen bis abends zwischen 17.00 und 19.00 Uhr. Bäder, die eher an der „Spaßbad"-Welle orientiert sind, haben dagegen meist längere Öffnungszeiten.

---

[37] Vgl. zum folgenden *H.-J. Klein*, Analyse von Besucherstrukturen an ausgewählten Museen in der Bundesrepublik Deutschland und in Berlin (West), Berlin 1984, S. 85 ff. (Materialien aus dem Institut für Museumskunde, H. 9).

Tabelle 41 – *Verteilung der Besuche in Museen auf verschiedene Wochentage bei unterschiedlichen Personengruppen (in %)* *

| Erwerbsposition/ Personengruppe | Wochentage | | Samstage | | Sonn- und Feiertage | | Insgesamt |
|---|---|---|---|---|---|---|---|
| | Insgesamt | Großstadt | Insgesamt | Großstadt | Insgesamt | Großstadt | |
| Berufstätige | 54 | 33 | 16 | 21 | 30 | 46 | 100 |
| Auszubildende | 54 | 36 | 15 | 19 | 31 | 45 | 100 |
| Studenten | 52 | 45 | 19 | 20 | 29 | 35 | 100 |
| Schüler | 64 | 45 | 16 | 25 | 20 | 30 | 100 |
| Hausfrauen | 59 | 37 | 12 | 18 | 29 | 45 | 100 |
| Rentner | 70 | 58 | 15 | 17 | 15 | 25 | 100 |
| Durchschnitt | 57 | 38 | 16 | 21 | 27 | 41 | 100 |

* Quelle: *H.-J. Klein*, Analyse der Besucherstrukturen an ausgewählten Museen in der Bundesrepublik Deutschland und in Berlin (West), Berlin 1984, S. 91.

Untersuchungen über die Nutzerfrequenzen im Tagesablauf liegen entweder nicht vor oder sind nicht zugänglich. Die Diskussionen über längere Öffnungszeiten setzen immer wieder an den gleichen Punkten an:
- Im Interesse der Besucher werden längere Öffnungszeiten gefordert. Viele Kommunen stehen dem widerstrebend gegenüber, weil der Bäderbereich ohnehin stark defizitär ist und längere Öffnungszeiten dies eher verschärfen dürften.
- Kritiker bringen vor, daß die Vereine, die die Bäder in den Abendstunden nutzen, als starke Lobby eine Öffnung für ein breiteres Publikum verhindern würden. Unter anderem deswegen gebe es auch keine Nutzerbefragungen und Studien über die Nutzung von Bädern im Tagesverlauf.
- Die Konkurrenz zwischen öffentlichen und privaten (Spaß-)Bädern, die in der Regel genauere Erhebungen über die Besucherfrequenzen machen und ihre Öffnungszeiten und die Preisgestaltung entsprechend ausrichten, wird auch die Kommunen auf Dauer zwingen, sich anzupassen und die Zeiten auszuweiten[38]. Sonst droht eine Negativspirale: Defizite führen zu verringerten Öffnungszeiten, diese senken die Besucherfrequenz weiter, es erfolgt eine weitere Abwanderung zu (privaten) Bädern mit günstigeren Öffnungszeiten, die Defizite steigen usw.

Im Bäderbereich ist gerade auch durch die defizitäre Situation vieler Einrichtungen und wachsende Konkurrenz von (privat betriebenen) Spaßbädern ein Differenzierungs- und Spezialisierungsprozeß im Gange (Spaßbäder, Sportbäder, Thermen usw.). Im Zusammenhang mit veränderten Arbeitszeiten kann daraus nur der Schluß gezogen werden, daß auch die Öffnungszeiten sich entsprechend ausdifferenzieren müssen. Das könnte in Einzelfällen längere Öffnungszeiten, in vielen Fällen aber auch nur eine Umverteilung von Öffnungszeiten bedeuten. Auf jeden Fall bedeutet es, daß die Zeit als Handlungsparameter stärker in den Vordergrund rückt.

KOMMERZIELLE SPORTEINRICHTUNGEN

In den letzten Jahren ist die Zahl der kommerziellen Sporteinrichtungen (Fitneßstudios, Squash- und Tenniszentren, Saunen usw.) stark gewachsen. Typischerweise haben diese Einrichtungen in allen Städten extrem lange Öffnungszeiten bis in den Abend hinein – in der Regel bis 22.00 Uhr, häufig aber auch bis Mitternacht, in Ausnahmefällen noch länger.

Sie haben sicherlich für alle Bevölkerungsgruppen zu einer Vergrößerung der Zeitfenster für sportliche Aktivitäten geführt. Die Preisdifferenzierung über die Zeit – günstige Tarife bis 16.00 und nach 21.00 Uhr – kann auch als Indikator für die Nachfragefrequenz gewertet werden.

Die langen Öffnungszeiten dieser Einrichtungen haben zu einer zeitlichen Ausweitung entsprechender Aktivitäten der Gesellschaft – auf Kosten anderer, wohl eher

---

[38] Vgl. dazu z. B. Fortschreibung der Bäderplanung in Stuttgart, Bäderkonzeption bis zum Jahre 2000 (Gemeinderatsdrucksache 297/1987); Bäderkonzept der Hamburger Wasserwerke (Drucksache 11/4574).

häuslicher – in den Abend und in die Nacht hinein geführt. Man könnte darin auch einen Mosaikstein für die Entwicklung in Richtung auf eine Rund-um-die-Uhr-Gesellschaft sehen.

## 4.4 Nutzungsmöglichkeiten und Nutzungsverläufe bei ausgewählter technischer Infrastruktur

Bei den ausgewählten Einrichtungen der technischen Infrastruktur – Verkehr und Strom – geht es vor allem um die Nutzungsverläufe, ihre Unterschiede zwischen den Städten und die möglichen Veränderungen durch den Wandel von Zeitstrukturen. Ein objektives Zeitfensterproblem besteht nur beim öffentlichen Personennahverkehr durch beschränkte Angebotszeiten, die Veränderungen und veränderten Anforderungen unterworfen sind. Straßenbenutzung und Strom sind dagegen kontinuierlich verfügbar, wobei gerade im Straßenverkehr das Problem der subjektiven Zeitfenster, das heißt der Einschränkung der Beweglichkeit durch Staus, in den Städten von großer Bedeutung ist. Stets wiederkehrende Stauprobleme lassen in der Regel den Ruf nach Ausbau der Kapazitäten laut werden. Das kann einerseits durch materielle Aufstockung der entsprechenden Infrastruktureinrichtungen, andererseits indirekt auch durch Entzerrungsstrategien und Linearisierungsbestrebungen geschehen, die zu einer besseren Auslastung der vorhandenen Kapazitäten führen und meist mit einer zeitlichen Ausdehnung des Verkehrs verbunden sind.

### 4.4.1 Verkehr

STADTVERKEHR

Die tageszeitlichen Schwerpunkte der Inanspruchnahme verkehrlicher Infrastruktur weisen in den fünf großen Fallstudienstädten prinzipiell keine gravierenden Unterschiede auf. Das gilt sowohl für den Individualverkehr (IV) als auch für den Öffentlichen Personennahverkehr (ÖPNV). Strukturelle Abweichungen zeichnen sich lediglich in Konstanz etwas stärker ab.
Schematisierte Tagesganglinien[39] für den IV und den ÖPNV von Groß- und Mittelstädten sind in Schaubild 13 zusammenfassend dargestellt.
In allen Fallstudienstädten unterliegt der ÖPNV besonders starken Auslastungsschwankungen im Tagesverlauf. Die Nutzungsverläufe werden dabei durch drei Verkehrsspitzen gekennzeichnet. Infolge der Überlagerung von Ausbildungs- und Berufsverkehr ist die Morgenspitze – die überall zwischen 7.00 Uhr und 8.00 liegt – besonders

---

[39] Diese Schematisierung bildet die realen Verhältnisse in den Fallstudienstädten nur grob ab. Die Unterschiede in den Erhebungs- und Darstellungsweisen der städtischen Unterlagen bedingen, daß die vorliegenden empirischen Ergebnisse nur mit Einschränkungen vergleichbar sind.

Schaubild 13 – *Schematisierte Tagesganglinien im Individualverkehr und im Öffentlichen Personenverkehr für Groß- und Mittelstädte\**

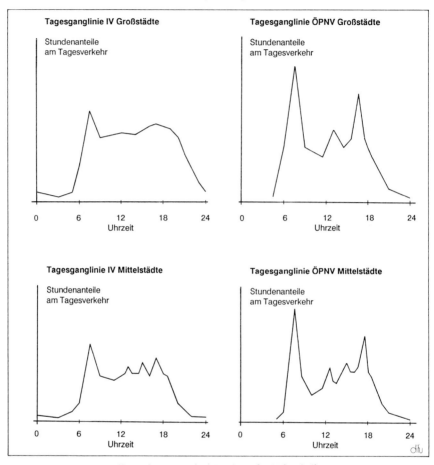

\* Quelle: Eigene Darstellung des Deutschen Instituts für Urbanistik.

stark ausgeprägt[40]. Dieser Überauslastung folgt in den meisten Städten ein ausgeprägtes Nachfrageloch. Konstanz weist hier eine gewisse Abweichung auf[41]. Zwischen 13.00 und 14.00 Uhr kommt es in allen Städten zu einem neuen Nachfrageschub, der vor allem durch den Schülerverkehr und teilweise durch das Arbeitsende von Teilzeitkräften bestimmt wird. In der Zeit von 16.00 bis 18.00 Uhr wird der Feierabendverkehr abgewickelt.

Die Spitzenzeitangaben können sicherlich nur als eine Spanne der tatsächlich in den Untersuchungsstädten anzutreffenden Spitzenzeiten verstanden werden. Erkennbare zeitliche Unterschiede des Auftretens von Verkehrsspitzen sind eher kommunalspezifisch kleinräumig bedingt (zum Beispiel Nähe der Zählstelle zu einer Schule, einem Universitätsinstitut oder einem Betrieb), als daß sie Ausdruck fundamentaler zeitstruktureller Unterschiede zwischen den Untersuchungsstädten sind.

Konstanz fällt aus dieser Charakterisierung allerdings etwas heraus. So sind in der Mittagszeit zwei Verkehrsspitzen (12.00 und 13.00 Uhr) erkennbar. Neben dem Schülerverkehr ist dies vor allem ein Effekt der Mittagspause, die von einem Großteil der Konstanzer Beschäftigten zu Hause verbracht wird, sowie der Schließung vieler Geschäfte in der Mittagszeit.

Diese von den großen Untersuchungsstädten abweichende zeitliche Identität Konstanz' verdeutlicht sich besonders im Individualverkehr. Während sich in den Großstädten Linearisierungstendenzen in den Tagesganglinien des Individualverkehrs bemerkbar machen – zumindest auf innerstädtischen Hauptverkehrsstraßen[42] –, sind in Konstanz noch deutliche Spitzen, insbesondere auch in der Mittagszeit, wahrnehmbar. Die Mittagspause und die Wiedereröffnung der Geschäfte am Nachmittag sind beherrschende Taktgeber, die nicht nur das städtische „Leben und Treiben" beeinflussen, sondern auch „Ruhezeiten" – selbst in der Innenstadt – sichern, die in den Großstädten schon lange nicht mehr vorzufinden sind.

Die Nutzungsverläufe im IV weisen in den Großstädten eine „echte" Verkehrsspitze im Prinzip nur noch in den Morgenstunden auf. Aber auch dort sind Veränderungstendenzen bemerkbar. Zwar liegt der Hauptanteil am morgendlichen Verkehr in der Zeit zwischen 7.00 und 8.00 Uhr, jedoch gewinnt das spätere Stundenintervall weiter an Bedeutung. Die gleitende Arbeitszeit ist dabei weniger der auslösende Faktor als vielmehr das Vehikel, mit dem veränderte Verhaltensweisen und Arbeitszeitwünsche vor allem junger Erwerbstätiger umgesetzt werden. Ein weiterer wesentlicher Grund für diese zeitliche Verschiebung ist auch in der steigenden Tertiärisierung zu sehen. Es ist daher zu erwarten, daß sich die Struktur der morgendlichen Verkehrsspitze in Rich-

---

[40] Begünstigt wird dies durch die (gegenwärtig) noch relativ homogenen Arbeitsbeginnzeiten. Auch die Verbreitung der gleitenden Arbeitszeit hat daran kaum etwas geändert. Beharrungstendenzen, einmal gewählte Arbeitsbeginnzeiten beizubehalten, sind unverkennbar.
[41] Die in Konstanz weniger stark ausgeprägten Nachfragetäler in den Vormittagsstunden sind z. B. auf den geringeren Besatz an Zweitwagen zurückzuführen.
[42] Beispielsweise Frankfurt und München; viele dieser Straßen sind über weite Strecken des Tages bis an ihre Leistungsgrenze ausgelastet, so daß sich keine Spitzen mehr ausbilden können.

tung eines „Verkehrsberges" verändert. In den meisten Fallstudienstädten ist bereits heute eine abendliche Verkehrsspitze – im eigentlichen Sinne – kaum mehr wahrnehmbar[43]. So verläuft beispielsweise die „Hauptverkehrszeit" am Abend in Stuttgart über eine Zeitspanne von vier Stunden.

Die tageszeitliche Inanspruchnahme der Verkehrsinfrastruktur ist im wesentlichen eine Funktion bestehender Arbeits- und Betriebszeiten. In dem Maße, wie sich dort zukünftig Veränderungen durchsetzen – beispielsweise infolge von Arbeitszeitverkürzungen oder der Entkoppelung von Arbeits- und Betriebszeiten –, wird sich der Veränderungsdruck auf Verkehrszeiten, insbesondere auf die Angebotszeiten öffentlicher Verkehrsträger ergeben. Verbunden damit sind auch Möglichkeiten der Entzerrung von Spitzenbelastungen, vor allem im ÖPNV. Die Erweiterung von Betriebszeiten und die damit einhergehende zunehmende Ausdifferenzierung der Arbeitszeitlagen bewirken eine Ausdehnung der Verkehrszeiten.

Die zeitliche Ausweitung des Personen-, aber auch des Güterverkehrs in die Nacht und den Morgen bringt für die Kommunen, die von betrieblichen Entkoppelungsbestrebungen betroffen sind – zur Zeit trifft dies am ehesten auf Stuttgart und München zu –, verschiedene Probleme mit sich.

Zunehmende Individualisierung und Flexibilisierung von Arbeitszeiten bieten prinzipiell die Chance einer Einebnung von Verkehrsspitzen. Zugleich jedoch begünstigen individualisierte Arbeitszeiten – neben der Umverteilung von Zeiten – vor allem eine Umverteilung des „modal split" zugunsten des motorisierten Individualverkehrs. Verstärkt wird diese Entwicklung durch die Angebotszeiten öffentlicher Verkehrsanbieter; diese Zeiten werden – wenigstens in ihrer gegenwärtigen Struktur – immer weniger mit den zukünftig erwartbaren Nachfragezeiten übereinstimmen. Eine Anpassung an veränderte Nachfragezeiten kann durch Einsatz kleinerer ÖPNV-Einheiten (zum Beispiel Bus, Rufbus, Sammeltaxi) erfolgen. Da sich die Struktur eines – unter Flexibilitätsgesichtspunkten – konkurrenzfähigen ÖPNV tendenziell der des Individualverkehrs annähert, ist aus beiden Verkehrssystemen insgesamt mit einer Erhöhung des Verkehrsaufkommens sowie einer Verstetigung des Verkehrslärms zu rechnen. Dies führt zu erheblichen Verträglichkeitsproblemen mit der Wohnnutzung[44].

Gleiches gilt für die zeitliche Ausdehnung des Güterverkehrs. Vor allem der Einsatz neuer Logistikkonzepte („just-in-time-production") führt zu einer Erhöhung der Lieferfrequenzen. In zunehmendem Maße dehnen sich dadurch Lärm- und Schadstoffemissionen in die Nacht und den Morgen aus. Eine zusätzliche Verschärfung des Verträglichkeitsproblems ergibt sich in den Städten, die in größerem Umfang von Samstags- und/oder Sonntagsarbeit betroffen sind. Eine stärkere Ausweitung der Verkehrszeiten in die Ruhephase des Wochenendes hinein wird bislang noch durch das Wochenendfahrverbot für Lastkraftwagen etwas eingeschränkt. Aber auch die zeitliche Erweiterung des Berufsverkehrs in das Wochenende birgt ein erhebliches Störungspotential in sich.

---

[43] Auch hierbei ist natürlich nach Straßentyp, Lage und Lastrichtung zu differenzieren.
[44] Vgl. Kap. 5.

Für eine Entzerrung der Nutzungsverläufe mit Hilfe zeitlicher Flexibilisierung bestehen im IV und ÖPNV unterschiedliche Ausgangsbedingungen und Erfolgsaussichten.

Zwar bilden sich auch im IV auf bestimmten Straßentypen – beispielsweise auf Zubringerstraßen – noch deutliche Spitzen am Morgen und am Abend aus, die mit denen im ÖPNV durchaus vergleichbar sind; doch bereits heute sind viele Innenstadtstraßen auch tagsüber bis an ihre Leistungsgrenze ausgelastet. Es bestehen daher zum Teil keine Nutzungstäler mehr, die durch zeitorganisatorische Umstrukturierung aufgefüllt werden könnte. Ein weiterer Anstieg des Verkehrsaufkommens hat somit unter anderem eine zeitliche und räumliche Ausdehnung von Staus zur Folge. Von daher wird eine Differenzierung der Arbeitszeitlagen alles in allem einen eher beschränkten Entzerrungseffekt im IV entfalten.

Etwas anders stellt sich die Situation im ÖPNV dar. Infolge der stärker ausgeprägten, kurzfristigen Auslastungsschwankungen ist eine „echte" Entzerrung von Spitzen prinzipiell mit geringen zeitlichen Umverteilungen möglich.

Entscheidend ist dabei, durch welche Mechanismen die Zeitveränderungen umgesetzt werden. Während eine starre Verkürzung täglicher Arbeitszeit letztlich nur eine zeitliche Verlagerung der Spitzen bewirkt und somit die Lastgangstruktur erhalten bleibt, bietet eine tageszeitliche Flexibilisierung von Arbeitszeiten ein Entzerrungspotential, dessen Wirksamkeit jedoch auch davon abhängig ist, inwieweit alle Betroffenen in der Wahl ihres Arbeitsbeginns zeitlich gebunden sind[45]. (Dies gilt gleichermaßen für die Nutzer des IV.) Frühere Untersuchungen belegen, daß bereits eine relativ geringe Umverteilung von Arbeitszeiten deutliche Entzerrungseffekte bewirken könnte[46]. Neben den Vorteilen der Entzerrung – zum Beispiel qualitative Angebotsverbesserungen – werden sich für einige Nutzer negative Folgewirkungen ergeben. Für einen Teil der von Zeitverschiebungen Betroffenen wird sich eine Verkleinerung von Zeitfenstern ergeben, da beispielsweise die Zeitspanne zwischen Arbeitsende und Ladenschluß verringert würde und ein Nutzungsausgleich in den Morgenstunden oftmals nicht möglich ist.

Gegenüber einer täglichen Arbeitszeitverkürzung könnte eine Verkürzung durch Bildung von Blockfreizeit, wenn sie nicht starr auf eine Verlängerung des Wochenendes festgelegt ist, deutlich stärkere Entzerrungseffekte bewirken. Die Umsetzung einer Sechs-Tage-Betriebswoche und Vier-Tage-Arbeitswoche könnte dabei eine ähnliche Wirkung erzielen wie Modelle der koordinierten Arbeitszeitstaffelung. Äußerst problematisch sind jedoch auch dabei die Ausdehnung der Verkehrszeiten in das Wochenende sowie eine Verstetigung von Lärm- und Schadstoffemissionen.

---

45 Neben der zeitlichen Bindung spielen vor allem auch noch persönliche und familiäre Restriktionen eine Rolle, die die Handlungsfähigkeit und Wahlfreiheit bezüglich des Zeitpunktes der Verkehrsteilnahme beschränken; vgl. dazu ausführlicher: *Sozialdata*, Morgendliche Verkehrsspitzen beim VVS, München 1982.

46 Vgl. *Raimund Herz*, Abbau von Verkehrsspitzen, Karlsruhe 1972.

Verschiebungen durch flexiblere Arbeitszeitmodelle werden sich auch im Freizeitverkehr bemerkbar machen. Dadurch, daß die Freizeitaktivitäten zunehmend weniger nur auf das Wochenende konzentriert sind, kann zum Beispiel ein Abbau von Engpässen auf den Zufahrtswegen zu Erholungsflächen erfolgen.
Deutlich sichtbar werden aber auch die Grenzen optimierter Verkehrsverläufe. Entzerrung bedeutet in den meisten Fällen – mit einer gewissen zeitlichen Verzögerung – ein (Wieder-)Auffüllen von Kapazitäten, so daß vor allem im IV eine Induktion zusätzlichen Verkehrs erfolgt und Engpässe nur vorübergehend beseitigt werden.

Flugverkehr

Das Bestreben nach weiterer Beschleunigung im Verkehr, die wachsende internationale Verflechtung und die zunehmenden Möglichkeiten des Tourismus verleihen dem Flugverkehr eine wachsende Bedeutung. Die von 1970 (21 Millionen) bis 1986 (43 Millionen) um mehr als das Doppelte gestiegenen Fluggastzahlen belegen dies bereits heute nachdrücklich. Die Bevölkerung ist dadurch in vielfacher Weise betroffen: Die Verkehrszunahme schafft Engpässe mit Staus, Zeitverlusten und führt zu dem Bestreben, die Kapazitäten zu erweitern. Eine solche Erweiterung ist immer auch gleichbedeutend mit zusätzlichen Lärmbelästigungen und/oder Flächenverlusten.
Auf den meisten bundesdeutschen Flughäfen beginnt der Flugverkehr morgens um 6.00 Uhr und endet um 22.00 Uhr, spätestens um 23.00 Uhr – mit Ausnahme der verspäteten Maschinen und der Postflugzeuge. Hintergrund dieser Regelung ist der Schutz der Nachtruhe der Bevölkerung. Rund 5 Millionen Menschen werden in der Bundesrepublik derzeit von Fluglärm gestört[47].
Diese zeitliche Einschränkung des Flugverkehrs wird zunehmend von den Flughafenbetreibern kritisiert. Argumente auf unterschiedlichen Ebenen werden für die Notwendigkeit der Zeiterweiterung vorgebracht:
- Der Flugverkehr wächst so stark, daß der Ausbau der Flughäfen an Grenzen stößt und eine Kapazitätserweiterung nur durch Zeiterweiterung zu erreichen ist.
- Die Flughäfen in den angrenzenden Ländern (Luxemburg, Niederlande, Schweiz) werden teilweise rund um die Uhr betrieben. Sie bieten für deutsche Kunden besonders günstige Nachttarife und verschaffen sich auf diese Weise einen Wettbewerbsvorteil.
- Die Flüge über Zeitzonen hinweg müssen auf dem Weg nach Deutschland künstlich verlängert werden, um unnötiges Kreisen über nicht geöffneten Flughäfen zu vermeiden[48], oder die Maschinen kommen zu ungünstigen Zeiten an den Bestimmungsorten an, so daß eine frühere Abflugzeit wünschenswert erscheint – eine Zeitfensterproblematik im eigentlichen Sinne.

An diesen Argumenten wird der entscheidende Konflikt um die Zeiterweiterung deutlich: Ist die Gesellschaft aus wirtschaftlichen Gründen bereit, die Nachtruhe der

---

[47] Vgl. *Jugendlexikon Technik*, Reinbek 1987, S. 212.
[48] Zitiert nach *Die Zeit* vom 11. 9. 1987.

Schaubild 14 – *Tagesganglinien der Flugbewegungen am Flughafen Frankfurt (Oktober 1987)**

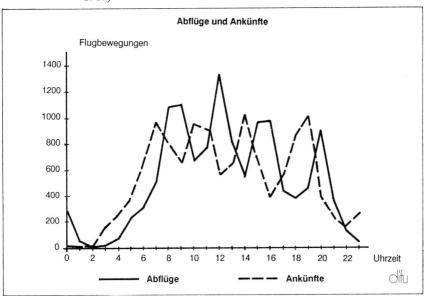

Schaubild 15 – *Tagesganglinien der Passagiere am Flughafen Frankfurt (Oktober 1987)**

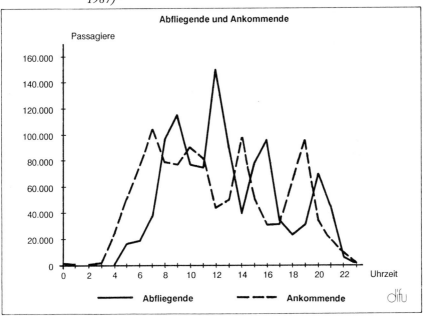

* Quelle: Flughafen Frankfurt AG; eigene Darstellung des Deutschen Instituts für Urbanistik.

Bevölkerung in größerem Maße zur Disposition zu stellen und einen entscheidenden Schritt in Richtung auf eine kontinuierlich aktive Rund-um-die-Uhr-Gesellschaft zu tun? Selbst wenn man berücksichtigt, daß die großen Flughäfen mit ihren Supportfunktionen (Wartung, Fracht, Kontrolle usw.) ohnehin schon Inseln des „Kontibetriebes" sind, würde eine Ausdehnung der Flugzeiten nochmals einen erheblichen Schub bringen.

Eine Analyse der Flugbewegungen eines Beispielmonats (Oktober 1987) über die Tageszeit in Frankfurt belegt, daß auch außerhalb der üblichen Zeiten von 22.00 bis 6.00 Uhr in gewissem Umfang bereits Flugbewegungen stattfinden – vornehmlich Post- und Frachtflüge (vgl. Schaubild 14)[49]. Ansonsten belegen diese Tagesganglinien eine sehr hohe kontinuierliche Auslastung des Flughafens Frankfurt; bestätigt wird dies auch durch das Verteilungsbild der ankommenden und abfliegenden Passagiere (vgl. Schaubild 15).

Typischerweise sind die Spitzen der abfliegenden und ankommenden Maschinen gegeneinander versetzt, so daß ausgeprägte Täler nicht auftreten. In anderen Flughäfen scheint dieses kontinuierlich hohe Niveau allerdings nicht erreicht zu werden. Eine Untersuchung für den Flughafen Stuttgart[50] zeigt eine viel deutlichere Ausrichtung auf den Tagesrand mit einer ausgeprägten Morgen- und Abendspitze, was mit der stärkeren nationalen Ausrichtung des Flugverkehrs zusammenhängt.

Die Diskussion auch um den Ausbau von Flughäfen[51] und die Ausweitung von Flugzeiten läßt erwarten, daß sich das Flugangebot weiter ausdehnt – die Zeitfenster für die Flugkunden also größer werden. Gleichzeitig wird aber die Nachtruhe, also der Tag-Nacht-Rhythmus, beeinträchtigt; durch induzierten Verkehr werden die gemeinsamen Zeiten der Bewohner am Ort abnehmen, die zeitliche Koordination wird schwieriger.

### 4.4.2 Energie am Beispiel Strom[52]

Die kontinuierliche Versorgung mit Strom wird in unserer Gesellschaft als Anspruch vorausgesetzt. Daher stellt sich die Frage zunächst nicht nach dem Zeitfenster der Versorgung, sondern nach dem Verlauf der Inanspruchnahme.

Strom als die am weitesten verbreitete universelle und nicht speicherbare Energieform müßte auf den ersten Blick einen guten Indikator für die Frage nach dem Ausmaß und der Verteilung der Aktivität einer Gesellschaft im Tagesverlauf bieten. Ebenso müßten sich Rhythmusveränderungen in den Städten durch veränderte Arbeits- und Betriebszeiten in einem veränderten Verlauf der Inanspruchnahme von Strom ablesen lassen.

---

49 Die Daten wurden uns freundlicherweise von der Flughafen Frankfurt AG zur Verfügung gestellt.
50 Vgl. *Flughafen Stuttgart GmbH* und *Regionalverband Mittlerer Neckar* (Hrsg.), Angebotsvergleich im Fluggastlinienverkehr der deutschen Verkehrsflughäfen, Stuttgart 1987.
51 Vgl. Kap. 5.3.
52 Für einen anderen technischen Bereich vgl. z.B. *Raimund Herz*, Periodizitäten im Wasserversorgungsbereich, Karlsruhe 1979 (Schriftenreihe des Instituts für Städtebau und Landesplanung der Universität Karlsruhe, H. 10).

Schaubild 16 – *Tageslastlinien Strom in den Fallstudienstädten**

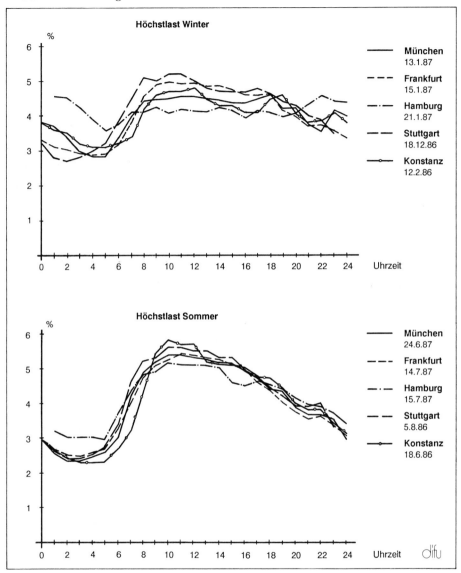

* Quelle: Eigene Berechnungen des Deutschen Instituts für Urbanistik auf der Basis der Daten der örtlichen Energieversorgungsunternehmen.

In der Tat weisen die Lastganglinien in den Fallstudienstädten auch erkennbare Unterschiede auf, die bei der Höchstlast im Winter besonders ausgeprägt sind (vgl. Schaubild 16). Bei genauerer Analyse wird jedoch offenkundig, daß Strom diese Indikatorfunktion für das Aktivitätsniveau gegenwärtig nicht übernehmen kann, weil die Energieversorgungsunternehmen (EVU) aus ökonomischen Gründen schon immer bestrebt waren, die Lasttäler zu füllen, so daß sich in den Lastganglinien vor allem die unterschiedlichen Strategien der EVU, ihr Erfolg und die unterschiedlichen Anteile von Energieträgern – Gas, Öl, Strom – widerspiegeln.

Voraussetzung für eine Nutzung des Stromverbrauchs als Indikator wäre eine sehr viel differenziertere Analyse einzelner Komponenten des Stromverbrauchs. Diese Analyse wird schon deshalb, weil zeitsteuernde Maßnahmen wie lineare Zeitzonentarife[53] oder Rundsteuerungen zum Abschalten von Geräten in Spitzenlastzeiten diskutiert werden, nötiger werden:

- Technisch wäre es möglich, Lastkurven für unterschiedliche Abnehmergruppen (zum Beispiel Industrie, Haushalte, ÖPNV) zu ermitteln und ihre Veränderungen über die Zeit zu verfolgen. Das wäre im Zusammenhang mit veränderten Betriebszeiten von besonderem Interesse.
- Studien über die Lastganglinien von Haushalten schließen in ihren Betrachtungen Veränderungen der Haushaltszusammensetzung explizit aus[54]. Gerade diese Veränderungen der Bevölkerungsstruktur und die Veränderung von Arbeits- und Betriebszeiten dürften aber auch in den Haushalten zu Veränderungen führen.

Die mit Zeitveränderungen in der Gesellschaft einhergehenden Verschiebungen im Stromverbrauch überlagern sich in vielfältiger Weise, so daß detaillierte Untersuchungen über Art und Ausmaß der Veränderungen erforderlich sind, damit Fehl- oder Übersteuerungen des Stromverbrauchs über die Zeit vermieden werden[55].

Die Zeitfensterproblematik läßt sich im Energiebereich nur im Zusammenhang mit bestimmten Steuerungsmaßnahmen wahrnehmen, etwa wenn in Spitzenlastzeiten durch Fernsteuerung Anlagen oder Geräte abgeschaltet werden oder wenn in Schwachlastzeiten Geräte durch Fernsteuerung in Gang gesetzt würden. Solche Maßnahmen würden bei den Betroffenen im Falle eines Abschaltens eine Verkleinerung

---

53 Vgl. *Der Minister für Wirtschaft* und *Saarbrücker Stadtwerke* (Hrsg.), Modellvorhaben „Zeitvariabler linearer Stromtarif". Projektbeschreibung, Saarbrücken 1987 (Saarbrücker Diskussionspapiere, Nr. 5) sowie *Vereinigung Deutscher Elektrizitätswerke (VDEW)*, Stellungnahme zum Tarifmodell der Stadtwerke Saarbrücken, Frankfurt/M. 1987 (vervielfältigt).
54 Vgl. *Vereinigung Deutscher Elektrizitätswerke (VDEW)* (Hrsg.), Ermittlung der Lastganglinien bei der Benutzung elektrischer Energie durch die bundesdeutschen Haushalte. Kurzfassung, Frankfurt/M. 1985.
55 Der starke Ausbau von Nachtstromspeicherheizungen, der dazu geführt hat, daß in strengen Wintern die Lastspitzen in der Nacht liegen (vgl. Schaubild 16, Hamburg), kann als eine solche Fehlsteuerung angesehen werden; vgl. auch Kap. 7.

des Zeitfensters bewirken[56], das heißt sie müßten spürbare, oft nicht kalkulierbare Einschränkungen laufender oder geplanter Aktivitäten hinnehmen.

## 4.5 Schlußfolgerungen

Die „Zeitfenster", also unter anderem die in diesem Kapitel vornehmlich beschriebenen Überschneidungen der Angebotszeiten bestimmter Einrichtungen und der Nachfragezeiten potentieller Nutzer, vergrößern oder verkleinern sich für jeweils unterschiedliche Einrichtungen und Nutzergruppen in Abhängigkeit von einer Reihe unterschiedlicher Faktoren:
- der Veränderung der Arbeitszeiten nach Dauer und Lage,
- den Angebotsstrategien von Anbietern und
- den Verhaltensweisen der Bevölkerung.

Am offensichtlichsten ist die Veränderung durch den Wandel von Arbeitszeiten. In der Summe muß man davon ausgehen, daß die Zeitfenster durch den Rückgang der individuellen Arbeitszeiten größer werden. Ausdifferenzierung und Individualisierung bewirken jedoch für gewisse Gruppen eine Umverteilung von Zeiten und im Endeffekt eine Verkleinerung von Zeitfenstern. Eine typische Gruppe, deren Zeitfenster kleiner wird, ist die wachsende Zahl derer, die Bereitschaftsdienste haben, auf Abruf arbeiten. Obwohl sie scheinbar freie Zeit haben, ist die Verfügbarkeit erheblich eingeschränkt. Beschäftigte, die auf eine Vier-Tage-Arbeitswoche mit längeren täglichen Arbeitszeiten übergehen, haben auf den Arbeitstag bezogen kleinere Zeitfenster (auch wenn sich in der Summe – auf die Woche bezogen – möglicherweise nichts ändert). Selbst insgesamt größer werdende Zeitfenster sagen über die Verteilungswirkungen und die individuellen Chancen noch wenig aus.

In verschiedenen Bereichen bestehen Ausweitungstendenzen: in der Produktion als Ausdehnung der Betriebszeiten, bei verschiedenen Handels- und Dienstleistungsformen als Ausdehnung der Konsumzeiten und bei den Medien als Ausweitung der Informations- und Nutzerzeiten[57]. Die Ausdehnung von Öffnungszeiten im Handel[58] und bei Dienstleistungen (zum Beispiel auch Freizeitanlagen) führt ebenso zur Ausweitung der Zeitfenster wie die Ausdehnung der Zeiten bei den Medien. Der Medienbereich ist auch die Schnittstelle für eine Reihe von technischen Substituten für Zeitfenster: Teleshopping und Telebanking (zum Beispiel mit Btx) sind hier

---

56 Empirische Aussagen über Umfang und Betroffene sind hier nicht möglich. Die VDEW beklagt, daß in solchen Fällen die zeitliche Selbstbestimmung der Betroffenen beeinträchtigt würde, vgl. *VDEW*, Stellungnahme.
57 Vgl. *Jürgen P. Rinderspacher*, Wege der Verzeitlichung, in: Dietrich Henckel (Hrsg.), Arbeitszeit, Betriebszeit, Freizeit, Stuttgart 1988, S. 23–66, hier S. 51 ff.
58 Der Referentenentwurf vom Arbeits- und Wirtschaftsministerium sieht die Einführung eines Dienstleistungsabends im Handel bis 21.00 Uhr an Donnerstagen vor, ohne daß die tarifliche Wochenarbeitszeit und die Gesamtöffnungszeit ausgedehnt werden. Für Banken und Behörden wird eine gleichgerichtete Ausdehnung der Zeiten lediglich empfohlen.

ebenso zu nennen wie „electronic mail", Videorecorder und ähnliches. Dabei ist die technische oder organisatorische Substitution von Zeitfenstern nichts Neues. Der Versandhandel und das Telefon sind seit langem bekannte Beispiele. Mit den wachsenden Speichermöglichkeiten nehmen die Möglichkeiten der technischen Erweiterung von Angebotszeiten aber drastisch zu und werden sich auch immer stärker durchsetzen. Als Indiz dafür kann etwa die wachsende Verbreitung von Bankautomaten gewertet werden.

Aus vielen Gründen ändern sich auch die Verhaltensweisen der Bevölkerung. In dem Maße, wie das Wochenende, insbesondere wenn es durch Blockverkürzung der Arbeitszeit ausgedehnt wird, zu Kurzurlauben, Nebentätigkeiten usw. genutzt wird, müssen Tätigkeiten wie Einkaufen in die Woche hineinverlegt werden. Damit verkleinert sich für solche Personen subjektiv das Zeitfenster im Bereich der Versorgung unter Umständen drastisch, ohne daß es sich objektiv geändert hätte. Die Forderung nach Ausweitung der Öffnungszeiten im Handel steigt denn auch mit dem Einkommen, wird also von Personen, die durch ihr Einkommen besonders viele Optionen der Zeitverwendung haben, besonders nachdrücklich gestellt. Das bedeutet, die objektiv vorhandenen Zeitfenster müssen bei individueller Perspektive auch noch mit den Verhaltensweisen abgeglichen werden; objektiv vorhandene und subjektiv wahrgenommene „Größe" der Zeitfenster können erheblich voneinander abweichen.

Schließlich kommt noch ein räumlicher Aspekt der Zeitfenster hinzu: Zeitfenster sind vom Standort abhängig, weil Entfernungen überwunden werden müssen, um unterschiedliche Aktivitäten ausführen zu können[59]. Empirische Untersuchungen belegen, daß die Aktivitätsmuster sonst gleicher Gruppen an verschiedenen Standorten als Folge unterschiedlicher Aktivitätsmöglichkeiten und unterschiedlicher Zeitfenster erheblich voneinander abweichen[60].

Indirekt werden Zeitfenster auch durch Steuerungsmaßnahmen beeinflußt, die bei zyklischen, ungleich verteilten Prozessen Nachfragespitzen und Staus durch einen Abbau der Spitzen und ein Füllen der Täler, also eine Linearisierung der Prozesse, zu lösen versuchen. Da in vielen Bereichen – im Verkehr, in Freizeiteinrichtungen – Staus bzw. Überlastung zunehmen, werden Entzerrungsstrategien und Linearisierungsbestrebungen, die häufig mit einer zeitlichen Ausdehnung verbunden sind, begünstigt.

Damit ergibt sich schließlich unweigerlich ein gesellschaftliches Bewertungsproblem:
- Wie bewertet man unterschiedliche Zeitfenster?
- Welche Ausdehnung, welche Linearisierung ist erwünscht, akzeptabel?

---

[59] Diesen Fragen widmet sich die Zeitgeographie intensiv, vgl. dazu z. B. *Torsten Hägerstrand*, What about People in Regional Science?, in: Papers of the Regional Science Association, Vol. 24 (1970), S. 7–21; *Thommy Carlstein*, Planung und Gesellschaft: Ein „Echtzeit"-System im Raum, in: Geographica Helvetica, H. 3 (1986), S. 117–125.

[60] Vgl. z.B. *Renate Bauer* und *Robert Geipel*, Die Verlagerung der Technischen Universität München nach Garching, in: Beiträge zur Hochschulforschung, H. 1 (1983), S. 1 ff.

Letztlich geht es um die Frage, wie weit man in die Richtung einer kontinuierlich aktiven Gesellschaft (Rund-um-die-Uhr-Gesellschaft) zu gehen bereit ist. Die Veränderungstendenzen verweisen in vielen Bereichen auf Ausdehnung und Aufweichung bisher geltender Schutzvorschriften. Die Ausdifferenzierung individueller Zeitlagen und damit individueller und gruppenspezifischer Zeitfenster legt den Schluß nahe, den Spielraum für Anpassungsprozesse zu erweitern und Flexibilitäten zu schaffen, die eine gesellschaftliche Optimierung der Zeitnutzung ermöglichen. Die Prozesse der Ausdifferenzierung von Arbeits- und Betriebszeiten und damit zwangsläufig auch von arbeitsfreien Zeiten erhöhen das Maß der Koordinationsnotwendigkeiten für den einzelnen und für Gruppen, um „Zeitüberschneidungen" zu erkennen, zu vereinbaren und sicherzustellen. Je weiter Ausdifferenzierung und Individualisierung gehen, desto größer werden die Koordinationsprobleme. Dabei ist die Ausdifferenzierung auch eine zwangsläufige Folge von Zeitausdehnungen (Betriebszeiterweiterung, Ausdehnung von Öffnungs- und Angebotszeiten und ähnliches). Eine Entwicklung in Richtung auf eine kontinuierlich aktive Gesellschaft bedeutet also auch ein Wachstum des Koordinationsaufwandes. Die direkten Kosten im Sinne der Informations- und Koordinationskosten werden ebenso steigen wie die indirekten Kosten in Form von Entflechtung sozialer Gruppen, Störung/Veränderung von Rhythmen, Lärmbelästigung und ähnlichem. Wenn die Kosten einer kontinuierlich aktiven Gesellschaft erheblich sein werden, spricht vieles dafür, die Flexibilität nur innerhalb eines begrenzten Rahmens zuzulassen.

Das könnte beispielsweise bedeuten, den Tag-/Nacht-Rhythmus aufrechtzuerhalten, aber etwa die Ladenöffnungszeiten innerhalb des Rahmens von 6.00 bis 22.00 Uhr den Anpassungsprozessen zwischen Händlern und ihrer Klientel zu überlassen.

Eine solche Strategie fester Regelungen und ausreichender Flexibilität innerhalb des Rahmens verspricht auf Dauer mehr Erfolg bei der Sicherung des Zeitwohlstandes, weil darin ein explizites Konzept erkennbar bleibt und schleichende Erosionsprozesse leicher zu identifizieren und zu verhindern sind[61].

## 4.6 Fazit

1. Die Zeitfenster, also die gemeinsamen Zeiten verschiedener Individuen und/oder Gruppen und die Vereinbarkeit von individuellen Nachfragezeiten mit den Öffnungs- und Angebotszeiten von Einrichtungen, sind durch die Arbeits- und Betriebszeitveränderungen und die daraus resultierenden veränderten Zeiten in der arbeitsfreien Zeit erheblichem Wandel unterworfen.
2. In Zukunft werden sich Zeitfenster sowohl vergrößern als auch verkleinern. Das Maß der Betroffenheit ist für einzelne Personen und Gruppen sehr unterschiedlich und läßt sich nur im konkreten Fall klären.

---

[61] Vgl. Kap. 7.

3. Jede Form der Flexibilisierung, also der Auflösung vorgegebener und gemeinsamer Zeiten, führt zu einem erhöhten Koordinationsaufwand, um „Zeitüberschneidungen" im Sinne gemeinsam verfügbarer Zeit sicherzustellen.
4. Durch eine Vielzahl rechtlicher Regelungen, die einen impliziten Zeitbezug enthalten, ist die beliebige Nutzung von Zeiten eingeschränkt. Solche Regelungen beziehen sich zum Beispiel auf Dauer und Lage von Arbeitszeiten, auf Sicherstellung von Nachtruhe, Schonzeiten für die Natur.
5. Innerhalb der zulässigen oder angebotenen Bereitschaftszeiten von Einrichtungen haben sich typische Nutzungsmuster mit erheblichen Schwankungen im Tagesverlauf herausgebildet. Durch Veränderungen der Zeitstruktur werden sich Veränderungen in diesem Nutzungsmuster ergeben. Daraus werden teilweise veränderte Anforderungen an Öffnungszeiten resultieren.
6. Sehr lange Öffnungszeiten bei Einrichtungen der kommerziellen Infrastruktur deuten an, daß ähnliche Ausdehnungswünsche auch auf kommunale Einrichtungen zukommen dürften (zum Beispiel im Freizeitbereich). Durch eine Ausweitung flexibler Arbeitszeiten steigen auch die Anforderungen an „Betreuungsinfrastruktur" für Kinder. Die Nachfrage nach Ganztagskindergärten und -schulen wird weiter wachsen.
7. Nutzungsengpässe, Staus bedeuten eine (subjektive) Einschränkung von Zeitfenstern; durch Zeitverluste werden die Optionen in der Zeit eingeschränkt. Sie üben damit einen Druck auf Kapazitätserweiterung unter anderem durch Ausdehnung der Nutzungsdauer aus.
8. Im Bereich technischer Infrastruktur geht es vor allem um die Milderung von Kapazitätsengpässen. Das muß – soweit überhaupt möglich – durch Auffüllen von Tälern und Abbau von Spitzen, also durch Steuerungsmaßnahmen, geleistet werden, weil der Ausbau der materiellen Infrastruktur an Grenzen stößt (zum Beispiel Verkehr). Da im Verkehrsbereich solche Maßnahmen teilweise nur durch Zeiterweiterungen (Lockerung des Nachtfahrverbots für Lastkraftwagen und des Nachtflugverbots) lösbar sind, wären erhebliche Nebenwirkungen und Konflikte zu erwarten.
9. Flexibilisierung im betrieblichen Bereich zieht vergleichbare Anforderungen in anderen Bereichen nach sich. Da die Auflösung von Gleichzeitigkeit in der Gesellschaft den Koordinationsaufwand (massiv) erhöht, sollten Flexibilisierungen nur innerhalb eines begrenzten Rahmens zugelassen werden. Eine solche Strategie der Flexibilität innerhalb eines Rahmens verspricht auf Dauer eher Erfolg bei der Sicherung des Zeitwohlstandes als eine völlige Liberalisierung.

# 5. Wirkungen zeitlicher Veränderungen auf Standort und Fläche

Die Geschichte der Industrialisierung ist auch eine Geschichte der Beschleunigung und der Veränderung von Zeitstrukturen, die in einem engen Zusammenhang mit räumlichen Veränderungen stehen: Massenproduktion, Arbeitsteilung und Gleichzeitigkeit sowie die Trennung von Arbeitszeit und „Freizeit" prägen das raum-zeitliche Verhalten der Gesellschaft, wirken als Taktgeber und sind Mitursache für die räumliche Funktionsteilung. Gleichzeitig haben sich die Aktionsräume ausgeweitet. Raumentwicklung kann somit auch unter der Perspektive zeitlicher Veränderungen analysiert werden.

Dabei ist offenkundig, daß die Veränderungen der Zeitstrukturen und der zeitlichen Organisation einer Gesellschaft ein Faktor unter anderen (technische Entwicklung, ökonomische Entwicklung usw.) ist, die die räumliche Entwicklung beeinflussen. Auswirkungen des Strukturwandels auf Flächen und Standortwahl aus dem Blickwinkel der Zeit zu betrachten, kann neue Einsichten liefern und ist insbesondere vor dem Hintergrund weitreichender zeitlicher Veränderungen erforderlich.

Als Flächenwirkung wird dabei die Veränderung der quantitativen Nutzung von Flächen für unterschiedliche Funktionen verstanden. Die Frage der Standortveränderungen bezieht sich dagegen auf die Lage der Flächen im Raum und die Zuordnung verschiedener Flächen zueinander.

„Zeit" kann ein Qualitätsmerkmal von Flächen und damit zu einem Standortfaktor werden, also die Standortwahl beeinflussen. Das ist unter anderem dann der Fall, wenn es um zeitliche Nutzungsdifferenzen oder Zugangsvorteile geht (zum Beispiel Zulässigkeit unterschiedlicher Nutzungsdauern, Distanzempfindlichkeit).

Die Zusammenhänge zwischen Fläche und Zeit werden vor allem bei (Flächen-)Engpässen deutlich. Wo genügend Flächenreserven vorhanden sind, werden Kapazitätserweiterungen auf zusätzlichen Flächen realisiert. Ist die Fläche jedoch begrenzt, dann ist die Schaffung zusätzlicher Kapazitäten nur durch zeitliche Ausdehnung möglich; Fläche kann durch Zeit substituiert werden[1].

Die Flächenerweiterung ist das bislang übliche Muster des Umgangs mit Engpässen gewesen. In dem Maße, wie die Flächen knapp werden oder aus ökologischen Gründen nicht zusätzlich in Anspruch genommen werden sollen, treten Überlegungen von Zeiterweiterungen stärker in den Vordergrund. Typischerweise wird daher in Japan, einem Land mit besonderen Flächenengpässen, in besonders hohem Maße mit Ansätzen der Flächensubstitution durch zeitliche Steuerung gearbeitet[2].

---

[1] Vgl. ausführlicher: *Difu-Projektgruppe*, Zeitplanung, S. 153–196, hier S. 162 ff.
[2] Vgl. *Michihiko Kasugai*, Die Zeit als Element der Stadtplanung – dargestellt am Beispiel Japan, Darmstadt 1985.

Neben der zeitlichen Erweiterung (zum Beispiel Ausdehnung von Betriebszeiten, Öffnungszeiten) geht es bei der Frage nach den „Zeitfolgen" für Standort und Fläche auch um die Zeitverkürzung (Rückgang von Arbeitszeit, teilweise auch Betriebszeit), also die Auswirkungen im Bereich arbeitsfreier Zeit, die zeitliche Koordination (Logistik) und die zeitliche Umverteilung (Flexibilisierung, Entzerrung).

Im folgenden werden vor diesem Hintergrund zeitliche Veränderungen und die Entwicklungstendenzen von Standortwahl und Flächenverbrauch für einzelne Nutzungsarten (Flächenkategorien) näher untersucht.

## 5.1 Gewerbe

### Standort

Der Faktor Zeit war schon immer ein wichtiger Wettbewerbsfaktor. Unter verschärften Wettbewerbsbedingungen, bei steigender Kapital- und Forschungsintensität, Beschleunigung der Produktzyklen sowie sinkenden Arbeitszeiten wird die Disponierbarkeit von Zeit zu einem immer wichtigeren Faktor, sie kann zum Standortkriterium werden, das neben anderen Kriterien berücksichtigt wird. „Zeit" wird für die Wirtschaft vor allem auf zweierlei Weise zum Wettbewerbsfaktor, also zum Standortkriterium:

- Die ungehinderte Zeitdisposition hängt unter anderem von der Zulässigkeit bestimmter Zeitnutzungen[3], also rechtlichen Regelungen, ab.
- Mit der wachsenden Bedeutung der Logistik und der zeitlichen Abstimmung spielen Erreichbarkeit und die Schnelligkeit des Zugangs eine immer wichtigere Rolle.

Unter verschärften Bedingungen des (internationalen) Wettbewerbs können die zulässigen Betriebs- und Arbeitszeiten in bestimmten Branchen zum Wettbewerbsfaktor werden.

Ein grober Vergleich internationaler Arbeitszeitregelungen zeigt zum Teil erhebliche Unterschiede in der Regelarbeitszeit, der zulässigen maximalen Arbeitszeit pro Tag und Woche und der Zulässigkeit von Samstags- und Feiertagsarbeit (vgl. Übersicht 7). Bezüglich der Sonn- und Feiertagsarbeit lassen sich zwei grundsätzliche Modelle unterscheiden: In zahlreichen Ländern ist die Sonn- und Feiertagsarbeit ausdrücklich verboten, Ausnahmen sind nur durch Gesetz oder Rechtsverordnung vorgesehen (zum Beispiel Belgien, Frankreich, Niederlande, Norwegen, Österreich, Schweiz). In anderen Ländern wird auf ein ausdrückliches Verbot verzichtet; die Arbeitnehmer haben statt dessen Anspruch auf eine 24- bis 36stündige Wochenendruhe bzw. Ruhezeit, in der Regel alle zur selben Zeit. Abweichungen sind durch Tarifvertrag oder behördliche Ausnahmegenehmigung möglich (zum Beispiel Dänemark, Italien, Spanien, Schweden)[4].

---

[3] Vgl. Kap. 4.1.
[4] Vgl. Unterlagen des Bundesministers für Arbeit und Sozialordnung vom 22.1.1988.

Übersicht 7 – Arbeitszeitregelungen und Regelungen zur Sonn- und Feiertagsarbeit in ausgewählten Ländern*

| Land | Regelarbeitszeit | | maximale Arbeitszeit | | Sonn- und Feiertagsarbeit | | Ausnahmen |
|---|---|---|---|---|---|---|---|
| | täglich/ | wöchentlich | täglich/ | wöchentlich | ausdrückliches Verbot | Verzicht auf Verbot, Anspruch auf 24- bis 36stündige Ruhezeit, Wochenendruhe | |
| Belgien | 8 | 40 | 11 | 50 | x | | durch Gesetz oder Tarifvertrag |
| Bundesrepublik Deutschland | 8 | 40 | 10 | . | x | | durch behördliche Genehmigung |
| Dänemark | . | 39 | . | . | | x | durch Tarifvertrag |
| Frankreich | . | 39 | 10 | 48 | x | | durch Gesetz, behördliche Genehmigung, Tarifvertrag |
| Großbritannien | keine generellen Regelungen | | | | | Gewohnheitsrecht | durch Tarifvertrag |
| Italien | 8 | 48 | . | . | | x | durch Tarifvertrag oder Einzelarbeitsvertrag |
| Niederlande | 8,5 | 48 | . | . | x | | durch Genehmigung des Ministeriums |
| Schweden | . | 40 | . | . | | x | durch Tarifvertrag |
| USA | . | 40 | . | . | | | |

* Quelle: Eigene Zusammenstellung des Deutschen Instituts für Urbanistik nach Unterlagen des Ministeriums für Arbeit und Sozialordnung vom 22. 1. 1988 und des *International Labour Office*, Genf, Conditions of Work Digest, Vol. 5 (1986), No. 2.

Die effektive Arbeitszeit pro Beschäftigtem im Verarbeitenden Gewerbe weist erhebliche Spannbreiten auf: In Belgien ist 1986 die Zahl der Arbeitsstunden mit 1 570 pro Jahr deutlich am niedrigsten, den Gegenpol bildet Japan, wo sie mit 2 133 Stunden um mehr als ein Drittel höher liegt (vgl. Tabelle 42). Zwischen 1970 und 1986 ist in allen betrachteten Ländern außer den USA die effektive Arbeitszeit pro Beschäftigtem im Verarbeitenden Gewerbe zurückgegangen. Die Bundesrepublik gehört zu den Ländern mit der stärksten Abnahme.

Tabelle 42 – *Veränderung der effektiven Arbeitszeit je Arbeitnehmer im Verarbeitenden Gewerbe in ausgewählten Ländern\**

| Land | effektiv geleistete Arbeitszeit Stunden pro Jahr 1986 | Veränderung 1970–1986 1970 = 100 | | | |
|---|---|---|---|---|---|
| | | 1980 | 1982 | 1984 | 1986 |
| Belgien | 1570 | 86,3 | 86,1 | 83,5 | 84,0 |
| Bundesrepublik Deutschland | 1633 | 90,5 | 89,0 | 88,7 | 86,6 |
| Frankreich | 1662 | 91,6 | 86,6 | 86,2 | 86,1 |
| Italien | 1739 | 87,4 | 83,5 | 84,3 | 88,4 |
| Großbritannien | 1901 | 90,3 | 89,5 | 90,6 | 90,5 |
| USA | 1966 | 99,4 | 97,9 | 101,6 | 101,9 |
| Japan | 2133 | 95,0 | 94,3 | 96,0 | 94,7 |

\* Quelle: Nach *Internationale Wirtschaftszahlen 1988*, Köln 1988; eigene Berechnungen des Deutschen Instituts für Urbanistik.

Es zeigt sich jedoch auch, daß es nicht ausreicht, nur einen Faktor für die Beurteilung der Wettbewerbsfähigkeit eines Landes heranzuziehen. Der Vorteil bei dem „Zeitfaktor" kann unter Umständen kompensiert werden durch höhere Kapitalintensität und Produktivität, durch höhere Qualität, Liefertreue, besseren Service usw. Gleichwohl wird in den Tarifauseinandersetzungen und in den Diskussionen um den „Standort Deutschland" von Arbeitgeberseite zunehmend damit argumentiert, daß die Möglichkeit etwa der Samstagsarbeit ohne Zuschläge (wie in Belgien) die Wettbewerbsbedingungen derart verzerre, daß die Bundesrepublik nachziehen müsse. Auch die Versuche, die Ausnahmeregelungen für die Sonn- und Feiertagsarbeit zu erweitern, zielen auf eine generelle Lockerung von Zeitrestriktionen mit dem Ziel, die unternehmerischen Optionen (zeitlich) auszuweiten.
Im regionalen Vergleich innerhalb der Bundesrepublik spielen solche Argumente ebenfalls zunehmend eine Rolle. Zwar gibt es nach Tarifbezirken nur geringe Unter-

schiede von Arbeitszeit- und Betriebszeitregelungen – dies gilt auch bezüglich der Wochenendarbeit[5]; aus traditionellen Gründen ist die Samstagsarbeit in der Metallindustrie Baden-Württembergs strikter geregelt als in anderen Tarifbezirken. Dennoch gibt es länderspezifische Unterschiede in der Handhabung der Ausnahmegenehmigungen für Sonntagsarbeit; in Bayern werden sie zum Beispiel eher locker gehandhabt. In den aktuellen Auseinandersetzungen um die Einführung von Kontibetrieb in der Chipproduktion in anderen Bundesländern[6] wird immer wieder auf die bayerische Praxis Bezug genommen und bei Nichtgewährung der Ausnahmegenehmigung mit einer Verlagerung der Produktion gedroht. Dabei wird häufig auch außer acht gelassen, daß die Bundesrepublik im internationalen Vergleich bei Schichtarbeit die höchsten Beschäftigtenanteile und bei Nachtarbeit ebenfalls besonders hohe Anteile hat (vgl. Tabelle 43).

Tabelle 43 – *Prozentanteil der Beschäftigten in atypischen Arbeitsformen* *

| Land | Schichtarbeit | Nachtarbeit | Sonn- und Feiertagsarbeit |
|---|---|---|---|
| Österreich | 13 (1978) | | 22 (1978) |
| Belgien | | 8 (1975) | 14 (1975) |
| Dänemark | 12 (1976) | 3 (1976) | (1975) |
| Finnland | 14 (1977) | | |
| Frankreich | 8 (1978) | 5 (1978) | 10 (1978) |
| Bundesrepublik Deutschland | 18 (1975) | 12 (1975) | 16 (1975) |
| Irland | 14 (1978) | 9 (1978) | 31 (1978) |
| Italien | | 14 (1975) | 28 (1975) |
| Norwegen | 11 (1980) | 1 (1980) | |
| Schweden | 12 (1979) | 9 (1979) | 9 (1979) |
| Großbritannien | 13 (1980) | | |
| USA | 8 (1980) | 11 (1980) | |

* Quelle: *OECD*, Living Conditions in OECD Countries. A Compendium of Social Indicators, Paris 1986, zitiert nach *Gerhard Bosch*, Entkoppelung von Arbeits- und Betriebszeiten – Zwischenbilanz, in: WSI-Mitteilungen, H. 12 (1987), S. 713–726, hier S. 723.

Gleichwohl erhöhen solche Argumentationen der Unternehmen den Druck dahingehend, eine Aufweichung von Ruhezeiten, eine stärkere Ausdehnung der Betriebszeiten in die Nacht und ins Wochenende zuzulassen. Längerfristig werden sich solche

---

5 Nach Auskunft des Tarifarchivs des Bundes Deutscher Arbeitgeber (BDA) ist nur für 450 000 der 7,5 Millionen in Tarifverträge einbezogenen Arbeitnehmer die Samstagsarbeit durch Tarifvertrag ausgeschlossen.
6 Vgl. z. B. die Diskussion um die IBM Sindelfingen, *Handelsblatt* vom 14. 4. 1988, ferner *Frankfurter Rundschau* vom 27. 1. 1988.

(Standort-)Vorteile durch eine internationale Angleichung wieder nivellieren. Da die Bundesrepublik als ein Land mit relativ hohem Zeitwohlstand anzusehen ist, besteht die Gefahr, daß wegen der – vielleicht nur angeblichen – Verbesserung *eines* Wettbewerbsfaktors der Zeitwohlstand gesenkt wird. Dabei ist zu berücksichtigen, daß Zeitwohlstand in Form von Motivation, Arbeitsproduktivität und ähnlichem selbst ein Wettbewerbsfaktor sein kann.

Die schnelle, zeitoptimierte Erreichbarkeit, also die Qualität der Verkehrsanbindung, gewinnt aus verschiedenen Gründen an Bedeutung. Neue Konzepte im Lieferverkehr wie „just-in-time-production", also die quasi kontinuierliche Lieferung von Vorprodukten und Rohstoffen in den Produktionsfluß, erhöhen nicht nur die Lieferfrequenz, also das Verkehrsvolumen, sondern rücken auch die Lieferpünktlichkeit als Kriterium immer stärker in den Mittelpunkt. Mehr als 70 Prozent solcher „just-in-time"-Anwendungen waren 1986 in den beiden Bundesländern BadenWürttemberg und Bayern zu finden[7].

Kontinuierlicher Lieferverkehr schafft Probleme der Standortverträglichkeit unterschiedlicher Funktionen: „Just-in-time-production" – vor allem in Verbindung mit einer Ausdehnung der Betriebszeiten – macht eine Durchmischung von Wohnen und Arbeiten nahezu unmöglich und belastet auch Wohngebiete am Rande von Gewerbegebieten erheblich. Daher wird von vielen Betrieben für die Zukunft eine stärkere Trennung von Wohn- und Gewerbegebieten gefordert.

Neben der Verkehrsanbindung für den Lieferverkehr bleibt die Erreichbarkeit von Firmenstandorten für Kunden und Beschäftigte von großer Bedeutung, gewinnt sogar noch an Gewicht.

Durch die Zunahme hochqualifizierter Tätigkeiten dehnen sich die Arbeitsmarkteinzugsbereiche aus, so daß eine entsprechende regionale Verkehrserschließung unabdingbar ist, wobei es von Zahl und Qualifikationsniveau der Beschäftigten abhängt, welche Bedeutung öffentlicher Nahverkehr und Individualverkehr haben. Durch die Ausdifferenzierung von Arbeitszeiten nach Lage und Dauer wird die Bedeutung des öffentlichen Verkehrs teilweise zurückgedrängt.

Die wachsende internationale Verflechtung erhöht die Bedeutung der Flughäfen. Der Ausbau der großen Flughäfen (Frankfurt[8], München, Stuttgart), die Konkurrenz insbesondere zwischen Frankfurt und München sowie der Ausbau der Regionalflughäfen können auch als Indikator für den Wettbewerb um die regional und international „zeitlich" günstigen Standorte angesehen werden.

FLÄCHEN

Die zeitabhängigen Veränderungen bei den Anforderungen an Gewerbeflächen und beim Flächenverbrauch lassen sich nach Betriebstypen grob kategorisieren (vgl. Übersicht 8).

---

[7] Vgl. *Grabow/Henckel*, Großräumige Disparitäten
[8] Die zentrale Bedeutung Frankfurts wird auch darin gesehen, daß innerhalb eines Tages persönliche Geschäftskontakte in europäischen Städten mit großem Flughafen möglich sind.

Übersicht 8 – Zeitliche Aspekte der Flächennutzung nach Betriebstypen*

| Betriebstyp | flächensparende Wirkungen | flächenverbrauchende Wirkungen | Zyklen der Flächennutzung | Wirkung des Faktors Zeit auf die Flächeninanspruchnahme |
|---|---|---|---|---|
| Produktion – kapitalintensiv | Tendenz zur Zeiterweiterung: Kapazitätserhöhung auf gleicher Fläche | Tendenz zu Optionsflächen zur Sicherung langfristiger Flexibilität | Tendenz zur Beschleunigung (schnelle Amortisation von Gebäuden) | Nettoeffekt uneindeutig/gegenläufig: sparend (Zeiterweiterung), verbrauchend (Optionsflächen) |
| – wenig kapitalintensiv | | zusätzliche Arbeitsplätze durch Arbeitszeitverkürzung | | geringe Veränderungen |
| Dienstleistung | | zusätzliche Arbeitsplätze durch Arbeitszeitverkürzung | Tendenz zur Beschleunigung in technikintensiven Bereichen (z. B. „intelligent buildings") | Zunahme der Flächeninanspruchnahme |
| Großbetriebe | | hohe Neigung zu Optionsflächen | Nutzungsveränderungen vielfach auf eigenem Gelände | Zunahme der Flächeninanspruchnahme |
| Kleinbetriebe | häufig Zeiterweiterung bei Flächenengpässen | geringe Neigung zu Optionsflächen | Standortwechsel bei größeren Veränderungen üblicher | Dämpfung des Wachstums der Flächeninanspruchnahme |
| logistikintensive Betriebe („just-in-time"-Betriebe) | Rückgang der Lagerhaltung bei Produzenten | Umverteilung von Lagerhaltungsflächen auf Zulieferer | | Rückgang der Lagerhaltungsflächen, aber räumliche Umverteilung; Zunahme des Verkehrs; Pufferflächen |

* Quelle: Eigene Zusammenstellung des Deutschen Instituts für Urbanistik.

Produktionsbetriebe mit niedriger Kapitalintensität und dienstleistungsorientierte Betriebe sind in eher bescheidenem Maße an Betriebszeitausweitungen interessiert, weil Kostenargumente im Hinblick auf Auslastung von Investitionen weniger relevant sind. Insofern sind hier geringe Betriebszeitveränderungen und damit auch geringe Auswirkungen auf die Flächeninanspruchnahme zu erwarten.

In dem Maße, wie die Kapitalintensität der Produktionsanlagen steigt, wächst das Interesse an einer Ausweitung der Betriebszeit[9]. Eine Ausweitung der Betriebszeit bedeutet eine Kapazitätserhöhung ohne höheren Kapitaleinsatz, also auch ohne weitere Flächeninanspruchnahme. Die Überlegungen zu Betriebszeiterweiterungen werden vor allem bei Neuinvestitionen relevant, so daß allenfalls dann mit einer reduzierten Inanspruchnahme von neuen Gewerbeflächen zu rechnen ist.

Das bedeutet, daß die mögliche „Flächenersparnis" durch Ausweitung der Betriebszeit allenfalls ein Nebenprodukt, nicht aber Auslöser betrieblicher Planungen ist. Einsparungen an Flächen – im Sinne von geringerer Inanspruchnahme – gibt es nur bei Neuinvestitionen an neuen Standorten, wenn die Betriebszeiterweiterung bei der Planung bereits berücksichtigt wird. Das belegen Beispiele von Werksplanungen, die auf eine Sechs-Tage-Betriebswoche ausgelegt sind; sie zeigen eine Kapital- und Flächenersparnis gegenüber einer Werksplanung mit gleicher Kapazität, aber nur fünf Betriebstagen.

Es ist davon auszugehen, daß Flächen, die allein durch Betriebszeiterweiterungen eingespart werden, nicht auf den Flächenmarkt kommen, sondern in der Regel als Reserveflächen (Optionsflächen für zukünftige [Flexibilitäts-]Bedarfe) vorgehalten werden. Die von den Betrieben bei Neuinvestitionen durch die Zeiterweiterung angestrebte Kapitalersparnis kann allerdings bei breiterer Durchsetzung im Nebeneffekt eine flächensparende Wirkung mit sich bringen.

In kleinen und mittleren Betrieben, in denen die Flächenkosten eine vergleichsweise größere Rolle spielen, werden bei Kapazitätserweiterungen explizit die Flächenrestriktionen und die Flächenkosten (sowie die Kosten der Verlagerung) als Grund für die Ausdehnung der Betriebszeiten angegeben[10].

Die Beschleunigung von Produktzyklen[11] erhöht den Amortisationsdruck, drängt also auf eine intensive, zeitlich ausgedehnte Nutzung. Im Extrem führt eine solche Entwicklung dazu, daß mit jeder neuen Produktlinie – oder Produktionseinrichtung – veränderte Anforderungen an Flächen und Gebäude gestellt werden. Insofern beschleunigen sich auch die Nutzungszyklen bei Flächen und Gebäuden. Damit ist

---

[9] Vgl. *Weidinger/Hoff*, Tendenzen der Betriebszeit- und Arbeitszeitentwicklung.

[10] Eine empirische Untersuchung in Berlin bei rund 30 Betrieben zeigte, daß von rund 25 Prozent der Betriebe, die eine Kapazitätserweiterung anstrebten, rund 12 Prozent wegen Flächenengpässen als einzige Möglichkeit die zeitliche Ausdehnung sahen (Angaben Büro Baasner, Möller und Langwald, Berlin).

[11] Zum Teil ist die Beschleunigung der Produktzyklen auch bei Produktionsanlagen zu beobachten, auch wenn mit flexiblen Fertigungszellen und -systemen eine Gegenentwicklung eingesetzt hat.

gleichzeitig eine tendenzielle Abnahme der Bindung an den Standort verbunden: Je schneller sich ein Standort amortisiert hat, desto schneller kann die Nutzung am Standort oder gar der Standort selbst gewechselt werden. Zwei Erscheinungen sind als Reaktion auf solche Entwicklungen bereits beobachtbar:
- Um für mehrere Produktzyklen gerüstet zu sein, muß ein Produktionsgebäude extreme Flexibilität aufweisen (weite Stützenraster, multifunktionale Nutzbarkeit).
- Für eine Produktgeneration werden mit minimalem Aufwand einfache Produktionshallen – „Wegwerffabriken" – erstellt, die mit dem Produkt abgeschrieben werden.

Beide Ansätze sind eher für kapitalintensive Großbetriebe typisch. Sie erschweren aber eine intensive Flächennutzung etwa durch mehrstöckigen Gewerbebau und tragen somit in der Tendenz zu einem wachsenden Flächenverbrauch bei.

Bei sehr kapitalintensiven (Groß-)Betrieben spielt darüber hinaus die Sicherung langfristiger Flexibilität auf der Fläche eine wichtige Rolle. Um diese Flexibilität zu gewährleisten, werden in größerem Umfang Optionsflächen gehalten[12]. Tendenziell wirkt das Vorhalten von Optionsflächen sicherlich steigernd auf den Flächenverbrauch. Schwer auszumachen ist, welcher „Nettoeffekt" sich durch gegenläufige Tendenzen bei den Optionsflächen und den Flächeneinsparungen durch Betriebszeiterweiterung einstellt.

Bei kapitalintensiven Betrieben beträgt der Kostenanteil für Flächen und Gebäude in der Regel nur 2 bis 5 Prozent der gesamten Investitionskosten, daher sind die Möglichkeiten, durch steuerliche Regelungen oder finanzielle Anreize eine Flächeneinsparung zu bewirken, sehr gering. Das heißt, die Flächenkosten wirken kaum hemmend auf die Flächeninanspruchnahme durch Nutzung oder Vorratshaltung.

Bei Betrieben, die logistische Optimierungskonzepte wie „just-in-time-production" anwenden, sind unterschiedliche Tendenzen der Inanspruchnahme von Flächen feststellbar:
- „Just-in-time-production" erhöht die Durchlaufgeschwindigkeit von Zulieferprodukten und senkt die Lagerhaltung. Damit sinken auch die für Lagerhaltung beim Produktionsbetrieb benötigten Flächen. Durch die Erfordernisse des schnellen und kontinuierlichen Güterumschlags werden andererseits an die Verkehrs- und Bereitstellungsflächen erhöhte Anforderungen gestellt, so daß nur teilweise mit Flächeneinsparungen gerechnet werden kann.
- Zum Teil führt „just-in-time-production" lediglich zu einer Umverteilung der Lagerhaltungsflächen vom produzierenden Kernbetrieb auf die Zulieferer oder Logistikunternehmen (Spediteure). Da gleichzeitig eine räumliche Zentralisierung der Lagerhaltung bei den Logistikunternehmen auf verkehrsgünstig gelegene

---

12 Ein Extrem ist sicher die Größe der Optionsfläche an neuen Standorten einiger Chipproduzenten, die doppelt so groß sind wie die ursprünglich belegte Fläche; vgl. z. B. *Dietrich Knocke*, Tendenzen im Industriebau. Anforderungen neuer Produktionen an Flächen und Gebäude, in: Gewerbeflächen und neue Produktionsformen, Berlin 1985, S. 31–52 (Difu-Materialien, 6/85).

Verdichtungsräume zu beobachten ist, fallen zwar Lagerhaltungsflächen brach, aber gleichzeitig ergibt sich eine Zusatznachfrage in anderen Regionen; per Saldo erhöht sich damit die in Anspruch genommene Siedlungsfläche[13].

Zusätzliche Flächenprobleme – in Verbindung mit Standortproblemen – treten auf, wenn die „just-in-time-production" mit einer Ausweitung der Betriebszeit verbunden ist:

- Durch die wachsende (Liefer-)Verkehrsfrequenz auch zu bislang unüblichen Zeiten (Nachtruhe) wird die Verträglichkeit der Funktionen Wohnen und Arbeiten weiter eingeschränkt. Ihre Trennung erfordert Abstands- und Pufferflächen bzw. die Verhinderung von Durchgangsverkehr in Wohngebieten.
- Ist die nächtliche Ablieferung nicht zulässig, müssen bei Betrieben, die Nachtschichten fahren, Flächen vorhanden sein, um die nächtliche Produktion bis zum erneuten Lieferbeginn am Morgen zwischenlagern zu können.
- Schließlich ergeben sich bei Betriebszeitausweitungen, wenn sie mit Schichtüberlappungen verbunden sind, zusätzliche Anforderungen an die Bereitstellung von Parkplätzen für die Beschäftigten.

Eine Tendenz zur Beschleunigung von Nutzungszyklen ist auch bei Bürogebäuden zu beobachten. Mit dem Vordringen der Technik im Büro wird die Nachrüstung alter Gebäude schwieriger, die Anforderungen an die technische Ausstattung wachsen. Allenfalls sogenannten „intelligent buildings", Bürogebäuden auf dem neuesten Stand der Technik – in einem Zusammenspiel unterschiedlichster Techniken wie Energie-, Klima-, Sicherheits- und Kommunikationstechnik – wird eine längere ökonomische Lebensdauer vorausgesagt[14].

Die extrem hohen Investitionskosten bedeuten einen sehr hohen Amortisationsdruck und können zu einer relativ geringen Standortbindung der sich dort einmietenden Betriebe führen. Mit der sich beschleunigenden Durchsetzung neuer Techniken im Büro wird bei sehr kommunikationsintensiven Betrieben die daraus resultierende Tendenz zur Beschleunigung der Nutzungszyklen bei Büroflächen auch das Wiedernutzungsproblem dieses Flächentyps deutlicher hervortreten lassen; und Schwierigkeiten bei der Wiedernutzung führen häufig zu einer Inanspruchnahme neuer Flächen.

Ein besonders für die Innenstädte relevanter Aspekt liegt in der unterschiedlichen zeitlichen Nutzbarkeit von Flächen und damit unterschiedlichen Konkurrenzsituationen. Spielhallen, Videotheken, Peep-Shows sind nicht an die üblichen Ladenöffnungszeiten gebunden, haben damit einen größeren zeitlichen Spielraum und dadurch die Möglichkeit, höhere Flächenproduktivitäten als der Einzelhandel zu realisieren. Die Auswirkungen der Verdrängung des traditionellen Einzelhandels ist allenthalben zu beobachten. Dafür ist die zeitextensive Nutzung bei Vergnügungsstätten ein wichtiger, wenn auch nicht der einzige Grund[15].

13 Vgl. *Henckel u. a.*, Produktionstechnologien, Kap. 5.2.
14 Vgl. *Wirtschaftswoche* vom 12. 9. 1986.
15 Vgl. OVG Lüneburg, Urteil vom 11. 9. 1986 – I C 26/85.

## 5.2 Wohnen

Für die Standortwahl des Wohnens spielen vor allem Art und Umfang der Arbeitszeitverkürzung sowie der Wandel der Arbeitszeitstrukturen eine entscheidende Rolle. Mit der Arbeitszeit verändert sich die Distanzempfindlichkeit zwischen Wohn- und Arbeitsort. Die Abnahme der Arbeitszeit führt zu einer relativen Zunahme der Berufsverkehrszeit; dadurch nimmt die Distanzempfindlichkeit in der Tendenz zu.

Eine auf den Tag bezogene Arbeitszeitverkürzung sowie alle Formen der Teilzeitarbeit, der Arbeit auf Abruf sowie der prekären Beschäftigung erhöhen demnach die Distanzempfindlichkeit. Solche Arbeitszeitformen fördern eine Wohnstandortwahl in der Nähe des Arbeitsplatzes.

In gleicher Weise wirkt sich die Ausdifferenzierung von Arbeitszeitdauern und Arbeitszeitlagen unterschiedlicher Haushaltsmitglieder aus. Die Zunahme von Koordinationsnotwendigkeiten erhöht eher die Distanzempfindlichkeit.

Alle tagesbezogenen Arbeitszeitverkürzungen und Flexibilisierungen, die die „Zeitfenster" der Haushalte, also der gemeinsamen Haushaltszeiten, verkleinern[16], wirken daher einer weiteren Zersiedelung entgegen – allerdings mit erheblichen negativen Folgen in anderen Bereichen.

Die Wohnflächen pro Kopf der Bevölkerung steigen seit langem und haben mittlerweile ein Niveau von etwa 40 Quadratmeter pro Kopf erreicht[17]. Ein Ende dieses Wachstums ist noch nicht absehbar, zumal auch damit gerechnet werden muß, daß durch mehr individuelle arbeitsfreie Zeit einerseits und durch Flexibilisierung von Arbeitsformen andererseits erhöhte Anforderungen an die Wohnflächen gestellt werden. In der arbeitsfreien Zeit werden immer mehr arbeitsähnliche Tätigkeiten ausgeführt, beispielsweise

- führt die steigende Technikausstattung (Kapitalintensität) der Haushalte in Teilen zu einer Verlagerung von Dienstleistungen zurück in die Haushalte (Do-it-yourself)[18];
- bedingt die höhere Ausstattung mit Geräten zunehmend Lernarbeiten, Wartungsarbeiten usw.[19];
- werden bestimmte Tätigkeiten aus dem Dienstleistungssektor in die Haushalte verlagert – eine Folge zunehmender Selbstbedienungstätigkeiten –, was allerdings vom Grad der technischen Durchdringung der Haushalte mit Personalcomputern und Telekommunikationsdiensten abhängt: Bei der Inanspruchnahme von Telediensten (Telebanking, Teleshopping) übernimmt der Kunde die Datenerfassung für die Banken und Handelsunternehmen;

---

16 Vgl. Kap. 4.
17 Vgl. *Werner Schramm*, Wohnsiedlungsentwicklung und Bodennutzung, in: Akademie für Raumforschung und Landesplanung (Hrsg.), Flächenhaushaltspolitik. Ein Beitrag zum Bodenschutz, Hannover 1987, S. 31–64, hier S. 43.
18 Vgl. z. B. *Jonathan J. Gershuny*, Die Ökonomie der nachindustriellen Gesellschaft, Frankfurt/M. 1981.
19 Vgl. *Müller-Wichmann*, Von wegen Freizeit.

- schafft die steigende Durchdringung der Haushalte mit Personalcomputern auch die Voraussetzungen dafür, die Wohnung verstärkt zum Arbeitsplatz im formalen Sinn zu machen – sei es als zusätzliches „Büro" zum eigentlichen Arbeitsplatz, sei es im Extremfall als Teleheimarbeitsplatz;
- führt die wachsende Notwendigkeit der Weiterbildung und Weiterqualifikation dazu, die Wohnung für mehr Leute zum „Lernort" zu machen.

Die für unsere Kultur eher übliche Monofunktionalität von Räumen in der Wohnung[20] läßt erwarten, daß mit zunehmender Zahl der in der Wohnung ausgeübten Funktionen auch die Fläche steigt. Die wachsende Zahl von Hobbyräumen kann als ein Indiz dafür gewertet werden.

Mit der wachsenden Bedeutung der Wohnung selbst erhöhen sich auch die Bedeutung und die Anforderungen an das Wohnumfeld: Untersuchungen und Diskussionen zur lokalen Identität von Stadtteilen[21] machen die Aufwertung des Stadtteils als einem Ort für zahlreiche Aktivitäten deutlich. Quartiersaktivitäten, Stadtteilkultur, „informelle Strukturen" werden als wachsende Bereiche gesehen – ohne vielleicht je wieder das Niveau früherer Zeiten zu erreichen –, für die auch Flächen vorgehalten werden müssen. Treffpunkte, Bürgerhäuser, Werkstätten für Selbsthilfe usw. sind darunter zu fassen. In der Regel wird es sich kaum um zusätzliche Flächeninanspruchnahme handeln, als vielmehr um die Wiedernutzung von kleineren Fabriken, Ladenwohnungen usw.

Aufgrund der rückläufigen Bevölkerungsentwicklung ist insgesamt trotz des wachsenden Pro-Kopf-Flächenverbrauchs mit einem Rückgang der Wohnflächen in einigen Städten zu rechnen – allerdings erst nach dem Jahre 2000. So geht etwa die Stadt Stuttgart davon aus, daß nach der Jahrtausendwende mit dem verstärkten Rückgang der Bevölkerung Tendenzen zum Rückzug aus der Siedlungsfläche auftreten können, daß die im Vergleich zur Bevölkerungszahl langsamer sinkende Zahl der Haushalte lediglich eine verzögernde Wirkung auf diesen Prozeß habe[22].

Das bedeutet jedoch nicht, daß die Siedlungsfläche insgesamt geringer werden dürfte. Die Nachfrage nach neuen Wohnungen einerseits und das Leerfallen andererseits dürften räumlich erheblich auseinanderfallen; Zuwanderungsregionen werden auch weiterhin absolut steigende Flächeninanspruchnahmen für Wohnungen zu gewärtigen haben, sei es durch Zuwanderung von Erwerbstätigen, sei es durch Zuwande-

---

[20] Vgl. dagegen für Japan *Kasugai*, S. 129 ff. In Japan besteht die Wohnung im wesentlichen aus Räumen, die für die jeweilige Funktion „umgerüstet" werden: „Die zeitlich wechselnde Nutzung ist beim traditionellen japanischen Wohnhaus – sowohl in den einzelnen Räumen als auch bezogen auf das Gesamtgefüge des Hauses – in jahrhundertewährenden Gewohnheiten und Traditionen verankert und unverzichtbar in den Begriff des Wohnens eingeschlossen" (S. 132).

[21] Vgl. *Lokale Identität und lokale Identifikation*, in: Informationen zur Raumentwicklung, H. 3 (1987).

[22] *Langfristige Bevölkerungsveränderung und Stadtentwicklung in Stuttgart*, Stuttgart 1985, S. 34 ff. (Beiträge zur Stadtentwicklung, Bd. 21).

rung von Alten. Besonders deutlich wird das an der Siedlungsentwicklung im Bodenseeraum; dort hat die Siedlungsfläche sehr viel stärker zugenommen als im restlichen Baden-Württemberg. Auch für die Zukunft wird eine nachhaltige Zunahme insbesondere der Wohnflächeninanspruchnahme prognostiziert[23].

Alle Formen der Blockverkürzung der Arbeitszeit mit jeweils mehreren freien Tagen reduzieren die Distanzempfindlichkeit, längere Arbeitswege fallen weniger stark ins Gewicht, so daß stadtferne Wohnorte sich viel leichter mit dem Alltagsleben vereinbaren lassen. Im Extrem kann es sogar zu einem Standortsplitting kommen zwischen Arbeitsort und Dauerwohnstandort: Am Arbeitsort wird dann nur noch eine kleine Stadtwohnung gehalten, während die übrige Zeit weiter draußen gewohnt wird[24].

Insgesamt ist davon auszugehen, daß für bestimmte Bevölkerungsgruppen auch mit einem erheblichen Zuwachs an Zweitwohnsitzen zu rechnen ist, die ausschließlich als Freizeitwohnsitze genutzt werden. Gute Erreichbarkeit ist dabei ein wichtiges Standortkriterium[25]. Als Zweitwohnsitze muß man durchaus auch bescheidenere Formen werten, wie etwa Dauercampingplätze, deren Zahl sich seit 1955 bis 1985 von 2 000 auf etwa 750 000 erhöht hat[26], Mobilheim- und Kleingartenanlagen, um deren Neuausweisung sich viele Kommunen angesichts des verstärkten öffentlichen Drucks bemühen müssen. Auch Ferienwohnanlagen und Anlagen, die ein zeitlich definiertes Teileigentum garantieren (Time-sharing-Anlagen), gehören dazu.

Über die zahlenmäßige Entwicklung und Veränderungstendenzen bei Zweitwohnsitzen liegen für die Bundesrepublik keine neueren Untersuchungen vor[27]. Untersuchungen aus anderen Ländern wie beispielsweise Schweden zeigen, daß rund 25 Prozent der Einwohner einen Zweitwohnsitz haben, von den Einwohnern der Hauptstadt Stockholm sind es sogar 30 Prozent[28]. Auch eine Untersuchung aus

---

23 Vgl. *Georg Hecking, Stefan Miculicz* und *Andreas Sättele*, Bevölkerungsentwicklung und Siedlungsentwicklung im Bodenseeraum, Stuttgart 1988.
24 Zur tatsächlichen Verbreitung des Standortsplittings liegen keine Unterlagen vor. Hinweise aus den Expertengesprächen lassen darauf schließen, daß diese Form der Wohnortwahl in der Region München im Vergleich zu anderen Fallstudienstädten am weitesten verbreitet ist.
25 Vgl. *Dörte Müller-Witt* und *Gunter Ruwenstroth*, Die Nachfrage nach Freizeitwohnen, in: Informationen zur Raumentwicklung, H. 4 (1987), S. 183–190.
26 Vgl. *Gerhard Gröning*, Vollständiges Wohnen und die Bedeutung des privat und individuell nutzbaren Freiraumes. Vortrag auf der Tagung „Wie wohnen wir morgen?", in Wien am 15. 9. 1987 o. O. o. J. (vervielfältigt).
27 Lediglich für den Bodenseeraum liegt aus jüngster Zeit für die Ufergemeinden eine Erhebung/Schätzung des Zweit- und Ferienwohnungsbestandes vor. Für die 18 Ufergemeinden kam die Untersuchung zu einem Bestand von rund 3500 Zweit- und rund 3000 Ferienwohnungen; siehe *Hecking/Miculizc/Sättele*, S. 72 ff.
28 Vgl. *Winfried Moewes*, Raumbezogene Bedürfnisstruktur des Menschen als Aspekt zukunftsorientierten Städtebaus. Vortrag auf der Tagung „Wie wohnen wir morgen?"

Österreich weist einen erheblichen Bestand an Zweitwohnsitzen aus und rechnet mit einem weiteren Zuwachs[29]. Davon betroffen sind vor allem bestimmte Gemeinden in attraktiver Lage.

Alle Entwicklungen, die Zweitwohnsitze – in welcher Form auch immer – begünstigen, führen in der Tendenz zu einer Zunahme der Flächeninanspruchnahme der
- direkten Wohnflächen;
- Infrastrukturflächen, die mehrfach erstellt werden müssen, wobei Ver- und Entsorgungseinrichtungen auf maximale Auslastung hin ausgelegt werden müssen;
- Verkehrsflächen, um die Gebiete, in denen Freizeitwohnsitze liegen, zu erschließen, und der Parkplatzflächen an jeweils zwei Standorten.

Bei einem geschätzten Zuwachs von 50 000 Freizeitwohnungen jährlich rechnet die Bundesanstalt für Landeskunde und Raumordnung mit einem zusätzlichen jährlichen Flächenverbrauch von 1 000 Hektar in der Bundesrepublik[30]. Das ist zwar insgesamt nicht besonders viel. Da diese Wohnungen aber bevorzugt in attraktiven Gebieten entstehen, sind erhebliche Auswirkungen aus der Sicht des Umweltschutzes und im Hinblick auf das Landschafts- und Siedlungsbild wahrscheinlich. Welche Bedeutung diese Entwicklung für einzelne Gemeinden bereits hat, wird daraus ersichtlich, daß in einzelnen Fällen mehr als ein Drittel des gesamten Wohnungsbestandes als Zweitwohnungen anzusehen ist[31].

Für das Freizeitwohnen gibt es eine Reihe von gegenläufigen Faktoren, die von Röck zusammengefaßt wurden (vgl. Übersicht 9).

Darüber hinaus gibt es noch weitere Aspekte, die das Flächenwachstum dämpfen könnten: Die Wiedernutzung aufgegebener Gebäude (zum Beispiel Bauernhäuser, Mühlen und ähnliches) ist hierunter ebenso einzuordnen wie die erwähnten Timesharing-Anlagen, die durch die Zeit als Steuerungsparameter (Teilzeiteigentum) eine Mehrfachnutzung derselben Fläche ermöglichen.

Auch wenn die Zahl der freien Tage und damit die Tage potentieller Nutzung von Ferienwohnsitzen steigen, die Auslastung also insgesamt wachsen kann, ist dennoch mit einem erheblichen Rhythmuswechsel von Über- und Unterauslastung zu rechnen. Gerade Wohnsitze in landschaftlich attraktiven Gebieten werden vor allem zu den jeweils attraktiven Jahreszeiten genutzt. Trotz wachsender Intensität der Nutzung wird sie sowohl bei den Zweitwohnsitzen als auch bei den daran hängenden Einrichtungen im Durchschnitt gering bleiben.

---

[29] Vgl. *Österreichische Raumordnungskonferenz*, Zweitwohnungen in Österreich. Formen und Verbreitung, Auswirkungen, künftige Entwicklung, Wien 1987 (Schriftenreihe der Österreichischen Raumordnungskonferenz, Bd. 54).

[30] Vgl. *Siegfried Röck*, Flächeninanspruchnahme durch Freizeitwohnungen, in: Informationen zur Raumentwicklung, H. 4 (1987), S. 173–182, hier S. 179.

[31] Vgl. ebenda.

Übersicht 9 – *Entwicklungsfaktoren des Freizeitwohnens**

| Faktoren | Tendenz | Wirkung |
| --- | --- | --- |
| Einkommen | steigen auch künftig | + |
| Wohnqualität | Stadtumland als Wohnstandort wird wichtiger | – |
|  | Eigenheime nehmen zu | – |
| Arbeitsqualität | Kompensation durch Freizeit auch künftig notwendig | + |
| Freizeit | Arbeitszeit nimmt weiter ab | + |
| Motorisierung | nimmt zu | + |
| Fremdenverkehrsgewerbe | Ferienwohnungen als Angebotsform werden wichtiger | + |
| Wertewandel | Freizeit wird die Lebensgewohnheiten zunehmend prägen | + |
| Planung | Freizeitwohnen wird zunehmend restriktiver behandelt | – |
| Baukosten | steigen weiterhin | – |

* Quelle: *Siegfried Röck*, Flächeninanspruchnahme durch Freizeitwohnen, in: Informationen zur Raumentwicklung, H. 4 (1987), S. 179.

+ = verstärkend
– = abschwächend

## 5.3 Verkehr

Die Nachfrage nach Verkehrsflächen hängt ganz wesentlich von vier Faktoren ab:
- dem Verkehrsvolumen,
- der Verkehrsmittelwahl („modal split"),
- der zeitlichen Verteilung (Spitzen, Täler) und
- dem Bestand an Kraftfahrzeugen.

Damit ergibt sich die Frage, welche Veränderungen durch sich wandelnde Zeitstrukturen auf diese Faktoren und damit indirekt auf die Flächenanforderungen ausgehen. Dabei ist einerseits zu berücksichtigen, daß die Faktoren nicht unabhängig voneinander vorliegen, sondern sich teilweise gegenseitig bedingen. Darüber hinaus ist der Flächenverbrauch für Verkehr sehr viel stärker als etwa bei Gewerbe und Wohnen durch planerische Vorgaben und politische Entscheidungen geprägt.

Das Verkehrsvolumen wird aus verschiedenen Gründen steigen, vor allem im Straßenverkehr:
- Die Zulassungszahlen für Pkws steigen nach wie vor erheblich (vgl. Tabelle 44). Zwar ist die Zahl der mit dem Pkw zurückgelegten einzelnen Strecken (Wege) nicht in gleichem Maße gestiegen, aber ein Zuwachs ist auch hierbei unver-

Tabelle 44 – Zahl der zugelassenen Pkw in den Fallstudienstädten*

| Stadt | 1.7.1975 | | 1.7.1985 | | Veränderung in % | |
|---|---|---|---|---|---|---|
| | absolut | pro 1000 Einw. | absolut | pro 1000 Einw. | der Zahl der Pkw | pro 1000 Einw. |
| Hamburg | 443 079 | 257 | 593 441 | 374 | 33,9 | 45,5 |
| Essen | 162 007 | 238 | 245 463 | 395 | 51,5 | 66,0 |
| Frankfurt | 185 932 | 288 | 268 551 | 449 | 44,4 | 55,9 |
| Stuttgart | 168 796 | 278 | 237 814 | 424 | 40,9 | 52,5 |
| München | 346 139 | 263 | 512 227 | 405 | 48,0 | 54,0 |
| Bundesrepublik Deutschland (in Tsd.) | 16 517,4 | 267 | 25 844,5 | 424 | 56,5 | 58,8 |

* Quelle: Statistisches Jahrbuch deutscher Gemeinden; statistische Jahrbücher.

kennbar. Das bedeutet aber wiederum, daß die Stillstandszeiten von Pkws wachsen, es müssen also Flächen für den ruhenden Verkehr vorhanden sein[32].
- Neue Konzepte der Logistik („just-in-time-production"), bei denen die Lagerhaltung „auf die Straße verlegt" wird und – im Idealfall – kontinuierlich in den Produktionsfluß geliefert wird, senken das Einzelvolumen der Lieferung, erhöhen aber die Frequenz.
- Das Wachstum insbesondere der Freizeitblöcke dürfte die Freizeitmobilität, die typischerweise weniger mit öffentlichen Verkehrsmitteln bewältigt wird, steigern. Die immer länger werdenden Staus an Wochenenden oder zum Ferienbeginn können als Indiz dafür gewertet werden.

Die Verkehrsmittelwahl wird durch Zeitveränderungen ebenfalls beeinflußt:
- Alle Arbeitsformen und Ausdehnungen von Betriebszeiten, die zu eher unüblichen Zeiten des Arbeitsbeginns und Arbeitsendes führen, tragen dazu bei, den Individualverkehr zu erhöhen, weil die ÖPNV-Verbindung zu „unüblichen Zeiten" in der Regel schlecht ist.
- Untersuchungen zur Tagesbelastung von Straßen zeigen ein Auffüllen der Täler zwischen den Spitzenzeiten, was unter anderem damit erklärt wird, daß Berufstätige in den Spitzenzeiten zwar den ÖPNV benutzen oder gar umgestiegen sind, dafür aber andere Familienmitglieder jetzt außerhalb der Spitzen den Pkw benutzen.

Damit sind bereits die Fragen der Verteilung des Verkehrs angesprochen:
- Tageszeitliche Flexibilisierungen führen im günstigsten Fall zu einer Entzerrung des Verkehrs, also zum Abbau der Spitzen. Allerdings sind übertriebene Hoffnungen unangebracht, wie die Folgeuntersuchungen zur Gleitzeit[33] belegen. Zum Teil beruht dies darauf, daß nur eine Minderheit der Beschäftigten einen wirklichen Handlungsspielraum zur Zeitverschiebung hat, weil neben den objektiven Zeitschranken (zum Beispiel Fahrzeiten des ÖPNV) auch das Aktivitätsprogramm des Haushalts oder seiner einzelnen Mitglieder die Zeitflexibilität beschränkt. Nach einer Untersuchung in Stuttgart sind lediglich rund 16 Prozent der Personen wirklich wahlfrei[34].
- Eine Umverteilung von Arbeitszeiten in größerem Stil, wie sie etwa in den Modellen zur Sechs-Tage-Betriebs- und Vier-Tage-Arbeitswoche angelegt sind[35], wäre nicht nur mit einer Zeiterweiterung des arbeitsstättenbezogenen Verkehrs ins Wochenende (und eventuell in die Nacht) hinein verbunden, sondern auch mit einer Umverteilung des Verkehrs, vor allem des Freizeitverkehrs. Diese Umverteilungen könnten erhebliche Entzerrungswirkungen haben, aber mit zusätzlichen Emissionsproblemen – zu ungewohnten Zeiten – und mit einem Anreiz, die

---

32 Vgl. *Brög*, Auswirkungen der Zeitorganisation im Verkehr.
33 Vgl. z. B. *Herz*, Abbau von Verkehrsspitzen.
34 Vgl. *Werner Brög, Erhard Erl* und *Wolfgang Wörner*, Morgendliche Verkehrsspitzen beim Verkehrs- und Tarifverbund Stuttgart (VVS), in: Verkehr und Technik, H. 3 (1984), S. 87–91.
35 Vgl. *Difu-Projektgruppe*, Zeitplanung.

entstandenen „Lücken" wieder aufzufüllen, verbunden sein. Im betriebswirtschaftlichen Sinn jedoch würden die vorhandenen Kapazitäten besser genutzt.
- Ausgeprägte Spitzen führen insbesondere im Individualverkehr zu Staus. Neben den damit verbundenen Forderungen nach Ausbau der Verkehrswege kann das auch zu einem Wechsel der Verkehrsmittel führen, wenn ein Zeitvorteil des ÖPNV deutlich wird. Wie schwierig das allerdings ist, wird daran erkennbar, daß aufgrund subjektiver Fehleinschätzungen der relativen Geschwindigkeiten der ÖPNV um 50 Prozent schneller sein muß als der Individualverkehr, um auch nur für gleich schnell gehalten zu werden[36].

Fragt man schließlich, welche Folgen diese Veränderungen für den Flächenverbrauch des Verkehrs haben, muß man auch in Rechnung stellen, daß die Verkehrsflächen in der Regel nur unzureichend erfaßt werden. Will man den gesamten Verkehrsflächenverbrauch ermitteln, gehören dazu:
- Verkehrswege (Schienenstrecken, Bahnhöfe, Flughäfen, Straßen, unterschieden nach Fahrbahnen einschließlich Parkstreifen, Flächen für nichtmotorisierten Verkehr und Aufenthalt, Flächen für Vegetation),
- Abstellanlagen (Stellplätze und Parkbauten),
- Service- und Betriebsanlagen (Tankstellen, Werkstätten, Prüfstellen, Betriebshäfen),
- Verlust- und Wirkungsflächen (Gräben, Wälle, Böschungen, Verkehrsinseln, lärm- und schadstoffbelastete Randstreifen)[37].

Statistisch wird in der Regel nur ein Teil erfaßt. Insbesondere die Verlust- und Wirkungsflächen werden kaum berücksichtigt, obwohl davon auszugehen ist, daß sie zunehmen werden. Steigendes Verkehrsvolumen, insbesondere im Lieferverkehr durch „Just-in-time"-Konzepte und Betriebszeiterweiterungen, also Verkehr zu bislang unüblichen Zeiten, erhöht die Emissionen und damit die hierdurch betroffenen Flächen. Sind die Funktionen Wohnen und Arbeiten nicht zu trennen, so werden die Pufferflächen in diesen Fällen zunehmen müssen.

Der tatsächliche Flächenverbrauch für Verkehrswege und seine zukünftige Entwicklung ist in starkem Maße abhängig von der Verkehrsmittelwahl. Für den Personenverkehr läßt sich der extrem unterschiedliche Flächenbedarf je beförderte Person für unterschiedliche Verkehrsmittel sehr gut verdeutlichen (vgl. Schaubild 17). Der Flächenverbrauch pro Person ist für einen Pkw bei einer Geschwindigkeit von 30 km/h um den Faktor 5 höher als beim Autobus und um den Faktor 33 größer als bei der S-Bahn. Auf eine Kurzformel gebracht, könnte man sagen, daß der Flächenverbrauch von der Geschwindigkeit und dem Grad der Individualisierung des Verkehrsmittels abhängt.

Unterschiede im Verkehrssystem, in der Verkehrsmittelwahl und der quantitativen Bedeutung der Pendler schlagen sich bei den Städten denn auch in unterschiedlichem

---

36 Vgl. *Brög*, Auswirkungen.
37 Vgl. *Michael Höppner* und *Ursula Pauen-Höppner*, Flächenverbrauch durch motorisierten Verkehr in NRW. Vorstudie, Berlin, 1987, S. 13.

Schaubild 17 – *Flächenbedarf im Stadtverkehr[1] je beförderte Person* *

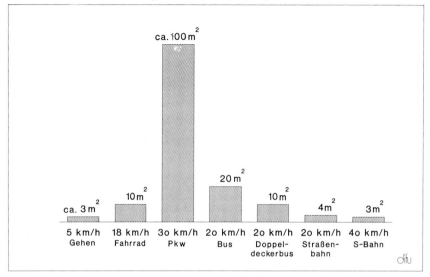

* Quelle: Nach *Dieter Apel*, Verkehrsflächen. 2. Bericht für die AG „Fläche" der Enquête-Kommission Bodenverschmutzung, Bodennutzung und Bodenschutz, Berlin o. J., S. 11.

[1] Es gelten die angegebenen Geschwindigkeiten. Stellplatzflächenbedarf ist noch nicht mitgerechnet. Zugrunde gelegt sind die Verkehrsverhältnisse in großstädtischer Innenstadt während der Spitzenstunden.

Verkehrsflächenverbrauch nieder. Die Verkehrsflächen und unterschiedliche Bezugsgrößen sind für ausgewählte Städte einschließlich der Fallstudienstädte (außer Konstanz) in Tabelle 45 ausgewiesen. Dabei zeigt sich, daß Frankfurt bei fast allen Bezugsgrößen mit Abstand den höchsten Verbrauch an Verkehrsflächen hat, München den kleinsten[38]. Der Einpendleranteil mit dem Pkw ist in den Städten mit der niedrigsten Verkehrsfläche pro Werktagsbevölkerung noch am geringsten (vgl. Tabelle 45). Man kann daraus schließen, daß die Pendler es auch vom Verkehrsflächenangebot abhängig machen, mit welchem Verkehrsmittel sie einpendeln.

Im allgemeinen wird versucht, solche Engpaßprobleme mit Flächenausweitung zu lösen. Abgesehen von den wachsenden Problemen in den Städten, neue Verkehrsflächen zur Verfügung zu stellen, hat die Vergangenheit gezeigt, daß Straßen immer voller werden; letztlich geht es um die Frage, auf welchem Niveau der Stau erfolgen soll. Zur Lösung von Verkehrsengpässen gewinnen eher andere Strategien als die Ausweitung von Verkehrsflächen an Bedeutung, nämlich Methoden der Verkehrssteuerung, der zeitlichen Steuerung und Entzerrung[39]. So problematisch Staffelungen und

---

[38] Dabei dürften der Flughafen in Frankfurt und die entsprechenden Autobahnanschlüsse eine wesentliche Rolle spielen.
[39] Vgl. auch Kap. 7.3.2.

Tabelle 45 – *Verkehrsflächen und Einpendler mit Kfz im Städtevergleich**

| | Berlin | Hamburg | München | Köln | Frankfurt | Stuttgart | Düsseldorf | Hannover | Essen | Dortmund | Bremen |
|---|---|---|---|---|---|---|---|---|---|---|---|
| Wohnbevölkerung (1.1.1986) in Mio. Stadtgebiet in km² | 1,86<br>480 | 1,58<br>753 | 1,27<br>310 | 0,92<br>405 | 0,60<br>249 | 0,56<br>207 | 0,56<br>217 | 0,51<br>204 | 0,62<br>210 | 0,57<br>280 | 0,53<br>326 |
| Vers.-pflichtig Beschäftigte 1985 | 724 000 | 713 000 | 643 000 | 409 000 | 439 000 | 355 000 | 330 000 | 280 000 | 217 000 | 205 000 | 232 000 |
| Werktagsbevölkerung (Wohnbevölkerung und Einpendler)[1] in Mio. | 1,90 | 1,90 | 1,60 | 1,15 | 0,93 | 0,80 | 0,76 | 0,75 | 0,73 | 0,68 | 0,66 |
| Verkehrsfläche in ha | 8 166 | 8 455 | 4 438 | 6 564 | 4 664 | 2 920 | 3 248 | 2 948 | 2 956 | 4 023 | 4 023 |
| – davon Straßen, Wege, Plätze | 5 942 | 6 780 | 3 153 | 4 335 | 3 044 | 2 490 | 2 196 | 2 536 | 2 320 | 2 935 | 2 705 |
| Verkehrsfläche in % der Gesamtfläche | 17,0 | 11,2 | 14,3 | 16,2 | 18,8 | 14,1 | 15,0 | 14,5 | 14,1 | 14,4 | 12,3 |
| Verkehrsfläche in % der Siedlungsfläche | 24,2 | 20,8 | 19,3 | 30,5 | 40,2 | 31,7 | 28,7 | 23,6 | 23,4 | 26,8 | 23,8 |
| Verkehrsfläche pro Werktagsbevölkerung (m² pro Person) | 43 | 44 | 28 | 57 | 50 | 36 | 43 | 39 | 40 | 59 | 61 |
| Werktägliche Einpendler (Zahl der Personen)[2] | 40 000 | 280 000 | 320 000 | 200 000 | 320 000 | 230 000 | 190 000 | 220 000 | 100 000 | 90 000 | 120 000 |
| – davon mit Kfz in % d. werktäglichen Einpendler[2] | 73 | 60 | 55–60 | 65 | 60 | 65 | 65 | 60 | 65 | 70 | 65 |
| Zahl d. werktäglichen Kfz in der Stadt insg. (zumindest zeitw.) | 20 000 | 140 000 | 150 000 | 110 000 | 160 000 | 120 000 | 100 000 | 110 000 | 55 000 | 55 000 | 65 000 |
| | 752 000 | 807 000 | 726 000 | 514 000 | 460 000 | 386 000 | 373 000 | 310 000 | 327 000 | 306 000 | 286 000 |

* Quelle: Nach *Dieter Apel*, Verkehrsflächen. 2. Bericht für die AG „Fläche" der Enquête-Kommission Bodenverschmutzung, Bodennutzung, Bodenschutz, Berlin o. J., S. 5.

[1] Arbeits-, Ausbildungs- und sonstige Einpendler.
[2] Geschätzte Werte.

Entzerrungen sind, führen sie doch in Einzelfällen zu gewissen Entlastungseffekten. Durch die zunehmende Flexibilisierung von Arbeitszeiten ist zwangsläufig mit einer gewissen Entzerrung im Verkehr zu rechnen. Da generell jedoch von einem weiteren Wachstum der „Automobilität" auszugehen ist, erwarten die Verkehrsexperten der Städte auch durch weitere Arbeitszeitflexibilisierungen auf Dauer keine spürbare Entlastung der Straßen. Insofern wird es auch weiterhin darum gehen, den öffentlichen Personennahverkehr zu unterstützen und auf Strategien des „Umsteigens" sowie gezielter Zeitsteuerung und zeitlicher Bevorzugung zu setzen.

Versucht man, eine Bilanz der Flächenveränderungen im Verkehr zu ziehen, die durch Zeitveränderungen mitgetragen sind, so ist zunächst im Auge zu behalten, daß die Zeitveränderungen sich weniger unmittelbar als in anderen Bereichen in Flächenwirkungen umsetzen werden. Auch wenn man von einer beschränkten Möglichkeit weiterer Flächenausweisungen für Verkehr ausgeht, wird es sicherlich auch weiterhin Zuwächse geben. Vor allem aber muß mit einer intensiveren Beanspruchung vorhandener Flächen gerechnet werden: Das bedeutet einerseits, daß Staus auch weiterhin zunehmen werden, und andererseits, daß die Konkurrenz um die Flächen für verschiedene Verkehrsnutzungen sich verschärfen wird – besonders auch durch den ruhenden Verkehr. Rund 96 Prozent der Zeit des Tages steht ein Pkw ungenutzt[40]. Bei wachsenden Pkw-Zahlen bedeutet das erhebliche Beeinträchtigungen für das Wohnumfeld und für die Möglichkeiten des Flanierens und Gehens durch immer mehr zugeparkte Flächen[41].

Schließlich ist durch die wachsende Bedeutung der Schnelligkeit – vor allem auch im internationalen Zusammenhang – mit einer weiteren Zunahme des Flugverkehrs zu rechnen. Auch wenn „Zeiterweiterungen", also die Lockerung von Nachtflugverboten, angestrebt werden und auf diese Art die Kapazität der Flughäfen erhöht wird, ist – ungeachtet der problematischen Folgen einer solchen Zeiterweiterung – mit einem weiteren Ausbau der Flughäfen und damit steigendem Flächenverbrauch zu rechnen[42]. Die Koordination und Mischung von Standorten verschiedener Funktionen (Wohnen, Arbeiten, Handel) würde zwar eine Verringerung des Verkehrs bewirken. Eine solche Funktionsmischung läßt sich jedoch kaum realisieren, weil in bestimmten Bereichen die Verträglichkeit von Funktionen abnimmt, Trennung also geboten ist. Darüber hinaus wird durch schnellere Verkehrsmittel eine räumliche

---

40 Vgl. *Brög*.
41 Zum Problem des ruhenden Verkehrs ist zur Zeit eine Untersuchung des Deutschen Instituts für Urbanistik in Vorbereitung: *Michael Lehmbrock* und *Dieter Apel*, Parkplatzplanung und -bewirtschaftung als Baustein einer neuen Verkehrspolitik in den Innenstädten.
42 Beispiel Flughafen Frankfurt. Zur Zeit werden die Abfertigungskapazitäten stark erweitert. Um diese füllen zu können, fehlt irgendwann die Kapazität der Start- und Landebahnen. Es muß also eine Erweiterung dieser Flächen erfolgen – Stichwort „Startbahn Ost" –, oder es verstärken sich die Bestrebungen, den Flugverkehr früher am Morgen (vor 5.00 oder 6.00 Uhr) beginnen zu lassen und abends länger auszudehnen. Auch die internationale Konkurrenz von Flughäfen treibt in die Richtung Zeit- und/oder Flächenerweiterung.

Ausdehnung weiter getrieben, so daß Funktionsmischung und Standortkoordination als Weg des Flächensparens als wenig erfolgversprechend einzuschätzen sind.

## 5.4 Freiflächen, Freizeitinfrastruktur

Die Veränderung von Zeitstrukturen wird die Nutzung von Freiflächen und von Flächen für Freizeitinfrastruktur in erheblichem Maße beeinflussen. Dabei spielen für die tatsächliche Flächeninanspruchnahme und Flächenbelastung vor allem zwei Faktoren eine entscheidende Rolle:
- Zum ersten geht es um die Art der Arbeitszeitverkürzung. Je mehr die Verkürzung auf eine Reduzierung der täglichen Arbeitszeit orientiert ist, desto deutlicher werden die Veränderungen lediglich im Nahbereich anfallen. Eine Verkürzung in Blöcken (zusätzliche freie Tage) reduziert die Distanzempfindlichkeit in der Freizeit, so daß räumlich größere Ausstrahlungseffekte zu erwarten sind; auch Flächen in Regionen, die an solche mit veränderten arbeitsfreien Zeiten angrenzen, werden betroffen sein. Da derzeit die Tendenz stärker in Richtung Blockverkürzung weist, dürften die Ausstrahlungseffekte zunehmen.
- Die rückläufige Bevölkerungsentwicklung (als zweiter Faktor) kompensiert – in der Summe – den Zuwachs an arbeitsfreier Zeit weitgehend: Auch bei unterstellter drastischer Arbeitszeitverkürzung sinkt die „Freizeitstundensumme" der Bevölkerung in der Bundesrepublik[43]. Mit Ausnahme von Konstanz gilt das noch sehr viel deutlicher für alle übrigen Untersuchungsstädte[44]. Der Wandel der Bevölkerungsstruktur (Altersaufbau) und der Verhaltensweisen, Erwartungen und Ansprüche schlägt sich dabei jedoch in Nutzungsveränderungen nieder.

Für die vorliegende Fragestellung ist es dabei zweckmäßig, grob drei Typen von Flächen zu unterscheiden, weil Zeitveränderungen jeweils andere Auswirkungen auf sie haben:
- Freiflächen im engeren Sinn, also nahezu naturbelassene Flächen wie Wälder, Wasserflächen bzw. ihre Ufer und ähnliches;
- „bearbeitete" oder gestaltete Freiflächen, also landwirtschaftliche Flächen, Parks und sonstige für Freizeitaktivitäten aufbereitete Flächen (zum Beispiel Skipisten);
- Flächen für Freizeitinfrastruktur wie Sportplätze, Golfplätze, Bäder usw., bebaute Freizeitflächen.

Die naturbelassenen Flächen können als die empfindlichen Kategorien im Hinblick auf veränderte Zeitmuster angesehen werden[45]. Durch Umverteilung von freien Zeiten und eine Entzerrung der Nutzung können zwar Spitzenbelastungen abgebaut werden, aber eine solche „zeitliche Zersiedelung" schafft ökologische Probleme, weil Regenerationszeiten für die Naturräume – in welcher Fristigkeit auch immer

---

[43] Vgl. *Difu-Projektgruppe*.
[44] Vgl. Kap. 3.2.
[45] Es wird als gegeben unterstellt, daß die naturbelassenen Flächen durch Umnutzung für andere Zwecke (Infrastruktur, Wohnen, Gewerbe usw.) geringer werden.

(täglich, wöchentlich, jahreszeitlich oder länger) – verlorengehen. Die religiösen Feiertagsheiligungsgebote enthalten ursprünglich immer auch solche Aspekte der Schaffung von Ruhezeiten und der Sicherung von Regeneration von Mensch und Natur. „Geschützte Zeiten" für solche Flächen sind also unabdingbar – aber immer schwieriger durchzusetzen, besonders wenn es sich um Flächen in touristisch attraktiven Gebieten handelt[46].

Teilweise anders verhält es sich mit den „bearbeiteten" Freiflächen; bei ihnen haben sich schon Aspekte der materiellen Infrastruktur durchgesetzt, die Linearisierung der Nutzung ist schon sehr weit fortgeschritten. Einige Beispiele mögen dies erläutern:

- Wintersportflächen können als Flächen betrachtet werden, die sich im Übergang von „unbearbeiteten" zu „bearbeiteten" Freiflächen befinden. Für sie werden Schneisen in Wälder geschlagen, Lifte eingerichtet; und wenn der Himmel den Schnee nicht bringt, wird er mit Schneekanonen künstlich erzeugt. Hierbei handelt es sich um ein sehr deutliches Beispiel für Linearisierung von Nutzungen, Überspielung natürlicher Rhythmen mit schweren ökologischen Folgen wie Bodenverdichtung und Begünstigung von Erosion[47]. Freizeittourismus wird also zum Belastungsfaktor in bestimmten Räumen, zumal dann, wenn die natürlichen Rhythmen dabei „übergangen" werden.

- Sportflächen und viele Parks sind typische Beispiele „bearbeiteter" Natur, die den Charakter materieller Infrastruktur angenommen hat. Das bedeutet, daß bei wachsender Inanspruchnahme vorhandener Einrichtungen infolge wachsender arbeitsfreier Zeit keine wesentlichen zusätzlichen Probleme auftauchen – allenfalls die Bearbeitungsintensität muß steigen. Durch Renaturierung von Brachflächen ist in diesen Bereichen eher mit „Flächengewinnen" zu rechnen.

Der wachsende Freizeitmarkt, dessen Anteil am Bruttosozialprodukt bereits 1985 auf 15 Prozent geschätzt wurde[48], dürfte in Zukunft dagegen erheblich größere Flächenprobleme erzeugen (zum Beispiel Spaßbäder, Squashcentren usw.). Wechselnde Moden und immer schnellere Produktzyklen auch in diesem Bereich führen zu einer verstärkten Tendenz der Flächenspezialisierung, also zu monofunktionaler Nutzung und damit auch zu Schwierigkeiten bei späterer Umnutzung. Im Bereich der Freizeitinfrastruktur ist mit erheblichen Flächenansprüchen zu rechnen, die häufig zu Lasten von Freiflächen gehen, weil die Anforderungen an die Standorte solcher Einrichtungen ebenfalls steigen. Einige Beispiele mögen dies verdeutlichen:

- Die gegenwärtige Welle der Spaßbäder, Freizeitbäder, Thermen und ähnlicher Einrichtungen[49] ist noch lange nicht abgeebbt. Nicht nur rüsten viele Kom-

---

[46] Vgl. auch Kap. 7.3.1.
[47] Vgl. hierzu u. a. *Der Spiegel*, Nr. 2 vom 11.1.1988, S. 68–79.
[48] Vgl. *B.A.T.-Freizeit-Forschungsinstitut* (Hrsg.), Zukunftsfaktor Freizeit, Hamburg 1986.
[49] Vgl. z.B. *Der Spiegel*, Nr. 24 vom 8.6.1987, S. 204–211; *Claudia Kreutzer, Jörg Maier* und *Gabi Troeger-Weiß*, „Spaßbäder" und Badelandschaften als räumliche Innovation und raumordnungspolitisches Problem, in: Zeitschrift für Wirtschaftsgeographie, Bd. 31 (1987), H. 3-4, S. 194–206.

munen ihre Hallenbäder mit hohem Aufwand nach; nach Expertenschätzungen sind bei kommerziellen Trägern noch über 70 solcher Bäder in der Bundesrepublik in Planung. Dabei ist absehbar, daß viele dieser Einrichtungen sich auf längere Sicht nicht tragen werden; ein „Hallenbadeffekt", wie er aus den siebziger Jahren bekannt ist, ist damit auf höherem Niveau absehbar.

- Golfplätze schießen wie Pilze aus dem Boden. Mit 200 laufenden Projekten rechnen Fachleute für das Bundesgebiet[50]. Im Schnitt sind 18-Loch-Anlagen 60 Hektar groß; schon heute besetzen die Golf-Klubs 8 000 Hektar Boden, im Münchener Raum allein 500 Hektar. Nur in seltenen Fällen werden landwirtschaftliche Flächen umgewidmet, was meist ein ökologischer Gewinn ist, weil die durch chemieintensive Landwirtschaft hoch belasteten Flächen einer weniger belasteten Nutzung zugeführt werden; viel häufiger werden Wälder, Auen an besonders attraktiven Standorten, zuweilen in Landschafts- oder Wasserschutzgebieten belegt[51]. Diese Art der Freizeitverbringung wird weiterhin zusätzliche Flächen „verbrauchen", zumal der Golfplatz zum Argument für die Wirtschaftsförderung zu werden beginnt.
- Die Nachfrage nach Kleingärten wächst in fast allen Kommunen. Sie sehen sich zunehmend genötigt, entsprechende zusätzliche Flächen in den Flächennutzungsplänen auszuweisen[52] – zum Teil als Legalisierung „wilder" Gebiete. Auch hier handelt es sich um einen Verlust von Freiflächen, eine Belegung mit „bearbeitenden" Nutzungen.

Insgesamt muß man also davon ausgehen, daß die Flächeninanspruchnahme für neue oder zusätzliche Freizeitaktivitäten wachsen wird – mit der Gefahr von Leerständen oder Unternutzungen in absehbarer Zeit, verstärkt durch schnellere Nutzungszyklen und höhere Spezialisierung[53]. Da es sich dabei meist um zahlungskräftige Nachfrage handelt, ist zu erwarten, daß sie sich durchsetzen wird und die naturbelassenen Freiflächen weiter schrumpfen werden.

Eine erste Annäherung an die Nutzungschancen von kommunalen „Freiflächen" durch die ortsansässige Bevölkerung bietet eine Betrachtung der Beziehung von potentieller Freizeit der Bevölkerung (arbeitsfreie Zeit der Bevölkerung = Freizeitstundensumme)[54] und verschiedener Kategorien von freien Flächen in den Fall-

---

50 Vgl. *Jürgen Schreiber*, Spiel mit der Natur, in: Natur, H. 6 (1987), S. 26–33.
51 Vgl. ebenda.
52 Für den Raum Stuttgart geht man davon aus, daß der Flächenbedarf für Dauerkleingärten im FNP/LP nur zu etwa einem Sechstel gedeckt ist (100 von benötigten 600 Hektar).
53 Ein Beispiel aus einer Großstadt: Es wurde Bedarf für eine Skateboardbahn angemeldet. Nachdem ein Standort gefunden, die Planung abgeschlossen, die Finanzierung gesichert war, war die Hoch-Zeit der Skateboards bereits wieder vorbei. Durch Zeitplanung, also etwa zeitweiliges Sperren bestimmter Straßen, hätte man auf diesen Anspruch schneller und kostensparender reagieren können.
54 Vgl. *Difu-Projektgruppe* und Kap. 3.2. Auch wenn diese Freizeit natürlich nur zum geringen Teil auf den Erholungsflächen verbracht wird, ist bei gleichen Annahmen durchaus ein grober Städtevergleich möglich.

studienstädten. Damit ist nur ein grober *quantitativer* Anhaltspunkt dafür zu gewinnen, welche Erholungsmöglichkeiten bzw. -flächen den freien Zeiten der Bevölkerung gegenüberstehen. Qualitative Aspekte dieser Flächen und ihrer Verteilung über die Stadt können damit nicht eingefangen werden (vgl. Tabelle 46).

Die Werte der Freizeitstundensumme pro Erholungsfläche schwanken zwischen knapp über 20 Stunden pro Hektar (Hamburg) und fast 60 Stunden pro Hektar (Frankfurt); niedrige Werte deuten eine geringe Dichte, ein günstigeres „Angebot" an. Es zeigt sich, daß München, die am dichtesten besiedelte und bebaute Stadt unter den Untersuchungsstädten nach Hamburg, den günstigsten Wert von Freizeitstunden per Hektar Erholungsfläche (Sport- und Spielfläche, Grünanlagen, Parks, Kleingartenanlagen) aufweist. Der Wert für Frankfurt und Stuttgart liegt mehr als doppelt so hoch. Für tägliche Freizeitverbringung in typisch städtischen „Freiflächen" gibt es also quantitativ besonders günstige Voraussetzungen in den beiden Millionenstädten, wobei allerdings in allen Städten die „Fremdnutzung" solcher Flächen durch Touristen, Pendler usw. nicht berücksichtigt ist. Dieser Eindruck wird noch verstärkt, wenn man auch die räumliche Verteilung über die Stadt berücksichtigt. Sie belegt die besondere Begünstigung Münchens und macht eine stärkere Ungleichverteilung in Essen deutlich[55]. Erst wenn man auch die Waldflächen (oder zusätzlich noch landwirtschaftliche Flächen und Wasserflächen) mit einbezieht, wird die Besiedelungsdichte Münchens erkennbar; der Indikatorwert ist dann in München der ungünstigste, während Stuttgart und Frankfurt besonders günstig liegen.

## 5.5 Kulturelle Infrastruktur

Auch auf den Bereich der kulturellen Infrastruktur werden durch zeitliche Veränderungen zusätzliche Anforderungen zukommen. Viele Einrichtungen – vom Bürgerhaus über Fortbildungseinrichtungen bis zum Museum[56] – verzeichnen wachsende Nutzerzahlen (wobei nicht immer eindeutig ist, ob die Nutzungszeit entsprechend der Zahl der Nutzer wächst oder gar rückläufig ist). Die zukünftige Nutzung wird unter anderem davon abhängen, wie sich zwei gegenläufig wirkende Tendenzen, die Arbeitszeitverkürzung und der Bevölkerungsrückgang, auswirken.

Der Bevölkerungsrückgang führt zu einer Verringerung der Zahl potentieller Nutzer, so daß einerseits die Chance von Entlastungen, andererseits aber auch die Gefahr von Unterauslastung und Überkapazitäten besteht, wie sie teilweise im Kindergarten- oder Schulbereich bereits zu beobachten ist[57].

Die Arbeitszeitverkürzung kann sich auf die kulturelle Infrastruktur in mehrfacher Weise auswirken:

---

55 Vgl. Kap. 3.5.1.
56 Vgl. z. B. Volkshochschulstatistik, Museumsstatistik usw.
57 Vgl. *Michael Reidenbach*, Ausstattung und Bedarf an sozialer Infrastruktur aus regionaler Sicht, Berlin 1988 (Difu-Materialien, 5/88).

Tabelle 46 – Potentielle Freizeit[1] und „Freiflächen" in den Fallstudienstädten (1984/85)*

| | Freizeitstundensumme der Bevölkerung 1984 in Mio. Std. pro Woche | Freizeitstundensumme der Bevölkerung 2000 in Mio. Std.[2] pro Woche | Erholungsflächen[3] in ha | Erholungsflächen und Waldflächen in ha | Freiflächen insgesamt[4] in ha | Freizeitstundensumme pro Erholungsfläche 1984/85 in Tsd. Std. pro ha | Freizeitstundensumme pro Erholungs- u. Waldfläche 1984/85 in Tsd. Std. pro ha |
|---|---|---|---|---|---|---|---|
| Hamburg | 124,4 | 111 (116,8) | 5 908 | 9 087 | 38 282 | 21,1 | 13,7 |
| Essen | 48,7 | 44,2 | 1 237 | 3 328 | 9 214 | 39,4 | 14,6 |
| Frankfurt (einschl. Offenbach)[5] | 54,5 | 47,4 (49,9) | 957 | 6 604 | 16 279 | 56,9 | 8,3 (8,4) |
| Stuttgart | 43,3 | 39,3 (41,3) | 788 | 5 656 | 11 976 | 54,9 | 7,7 |
| Konstanz[6] | 5,25 | 5,56 (5,93) | 114 | 1 812 | 3 999 | 46,1 | 2,9 |
| München | 97,9 | 83,9 (88,2) | 3 827 | 5 127 | 11 329 | 25,6 | 19,1 |

\* Quelle: Statistisches Jahrbuch deutscher Gemeinden 1986 (Flächen); eigene Berechnungen des Deutschen Instituts für Urbanistik zur Freizeitstundensumme.
[1] Es handelt sich um die Summe der arbeitsfreien Zeit der Gesamtbevölkerung („Freizeitstundensumme"), siehe Kap. 3.2.
[2] Werte ohne Klammern: ohne Arbeitszeitverkürzung; Werte in Klammern: mit Arbeitszeitverkürzung.
[3] Erholungsflächen umfassen: unbebaute Flächen, die vorherrschend dem Sport, der Erholung oder dazu dienen, Tiere oder Pflanzen zu zeigen (Statistisches Jahrbuch deutscher Gemeinden 1986, S. 87).
[4] Erholungsflächen, Waldflächen, Landwirtschaftsflächen, Wasserflächen.
[5] Die Flächendaten standen in Frankfurt nur für Frankfurt einschließlich Offenbach zur Verfügung. Deshalb wurde die Freizeitstundensumme entsprechend der Bevölkerungszahl in Offenbach hochgerechnet.
[6] Die Freizeitstundensumme wurde auf die Stadt hilfsweise nach dem Bevölkerungsanteil der Stadt an der Bevölkerung des Kreises umgerechnet.

- Die Einrichtungen können – durch den Bevölkerungsrückgang – von weniger Leuten länger genutzt werden (dabei wirken sich Arbeitszeitverkürzung und veränderte Arbeitszeitlagen aus), wobei die Auswirkungen auf die Kapazität vom Verhältnis der zusätzlichen Dauer zur geringeren Nutzerzahl abhängen.
- Steigendes Bildungsniveau, zusätzliche Anforderungen an Weiterbildung und Wandel der Bevölkerungsstruktur[58] können dazu führen, daß neue Nutzergruppen auftreten. Vor allem im Fortbildungsbereich ist davon auszugehen, daß die Nutzerzahlen wachsen werden. Darüber hinaus können auch neue Nutzer auftreten, wenn die Verkürzung der Arbeitszeit gewisse Schwellenwerte erreicht, die eine Nutzung erst sinnvoll möglich machen. Insbesondere bei täglichen Arbeitszeitverkürzungen können solche Schwellenwerte eine wichtige Rolle spielen. Müller-Wichmann[59] sieht einen solchen Schwellenwert bei einer täglichen Arbeitszeitverkürzung von zwei Stunden als erreicht an.

Eine zusätzliche Nutzung der kulturellen Infrastruktur ginge zwangsläufig mit einer Umverteilung persönlicher Zeitbudgets einher; das heißt, an anderen Stellen müßten – teilweise auch über die Arbeitszeitverkürzung hinaus – Zeiten „eingespart" werden.

Unklar ist bislang, wieweit Inanspruchnahme eine Funktion der Angebotszeiten ist, ob Einrichtungen, bei denen der einzelne die Nutzungszeit bestimmen kann (zum Beispiel Museen), wachsende Nachfrage erleben werden, weil sie den wachsenden zeitlichen Koordinationsproblemen eher angepaßt sind, und ob Einrichtungen mit starren Angebotszeiten (zum Beispiel Theater) eher Besucher verlieren werden. Es gibt verstreute Hinweise, die in diese Richtung interpretiert werden können; eine wirkliche Überprüfung der These ist nicht erfolgt.

Bei kulturellen Infrastruktureinrichtungen ist eine Zeiterweiterung oder -verschiebung schon seit längerem zu beobachten und gegenwärtig mit den Museumsöffnungszeiten in einigen Städten wieder in der aktuellen Diskussion. Diese Formen der Zeiterweiterung scheinen – außer für die davon betroffenen Beschäftigten – relativ unproblematisch, weil keine zusätzlichen Belastungen geschaffen werden. Im Gegenteil: Zeiterweiterung in diesen Bereichen kann eher als ein Faktor betrachtet werden, der belebend wirkt, der zur „Urbanität" und Attraktivität beiträgt.

Die Nachfrageveränderung, teilweise auch das Nachfragewachstum (durch mehr arbeitsfreie Zeit, steigendes Bildungsniveau usw.) trifft auf eine Reihe von Entwicklungen – wie zunehmende Leerstände bei einzelnen Infrastruktureinrichtungen infolge des Wandels der Bevölkerungsstruktur[60], sinkenden finanziellen Spielraum der Gemeinden, sich ausdifferenzierendes Freizeitverhalten, Flächenengpässe –,

---

58 Vgl. *Albrecht Göschel*, Anforderungen an künftige kulturelle Angebote. Auswirkungen veränderter kultureller Verhaltensformen auf Angebot und Planung von Kultureinrichtungen, Berlin 1988 (vervielfältigt).
59 Vgl. *Müller-Wichmann*, S. 59.
60 Vgl. *Göschel u. a.*, Infrastrukturrevision.

Übersicht 10 – *Auswirkungen von Zeitveränderungen auf Flächen und Standorte**

| Flächen-/Funktionstyp | Art der Zeitveränderung | | flächensparende Wirkungen | flächenverbrauchende Wirkungen | Faktoren der Standortwahl | Folgen für Standortwahl | Bewertung/Probleme |
|---|---|---|---|---|---|---|---|
| **Gewerbe** | Verkürzung der Betriebszeit (bei Verkürzung der Arbeitszeit) | | Nutzungsintensivierung ohne wesentliche Flächenkonsequenzen | bei Kapazitätserhalt: zusätzliche Arbeitsplätze, Investitionen | – | – | – |
| | Ausweitung der Betriebszeit | | Kapazitätserhöhung auf gleicher Fläche; Flächensparen nur bei neuen Standorten | Abstandsflächen, Pufferflächen | Wettbewerbsvorteil bei unterschiedlicher Zulässigkeit; Zulässigkeit von Emissionen (Lärm, Luft, Verkehr) zu bislang unüblichen Zeiten; Erreichbarkeit mit ÖPNV | Standortwahl auch nach „Zeitkriterien"; Lage an verkehrsgünstig erreichbaren Standorten (ÖPNV); Begünstigung der Funktionstrennung | Verträglichkeitsprobleme Wohnen und Arbeiten |
| | zeitliche Abstimmung/Logistik | | Rückgang von Lagerhaltungsflächen an Produktionsstandorten | teilweise Umverteilung von Lagerhaltungsflächen auf Zulieferer | Verkehrsanbindung wird noch wichtiger; Nähe zu Zulieferern bzw. Abnehmern | Förderung von Funktionstrennung; Standortgemeinschaften von „just-in-time"-Betrieben | Zunahme von Verkehr zu bislang unüblichen Zeiten |
| **Wohnen** | Arbeitszeitverkürzung | täglich | Bindung an Wohnort; Intensivierung der Wohnungs- und Umfeldnutzung | Bedeutungszunahme der Wohnung; erhöhte Flächennachfrage pro Kopf | höhere Distanzempfindlichkeit bzgl. Wohn- und Arbeitsstandort | – | tendenziell intensivere Nutzung vorhandener Einrichtungen |
| | | en bloc | | Förderung der Zersiedlung; Zweitwohnsitze; Tourismus | geringere Distanzempfindlichkeit | Standortsplitting; Zweitwohnsitze; Suburbanisierung | Zunahme von Verkehr; geringere Auslastung vorhandener Infrastruktur |
| | Umverteilung von Arbeitszeit (z. B. Abrufarbeit u. ä.) | | Bindung an den Wohnort | – | höhere Distanzempfindlichkeit | – | – |

| Bereich | Maßnahme | | | | | |
|---|---|---|---|---|---|---|
| Verkehr | Zeiterweiterung (z. B. Aufhebung von Sperrzeiten) | Entzerrungsmöglichkeiten (Abbau von Engpässen) ohne zusätzliche Flächen | Pufferflächen (Abschirmung des Verkehrs) | Zulässigkeit von Lärm- und Abgasemissionen | – | Verträglichkeitsprobleme |
| | Flexibilisierung/ Entzerrung | Abbau von Spitzenkapazitäten möglich (Rückbau) | – | – | – | Probleme: Servicebereitschaft des ÖPNV; Tendenz zur Verstärkung des Individualverkehrs |
| | zeitliche Abstimmung/ Logistik | mehr Fließ-, weniger Standflächen | Pufferflächen; Zunahme der Verkehrsflächen an „just-in-time"-Standorten | Zunahme der Distanzempfindlichkeit; Vorhandensein von Verkehrsflächen und -anbindung | Ausbau von Verkehrswegen an „just-in-time"-Standorten | Verträglichkeitsprobleme |
| Kultur | Zeiterweiterung (z. B. längere Öffnungszeiten) | Kapazitätserhöhung auf gleicher Fläche | – | Erreichbarkeit verliert an Bedeutung; Distanzempfindlichkeit wird geringer | breitere Wahlmöglichkeiten | Förderung von „Urbanität" |
| Freizeit, Freifläche | Zunahme der Freizeit – täglich | wenig Inanspruchnahme neuer Flächen, Nutzungsintensivierung vorhandener Flächen | wachsende Nachfrage nach Freizeitinfrastruktur | höhere Distanzempfindlichkeit bei „Kurzfreizeit" (z. B. Mittagspause) | Förderung der Funktionsmischung bei „Kurzfreizeit"; neue Freizeitstandorte in Arbeitsplatz- und Wohnortnähe und peripher | – |
| | Zunahme der Freizeit – en bloc | – | Zweitinfrastruktur; Tourismus; Freizeitflächen | geringere Distanzempfindlichkeit | Förderung der Funktionsspezialisierung; Standortdispersion | ökologische Probleme |
| | Flexibilisierung | Kapazitätserhöhung durch Entzerrung; Nutzungsintensivierung | Förderung von Flächenspezialisierung | Möglichkeit von Kurznutzungen | vgl. tägliche Zunahme | Verhinderung von Ruhephasen/„Zeitnischen" bei ökologisch wertvollen Flächen |

Quelle: Eigene Zusammenstellung des Deutschen Instituts für Urbanistik.

die erwarten lassen, daß es in diesem Bereich der Flächennutzung weniger um Zuwachs geht als vielmehr um Umnutzungen und neue Organisationskonzepte (der Nutzungsmischung und der Mehrfachnutzung)[61].

Beispiele von Mehrfachnutzungen finden sich im Zuge der Entdeckung von Kultur als Image- und Standortfaktor zunehmend auch im betrieblichen Bereich. Vor allem Großbetriebe (zum Beispiel Banken, Versicherungen) stellen Flächen für Veranstaltungen zur Verfügung (Vortragsräume, Konferenzräume) oder betätigen sich selbst mit Ausstellungen als „Kulturveranstalter".

Insgesamt ist also im Bereich der kulturellen Infrastruktur durch Zeitveränderungen die geringste Flächendynamik zu erwarten. Vorhandene bauliche Ressourcen und neue Konzepte erlauben im Gegenteil in Teilbereichen eine – erwünschte – Intensivierung der Flächennutzung.

## 5.6 Schlußfolgerungen

Faßt man für unterschiedliche Flächennutzungskategorien die Auswirkungen absehbarer Zeitveränderungen auf die Inanspruchnahme der Flächen nochmals zusammen (vgl. Übersicht 10), so wird die Gegenläufigkeit der Entwicklungen erkennbar. Sowohl flächensparende als auch flächenverbrauchende Teilwirkungen sind wahrscheinlich. Der Versuch einer Zusammenfassung führt zu dem Schluß, daß ohne wirksame Gegensteuerung auch weiterhin mit einer zusätzlichen Inanspruchnahme von Flächen für Siedlungszwecke gerechnet werden muß. Dafür sind mehrere Gründe maßgeblich:

- Die flächenverbrauchenden Wirkungen scheinen quantitativ ein größeres Gewicht zu haben als die flächensparenden.
- Die flächensparenden und flächenverbrauchenden Wirkungen treten sowohl klein- als auch großräumig ungleich verteilt auf. Eine direkte Kompensation ist also in der Regel nicht möglich, und einmal in Anspruch genommene Siedlungsfläche wird nur selten in Freifläche zurückverwandelt.
- Die flächensparenden Wirkungen von Betriebszeitausweitungen fallen erst bei Neuinvestitionen an. Die „eingesparten" Flächen werden als Reserve weiter vorgehalten, bei neuen Standorten werden die Flächen kleiner dimensioniert. Die flächensparenden Wirkungen dämpfen eher das Wachstum der Siedlungsflächeninanspruchnahme, als daß tatsächlich ein Rückgang des Flächenverbrauchs erfolgt.

Es zeigt sich, daß die Zeiterweiterung, als eine der auf absehbare Zukunft wichtigsten Zeitveränderungen, nur für wenige Flächentypen (Freizeitinfrastruktur, kulturelle Infrastruktur) als relativ problemlos anzusehen ist, weil sie zur Belebung beiträgt und „urbanitätsfördernd" wirkt. Zeiterweiterungen im gewerblichen Bereich und im Verkehr erhöhen die Emissionen vor allem zu bislang unüblichen Zeiten und

---

[61] Vgl. Kap. 3.7.

verschärfen die Verträglichkeitsprobleme zwischen diesen Funktionen und Wohnen bzw. Umwelt nachhaltig. Erweiterte Nutzungen von Naturflächen verhindern teilweise notwendige Ruhephasen und verstärken ökologische Probleme. Die Standortverträglichkeit leidet in vielen Fällen.

Daraus läßt sich nur der Schluß ziehen, daß bei zeitlichen Erweiterungen von Nutzungen – und anderen Veränderungen von Zeitstrukturen – die Standort- und Flächenfolgen sehr sorgfältig mitbedacht werden müssen. Das Raum-Zeit-Gefüge muß als Einheit gesehen werden, woraus als Prinzipien für die Flächen- und Standortplanung abzuleiten sind:

- Standortgemeinschaften sich ergänzender, nichtstörender Funktionen (zum Beispiel auch Clusterung von durch „just-in-time-production" verbundenen Betrieben[62] und Logistikzentren), um die Verkehrswege zu verkürzen und die Ausstrahlung auf „empfindliche" Funktionen gering zu halten;
- Flexibilität und Multifunktionalität, um die Anpassung an – schneller – wechselnde Anforderungen und um durch Mehrfachnutzung gegenseitige Stimulierung zu ermöglichen.

Die wachsende Beschleunigung von Produktzyklen im gewerblichen Bereich, die sich auch in schneller wechselnden Anforderungen an Standorte und Flächen auswirkt, sowie die schneller wechselnden Produktzyklen im Freizeit(infrastruktur)bereich machen die Flexibilitätsforderung so zentral, weil sonst die Gefahr besteht, in immer kürzeren Fristen mit immer höher spezialisierten Flächen in immer neue Unterauslastungen zu geraten.

## 5.7 Fazit

1. Die zeitliche Organisation einer Gesellschaft ist ein Faktor, der auch die räumliche Entwicklung wesentlich mitbeeinflußt. Die anstehenden Veränderungen der Zeitstrukturen werden daher auch erhebliche Auswirkungen auf Standortwahl und Flächeninanspruchnahme in unterschiedlichen Bereichen haben.
2. Da zeitliche Parameter im wirtschaftlichen Wettbewerb eine zunehmend wichtige Rolle spielen, werden auch zeitlich relevante Aspekte für die betriebliche Standortwahl an Bedeutung gewinnen. Dazu gehören unter anderem Fragen der Zulässigkeit bestimmter zeitlicher Nutzungen (zum Beispiel Wochenendarbeit, Nachtarbeit), die Verkehrsanbindung für zeitlich optimierte Produktionen („just-in-time") an (weltweite) Transport- und Kommunikationsnetze.
3. Die Ausdehnung von Produktionszeiten hat wegen der zeitlich ausgedehnteren Emissionen (vor allem Lärm) gravierende negative Auswirkungen auf die Verträglichkeit von Wohnen und Gewerbe. Insbesondere bei der Einführung

---

62 In der Tat sind bei Zulieferern der Automobilindustrie solche Entwicklungen teilweise zu beobachten: „Just-in-time"-Betriebe siedeln sich in der Nähe der zu beliefernden Werke an. Im Effekt bedeutet das ein Standortsplitting bei den Zulieferern.

neuer Logistikkonzepte mit kontinuierlichem Lieferverkehr wird eine striktere Funktionstrennung mit Abstandsflächen erforderlich.
4. Andererseits kann durch die Ausdehnung von Produktionszeiten in Einzelfällen Gewerbefläche eingespart werden oder bei Neuansiedlungen die Flächeninanspruchnahme geringer ausfallen (Substitution von Fläche durch Zeit).
5. Die Wohnstandortwahl ist von der Art der Arbeitszeitverkürzung abhängig. Je mehr die Verkürzung in Blöcken und nicht auf den Tag bezogen erfolgt, desto geringer ist die Distanzempfindlichkeit bezüglich Wohnort und Arbeitsplatz. Suburbanisierung, Standortsplitting, Tendenzen zu Zweit- und Ferienwohnsitzen mit allen Folgen auch für Verkehrs- und Infrastrukturflächen werden begünstigt.
6. Wachsendes Verkehrsvolumen und vor allem steigende Ansprüche an die Geschwindigkeit (Hochgeschwindigkeitsstrecken, Flughäfen) werden auch weiter zu wachsender Flächeninanspruchnahme im Verkehr führen.
7. Die Flächen für Freizeitnutzungen und (teilweise spezialisierte) Freizeitinfrastruktur werden trotz Bevölkerungsrückgang durch Zunahme arbeitsfreier Zeiten und vor allem veränderte Nachfrage auf dem Freizeitmarkt weiter zunehmen (zum Beispiel Golfplätze, Spaßbäder). Damit wird in der Regel eine Umwandlung naturnaher Flächen verbunden sein.
8. Durch zeitlich ausgedehntere Nutzung werden naturnahe Flächen zusätzlich belastet, so daß eine Zunahme ökologischer Probleme aus diesem Grund zu erwarten ist.
9. Bei der kulturellen Infrastruktur sind aufgrund zeitlicher Veränderungen keine Standort- und Flächenauswirkungen zu erwarten, weil sich durch neue Konzepte vorhandene bauliche Ressourcen (wieder) nutzen lassen.
10. Insgesamt tragen Zeitstrukturveränderungen eher zu einer zusätzlichen Flächeninanspruchnahme – sowohl im Gewerbe- als auch im Wohn- und Freizeitbereich – bei, obwohl in Einzelfällen Einsparungen möglich sind. Vor allem werden die Standortverträglichkeiten und -affinitäten durch Zeitveränderungen nachhaltig beeinflußt.

# 6. Städtebetroffenheit

Zeitstrukturen und Zeitverwendungsmuster leiten sich aus naturgegebenen und soziokulturellen Faktoren ab[1]. In den Städten spielen dabei die soziokulturellen Faktoren eine sehr viel größere Rolle; natürliche Rhythmen wie Tag/Nacht, Jahreszeiten werden relativ stark überformt und sind teilweise nur noch mittelbar zu erkennen (zum Beispiel Sommerpause bei Kultur- und Bildungsangeboten). Die soziokulturellen Faktoren, die das Aktivitätsmuster in den Städten bestimmen, den Takt angeben, lassen sich analytisch in formelle und informelle Taktgeber trennen. Als formelle Taktgeber sind durch Gesetz, Rechtsverordnung, Vertrag festgeschriebene Zeitordnungen anzusehen; dazu gehören unter anderem Arbeitszeiten, Öffnungszeiten, Schulzeiten, Verkehrszeiten.

Das informelle zeitliche Netz ergibt sich aus den jeweils örtlich vorherrschenden wandelbaren Gebräuchen, Verhaltensweisen, Werthaltungen und wirtschaftlichen Konstellationen.

Veränderungsimpulse gehen von beiden Bereichen aus. Die rückläufige Arbeitszeit führt dazu, daß Betriebs- und Arbeitszeit immer stärker auseinanderfallen, sich vertraglich vereinbarte Zeiten ändern und ein Druck auch auf die Veränderung gesetzlich geregelter Zeiten entsteht (zum Beispiel Sonntagsarbeit). Durch veränderte Werthaltungen, den Wunsch nach größerer Zeitautonomie und die Möglichkeit neuer Arbeitsformen ändern sich auch individuelle Zeitverwendungsmuster, die Ausstrahlungseffekte auf andere Personen(gruppen) und in andere Bereiche haben. Während die formellen Taktgeber in allen Städten (aufgrund der meist nationalen oder überregionalen Regelungen) sehr ähnlich ausgeprägt sind, ist die tatsächliche Ausfüllung dieses formellen Rahmens abhängig von den sehr viel stärker stadtspezifisch ausgeprägten informellen Taktgebern.

Dabei spielen insbesondere die Wirtschafts- und Sozialstruktur einer Stadt für ihren spezifischen Rhythmus, ihre spezifischen Zeitverwendungsmuster eine entscheidende Rolle. Besonders augenfällig wird dies bei wirtschaftlich und sozial eindeutig geprägten Städten wie Stahl-, Hafen-, Beamten-, Touristen- und Kurstädten.

Die Veränderung von Zeitmustern in einer Stadt, die Diffusion neuer Zeitmuster, hängt einerseits ab von den Veränderungen der Produktionsweisen, den Veränderungen der Wirtschaftsstruktur (zum Beispiel Tertiärisierung der Produktion, Entkoppelungsprozesse durch Automatisierung und EDV-Einsatz). Auf der anderen Seite spielt das Ausmaß der Verbreitung von „Zeitpionieren", also von Personen, Betrieben oder Institutionen, die andere Zeitmuster erfolgreich vorleben, und von Gegenkulturen, also Gruppen, die aus dem Unbehagen an gängigen Mustern andere Lebens- und Aktivitätsmuster realisieren, eine wichtige Rolle. Art, Umfang und Geschwindig-

---

[1] Vgl. zum folgenden *Rinderspacher*, Der Rhythmus der Stadt.

keit, mit der Veränderungsimpulse in einzelnen Städten aufgenommen werden, sind darüber hinaus auch durch historische Vorprägungen und unterschiedliche Mentalitäten mitbedingt.

Auch wenn also alle Städte der Bundesrepublik im Prinzip ähnlichen Veränderungsimpulsen ausgesetzt sind, ist die Offenheit gegenüber veränderten Zeitmustern und damit das Maß der Betroffenheit der Städte unterschiedlich. Eine abstrakte Bewertung ist dabei nicht möglich. Weder Offenheit noch Resistenz gegenüber neuen Zeitmustern können per se als vor- oder nachteilig für die Entwicklung einer Stadt angesehen werden. Gegenwärtige Nachteile durch eine verzögerte Anpassung können sich langfristig als Vorteil erweisen und umgekehrt[2].

Die wachsende Bedeutung von Zeit – auch als Zeitvorteil – und zunehmender Geschwindigkeiten bedingt eine Orientierung auf schnelle Transportmittel. Insbesondere im Zusammenhang mit wachsender internationaler Verflechtung, die zu immer mehr Austausch von Informationen („face to face" und durch Telekommunikation) und von Gütern und Dienstleistungen führt, bedeutet dies eine Orientierung der Standortwahl an (schnellen) Verkehrsanbindungen (Flughäfen) und Telekommunikationsnetzen. Da die Geschwindigkeit und ihre (relative) Veränderung zu einer Hierarchie der Zielorte führen[3], werden schnell zugängliche Städte (materiell und telekommunikativ) unter sonst gleichen Bedingungen bevorzugt.

Die unterschiedliche Betroffenheit, die im folgenden für jede einzelne Untersuchungsstadt kurz zusammenfassend dargestellt werden soll, ist mithin von vier wesentlichen Aspekten bestimmt, im einzelnen von
- Struktureffekten in Abhängigkeit von der jeweils unterschiedlich ausgeprägten Wirtschaftsstruktur (Sektoren, Branchen, Tätigkeiten) und Sozialstruktur,
- unterschiedlichen historisch-soziokulturellen Entwicklungen,
- unterschiedlichem „Anschluß" an überregionale und internationale Verkehrs- und Kommunikationsnetze,
- unterschiedlichen Entwicklungskonzepten in den Städten.

## 6.1 Hamburg

Hamburg ist ganz wesentlich durch die historische Bedeutung des Hafens und durch seine hanseatische Tradition geprägt. Dadurch wurde sicher auch lange das Zeitempfinden in Hamburg mit bestimmt. Heute geht es vor allem um eine wirtschaftliche Umstrukturierung und die Sicherung des Anschlusses an die ökonomische Entwick-

---

[2] Ein Beispiel dafür ist die verzögerte Industrialisierung Baden-Württembergs, die sich unter heutigen Bedingungen als Vorteil erweist; vgl. *Rainer Frenkel*, Die Geschichte rückwärts. Arbeiten und Wohnen in der Schwäbischen Region von vorgestern bis gestern, in: Robert-Bosch-Stiftung (Hrsg.), Wohnen und Gewerbe in der Großstadtregion. Grenzen der Entwicklung eines Ballungsgebietes am Beispiel der Region Stuttgart, Bonn 1987, S. 13–34.

[3] Vgl. *Ivan Illich*, Energie und Gerechtigkeit, in: derselbe, Fortschrittsmythen, Reinbek 1983, S. 73–112, hier S. 91.

lung. Zeitprobleme sind dabei zunächst von geringerer Bedeutung. Denn allein aufgrund seiner Größe bietet Hamburg auch in zeitlicher Hinsicht ein vielfältigeres Bild als die meisten anderen Untersuchungsstädte, so daß auch die erwartbaren Veränderungen nicht auf Anhieb ins Auge springen. Diese vielfältige Prägung in zeitlicher Hinsicht wird vor allem auch durch die unterschiedlichen, die Stadt dominierenden Wirtschaftsbereiche bestimmt.
Hamburg ist in Teilen eine Stadt, die schon immer durch ein hohes Ausmaß an kontinuierlichem Betrieb gekennzeichnet war: Der Hafen mit seiner zwar sinkenden, aber immer noch hohen Beschäftigtenzahl ist in dieser Hinsicht ein sehr wichtiger Bereich. Ein weiterer wichtiger Bereich mit eher unüblichen und teilweise auch kontinuierlichen Zeiten ist ferner der in Hamburg stark vertretene Medienbereich, den Hamburg mit seinen Ansätzen zu einem Teleport[4] auch auszuweiten gewillt ist.
Trotz gewisser Ausstrahlungseffekte dieser kontinuierlichen Teile besteht eine gewisse Dissoziierung zwischen den Bereichen Hafen und Handelskontoren, in denen kontinuierlicher Betrieb nicht gegeben ist. Darüber hinaus können auch deutliche Differenzen zwischen dem Handelssektor und der Industrie gesehen werden. Während die Industrie stärker an internationalen Maßstäben der Zeitsteuerung und des Personaleinsatzes orientiert ist, herrschen im Handel eher traditionelle Muster der Zeitorganisation vor.
Über die in etlichen Betrieben bereits vorhandenen ausgedehnten Betriebszeiten sind, bezogen auf Betriebszeitveränderungen, in Hamburg keine dramatischen Entwicklungen zu erwarten. Das Ausmaß der zu erwartenden Betriebszeiterweiterungen und Ausdehnungen in Richtung auf kontinuierlichen Betrieb ist eher marginal und (gemessen an den bereits vorhandenen Bereichen) eher von untergeordneter Bedeutung für Veränderungen in der Stadt.
Die Arbeitsmarktsituation in Hamburg birgt dagegen die Gefahr weitreichender Einflüsse auf die Zeitstruktur. Die hohe Zahl der Arbeitslosen begünstigt einerseits die weitere Verbreitung von prekären Beschäftigungsverhältnissen, also von ungesicherten und schlecht bezahlten Jobs, meist auf Teilzeitbasis, die für Teile des Hafenbetriebs schon von jeher nicht unüblich waren. Infolge dieses Druckes ist es auch für die Betriebe leichter, neue Beschäftigungsformen wie Wochenendbelegschaften durchzusetzen, als dies in prosperierenderen Regionen der Fall ist. Im übrigen hat Hamburg die auch durch seine Stadtstaatposition größeren Möglichkeiten genutzt und versucht, dieses Potential an Humankapital und (Arbeits-)Zeit durch einen im Städtevergleich einmaligen Ausbau des zweiten Arbeitsmarktes nicht zu entwerten.
Mit der hohen Freizeitattraktivität der Stadt selbst und dem gegenüber anderen Städten geringeren Attraktivitätsgefälle zwischen Stadt und Umland geht – vor dem Hintergrund einer in allen großen Städten verbreiteten Neigung zu einer Blockverkürzung der Arbeitszeit – eine vergleichsweise höhere Bereitschaft zu tagesbezogener

---

[4] Vgl. *Siegfried Lange u. a.*, Lokale Initiativen zur Förderung der Anwendungen der Telekommunikation. Das Beispiel Hamburg, Köln 1986.

Arbeitszeitverkürzung einher. Dazu trägt auch bei, daß die Bevölkerung durch ihre strukturelle Zusammensetzung (Altersaufbau) eher zur Konservierung von Zeitstrukturen neigt, Zeitveränderungen nicht fördert.

Im Vergleich zu anderen Städten bietet Hamburg also mehr Kristallisationspunkte, die Freizeit in der Stadt selbst zu verbringen. Und selbst die rückläufige Bedeutung des Hafens („Die Zukunft Hamburgs liegt auf dem Land") könnte langfristig durch eine besondere Wohn- und Freizeitattraktivität kompensiert werden, wie es in einzelnen Projekten schon geplant ist (zum Beispiel Speicherstadt, Hotelneubauten, Museumshafen) und wie es andere Hafenstädte mit Funktionsverlusten in diesem Bereich vormachen.

Im Gegensatz zur nahezu gleich großen Stadt München bietet Hamburg eher noch das Bild einer auf soziale Komponenten (Verwandte, Nachbarn usw.) in der Freizeit orientierten Stadt. Diese Bindung macht Hamburg einerseits weniger offen gegenüber Neuerungen und bietet andererseits die Chance, den Eigenwert der Stadt auch in zeitlicher Hinsicht zu bewahren.

Doch werden auch neue Muster entwickelt. Ein Beispiel dafür sind die Öffnungszeiten. Hamburg hat mit seiner Initiative, einige Dienstleistungsabende einzuführen, eine gewisse Vorreiterrolle übernommen, die Öffnungszeiten teilweise auszudehnen und damit Zeitfenster für bestimmte Bevölkerungsgruppen zu erweitern. Insbesondere in der Hamburger Innenstadt sind, mit den Geschäften in den Passagen, auch die Handelsformen breit vertreten, die sich durch eine Ausdehnung der Öffnungszeiten Zuwächse versprechen können; diese Art des Erlebniskonsums steht nämlich in Konkurrenz auch zu anderen Formen konsumorientierter Freizeitverbringung. Wachsende Anteile am Konsumbudget der Hamburger würden eine zusätzliche Bindung von Zeit und Geld an die Stadt bedeuten und die Innenstadt zusätzlich beleben.

Im Zusammenhang mit der Flächensituation sind Zeitprobleme in Hamburg von untergeordneter Bedeutung. Von größerer Bedeutung sind mögliche Standortaspekte, die für Hamburg nachteilig sein könnten. Zunehmende Bedeutung der Geschwindigkeit im materiellen und immateriellen Transport führt zu einer weiter wachsenden Bedeutung schneller Transportmittel. Der eher kleine Flughafen der Hansestadt kann im Vergleich zu den anderen Fallstudienstädten mit Flughafen einen relativen Bedeutungsverlust mitbewirken. (In Unternehmerbefragungen wurde denn auch als ein auf lange Sicht folgenschweres Versäumnis der Verzicht auf einen gemeinsamen Großflughafen mit Hannover bei Maschen genannt, der insgesamt für den norddeutschen Raum von großer Bedeutung gewesen wäre und zu einer größeren Konkurrenzfähigkeit beigetragen hätte.) Um so wichtiger könnte es sein, in der Kommunikation den „Anschluß" zu verbessern, also den Ausbau des Teleports zu forcieren.

Das verweist einmal mehr auf die generelle Notwendigkeit der Kooperation im norddeutschen Raum – auch über Bundesländergrenzen hinweg –, wenn man sich um neue Entwicklungsimpulse bemüht.

Das Zeitempfinden der Stadt Hamburg könnte – wie angedeutet – nicht unwesentlich durch die Lage am Wasser und dessen Bedeutung für die Entwicklung der Stadt geprägt sein. Schiffsverkehr ist durch längere Zeiträume, ein gemächliches Fließen, gekennzeichnet. In dem Maße, wie nicht mehr das Wasser das Tor zur Welt ist, sondern die Luft und ihre Wellen, entsteht ein Diktat anderer Geschwindigkeiten. Hamburg selbst hat mit seinem Slogan der „neuen Regsamkeit" diese Notwendigkeit einer Geschwindigkeitsanpassung, der Beschleunigung, erkannt. Auch in den Expertengesprächen wurde immer wieder hervorgehoben, wie wichtig eine schnellere Reaktion der Akteure in der Stadt auf veränderte Entwicklungen ist. Doch bietet gerade auch dieses „konservative" Element die Chance zur Wahrung einer eigenen Zeitkultur. Es geht also – salopp formuliert – um die „richtige Mischung" von Öffnung/ Anpassung und Erhaltung.

## 6.2 Essen

Essen ist traditionell „Hauptstadt und Schreibtisch" des Ruhrgebietes und in der Umstrukturierung zugunsten tertiärer Beschäftigung weit vorangeschritten. Durch die Verflechtung mit dem Ruhrgebiet ist Essen aber in einem Ausmaß mit wirtschaftsstrukturellen Problemen belastet wie keine der anderen Untersuchungsstädte. Die Probleme, die mit der wirtschaftlichen Umstrukturierung verbunden sind, rücken stärker Fragen des materiellen Wohlstandes als solche des Zeitwohlstandes in den Mittelpunkt des Interesses der Bevölkerung und der öffentlichen Akteure. Man könnte das zentrale Problem der Stadt als ein Anpassungs- und Umstrukturierungsproblem auf den unterschiedlichsten Ebenen beschreiben: Es geht um einen Wandel von Branchenstrukturen, von Tätigkeiten, von Qualifikationen, von Arbeit und damit auch von Arbeitszeit.

Branchenstrukturelle Umschichtungen und Verschiebung von Tätigkeitsstrukturen usw. haben zwangsläufig erhebliche Auswirkungen auf die zeitliche Organisation der Arbeit. In Essen sind in dieser Hinsicht Veränderungen zu erwarten, wenngleich Richtung und Ausmaß der Veränderungen im einzelnen noch schwer auszumachen sind. Ausgehend von der generellen Beobachtung, daß neue Arbeits- und Organisationsformen dort eingeführt werden, wo besonders hoher Handlungsdruck besteht, also unter Bedingungen besonderer Prosperität (wie in Stuttgart) oder unter Bedingungen ökonomischer Schrumpfung, bestünde in Essen die Möglichkeit, hier eine Vorreiterposition einzunehmen. Die Umfrage bei den großen Arbeitgebern läßt jedoch eher ein größeres Beharren auf starren Zeitstrukturen als in den anderen Untersuchungsstädten vermuten[5]. Selbst Gleitzeit und andere Formen flexibler Zeitgestaltung sind relativ gering verbreitet; in Teilen ist sogar eine wachsende Polarisierung zwischen flexibel organisierten und starren Bereichen zu beobachten. Die Stadt selbst ist in gewissem Sinne Vorreiter flexiblerer Strukturen; dort sind flexiblere Arbeitszeit-

---

5 Allerdings gibt es extreme Einzelbeispiele, in denen die Umverteilung von Arbeitszeit „zwangsweise" stattfindet. Um die Arbeitnehmer bei Rationalisierungsmaßnahmen nicht zu entlassen, werden sie als Teilzeitbeschäftigte gehalten.

formen weiter verbreitet als in der privaten Wirtschaft. Als großer Arbeitgeber könnte sie (etwa durch Ausdehnung der im öffentlichen Dienst immer noch unterentwickelten Teilzeit) auch in Zukunft zu einer Weiterentwicklung der Zeitstrukturen und Arbeitsformen beitragen.

In Essen ist wie im gesamten Ruhrgebiet traditionell eine gewisse Gewöhnung an Schichtarbeit gegeben, insbesondere Dreischicht und Kontischicht sind weiter verbreitet als in den meisten anderen Fallstudienstädten. Insofern könnte man annehmen, daß Betriebe, die Schicht- oder Kontibetrieb fahren wollen, in dieser Region für sie gute Voraussetzungen vorfänden, wenn man bedenkt, daß im betrieblichen Bereich Zeiterweiterung und damit Schichtbetrieb auch in der Zukunft bedeutsam sein werden. Die Industrien, in denen Zeiterweiterung gegenwärtig eine größere Rolle spielt, orientieren sich jedoch an anderen Standortkriterien und finden sich deshalb eher in anderen Regionen. Tatsächlich ist die Zahl der Schichtarbeiter in den Ruhrgebiet-Branchen, in denen Schichtarbeit üblich war, aufgrund des Schrumpfens dieser Branchen rückläufig. In Essen verliert also ein für die Stadt wichtiges Zeitstrukturelement an Bedeutung, die zeitlichen Gegebenheiten nähern sich denen in anderen Städten stärker an. Wenn nicht mit dem Rückgang dieser Arbeitsformen auch häufig Arbeitslosigkeit verbunden wäre, könnte man von einer Zunahme des Zeitwohlstandes sprechen.

Die schwierige ökonomische Lage und die hohe Zahl von Arbeitslosen führen auch in Essen dazu, daß die Bereitschaft, prekäre Beschäftigungsverhältnisse einzugehen, hoch ist.

Die Bevölkerungsstruktur und auch die Familienorientierung, die stärker ist als in den anderen Untersuchungsstädten, lassen in Essen eine besonders hohe Bereitschaft zu tagesbezogener Arbeitszeitverkürzung erwarten. Durch eine weitere Verbreitung von Gleitzeitmodellen wäre sie auch relativ leicht umzusetzen. Des weiteren ist die Neigung, in der Freizeit sozial befriedigende Kontakte zu pflegen, der Zusammenhang mit Nachbarn usw. in Essen besonders ausgeprägt. Die Befragung von Friedrichs[6] belegt auch eine hohe Zufriedenheit der Essener in dieser Hinsicht.

Für die Freizeit sind in Essen mehrere spezielle Komponenten von Bedeutung. Zum einen ist Essen wie keine andere der Untersuchungsstädte in ein hochverdichtetes, verstädtertes Umfeld eingebettet, was Kooperation und Arbeitsteilung zwischen den Kommunen bei allen kapitalintensiven Bereichen und Einrichtungen nahelegt (zum Beispiel im Bereich der Kultur).

Zum zweiten ist Essen in besonderem Maße durch unfreiwillige Freizeit (Arbeitslosigkeit, Zwangsteilzeit) gekennzeichnet, die sich zudem noch auf Bewohner einzelner Stadtbezirke konzentriert. Dadurch kommen auf die Stadt besondere Aufgaben zu, für diese Freizeit „sinnvolle" Betätigungsfelder zu eröffnen. Hierzu gehören insbesondere auch verstärkte Bemühungen um Fortbildung. Diese kollidieren mit den ökonomischen Zwängen der Stadt, aufgrund der Haushaltsengpässe Einsparungen vorzunehmen. Werden nun aus diesem Grund Öffnungszeiten verkürzt oder gar

---

6 Vgl. *Bunte-Städtetest*.

Schließungen von Einrichtungen angeordnet, so könnten sich die Probleme in der unfreiwilligen Freizeit verschärfen. Ein großes Potential an Zeit legt eher die Notwendigkeit einer Ausdehnung der Angebote – auch zeitlich – nahe, als deren Einschränkung.

Essen ist aufgrund seiner Verkehrsanbindung weniger ein Standort für überregional oder international ausgerichtete Funktionen als ein zentraler Standort für Servicefunktionen im Ruhrgebiet. Eine Verbesserung der überregionalen Verkehrsanbindung würde diese Situation auch kaum verändern. Insgesamt handelt es sich für Essen weniger um zeitliche Probleme als darum, den ökonomischen Anschluß zu finden, wobei Essen den Strukturwandel schon weitgehender vollzogen hat als die übrige Region. Die Größe der Region als Arbeitsmarkt und als Absatzmarkt – es handelt sich immer noch um die größte Agglomeration Europas – dürfte dabei ausreichend Ansatzpunkte für eine eigenständige Entwicklung bieten. Der Rhythmus der Stadt nähert sich (durch den Rückgang früher üblicher Arbeitsformen) dem anderer – dienstleistungsorientierter – Städte immer mehr an. Gefahren für den Rhythmus liegen allerdings in den Folgen hoher Arbeitslosigkeit.

Die hohe Zufriedenheit der Bevölkerung mit ihrer Stadt und die andererseits hohe Betroffenheit durch die negativen Folgen des Strukturwandels lassen erwarten, daß die Bereitschaft bei den künftig anstehenden Veränderungen neue Wege zu gehen, wachsen wird.

## 6.3 Frankfurt

Frankfurt erscheint unter den Fallstudienstädten als wirtschaftlich stabilste Stadt mit den höchsten Zuwachsraten in der Wirtschaft. Sie ist als internationale Drehscheibe wie keine der anderen Städte durch Tempo geprägt. Unter den Fallstudienstädten zeigt sie am ehesten eine Tendenz zur kontinuierlich aktiven „Rund-um-die-Uhr-Stadt". Dieser Eindruck wird durch zwar kleine, aber dafür besonders dynamische und prägende Beschäftigtengruppen vermittelt, die zwar keineswegs überall in Erscheinung treten, die Stadt aber auf Dauer mit in ihren Sog ziehen und insgesamt weitreichende Rhythmusveränderungen auslösen können.

Durch die internationale Konkurrenz Frankfurts mit Millionenstädten wie London, Paris, New York, Tokio ist eine gewisse Überforderung nicht von der Hand zu weisen. Frankfurt ist in besonders hohem Maße durch die Stärke seines Dienstleistungssektors gekennzeichnet. Vor allem in diesen Bereichen ist mit einer weiteren starken Ausdifferenzierung von Arbeits- und Betriebszeiten zu rechnen, was durch die internationale Orientierung vieler dieser Dienstleistungen nachhaltig gefördert wird.

Auch heute bietet Frankfurt bezüglich der Zeiten schon ein hochdifferenziertes Bild:
- Der Flughafen, der trotz des weitgehenden Nachtflugverbotes als Kontibetrieb anzusehen ist, gewinnt mit allen zugehörigen Funktionen immer mehr an Bedeutung. Die Zahl der Beschäftigten nimmt zu, die Kapazitäten werden weiter ausgebaut.

- Auch die große Bedeutung der chemischen Industrie trägt dazu bei, daß der Kontibetrieb in Frankfurt wie in keiner anderen Untersuchungsstadt verbreitet ist. Im übrigen deuten die Ergebnisse der Befragung für die Unternehmen auf keine besonders ausgeprägte Tendenz zur Ausdehnung der Betriebszeiten.
- Durch den hohen Anteil hochqualifizierter Beschäftigter, vor allem im Dienstleistungsbereich, ist eine Polarisierung bei den Arbeitszeiten zu beobachten. Hochqualifizierte arbeiten immer mehr, kommen nicht in den Genuß der Arbeitszeitverkürzungen, die eher den weniger Qualifizierten und Einkommensschwächeren zugute kommen. Die Zunahme von Teilzeitarbeitsplätzen bringt für bestimmte Einwohnergruppen darüber hinaus auch schlechtere Arbeitsplätze mit sich.
- Mehrarbeit bei den Hochqualifizierten ist jedoch verbunden mit einer in Teilen relativ hohen zeitlichen Selbstbestimmung und einem hohen Maß an Vermischung von Arbeit und Freizeit.
- Arbeitsplatzstruktur, ein hoher Anteil kleiner Haushalte und eingeschränkte Attraktivität der Stadt für die Einwohner, die ihre Freizeit lieber außerhalb verbringen, sind maßgeblich für ein relativ hohes Interesse an Blockverkürzungen der Arbeitszeit.
- Das durch die Funktion der Stadt als internationale (Finanz-)Drehscheibe bedingte hohe Maß an internationaler Konkurrenz übt einen Druck in Richtung Zeiterweiterung aus und verstärkt Tendenzen im Sinne einer kontinuierlich aktiven Gesellschaft.
- Der hohe Flächenbedarf begünstigt seinerseits eine intensive Flächennutzung – auch zeitlich gesehen –, so daß auch dadurch ein zusätzlicher Faktor in Richtung Zeiterweiterung wirkt.

In der Freizeit stellt sich die Stadt als außenorientiert dar – dies äußert sich auch in mehreren Formen von „Stadtflucht". Wer es sich leisten kann, zieht ins Umland (Suburbanisierung)[7] oder verläßt am Wochenende die Stadt. Diese Tendenzen korrespondieren mit der relativ geringen Zufriedenheit der Einwohner mit ihrer Stadt. Frankfurt ist vornehmlich als Arbeitsort attraktiv, was äußerlich sichtbar wird durch die extrem hohen Pendlerzahlen und die hohe Zufriedenheit der Bewohner mit Frankfurt als Arbeitsort.

Freizeitaktivitäten in der Stadt bzw. der Ausbau von Angeboten orientieren sich entweder an einer bestimmten Schicht (Fitneß, Erholung nach dem Streß des Tages) oder zielen auf eine überörtliche, internationale Attraktivitätssteigerung der Stadt („high culture"), während wohnortnahe Freizeitangebote eine geringere Rolle spielen. Es sind diese Gruppen, die gerade für den Außenstehenden das Bild von Frankfurt bestimmen und seine zukünftige Entwicklung nachhaltig beeinflussen.

Die Art der Freizeitorientierung der Stadt, die konsum- und fitneßorientierte (Kurz-)Freizeit, hat auch Konsequenzen für die Anforderungen an die Öffnungs-

---

[7] Die in einzelnen Jahren leicht positiven Wanderungssalden waren vor allem durch Zuwanderung von Personen in der Ausbildung bedingt.

zeiten. Diejenigen, die viel arbeiten und über eine hohe Kaufkraft verfügen, erwarten eine Bereitstellung von Dienstleistungen auch noch zu heute eher unüblichen Zeiten. Damit ergibt sich ein Druck zur Zeiterweiterung auch im Dienstleistungsbereich und in Teilen der Freizeitinfrastruktur. Ohne eine Zeiterweiterung würden die Zeitfenster für diese Nachfrager immer kleiner.

Die hohe Pendlerzahl und der wachsende Verkehr führen zunehmend zu Staus. Die durch die weitergehende Ausdifferenzierung von Arbeitsformen und Arbeitszeiten zu erwartende Entzerrung dürfte dieses Problem jedoch nur unzureichend lindern, so daß Überlegungen für eine bessere Zeitsteuerung oder eine Forcierung von Umsteigestrategien auf den ÖPNV nötig sind.

Die Funktion der Region Frankfurt als zentraler Handelsplatz, als Service- und Verteilzentrum in der Bundesrepublik dürfte dazu führen, daß bei immer schnellerem Umschlag von Waren „just-in-time"-Konzepte immer häufiger angewandt werden und damit die Folgen (wachsender Verkehr, höhere Emissionen, Verträglichkeitsprobleme) an Bedeutung gewinnen.

In der Hierarchie der Standorte steht Frankfurt wegen seiner zentralen Lage, der guten Verkehrsanbindungen und mit seinem internationalen Flughafen unter den Fallstudienstädten an oberster Stelle. Das im Vergleich zu allen anderen Großstädten in der Bundesrepublik höchste Wirtschaftswachstum der Stadt dürfte auch darauf zurückzuführen sein. Um diesen Stand zu halten, wird der Flughafen erweitert, sind, wie auch an anderen Standorten, Überlegungen im Gange, die Flugzeiten auszudehnen – mit allen negativen Folgewirkungen der Verträglichkeit. Die bislang geplanten Schnellbahntrassen der Bundesbahn führen teilweise an Frankfurt vorbei. Dadurch könnte im nationalen Zusammenhang eine relative Verschlechterung gegenüber der Situation von heute eintreten, in der sich praktisch alle IC-Strecken in Frankfurt schneiden.

Frankfurt zeichnet sich durch Hektik und Konsumorientierung aus. Freizeit und Muße bedeuten weniger als andernorts, was auch mit der eindeutigen Arbeits- und Karriereorientierung der nach Frankfurt Zuwandernden zu tun hat. Auch wenn die Stadt in vieler Hinsicht stolz auf ihre internationale Orientierung und die Betriebsamkeit ist, hat sie unter den Untersuchungsstädten doch schon am deutlichsten mit den Folgeproblemen zu tun, die kontinuierlich aktive Gesellschaften mit ihren tendenziell schwächer werdenden sozialen Bindungen gewärtigen müssen. Dazu gehören unter anderem die Kriminalitätsrate, die Verbreitung von Drogenproblemen und ähnliches. Die Offensive, Frankfurt als menschliche Stadt darzustellen und die historischen Bindungen und Qualitäten hervorzuheben, beruht sicher auch auf der Erkenntnis, gegenüber Tempo und internationalem Flair und damit auch dem Verlust von lokaler Identität ein Korrektiv anbieten zu müssen. Für die Bewohnbarkeit der Stadt und ihre Attraktivität für die Einwohner wird es in Zukunft verstärkt darauf ankommen, „Nischen im Schatten der Hochhäuser zu fördern" – auch in zeitlicher Hinsicht.

## 6.4 Stuttgart

Stuttgart ist gegenwärtig (noch) durch ausgesprochene Prosperität mit geringer Arbeitslosigkeit gekennzeichnet. Durch den daraus resultierenden hohen Nachfragedruck bestehen Engpässe in vielen Bereichen, wie zum Beispiel bei Gewerbeflächen, bei Wohnungen, in der Verkehrsanbindung. Darüber hinaus sind durch die Wirtschaftsstruktur – entscheidend ist die starke Prägung durch Automobil- und Maschinenbau – und die in diesen Bereichen absehbaren Verschiebungen auf den Weltmärkten zukünftig krisenhafte Entwicklungen nicht auszuschließen. Davon wird ganz entscheidend auch die zeitliche Entwicklung der Stadt abhängen.

Stuttgart stellt sich in zeitlicher Hinsicht als ausgesprochen widersprüchlich dar. Der hohe Anteil kapitalintensiver, innovativer und prosperierender Betriebe vor allem im Verarbeitenden Gewerbe bedingt, daß – München ausgenommen – in keiner anderen Untersuchungsstadt ähnlich viele Betriebe ihre Betriebszeit ausdehnen wollen. Gleichzeitig gibt es eine Reihe deutlicher Beharrungstendenzen, die eine breitere Auflösung von Zeitstrukturen eher behindern. Starke Gewerkschaften und eine große Zahl hochqualifizierter Beschäftigter, die sich dem Wunsch nach ungewöhnlichen Arbeitszeiten eher widersetzen können, lassen eine generelle Durchsetzung von Zeiterweiterungen schwierig erscheinen. Dazu kommt ein öffentlicher Sektor, der im Gegensatz zur gewerblichen Wirtschaft noch in hohem Maße von starren Zeiten geprägt ist.

Um diese gegenläufigen Tendenzen zu vereinbaren, sind innovative Arbeitszeit- und Organisationskonzepte erforderlich; nur dann kann es gelingen, die Betriebszeit auszuweiten, ohne große Konflikte zu erzeugen. Die Zahl der „Zeitpioniere", die durch neue Konzepte Lösungen versuchen, ist in Stuttgart und Umgebung vergleichsweise hoch. Da es in Stuttgart noch etwas zu verteilen gibt, ist zu vermuten, daß – bei Ausbleiben größerer konjunktureller Einbrüche – die Arbeitszeit- und Betriebszeitveränderungen eher in „geordnetem" Rahmen ablaufen werden; noch ist der Interessenausgleich leichter zu bewerkstelligen als in ökonomisch schwächeren Regionen. In der Befragung wird allerdings eine Tendenz zur Zunahme befristeter Arbeitsverhältnisse sichtbar. Das könnte bereits die Zunahme konfliktreicherer Veränderungen andeuten.

Das Attraktivitätsgefälle zwischen Stadt und Umland bedingt eine starke Außenorientierung der Stadtbewohner in der Freizeit. Zusammen mit der Tatsache, daß Stuttgart vor allem auch als Arbeitsort attraktiv ist (hohe Einpendlerzahlen), begünstigt diese Außenorientierung ein Interesse eher an Blockverkürzungen der Arbeitszeit als eine auf den Tag bezogene Verkürzung.

Dabei ist Stuttgart bemüht, durch einen Ausbau und eine Verbesserung der Infrastruktur mehr Freizeit seiner Einwohner an die Stadt zu binden – wie auch die Unternehmen in besonderem Maße Freizeitangebote zu machen scheinen. Die Investitionen in Hochkultur und die Promotion der Stadt als Sportstadt zielen neben der Werbung mit der Sportbegeisterung der ortsansässigen Bevölkerung auch auf ein

externes (internationales) Publikum; es geht um die Steigerung der Attraktivität des Makrostandorts Stuttgart für die Wirtschaft.
Die Flächenengpässe im gewerblichen Bereich sind besonders hoch und geben damit einen Anreiz für Zeiterweiterung, also Fläche durch Zeit zu substituieren; dies gilt vor allem für solche Betriebe, die sich eine Verlagerung nicht leisten können. Da der Wunsch nach langfristiger Sicherung baulicher und organisatorischer Flexibilität bei den Betrieben dazu führt, Reserve- oder Optionsflächen vorzuhalten, ist aufgrund der Stuttgarter Branchenstruktur damit zu rechnen, daß diese Art des „Flächenfraßes" relativ weit verbreitet ist.
Stuttgart ist durch die Struktur seiner Betriebe neben München die Stadt, in der Betriebe am häufigsten „just-in-time"-Konzepte realisieren dürften. Damit treten auch die bekannten Folgeprobleme (Verkehrszunahmen, Lärmbelästigung, Verträglichkeitsprobleme) in Stuttgart besonders deutlich zutage.
Der hohe Exportanteil, also die Orientierung der Stuttgarter Wirtschaft auf den internationalen Markt, verstärkt Tendenzen, sich auch in zeitlicher Hinsicht internationalen Wettbewerbssituationen anzupassen (die neuen Anträge einiger Betriebe auf Sonntagsarbeit und deren Bewilligungen können in diesem Zusammenhang gesehen werden). Auch der Ausbau des Flughafens ist als eine solche Anpassungsbemühung zu betrachten.
Stuttgart ist gegenwärtig (noch) durch Überlastungserscheinungen geprägt, die einerseits dazu führen, daß Bestrebungen zur Zeiterweiterung recht verbreitet sind, die andererseits aber auch Ansatzpunkte für eine zeitliche Steuerung bieten. Unter gegenwärtigen Bedingungen sind Anpassungen im zeitlichen Rhythmus auch noch geordnet möglich. Gegenläufig zu den Tendenzen der Zeiterweiterung können sich strukturelle Gefährdungen der Wirtschaft, also Einbrüche auf den internationalen Automobil- und Maschinenbaumärkten, auswirken. Vor dem Hintergrund der gegenwärtigen ökonomischen Stärke und dem hohen Qualifikationsniveau der Beschäftigten sind die Chancen für eine flexible Anpassung der Wirtschaftsstruktur als hoch einzuschätzen.

## 6.5 München

München bietet nach außen das Bild großen Wohlstandes, auch Zeitwohlstandes. Dabei ist die Stadt sehr vielfältig geprägt; sie ist gleichzeitig Residenzstadt, Dienstleistungs-, Industrie- und Touristenstadt. Dennoch ist sie durch Überlastungserscheinungen und erhebliche Polarisierungstendenzen gekennzeichnet. Zeitliche Veränderungen werden für München eine erhebliche Rolle spielen, wobei auch dort mit einer Auseinanderentwicklung, mit Polarisierung, zu rechnen ist.
Der Anteil der Betriebe in München, die eine Ausdehnung der Betriebszeiten vornehmen wollen, ist vergleichsweise hoch – höher noch als in Stuttgart. Der hohe Anteil von Dienstleistungen und dienstleistungsähnlichen Tätigkeiten trägt dazu bei, daß sich Arbeitsformen und Arbeitszeiten immer stärker ausdifferenzieren werden.

Der hohe Anteil Hochqualifizierter mit hoher Eigenmotivation, für die München eine hohe Anziehungskraft hat, hat in zeitlicher Hinsicht mehrere Konsequenzen:
- Die Tendenz zu Blockverkürzungen der Arbeitszeit ist relativ hoch, auf den Tag bezogene Verkürzungen sind allenfalls im Rahmen der Gleitzeit und im Rahmen der Nutzung der Mittagspause in der Innenstadt, die so ausgeprägt ist wie in keiner anderen Untersuchungsstadt, von Bedeutung.
- Für Hochqualifizierte ist die zeitliche Selbstbestimmung in mancher Hinsicht relativ groß: „Hochschulzeiten" sind relativ verbreitet. Gleichzeitig bedingt die hohe „Humankapitalausstattung" jedoch, daß die Betriebe ein großes Interesse an intensiver Auslastung dieser Beschäftigten haben. Auf „freiwilliger" Basis wird teilweise auch noch nach den üblichen Arbeitszeiten und zu Hause weitergearbeitet. Es findet also insofern eine „Vermischung" von Zeiten statt.
- Firmen, die als „Zeitpioniere" wirken, sind relativ verbreitet, weil zeitliche Regelungen ein Wettbewerbsfaktor um die teilweise knappen Arbeitskräfte sind.

Gleichzeitig dürfte es jedoch in München wegen der hohen Zahl wenig qualifizierter Dienstleistungsjobs auch im großen Umfang prekäre Beschäftigungsverhältnisse („München, Megamarkt für Minijobs") geben, die für viele auch deshalb notwendig werden, weil sie sich sonst München nicht mehr leisten können.

Für die Freizeit bietet München die einmalige Situation, daß die Stadt selbst und das Umland gleichermaßen attraktiv sind. Die Leistungsorientierung in der Arbeit wird auch während der Freizeit sichtbar – ähnliche Konkurrenzmechanismen und ähnliches Statusbewußtsein wie in der Arbeit wiederholen sich vermehrt in der Freizeit, die in München stärker als anderswo als konsumorientiert anzusehen ist.

München ist – trotz verbreiteter Flexibilität – durch die Blockorientierung der Freizeit und den wie in keiner anderen Stadt ausgeprägten freien Freitagnachmittag durch ein hohes Maß an Gleichzeitigkeit in der Freizeit gekennzeichnet. Die Staus an den Wochenenden sind nachgerade sprichwörtlich.

In dieser Situation böten sich zahlreiche Ansatzpunkte für eine Zeitsteuerung, für Versuche zur Entzerrung. Die ausgeprägte Tendenz zur Gleichzeitigkeit erschwert jedoch Entzerrungsversuche erheblich.

Durch die Struktur der Münchner Wirtschaft ist die Zahl der „just-in-time"-Anwender in München hoch. Damit muß sich München auch in besonderem Maße mit den Folgeproblemen auseinandersetzen.

Die vorhandenen Flächenengpässe verhindern in der Tendenz die aufgrund der Betriebsstruktur eigentlich zu erwartende Neigung zu hohen Reserveflächen, um langfristige Flexibilität zu sichern. Für Klein- und Mittelbetriebe muß man aufgrund der Flächenengpässe und der auch dort steigenden Kapitalintensität mit einer Zunahme des Schichtbetriebes rechnen.

Der Neubau des Flughafens, der eine sehr viel höhere Kapazität haben wird, wird Münchens Position unter den Flughäfen der Bundesrepublik nicht verändern. Dennoch erhöht sich sicherlich die (relative) Erreichbarkeit der Stadt, und könnte insofern ihre Position im internationalen Rahmen verbessern. Der Druck auf die Stadt und die Region könnte sich dadurch allerdings verstärken.

Wachsende Attraktivität und weiterer Ansiedlungsdruck könnten die Anpassungstendenzen in München weiter verstärken. München, das seine Attraktivität auch dadurch bewahrt hat, daß es gelegentlich Chancen (Verzicht auf Ansiedlungen) ausgelassen hat, könnte dennoch weiter an Identität verlieren, seinen Rhythmus noch weiter verändern und damit auf Dauer an Attraktivität verlieren. Der Sog, den die Stadt auf konsumorientierte, statusbewußte Bevölkerungsgruppen ausübt, verstärkt Tendenzen in diese Richtung. Auch wenn Traditionen und die Mentalität der Bevölkerung dagegen zu sprechen scheinen, sind Tendenzen in Richtung auf einen Rund-um-die-Uhr-Rhythmus erkennbar. Damit werden auch die schon vorhandenen polarisierenden Tendenzen zunehmen und die sozialen Probleme in der Stadt sich verschärfen.

## 6.6 Konstanz

Die Zeitveränderungen, die von der Konstanzer Wirtschaft auf die Stadt ausstrahlen, können als eher vernachlässigbar bezeichnet werden. Konstanz ist jedoch in seiner Funktion als Freizeit- und Erholungsregion, insbesondere für den Verdichtungsraum Stuttgart, von den Zeitveränderungen in anderen Regionen stark betroffen: Die Inanspruchnahme der Region durch die wachsende arbeitsfreie Zeit wird steigen.
Die Stadt selbst zeigt im Vergleich zu den anderen Untersuchungsstädten – trotz eines ähnlich hohen Anteils an Sonntagsarbeit – besonders geringe Tendenzen zur „Rund-um-die-Uhr-Stadt". Sie ist noch vergleichsweise deutlich durch einen eher kleinstädtischen Lebensrhythmus mit einer langen ausgeprägten Mittagspause gekennzeichnet.
Konstanz nimmt einerseits die Funktion als Freizeitstandort für andere Regionen wahr, andererseits besteht seine Entwicklungschance auch in der Sicherung einer zukunftsträchtigen industriellen Basis.
In der eigenen Wirtschaft sind kaum Tendenzen zur Ausweitung der Betriebszeit vorhanden. Durch die Branchenstruktur und die Betriebstypen besteht ein relativ hohes Maß an Flexibilität (Gleitzeit, „Hochschulzeiten" und anderes). Die Präferenzen, Arbeitszeitverkürzungen tagesbezogen umzusetzen, sind relativ groß, weil das die Chance bietet, die Einrichtungen der Stadt antizyklisch im Hinblick auf den Strom der Wochenendtouristen zu nutzen. Dezidiert verhindern wollen die meisten Konstanzer Betriebe eine Verkürzung der Arbeitszeit am Freitag, man will in dieser Hinsicht keine „Münchener Verhältnisse".
Auswirkungen auf die Arbeitszeiten von Konstanzer Beschäftigten können sich durch eine Zunahme der Nachfrage nach Tourismusdienstleistungen ergeben; dadurch könnte eine weitere Ausdifferenzierung der Zeiten erfolgen und die Zahl der in diesem Bereich besonders verbreiteten prekären Beschäftigungsverhältnisse weiter zunehmen. Allerdings ist im Gegensatz zu anderen Städten zu vermuten, daß es sich dabei eher um zusätzliche Arbeitsplätze handelt und weniger um das Absinken formaler Beschäftigung in prekäre.

Die Lage der Stadt mit ihrer hohen Attraktivität ist auch für externe Arbeitskräfte ein Pluspunkt, wodurch die Chancen für den Ausbau der intelligenten Industrie nicht schlecht zu stehen scheinen.

Eine Blockverkürzung der Arbeitszeiten in Stuttgart würde in Konstanz zu einer Entzerrung im Dienstleistungsbereich beitragen, die sich jedoch in zusätzlicher Tourismusnachfrage und erheblichen zusätzlichen Problemen für Konstanz niederschlagen könnte. Die Nachfrage nach den Konstanzer Freizeitangeboten würde sich zwar verstetigen, es gäbe für die Stadt und die Natur aber immer weniger zeitliche Nischen zur Regeneration.

Für die Stadt kommt es daher auch auf eine „gesunde Mischung" in der Ausrichtung auf und in der Steuerung von Tourismusströmen an. Einerseits bedeutet das beliebige Öffnen für einen „kontinuierlichen Massentourismus" erhebliche (ökologische) Belastungsgefahren; andererseits reicht – selbst wenn diese Ausrichtung gewünscht wäre – eine Ausrichtung allein auf den exklusiven Freizeittourismus nicht aus. Konstanz ist dabei, in einem weiteren Bereich verstärkt Dienstleistungsfunktionen für andere Regionen zu übernehmen und seine Chancen im Bereich Kongresse, Tagungen usw. zu nutzen. Die relativ große Bedeutung der Universität für die Stadt und die wachsende Bedeutung der Fortbildung und des Kongreßwesens bieten zusammen mit der Attraktivität der Stadt die Möglichkeit, diesen Bereich auszubauen.

In dem Maße, wie Überlastungserscheinungen weiter zunehmen, sind auch Überlegungen zur Zeitsteuerung zum Beispiel im Sinne eines zeitlich limitierten Zugangs unumgänglich, um Erholungszeiten für ökologisch wertvolle Räume gegen eine kontinuierliche Nutzung zu sichern. Daß die Anforderungen an die Flächen in der Region in allen Bereichen (Wohnen, Gewerbe, Freizeit, Urlaub) wachsen werden, zeigt eine neue Untersuchung, die selbst bei vorsichtiger Schätzung zu hohen Raten zusätzlicher Siedlungsflächeninanspruchnahme kommt. Dies ist eine Folge der wachsenden Bedeutung des Bodenseeraumes als attraktiver Wohn-, Arbeits- und Freizeitstandort, der verbesserten Zugänglichkeit der Region durch den Autobahnbau, der gewachsenen Mobilität und der vermehrten arbeitsfreien Zeit[8].

Die Nähe der Region zu Zürich schafft auch international ausreichende Verbindungen. Gleichwohl ist hierin Konstanz nicht mit den anderen Fallstudienstädten zu vergleichen. Die Chancen der Stadt für die zukünftige Entwicklung sind sicherlich gut, und zwar in dem Maße, in dem die Bedeutung von Wohn- und Freizeitwert und von Imagewerten mit der Verkürzung von Arbeitszeit wächst. Insofern ist Konstanz auch durch die zeitliche Entwicklung als eine chancenreiche Mittelstadt einzuschätzen, die von den neuen Entwicklungen der Standortwahl, der Zunahme des Tagungswesens, der wachsenden Bedeutung der Fortbildung und seiner Funktion als „Grenzstadt" in Richtung Süden erheblich profitieren kann, ohne den eigenen Rhythmus zu verlieren. Die Anlagen für eine vielfältige Entwicklung sind mithin gegeben, Steuerung, das heißt auch Restriktion, ist nötig, um die Balance zu halten

---

[8] Vgl. *Hecking/Miculicz/Sättele*.

und eine „Überhitzung" zu verhindern, die aus Zuwanderung von Arbeitskräften, wachsendem Tourismus, der zunehmenden Zahl von Zweitwohnsitzen von Bewohnern aus Verdichtungsräumen und ähnlichem resultieren kann.

## 6.7 Vergleich

Vergleicht man schließlich zusammenfassend die Betroffenheit der Fallstudienstädte durch die zu erwartenden zeitlichen Veränderungen in Abhängigkeit von bestimmten Ausprägungen ökonomischer, sozialer und räumlicher Gegebenheiten, so zeigen sich charakteristische Profile (vgl. Schaubild 18). Dabei werden nur Faktoren einbezogen, die für die Veränderung von Zeitstrukturen von Bedeutung sind:

- Die Notwendigkeit, die Wirtschaftsstruktur veränderten Bedingungen anzupassen, ist in den Städten unterschiedlich ausgeprägt, so daß auch die daraus resultierenden Zeitveränderungen unterschiedlich ausfallen werden.
- Der Wettbewerbsdruck, also die Auswirkungen des überregionalen und internationalen Wettbewerbs, berührt, wenn man in diesem Wettbewerb mithalten möchte, auch die Zeitstrukturen.
- Bei hoher Kapital- und Forschungsintensität ist der Druck in Richtung Zeiterweiterung zur effizienten Nutzung des materiellen und des Humankapitals groß.
- Mit wachsender internationaler Verflechtung steigt die (wechselseitige) zeitliche Beeinflussung, wird die Notwendigkeit auch zeitlicher Anpassung größer.
- Mit wachsender Bedeutung des Dienstleistungssektors bzw. der Dienstleistungstätigkeiten nimmt die zeitliche Ausdifferenzierung des Arbeitslebens zu, weil starre Muster dysfunktional werden.
- Ein hohes Durchschnittsniveau der Qualifikationen deutet auf ein vergleichsweise hohes Maß an Durchsetzungsfähigkeit der Arbeitnehmer (Zeitautonomie) und damit auch auf zeitliche Ausdifferenzierung; gleichzeitig ist mit zeitlichen Polarisierungseffekten bei den Beschäftigten zu rechnen.
- Arbeitslosigkeit steht in engem Zusammenhang mit zeitlicher Polarisierung, sie erhöht den Anpassungsdruck für bestimmte Gruppen von Beschäftigten, auch unattraktive Zeiten zu akzeptieren.
- „Zeitinnovation" bezieht sich auf die vermutete Zahl von Betrieben, die zur Erfüllung ihrer Flexibilitätsbedürfnisse neue zeitliche Modelle einführen.
- Die Veränderungsabsichten sind ein Hinweis auf die von den Betrieben und befragten Experten beschriebenen Planungen zur „zeitlichen Zukunft" ihrer Betriebe.
- Die mittleren, aktiven Bevölkerungsjahrgänge (die meist nur kleine Haushalte bilden) sind für zeitliche Veränderungen offener, treiben sie eher voran.
- Ein hoher Anteil Nichteinheimischer (der unter anderem auf einer selektiven Zuwanderung von Personen beruht, die sich auch von typischen Zeitmustern einer Stadt angezogen fühlen) kann als ein Hinweis angesehen werden auf von außen kommende Einflüsse, die in der Stadt angelegte zeitliche Veränderungen verstärken oder auch zeitlich traditionelle Strukturen in Frage stellen.

Schaubild 18 – *Profil der Betroffenheit von Zeitveränderungen in den Fallstudienstädten; typisierte Darstellung*\*

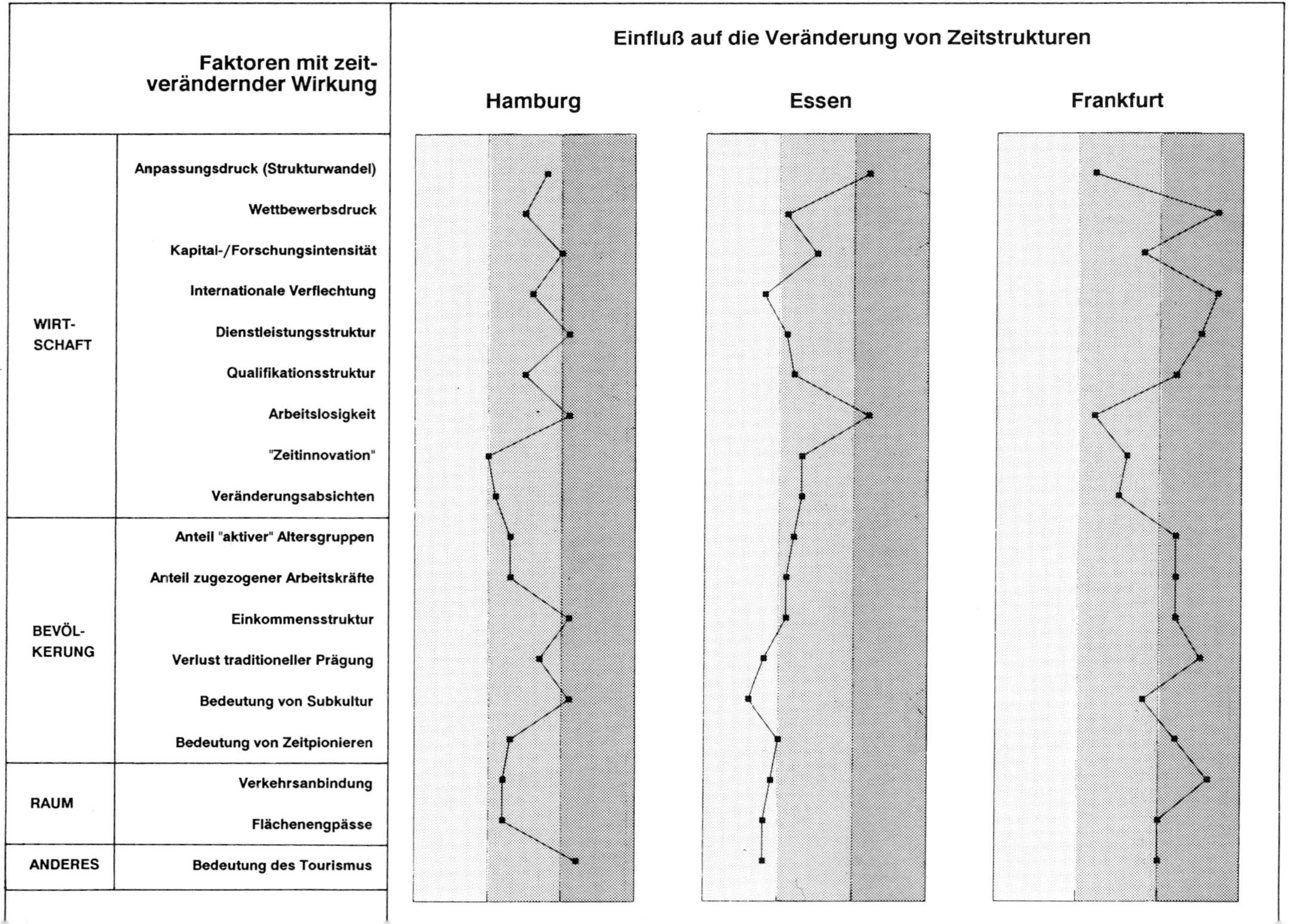

Einfluß auf die Veränderung von Zeitstrukturen

| Faktoren mit zeit-verändernder Wirkung | | Hamburg | Essen | Frankfurt |
|---|---|---|---|---|
| WIRT-SCHAFT | Anpassungsdruck (Strukturwandel) | | | |
| | Wettbewerbsdruck | | | |
| | Kapital-/Forschungsintensität | | | |
| | Internationale Verflechtung | | | |
| | Dienstleistungsstruktur | | | |
| | Qualifikationsstruktur | | | |
| | Arbeitslosigkeit | | | |
| | "Zeitinnovation" | | | |
| | Veränderungsabsichten | | | |
| BEVÖL-KERUNG | Anteil "aktiver" Altersgruppen | | | |
| | Anteil zugezogener Arbeitskräfte | | | |
| | Einkommensstruktur | | | |
| | Verlust traditioneller Prägung | | | |
| | Bedeutung von Subkultur | | | |
| | Bedeutung von Zeitpionieren | | | |
| RAUM | Verkehrsanbindung | | | |
| | Flächenengpässe | | | |
| ANDERES | Bedeutung des Tourismus | | | |

236

| Faktoren mit zeit-verändernder Wirkung | | Stuttgart | München | Konstanz |
|---|---|---|---|---|
| WIRT-SCHAFT | Anpassungsdruck (Strukturwandel) | | | |
| | Wettbewerbsdruck | | | |
| | Kapital-/Forschungsintensität | | | |
| | Internationale Verflechtung | | | |
| | Dienstleistungsstruktur | | | |
| | Qualifikationsstruktur | | | |
| | Arbeitslosigkeit | | | |
| | "Zeitinnovation" | | | |
| | Veränderungsabsichten | | | |
| BEVÖL-KERUNG | Anteil "aktiver" Altersgruppen | | | |
| | Anteil zugezogener Arbeitskräfte | | | |
| | Einkommensstruktur | | | |
| | Verlust traditioneller Prägung | | | |
| | Bedeutung von Subkultur | | | |
| RAUM | Bedeutung von Zeitpionieren | | | |
| | Verkehrsanbindung | | | |
| | Flächenengpässe | | | |
| ANDERES | Bedeutung des Tourismus | | | |

\* Quelle: Eigene Darstellung des Deutschen Instituts für Urbanistik.

- Ein großer Bevölkerungsanteil mit hohem Einkommen verstärkt Tendenzen der zeitlichen Polarisierung, der Außenorientierung, der konsumintensiven Freizeit und der Orientierung an fremden (ausländischen) Zeitmustern (Weltläufigkeit).
- Der Verlust traditioneller Prägungen macht eine Stadt offener, wehrloser gegenüber zeitlichen Veränderungen.
- Subkulturen können gegen die Mehrheit gerichtete Zeitmuster leben und damit auf Dauer eine Aufweichung der traditionellen Zeitmuster fördern.
- „Zeitpioniere" meint vor allem das Vorhandensein einer Personengruppe, die aufgrund ihrer Qualifikation und ihres Einkommens eigene zeitliche Vorstellungen durchsetzen und neue zeitliche Modelle der Arbeit erproben kann.
- Die Bedeutung der Verkehrsanbindung ist in engem Zusammenhang mit der überregionalen und internationalen wirtschaftlichen Verflechtung zu sehen und weist angesichts der generell wachsenden Bedeutung der Geschwindigkeit auf zeitliche Anpassungen hin.
- Flächenengpässe können auf eine besondere Notwendigkeit von Zeitplanung (Substitution von Fläche durch Zeit) und damit von neuen zeitlichen Organisationsmodellen hinweisen.
- Tourismus, hier als die Nachfrage nach fremdenverkehrsorientierten Dienstleistungen, erfordert immer ein hohes Maß an Bereitstellung von Dienstleistungen zu ungewöhnlichen Zeiten (abends, am Wochenende) und bedeutet damit eine zeitliche Anpassung an Bedürfnisse von außen.

Bei der Interpretation dieser Profile ist zu berücksichtigen, daß es sich um eine „weiche" Darstellung handelt, die Informationen auf unterschiedlicher Ebene, unterschiedlicher Art und Präzision – wie statistische Informationen, Aussagen aus Expertengesprächen und anderes – zusammenfaßt. Darüber hinaus ist festzuhalten, daß es sich bei dieser Darstellung *nicht* um eine bewertende Rangfolge handelt – weder insgesamt noch für jeden einzelnen Faktor –, bei der es auf die exakte Einordnung der jeweiligen Stadt im Detail ankommt. Sowohl die hohe als auch die niedrige Betroffenheit enthalten jeweils Chancen und Gefahren. Insgesamt geht es also um die Beurteilung der generellen Richtung.

Die prinzipiellen Unterschiede der Städte werden jedoch deutlich:
- am deutlichsten betroffen von Zeitveränderungen werden München und Frankfurt sein;
- im „Mittelfeld" der Veränderungen liegen Hamburg und Stuttgart, wobei Stuttgart eine ganze Reihe von hohen und niedrigen Betroffenheitsfaktoren aufweist;
- die geringsten zu erwartenden zeitlichen Veränderungen, die höchste zeitliche Stabilität weisen Konstanz und Essen auf, wobei in Essen mehr Faktoren auf eine höhere Betroffenheit verweisen als in Konstanz.

Gewichtet man diese Faktoren und unterstellt, daß ökonomische Faktoren wie Wettbewerbsdruck, Kapital- und Forschungsintensität, internationale Verflechtung sowie die Faktoren Verkehrsanbindung und die Bedeutung traditioneller Prägung bzw. der

Verlust dieser Prägung von größerem Einfluß auf die Veränderung von Zeitstrukturen sind, so träte die dargestellte Kontur noch deutlicher hervor.

Auch wenn die absehbaren zeitlichen Veränderungen tendenziell in allen Städten auftreten werden, so sind doch charakteristische Unterschiede der Offenheit gegenüber diesen Veränderungen und der Ausformung und Umsetzung solcher Veränderungen im einzelnen zu erwarten. Auf absehbare Zeit wird der Druck auf zeitliche Veränderungen in den prosperierenden Regionen deutlich stärker sein; allerdings ist innerhalb der Städte wie auch zwischen den Städten mit einer zeitlichen Polarisierung, also einem Auseinanderdriften von Gruppen mit hohem und geringem zeitlichen Wohlstand sowie von Wirtschaftsbereichen mit starren und flexiblen Regelungen, zu rechnen. In den Unterschieden zwischen den Städten liegt, wie gesagt, die Gefahr weiteren Auseinanderdriftens, aber auch die Chance, daß die Nivellierungstendenzen nicht überall zum Zuge kommen und somit eine städtische Identität auch in zeitlicher Hinsicht erhalten oder wiedergewonnen werden kann.

# 7. Planung und Zeit

## 7.1 Einführung

Der Umgang mit „Zeit" ist ein sozialer Prozeß und damit einer ständigen Veränderung und Entwicklung unterworfen[1]. Heute befinden wir uns in einer Phase, in der die zeitlichen Strukturen der Gesellschaft – erneut – starkem Veränderungsdruck ausgesetzt sind und „Zeit" als Betrachtungsgegenstand an Bedeutung gewinnt.
Solche Veränderungsphasen, in denen „Zeit" in den Mittelpunkt des Interesses rückt, treten immer wieder auf. In der Stadtplanung gab es bereits Anfang der siebziger Jahre vor allem im Zusammenhang mit Verkehrsproblemen eine Diskussion[2] über zeitliche Probleme und Probleme, die sich durch Zeitsteuerung lösen lassen; diese Diskussion verebbte jedoch schnell wieder.
Unter den gegenwärtigen Bedingungen zunehmender Ausdifferenzierung und Individualisierung gewinnt Zeit als Regulations- und Steuerungsinstrument an Bedeutung. Beispielsweise enthalten umfassende Rationalisierungskonzepte in der Industrie – wie „computer integrated manufacturing" (CIM) – sehr starke Zeitkomponenten: Materielle Lagerhaltung wird durch zeitliche Produktionsabstimmung ersetzt. Man kann die „Zeitsteuerung" auch als eine weitere Ebene sozialer Kontrolle betrachten, einem Element in der Entwicklung zur Informationsgesellschaft, die insgesamt als eine technische und soziale Entwicklung von Kontrollinstrumenten angesehen werden kann[3].
Eine Vielzahl von Anhaltspunkten auf unterschiedlichen Ebenen spricht dafür, daß der Faktor „Zeit" als Steuerungsinstrument an Bedeutung gewinnt:
- Die Arbeitslosigkeit auf hohem Niveau rückt die Frage der Arbeitsumverteilung durch Arbeitszeitverkürzung und neue Arbeitsorganisation in den Vordergrund.
- Der anhaltende Produktivitätsfortschritt erlaubt – wie auch in der Vergangenheit –, einen Teil des Zuwachses in Form weiterer Arbeitszeitverkürzungen zu nutzen.
- Die steigende Kapitalintensität führt bei den Unternehmen zu dem Bestreben, die Anlagen möglichst lange zu nutzen, die Betriebszeiten auszudehnen[4].

---

1 Vgl. *Rinderspacher*, Wege der Verzeitlichung, S. 23–66.
2 Vgl. z. B. *Jürgen Jüchser*, Zeitplanung, in: Stadtbauwelt, H. 36 (1972), S. 318–323; *de Chalendar*, Die Neuordnung der Zeit.
3 Vgl. *James A. Beniger*, The Control Revolution, Cambridge/Mass. 1986.
4 Auch diese Diskussion ist nicht neu. Schon in den fünfziger Jahren gab es Versuche, die Betriebszeitausweitung mit steigender Kapitalintensität zu begründen; vgl. z. B. *Franz Gossens*, Sinkende Arbeitszeiten und steigende Arbeitsplatzkosten erzwingen den Mehrschichten-Betrieb, in: Mensch und Arbeit, H. 1 (1960), S. 5–6.

- Die Ausdehnung von Betriebszeiten bei gleichzeitiger Arbeitszeitverkürzung erfordert neue Formen der Arbeitsorganisation: Mehrfachbesetzungssysteme, neue Schichtsysteme, Teilzeitarbeit, Zeitarbeit und anderes mehr, mit der Folge einer Ausdifferenzierung von Arbeitszeitdauern und -lagen.
- Die Ausdifferenzierung von Arbeitszeitdauern und -lagen erzwingt auf betrieblicher Ebene eine genauere Zeiterfassung und zeitliche Steuerung, wie auch im privaten Bereich die zeitliche Koordinationsleistung zunehmen muß.
- Die Beschleunigung von Produktzyklen, wachsende Anforderungen an Produkte und Dienstleistungen erfordern schnellere Anpassungen der Unternehmen, die sich auf Arbeitsanfallschwankungen auswirken. Folgen für die Arbeitsorganisation, die Dauer und Lage der Arbeitszeit sind wahrscheinlich.
- Zeitliche Ausdehnungsbestrebungen oder -tendenzen ergeben sich nicht nur im Produktionsbereich, sondern auch in anderen Sektoren:
  - Im Handel besteht bei einzelnen Handelsformen (Verbrauchermärkte, Passagen) ein Interesse an Ausdehnung der Öffnungszeiten, um neue Marktsegmente zu erschließen. Gleichzeitig bringen bestimmte Verbrauchergruppen (zum Beispiel berufstätige Frauen) Wünsche in dieser Richtung vor.
  - Im Dienstleistungsbereich sind ähnliche Entwicklungen zu beobachten – aus den gleichen Gründen, wie auch aus Gründen wachsender Nachfrage im Freizeitsektor.
  - Im Medienbereich ist eine Ausweitung durch längere Sendezeiten und durch internationale Vernetzung über Zeitzonen feststellbar.
- Die wachsende internationale globale Verflechtung macht die zeitliche Koordination über Zeitzonen hinweg zur Sicherstellung des persönlichen oder des telekommunikativen Kontaktes immer wichtiger.
- Die Beschleunigung von Produktionsprozessen, von Verkehrs- und Kommunikationsgeschwindigkeiten erfordert eine genauere zeitliche Erfassung und Steuerung als jemals zuvor.

Alle Anhaltspunkte weisen darauf hin, daß „Zeit" als Betrachtungsgegenstand, Analyse- und Steuerungsinstrument an Bedeutung gewinnt. Im Zusammenhang mit Planungsprozessen lassen sich für „Zeit" drei Ebenen unterscheiden (vgl. auch Übersicht 11):

- Planung der Zeit, also die gesellschaftliche Rahmensetzung („zeitpolitische Konzeption") für Zeitorganisation, die Entwicklung von Zeitstrukturen;
- Planung mit Zeit, also die Nutzung von „Zeit" als Ressource und Steuerungsinstrument zur Lösung planerischer Probleme;
- Planung in der Zeit, also die Berücksichtigung des Zeitverlaufs, des Rhythmus von Prozessen in der Planung.

Es ist offenkundig, daß mit diesen unterschiedlichen Planungsebenen auch jeweils unterschiedliche Akteure (und Betroffene) angesprochen sind.

Die zeitpolitischen Rahmenbedingungen, das heißt die zeitpolitische Konzeption einer Gesellschaft, wird unter anderem durch staatliche Rahmensetzungen mitbestimmt. Ausgeformt – und verändert – werden diese Rahmensetzungen durch die

Übersicht 11 – *Ebenen von Planung und Zeit**

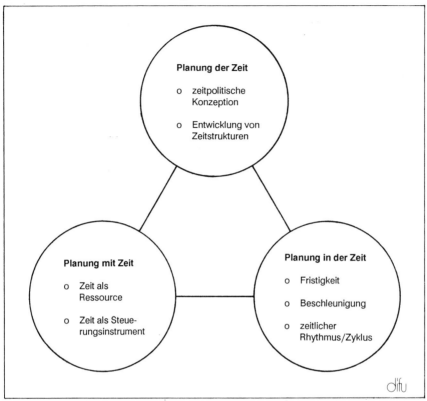

* Quelle: Eigene Darstellung des Deutschen Instituts für Urbanistik.

Auseinandersetzung von Interessengruppen (Unternehmen, Gewerkschaften, Kommunen, Kirchen usw.). Die Kommunen sind im Bereich der Zeitkonzeption weitgehend Betroffene, weniger Akteure. Deutlicher zu Akteuren werden sie dann, wenn es um die Nutzung von Zeit als Instrument geht, also um die Lösung von Problemen mit „zeitlichen Mitteln". Auch dann, wenn es um die Planung in der Zeit, also die Berücksichtigung von zeitlichen Prozessen geht, sind neben anderen die Kommunen als Akteure gefordert.

## 7.2 Planung der Zeit

Bei weitergehenden Änderungen der gewohnten Zeitstrukturen stellt sich die Frage, welche „Neuordnung der Zeit"[5] gewünscht ist, welche Einflußmöglichkeiten es

---

[5] Vgl. *Joachim Jens Hesse* und *Christoph Zöpel* (Hrsg.), Neuordnung der Zeit, Baden-Baden 1987.

gibt, gesellschaftliche Zeitstrukturen zu steuern. Es geht also um die Zeit als Politikfeld[6]. Im Kern handelt es sich dabei um eine Zeitkonzeption für unsere Gesellschaft oder – anders ausgedrückt – um eine Wohlstandskonzeption, die den zeitlichen Wohlstand noch stärker als bisher einbezieht.

Die geringe Etablierung dieses Politikfeldes und die erst beginnende Diskussion um die absehbaren Veränderungen und ihre Folgen erlauben nicht mehr, als lediglich einige zentrale Punkte zu benennen, die im Rahmen einer Zeitkonzeption enthalten sein müssen, ohne daß ihre Ausgestaltung im einzelnen formuliert werden könnte. Es geht vor allem auch darum, die zeitlichen Aspekte einer Wohlstandskonzeption sichtbar und diskutierbar zu machen.

Ausgangspunkt der Überlegungen ist die Frage nach der Schutzbedürftigkeit von Mensch und Natur zu bestimmten Zeiten. Eine Vielzahl von Gesetzen, Verordnungen, Richtlinien, Tarif- und sonstigen Verträgen usw. enthält schon lange zeitbezogene Regelungen[7], die vielfach im Zuge der Industrialisierung als Abwehr etwa gegen Ausbeutung und Überlastung usw. entstanden sind, als Regeln gegen eine Ausweitung und Intensivierung. Ausweitungstendenzen, wie sie zur Zeit in verschiedenen Bereichen (zum Beispiel bei Produktionszeiten, Medienzeiten usw.) sichtbar werden, beinhalten wieder solche Gefahren zeitlicher Erosion. Die wirtschaftliche Dynamik läßt erwarten, daß (gewohnte) zeitliche Schranken beseitigt werden und wir analog der räumlichen Zersiedelung eine „zeitliche Zersiedelung" gewärtigen müssen. „Gewohnte" Zeiten, die sich in einem langsamen historischen Prozeß entwickelt haben und sich national oder regional teilweise auch erheblich unterscheiden, haben damit auch einen kulturprägenden Gehalt; dieser ist durch Veränderungen möglicherweise bedroht.

Explizite Überlegungen zu einer Zeitkonzeption und ihren Inhalten haben dabei auf unterschiedlichen Ebenen anzusetzen[8], von denen vier im folgenden etwas ausführlicher erläutert werden sollen:

- Sicherung ungenutzer Zeiten;
- Verteilung von Zeiten;
- Sicherung von Zeitautonomie und
- Zeit und Kultur.

### 7.2.1 Schutz von Zeiten

Zu Beginn der Industrialisierung war die Sieben-Tage-Woche die Regel, die Sonntagsruhe wurde weitgehend mißachtet. Erst mit dem Erstarken der Arbeiterbewegung und der in der Folge sich entwickelnden Sozialgesetzgebung entstanden Schutzgesetze (Arbeitsbegrenzungen) für einzelne Bevölkerungsgruppen. Noch um die Jahrhundertwende arbeitete mehr als die Hälfte aller preußischen Betriebe auch sonntags

---

[6] Vgl. *Christoph Zöpel*, Die Zeit – ein Politikfeld der Zukunft, in: ebenda, S. 11–29.
[7] Vgl. Kap. 4.2.
[8] Vgl. zu den Zielen von Zeitplanung auch *Difu-Projektgruppe*, Zeitplanung, S. 153–196.

regelmäßig. Erst 1918 wird der freie Sonntag – neben dem Acht-Stunden-Tag – von den Arbeitgebern zugestanden, 1919 wird die Sonntagsruhe Bestandteil der Weimarer Reichsverfassung[9].

Solche erkämpften zeitlichen Lücken, in Form von freien Tagen oder Pausen, wurden in der industriellen Produktion immer wieder als Potential für eine Kapazitätsausweitung, auch eine Intensivierung der Zeitnutzung und eine Ausdehnung von Zeiten, also für eine bessere Kapitalauslastung, gesehen.

Seit einigen Jahren wird die Diskussion um die Aufrechterhaltung oder Auflösung der Sonntags- oder Wochenendruhe, die durch den freien Samstag seit den fünfziger Jahren weitgehend erreicht ist, wieder verstärkt geführt[10].

Die Argumente für die Ausweitung von Sonntags- und Nachtarbeit waren – auch schon in der Vergangenheit – immer die gleichen: die Wettbewerbsfähigkeit, die ökonomische Auslastung teurer Maschinen. Die Wettbewerbsfähigkeit gewinnt als Argument insbesondere dann an Gewicht, wenn es regionale oder nationale Unterschiede bei den entsprechenden zeitlichen Schutzvorschriften gibt. Solche Unterschiede üben einen Druck auf wechselseitige Anpassung aus, hin zu laxeren Regelungen, wodurch die Wettbewerbsvorteile schwinden.

Eingebunden werden solche Forderungen nach Lockerung von Schutzbestimmungen in der Regel auch in technische Argumentationen, wie dies zur Zeit in der Diskussion um die Chipproduktion erkennbar wird.

Tendenzen zur zeitlichen Ausweitung in die Nacht und ins Wochenende gibt es nicht nur im Produktionsbereich, sondern auch bei Dienstleistungen und im Informationssektor (Medienangebot). Neben den Wettbewerbsaspekten gibt es Auswirkungen, die heute noch schwer abschätzbar sind, weil die positiven und negativen Effekte für unterschiedliche Gruppen schwer zu bewerten und schwer zuzuordnen sind. Es besteht die Gefahr, daß um ökonomischer Vorteile willen ein Teil des erreichten Zeitwohlstandes aufgegeben wird. Um einige Beispiele für die Nachteile zeitlicher Ausdehnung zu nennen:

- Erhöhung und Linearisierung des gesellschaftlichen Aktivitätsniveaus sind zwangsläufig mit zusätzlichem Lärm verbunden. Lärm ist ein wesentlicher Streßfaktor, dessen Auswirkungen immer bedrohlicher werden; eine Zeitausweitung könnte also die Probleme „akustischer Umweltverschmutzung" erheblich verschärfen.
- Die Ausdifferenzierung individueller Arbeitszeitdauern und -lagen führt immer stärker zu versetzten Zeiten innerhalb von sozialen Gruppen: Eine Entflechtung sozialer Gruppen wird gefördert, der Koordinationsaufwand für gemeinsame Aktivitäten erhöht[11]. Soziale Probleme wie Vereinzelung, Sucht, abweichendes Verhalten können dadurch verstärkt werden.

---

9 Vgl. *Franz P. Bumeder*, Geschichte der Sonntagsarbeit. Manuskript der Sendung des Bayerischen Rundfunks vom 24.3.1988 (vervielfältigt).
10 Vgl. *Rinderspacher*, Am Ende der Woche.
11 Allerdings ist auch die Ausbildung neuer zeitbezogener Gruppierungen denkbar: die „Wochenendschichtarbeiter", die „Donnerstagsgemeinde" und ähnliches.

- Die Ausweitung in Richtung auf eine kontinuierlich aktive Gesellschaft bedeutet auch immer eine Linearisierung und damit eine Entrhythmisierung gesellschaftlicher Prozesse. Rhythmische Prozesse sind jedoch für die Orientierung wichtig und haben einen kulturellen Wert[12].

Schutz von Zeiten setzt auch die Sicherung gemeinsamer Zeiten sozialer Gruppen voraus, in denen für alle ein hohes Maß „zeitlicher Selbstbestimmung" gewährleistet ist. Solche Zeiten sind bislang typischerweise das Wochenende und Feiertage.

Der Urlaub oder auch der „Gleittag" und die Freischicht sind in diesem Sinne, auch wenn sie innerhalb kleiner Gruppen gemeinsam „genommen" werden, keine gesellschaftlich gemeinsame Zeit, sondern individuell gewählte entkoppelte Zeit. Während der Gleittag Werktagscharakter hat, können Feiertage eher als „geschenkte" denn als genommene oder gesparte Zeit betrachtet werden[13]. Insofern stellen sie einen wichtigen Aspekt von Zeitwohlstand dar. (Allein unter dieser Perspektive könnte der Zahl der Feiertage, die im Mittelalter ähnlich hoch wie heute die Zahl der arbeitsfreien Tage gewesen sein soll, eine wichtige Funktion für den Zeitwohlstand und die Integration der Gesellschaft zugesprochen werden.) Die Abschaffung von Feiertagen zugunsten von freien Tagen – wie es in Bayern wohl noch vor kurzem geschehen ist – wäre dann also ein Verlust von Zeitwohlstand.

Auch wenn die inhaltliche, insbesondere die religiöse Bedeutung von Feiertagen und des Sonntags an Gewicht einbüßt und vor allem der Charakter als Freizeit in den Vordergrund rückt[14], so muß doch davon ausgegangen werden, daß auch bei verwässerten inhaltlichen Bezügen gemeinsame freie Tage der Verflechtung der Gesellschaft förderlich sind. Dabei tritt allerdings auch das Problem auf, daß gerade bei reduzierter inhaltlicher Bestimmung solcher Tage und der zentralen Ausrichtung auf Freizeitaspekte die Nachfrage nach entsprechenden freizeitorientierten Dienstleistungen wächst (sei es in Verkehrsbetrieben, sei es in Gaststätten oder Freizeitanlagen) und diese Nachfrage auch die Arbeitsbereitschaft entsprechenden Personals voraussetzt (zum Beispiel bei Flugpersonal und Überwachungspersonal).

Der gesellschaftlich erreichte Zeitwohlstand sollte nicht ohne Not aufgegeben werden. Die bestehenden zeitlichen „Freiräume" – wie Nacht und Wochenende – sollten also aus unterschiedlichen Gründen beibehalten werden. Ausnahmeregelungen, die zwangsläufig von der technischen und gesellschaftlichen Entwicklung

---

[12] Vgl. *Rinderspacher*, Am Ende der Woche, S. 35. In der Biologie ist das Fehlen eines Rhythmus, also Linearität, gleichbedeutend mit Tod.

[13] Im Ländervergleich weist die Zahl der nationalen Feiertage erhebliche Schwankungsbreiten auf: Sie reicht von neun (DDR, Irland) bis 17 (Spanien), mit einem breiten Mittelfeld von zwölf bis 14 Feiertagen (Dänemark, Japan, Norwegen, Portugal, Schweden, Belgien, Bundesrepublik Deutschland, Großbritannien, Luxemburg). In der Bundesrepublik gibt es darüber hinaus Unterschiede zwischen den Bundesländern, wobei Bayern und Baden-Württemberg die meisten Feiertage haben.

[14] Vgl. etwa *Erwin K. Scheuch*, Heilig ist nur die Freizeit. Der Sonntag hat seine Sonderstellung weitgehend verloren, in: Die Zeit vom 4. 3. 1988.

abhängen, sollten sehr genau kodifiziert werden. So wäre es in Verschärfung gegenwärtiger Regelungen denkbar, Wechselschichtarbeit oder Wochenendarbeit für Arbeitnehmer nur für eine begrenzte Dauer zuzulassen, um sozialen und gesundheitlichen Nachteilen entgegenzuwirken[15].

Zwischen den „schützenswerten Zeiten" und den gegenwärtigen Regelungen gibt es jedoch einen Spielraum, der Kompromißlösungen mit einer Zunahme zeitlicher Flexibilisierung durchaus zuläßt. Ein Beispiel soll dies deutlich machen: Es wäre durchaus möglich, die zulässigen Ladenöffnungszeiten erheblich auszudehnen – etwa von 6.00 bis 21.00 Uhr –, ohne mit der Nachtruhe in Konflikt zu kommen, und dabei einen Spielraum flexibler Anpassung an unterschiedliche Kundengruppen durch die Einzelhändler zu ermöglichen. Das wäre selbst dann noch möglich, wenn man eine maximale Öffnungszeit vorschreiben würde[16].

Auch im Arbeitsvertragsrecht sind Veränderungen bereits sichtbar, die nicht unbedingt negativ sein müssen: Tarifverträge werden immer stärker nur noch zu Rahmensetzungen, die der Ausgestaltung im einzelnen bedürfen, welche den Betrieben überlassen wird. Damit können – im günstigen Fall – sowohl betriebliche Interessen als auch die Interessen unterschiedlicher Arbeitnehmergruppen in Einklang gebracht werden, ohne daß die Schutzfunktion kollektivvertraglicher Regelungen aufgegeben wird. Da sich Werte, Normen, Wünsche immer stärker ausdifferenzieren, ist es sicherlich auch notwendig, wenn man diesen unterschiedlichen Ansprüchen gerecht werden will, ein weiteres Spektrum von Arbeitszeitdauern und -lagen zuzulassen. Das Entscheidende wird sein, die soziale Phantasie darauf zu lenken, Flexibilität zu schaffen, ohne wesentliche Schutzfunktionen zu gefährden.

### 7.2.2 Verteilung von Zeiten

Die gegenwärtig drängendsten Verteilungsprobleme von Zeit dürften die Arbeitslosigkeit und die „Hierarchisierung" von Arbeitszeiten sein:
- Werden die Arbeitslosen bei der Durchschnittsberechnung der Arbeitszeit in der Bundesrepublik mitberücksichtigt, so haben wir rein rechnerisch die 35-Stunden-Woche längst erreicht. Die Politik der Arbeitszeitverkürzung ist daher auch teilweise als Umverteilungspolitik konzipiert. Neuere Untersuchungen zeigen jedoch, daß sich allenfalls 50 Prozent der Arbeitszeitverkürzung in neuen Arbeitsplätzen niederschlagen. Kleine Schritte der Verkürzung und kurze Bezugsperioden (wöchentlich, täglich) bei Dienstleistungstätigkeiten wie im öffentlichen Dienst dürften den Versickerungseffekt eher erhöhen. Trotz allem dürfte Arbeitszeitverkürzung eines der wirksamsten Mittel gegen die hohe Arbeitslosigkeit sein;

---

15 Befragungen von Wochenendschichtarbeitern zeigen, daß es durchaus Gruppen oder Lebensphasen gibt, für die solche Arbeitsmöglichkeiten eine Chance darstellen. Der „Gewinn" aus solcher Art Arbeit beruht jedoch zum Teil darauf, daß das Wochenende für die Mehrheit der Gesellschaft tabu ist; die Vorteile gingen bei einer kontinuierlich aktiven Gesellschaft wieder verloren.
16 Eine solche Regelung wird in Österreich erprobt, vgl. Kap. 4.

und das Thema Lohnausgleich/Lohnverzicht kann dabei nicht ausgeklammert werden.
- Für hochspezialisierte Qualifikationen, für Engpaßqualifikationen stellt sich im Prinzip das gleiche Problem wie für teure technische Anlagen. Die Betriebe sind bestrebt, dieses Humankapital möglichst effizient auszulasten, also länger als üblich – insbesondere auch dann, wenn das Wissen relativ schnell wieder veraltet. Typischerweise ist daher zu beobachten, daß die Arbeitszeiten Hochqualifizierter nicht mit der allgemeinen Arbeitszeitverkürzung Schritt halten (das gilt auch für qualifizierte Facharbeiter). Dazu trägt auch bei, daß vor allem bei leitenden Angestellten die Arbeitsverträge häufig keine Arbeitszeitangaben enthalten, sondern nur die Aufgabe definieren. Im Extrem kann eine solche Entwicklung dazu führen, daß Bevölkerungsgruppen in den Genuß von Arbeitszeitverkürzungen kommen, denen Lohnerhöhungen lieber wären, und andererseits Gruppen auf die Verkürzung ihrer Arbeitszeiten (gezwungenermaßen) verzichten müssen[17].

Eine zeitlich bezogene Wohlstandskonzeption muß in diesem Sinn auch verteilungspolitische Ziele formulieren. Die Gesellschaft wird sich damit auseinandersetzen müssen, welche Zunahme ungleicher Verteilung noch hinzunehmen ist.

Die Frage nach der verteilungspolitischen Komponente betrifft darüber hinaus die Frage nach der Verteilung der Arbeit zu unüblichen Zeiten (Nacht, Wochenende)[18]. Ferner ergibt sich durch zeitliche Veränderungen eine Umverteilung des Koordinationsaufwandes zur Sicherung gemeinsamer Zeiten. Kollektive Ruhephasen übertragen die Koordinationsleistungen auf gesellschaftliche Festlegungen, während in einer kontinuierlich aktiven Gesellschaft der Koordinationsaufwand individualisiert wird.

Ein weiterer Aspekt einer verteilungspolitischen Zeitkonzeption ist die Frage nach der Verwendung von zusätzlichen erwerbsarbeitsfreien Zeiten. Gerade die langfristige Sicherung des Qualifikationsniveaus und damit der Chancen auf dem Arbeitsmarkt erfordern eine immer stärkere Fortbildung und Weiterqualifizierung. „Zeitliche Verteilungspolitik" kann dann auch gleichbedeutend werden mit der Festlegung von Regeln über die Verwendung von Teilen der Arbeitszeitverkürzung. Die Diskussion um Fortbildungstarifverträge weist in diese Richtung, die Arbeitnehmer zur Fortbildung zu verpflichten.

### 7.2.3 Sicherung von Zeitautonomie

Die Bestimmung über die eigene Zeit unterscheidet den Herrn vom Knecht. Entscheidungsbefugnis über die Zeit anderer ist immer Machtausübung. Mit dem Wertewandel gewinnt auch die Forderung nach größerer individueller Disposition über das

---

[17] Statistisch läßt sich diese „Mehrarbeit" nur bei Facharbeitern nachweisen, bei denen sie sich in Überstunden über die tarifvertraglich vereinbarte Arbeitszeit hinaus niederschlägt, vgl. *ISO-Studie*.

[18] Vgl. Kap. 7.2.1.

Zeitbudget an Gewicht. Eine Zeitpolitik, die die Frage nach der Autonomie und Fremdbestimmung von Zeit einbezieht, könnte von einem Konzept der selbstkontrollierten Zeitbindung ausgehen, die versucht, die fremdkontrollierte Zeitbindung zurückzudrängen. Ein solches Konzept hätte wichtige Implikationen:
- „Ausgangspunkt ist das Individuum, aber auch dessen soziale Bezugsgruppe. Es wird unterstellt, das Individuum habe eine eigene zu bindende bzw. zu verausgabende Zeit. Diese Zeit sei der Umfang der Lebenszeit.
- Die eigene Zeit wird als Besitz verstanden, über den das Individuum grundsätzlich selbst verfügt. Darin läge eine Art Menschenrecht. Der Entzug dieser Verfügungsgewalt durch eine dem Individuum äußere Instanz ist rechtfertigungsbedürftig.
- Das Individuum kann die Verfügungsgewalt oder Kontrolle über seine Zeit an Dritte abtreten. Dies erfolgt etwa im Arbeitsvertrag, aber auch beispielsweise durch staatliche Anordnung (zum Beispiel Wehrpflicht). Wie weit der Entzug der Kontrolle über die eigene Zeit gehen darf, ist Gegenstand sozialer Auseinandersetzungen, die zu historisch wandelbaren Normen des erlaubten Kontrollentzuges führen.
- Das Konzept der selbstkontrollierten Zeitbindung intendiert, wie gesagt, ein *möglichst* hohes Ausmaß an Selbstkontrolle. Damit sind Sachzwänge, die in den unterschiedlichsten Lebensbereichen den gelegentlichen Verzicht auf eigene Kontrolle erforderlich machen, grundsätzlich anerkannt. Es geht also jeweils um ein mehr oder weniger, nie um die illusorisch perfekte Selbstkontrolle über die Zeitbindung. Weil menschliches Leben immer in soziale Zusammenhänge eingebunden ist, ist die graduelle oder zeitweilige Aufgabe der Kontrolle zugunsten kollektiver Kontrollinstanzen oder anderer Individuen teilweise erforderlich bzw. sogar ausdrücklich erwünscht. Demgegenüber wäre herauszuarbeiten, wo sachlich und sozial unbegründete strukturelle Zwänge die Selbstkontrolle der Zeitbindung verhindern. Das Leitbild des homo ludens wäre zu relativieren durch andere gesellschaftliche Langzeitziele der Zeitbindung. Die Bindung von Zeit an spielerische Aktivitäten wäre dann nur ein Ziel unter anderen, wie künftige Zuwächse an disponibler Zeit verwendet werden können."[19]

### 7.2.4 Zeit und Kultur

Die Überlegungen zur Bedeutung der Feiertage weisen bereits auf den kulturellen Gehalt von Zeiten hin. Gleichwohl ist die Frage nach nationalen oder regionalen Zeitidentitäten bisher wenig diskutiert. Mißt man einer zeitlichen Identität auch nur eine gewisse Bedeutung zu, werden allein daraus beliebige Anpassungen an andere, neue Zeitmuster zunächst einmal in Frage gestellt.
Vor allem im Zuge wachsender internationaler Verflechtungen sind wechselseitige Anpassungen von Zeitmustern und der Verlust von typischen Mustern immer wieder

---

[19] *Rinderspacher*, Wege der Verzeitlichung, S. 63 f.

zu beobachten. So ist die für südliche Länder typische Siesta auf dem Rückzug, und der Rhythmus südlicher Städte nähert sich dem der nördlicheren Städte ohne die strenge Mittagspause an.

Selbst in der Bundesrepublik sind in dieser Hinsicht räumliche Unterschiede auszumachen. In kleineren Städten sind die zu Hause verbrachte Mittagspause und die Mittagspause im Einzelhandel noch sehr viel verbreiteter als in den hochverdichteten Agglomerationen. Bei den Fallstudienstädten ist die deutliche Ausprägung der Mittagspause in Konstanz im Gegensatz zu allen anderen Städten noch erkennbar.

Die Argumentation, die kontinuierlichere Zeitmuster in anderen Regionen oder Ländern als Wettbewerbsvorteil in den Vordergrund rückt, verkennt häufig, daß Wettbewerbsvorteile immer auf einem Bündel von Faktoren beruhen. Es wird kaum je geprüft, welche Vorteile gerade aus abweichenden (zum Beispiel traditionellen) Mustern erwachsen können. Die Erhaltung traditioneller Zeitmuster hat neben dem Aspekt der Sicherung von zeitlicher Identität auch Aspekte der Sicherung von Zeitwohlstand und lokaler Identität, außerdem erzeugt sie Bindungen an eine Region. Nicht zufällig wurden und werden traditionelle Feste, die lange vergessen schienen, wiederbelebt. Sie sollen die lokale Identität stärken und formen gleichzeitig auch einen zeitlichen Rhythmus wiederkehrender Ereignisse. Neben der Bindung der ortsansässigen Bevölkerung geht es natürlich auch um die Ausstrahlung auf andere Regionen, um die Hervorhebung lokaler Vorteile und Attraktivität.

Entstehen und Bewahren lokaler Identität setzen immer auch die Bereitschaft der Bürger voraus, Zeit an den Ort zu binden. Daraus könnte auch ein Ziel lokaler Politik abgeleitet werden, nämlich die Zeitbindung an den Ort zu erhöhen. Die Wochenend- und Urlaubsmigrationen aus den Städten bedeuten – neben allen Verkehrseffekten und sonstigen problematischen Nebenwirkungen – auch den „Verlust" am Ort verbrachter Zeiten. Überspitzt formuliert handelt es sich dabei auch um den Versuch „konsumtiver" Aneignung fremder Identität und um den Verzicht darauf, eine eigene zu suchen und zu leben.

Die neuerlich aufbrechende Diskussion um Regionalismus, lokale Identität[20], Regionalbewußtsein[21] und Raumbilder[22] rückt die Bedeutung dieser Faktoren für die regionale Entwicklung wieder stärker ins Bewußtsein und macht deutlich, daß gerade Unterschiede und nicht Anpassung von Vorteil sein können.

Die Hervorhebung auch zeitlicher Unterschiede als eines Aspekts lokaler Identität könnte aus dieser Perspektive geradezu geboten erscheinen. In der Diskussion um die Aufhebung der Pub-Schließungszeiten am Nachmittag in England spielen auch Argumente der nationalen Identität eine Rolle. Könnten solche Überlegungen nicht auch

---

20 Vgl. z. B. *Lokale Identität und Identifikation*.
21 Vgl. z. B. *Regionalbewußtsein und Regionalentwicklung*, in: Informationen zur Raumentwicklung, H. 7/8 (1987).
22 Vgl. z. B. *Detlev Ipsen*, Raumbilder. Zum Verhältnis des ökonomischen und kulturellen Raumes, in: ebenda, H. 11/12 (1986), S. 921-931.

bei der Diskussion um die Ladenschlußgesetze in der Bundesrepublik ein neues Licht auf Veränderungsbestrebungen werfen?

Zeit und Kultur haben schließlich auch noch einen weiteren Aspekt: die Verwendung der Freizeit. Zeitpolitik bedeutet in diesem Zusammenhang auch die Entwicklung eines Freizeitkonzeptes, das selbstbestimmte – und weniger eine durch Freizeitpädagogik[23] geleitete – Freizeit in den Mittelpunkt stellt. Wenn die bezahlte Arbeit zurückgeht, geht es auch um die Entwicklung einer „Mußekultur" in einer Tätigkeitsgesellschaft[24].

### 7.2.5 Akteure

Die dargestellten Veränderungstendenzen und Gefahren für gewohnte Zeitstrukturen bestehen vor allem für städtische Gesellschaften. Die angedeutete Tendenz in Richtung auf eine kontinuierlich aktive Gesellschaft ist im Kern das Bild einer Entwicklungsrichtung für die großen Agglomerationen. Insofern betrifft natürlich auch die Etablierung eines Politikfeldes „Zeitpolitik" vor allem die Agglomerationen. Das sagt jedoch über die Akteure für die unterschiedlichen Ebenen der Zeitpolitik noch wenig aus.

Der Schutz von Zeiten, also die Sicherstellung von Ruhephasen für Mensch und Natur, wird vor allem staatliche Aufgabe bleiben, wo es um die generellen Rahmensetzungen geht. Auf lokaler Ebene geht es in dieser Hinsicht vor allem um Ausdifferenzierung und Konkretisierung; auch heute schon besteht ein relativ weites Spektrum unterschiedlicher Konkretisierung. Man denke nur an die unterschiedliche Handhabung der Ausnahmegenehmigungen für die Sonntagsarbeit in den einzelnen Bundesländern.

Die verteilungspolitischen Aspekte werden im Rahmen der durch die staatlichen Regelungen markierten Eckpunkte im wesentlichen das Ergebnis der Auseinandersetzung unterschiedlicher Interessen in Tarifverträgen, Arbeitsverträgen usw. sein.

Die Sicherung der Zeitautonomie ist sozusagen ein „Zwischenfeld" zwischen dem Schutz von Zeiten, also im wesentlichen staatlichen Akteuren, und der Verteilung von Zeiten, also die Ausformung durch Tarifvertragsparteien, Arbeitgebern und Arbeitnehmern, den Kommunen als Anbietern der infrastrukturellen Grundversorgung.

Die kommunale Handlungskompetenz wird – abgesehen von der Tatsache, daß die Kommunen selbst große Arbeitgeber sind und damit einen weiten Handlungsspielraum haben – besonders deutlich im Bereich der kulturellen Bedeutung von Zeiten. Der Versuch, Zeit an den Ort zu binden, städtische Unterschiede auch über Zeit zu betonen und so zur lokalen Identität beizutragen, könnte ein bislang kaum entwickeltes Handlungsfeld kommunaler Akteure werden.

---

23 Vgl. *Christiane Müller-Wichmann*, Zeitnot. Untersuchungen zum „Freizeitproblem" und seiner pädagogischen Zugänglichkeit, Weinheim und Basel 1984.
24 Vgl. *Hermann Glaser*, Das Verschwinden der Arbeit. Die Chancen der neuen Tätigkeitsgesellschaft, Düsseldorf u. a. 1988.

## 7.3 Planung mit Zeit

Planung mit Zeit rückt den instrumentellen Charakter von Zeit, Zeit als Ressource, in den Mittelpunkt der Betrachtung. Dabei kann in grober Systematisierung unterschieden werden zwischen allgemeinen Planungsproblemen, die mit Zeit als Instrument gelöst werden sollen, und explizit zeitlichen Problemen, die mit „Zeit" und anderen Instrumenten bearbeitet werden können (vgl. Übersicht 12).

Übersicht 12 – *Zeitliche Maßnahmen und Maßnahmen zur Behandlung von zeitlichen Planungsproblemen – Beispiele\**

| Bearbeitung von \ Bearbeitung mit | Zeit als Steuerungsinstrument | anderen Instrumenten |
|---|---|---|
| explizit zeitlichen Problemen; Folgen von Zeitveränderungen (z. B. zeitliche Nutzungsschwankungen) | Zeitbegrenzung; Zeiterweiterung; Zeitstaffelung; Geschwindigkeitsverminderung; | technische Lösungen; tarifliche Lösungen; organisatorische Lösungen; räumliche Differenzierung |
| nicht explizit zeitlich bezogenen Planungsproblemen (z. B. Flächenverbrauch, Engpässe) | Mehrfachnutzung | gesamtes Instrumentarium der räumlichen Planung (hier nicht behandelt) |

\* Quelle: Eigene Zusammenstellung des Deutschen Instituts für Urbanistik.

Im folgenden sollen beispielhaft einige typische Probleme und bisher verfolgte Lösungsansätze beschrieben werden. Ausgehend von Übersicht 12 werden die drei für die vorliegende Fragestellung relevanten Felder näher erläutert.

### 7.3.1 Zeitprobleme und Zeitplanung

Zeitprobleme, die mit „zeitlichen Instrumenten" behandelt werden können, sind neben den Folgen von Zeitstrukturveränderungen (Betriebszeiterweiterungen, Arbeitszeitverkürzungen, Flexibilisierung von Zeiten und ähnlichem) auch zeitliche Schwankungen von Nutzungsverläufen, also die unterschiedliche Inanspruchnahme von Einrichtungen, Dienstleistungen[25] usw.

---

[25] Vgl. Kap. 4.

Betriebszeiterweiterungen, insbesondere wenn sie mit „just-in-time"-Produktionskonzepten verbunden sind, führen zu einer Erhöhung des Störpotentials, einer Zunahme der Dauer der Lärmbelästigung. Ein zeitliches Instrument könnte hier die zeitliche Nutzungsbegrenzung in besonders anfälligen Gebieten (zum Beispiel Mischgebieten, Gewerbegebieten am Rand von Wohngebieten) sein. Solche zeitlichen Begrenzungen könnten explizit in einen Bebauungsplan mit aufgenommen werden[26]. Erwägenswert sind solche Maßnahmen vor allem in Städten, in denen Tendenzen zu Betriebszeiterweiterungen besonders deutlich und „just-in-time"-Betriebe besonders stark vertreten sind. Unter den Fallstudienstädten sind dies vor allem Stuttgart und München.

Die Veränderung von Arbeitszeiten kann zu einer Umverteilung von Nachfrageströmen bei bestimmten Einrichtungen führen, so etwa in infrastrukturellen Einrichtungen, in denen durch Veränderung von Arbeitszeiten die Nachfrage verstärkt in die Abendstunden verschoben werden kann. Will man diese Nachfrage befriedigen und nicht „Staus" produzieren, bietet sich die Erweiterung der Zeiten solcher Einrichtungen an. Die Ausdehnung von Öffnungszeiten der Museen, Bibliotheken, Einrichtungen der Freizeitinfrastruktur und sogenannte Dienstleistungsabende der kommunalen Verwaltung sind Maßnahmen, die zu diesem Typus gehören.

Staus – etwa im Verkehr – sind ein typisches Beispiel für Probleme, die durch extreme Gleichzeitigkeit auftreten. Ein langbekanntes Instrument zeitlicher Art, das Problem des Wechsels von Staus und Unterauslastung, also der deutlichen Nutzungsschwankungen, zu mildern, ist die Staffelung von Zeiten. Das bekannteste Beispiel sind Arbeitszeitstaffelungen[27].

Bereits zu Beginn dieses Jahrhunderts wurden in Berlin Überlegungen zu einer Arbeitszeitstaffelung geführt, um die „Notstände" in den Massenverkehrsmitteln zu beheben. Erste konkrete Maßnahmen erfolgten in den zwanziger Jahren in den Berliner Siemenswerken in Form einer innerbetrieblichen Arbeitszeitstaffelung. Diese Staffelung der Arbeitsbeginnzeiten über eine Spanne von 90 Minuten führte zu einer erheblichen Entzerrung des Berufsverkehrs auf den Zufahrtswegen der rund 80 000 Beschäftigten. Die ersten koordinierten überbetrieblichen Arbeitszeitstaffelungen hatten allerdings eher kriegswirtschaftliche Gründe. In den fünfziger Jahren wurden diese Staffelungen teilweise beibehalten, aus Gründen der Verkehrsentzerrung. In den siebziger Jahren erhielt die Diskussion im Zuge der Massenmotorisierung dann neue Aktualität.

Arbeitszeitstaffelungen sind auf zwei Ebenen möglich. Innerhalb eines Betriebes können die Arbeitsbeginnzeiten von Fertigung, Forschung und Verwaltung gegeneinander verschoben werden. Die zweite Möglichkeit ist die Koordination der Arbeitsbeginnzeiten zwischen mehreren Betrieben. Als wirkungsvolles Instrument hat sich eine Staffelung der Ankunftszeiten insbesondere für Industriegebiete mit einem

---

26 Vgl. auch *Difu-Projektgruppe*. Bei solchen Festlegungen könnte es sich um zeitliche Nutzungsbeschränkungen oder um Beschränkungen von Gleichzeitigkeiten handeln.
27 Vgl. z. B. *Herz*, Abbau von Verkehrsspitzen.

Besatz an Großbetrieben erwiesen. In solchen Fällen ist es relativ einfach, das Angebot öffentlicher Verkehrsmittel auf die Arbeitszeiten abzustimmen und/oder einen effektiven Abbau der Verkehrsspitze des motorisierten Individualverkehrs zu erreichen. Weitaus schwieriger stellt sich die Situation in den Innenstädten dar. Die vielfältige Struktur der Betriebsgrößen und -arten sowie die erheblich größere Zahl der Betriebe komplizieren eine wirkungsvolle Koordination. Darüber hinaus sind die Arbeitsbeginn- und Feierabendzeiten in der City (gegenwärtig) sehr viel heterogener als in Industrie- oder Gewerbegebieten.

Damit Staffelzeiten tatsächlich zu einem wirksamen Instrument werden, müssen mehrere Faktoren beachtet werden. Unabdingbare Voraussetzung ist die Koordination der Arbeitsbeginnzeiten der Mehrzahl der Betriebe in räumlich begrenzbaren Bereichen mit Verkehrsengpässen; es sind aber auch gesamtstädtische Lösungen denkbar. Als wesentliche Datengrundlage müßten die Ankunftsganglinien im Idealfall für jeden Betrieb, mindestens jedoch nach Betriebstypen erhoben werden. Empirische Untersuchungen belegen deutliche Unterschiede in den Ankunftszeiten. Industriearbeiter treffen im Gegensatz zu den Beschäftigten in der Industrieverwaltung einige Zeit vor dem offiziellen Arbeitsbeginn ein, weil im Fertigungsbereich oftmals umfangreichere Vorbereitungen an Maschinen usw. getroffen werden müssen oder weil die Beschäftigten auf dem Betriebsgelände längere Wege zu ihren Arbeitsplätzen zurücklegen müssen. Die Mehrzahl der Bank- und Versicherungsangestellten treffen dagegen erst unmittelbar vor Arbeitsbeginn ein. Am stärksten weichen die Zugangszeiten von Bundes- und Landesbehörden voneinander ab. Obwohl auch für diese Beschäftigten zum Zeitpunkt der Erhebung feste Arbeitszeiten bestanden, entspricht die Verteilung eher der einer gleitenden Arbeitszeit[28].

Kenntnisse über die Ankunftsverteilungen sind sehr wichtig, um beispielsweise eine Abstimmung des ÖPNV-Angebots mit den zu erwartenden Fahrgastströmen vorzunehmen. Bei der Koordination der verschiedensten Arbeitszeiten ist aber auch darauf zu achten, daß sich innenstadtorientierter Berufsverkehr nicht mit dem Berufsverkehr von Industrie- und Gewerbegebieten überlagert, damit die Engpässe nicht räumlich verlagert werden.

Da bei der Einrichtung von Staffelzeiten die individuelle Zeitpunktgebundenheit erhalten bleibt, wird zwangsläufig ein Eingriff in persönliche, familiäre und betriebliche Organisationsmuster vorgenommen.

Die Staffelung von Arbeitszeiten erfordert im allgemeinen nur geringe Zeitverschiebungen. Es hat sich gezeigt, daß zwischen 30 und 50 Prozent der Beschäftigten je Betriebstyp ihre Arbeitsstätten innerhalb des sogenannten Zehn-Minuten-Spitzenintervalls erreichen. Da die verschiedenen Betriebstypen jedoch auch ohne besondere Koordination schon im Durchschnitt unterschiedliche Ankunftszeiten aufweisen,

---

[28] Vgl. ebenda, S. 106–108; vgl. auch *derselbe*, Abflachung der Verkehrsspitzen durch gesteuerte und spontane Koordination der Verkehrserzeugerzeiten. Vortrag auf dem 7. Wissenschaftlichen Kontaktseminar von Gesellschaft und Institut für Regionalpolitik und Verkehrswissenschaft der Universität Freiburg am 2. 10. 1974, o. O. o. J. (vervielfältigt).

werden die meisten Zeitpunktverschiebungen vermutlich im Bereich von zehn bis 15 Minuten liegen. Eine Modellrechnung zur Wirkung koordinierter Arbeitszeitstaffelungen wurde unter anderem in Karlsruhe durchgeführt. Die Verschiebung der Arbeitszeiten von etwa 90 Betrieben mit rund 18 000 Beschäftigten um maximal 15 Minuten ließ an einem zentralen Engpaß einen Spitzenabbau des öffentlichen Nahverkehrs um rund 20 Prozent erwarten. Eine Verschiebung um weitere 15 Minuten nach vorn oder hinten hätte dagegen nur eine unwesentliche Entlastung zusätzlich erbracht[29].

Bei der Staffelung von Zeiten könnten darüber hinaus auch Schulen miteinbezogen werden, denn gerade Schüler tragen zur Morgenspitze im ÖPNV erheblich bei. Solche Versuche haben sich allerdings in vielen Städten als besonders schwierig erwiesen, weil angesichts der unterschiedlichen Ansprüche kaum ein Konsens zu finden war, obwohl entsprechende Modelle sehr wirksam sein können[30].

Die beschriebenen Maßnahmen der Zeitstaffelung sind wesentlich effektiver im Hinblick auf die Entzerrung als die Einführung der Gleitzeit. Gegenüber der Arbeitszeitstaffelung bieten Gleitzeitmodelle zwar dem einzelnen Beschäftigten die Möglichkeit, den Zeitpunkt seiner Arbeitsbeginn- und -endzeiten innerhalb bestimmter Bandbreiten frei zu wählen. Auch haben verschiedene Untersuchungen gezeigt, daß die Einführung der gleitenden Arbeitszeit zum Teil deutliche verkehrsentzerrende Effekte hatte. So wurde beispielsweise bei IBM in Sindelfingen ein Abbau der Ankunftsspitze um rund 50 Prozent registriert. Dieser Abbau wird unter anderem auch als Reaktion auf den Berufsverkehr des benachbarten Daimler-Benz-Werkes mit starren Arbeitszeiten gewertet. Die Einführung der Gleitzeit bei Messerschmidt-Bölkow-Blohm in München führte dazu, daß die Pkw-Nutzer den Ankunftszeiten der Werksbusse auswichen. Insgesamt bewegen sich die erfolgten Zeitpunktverschiebungen auch bei gleitender Arbeitszeit in relativ engen Grenzen. Insgesamt sind die Folgen von Gleitzeitregelungen für den Verkehrsablauf sehr viel unwägbarer, weil die Summe individueller Entscheidungen über unterschiedliche Betriebstypen und -größen hinweg sehr viel schwerer zu kalkulieren ist.

Es ist klar, daß die genannten Wirkungen der koordinierten Arbeitszeitstaffelung sowie der Gleitzeitregelungen im Sinne einer Entzerrung nicht in allen Städten oder Stadtgebieten gleich stark sind. Betriebsgrößenstruktur, Vielfalt der Betriebstypen, Größe und Dichte der Innenstadt, Verteilung der Wohnstandorte sowie die Lage und Struktur von Gewerbe- und Industriegebieten bestimmen ebenso die spezifische Situation einer Stadt wie der Ausbau der Verkehrsinfrastruktur, der Motorisie-

---

29 Vgl. *Herz*, Abflachung.
30 Bei Verlegung des Unterrichtsbeginns ist es denkbar, den Schülerverkehr weitgehend mit den Transportmitteln des Berufsverkehrs abzuwickeln. Die räumlich und zeitlich koordinierte Staffelung des Unterrichtsbeginns an einigen Bochumer Schulen in der Innenstadt führte bei den Verkehrsbetrieben zur Einsparung von neun Bussen, ohne eine Angebotseinschränkung. In den betroffenen Schulen wurden die Anfangszeiten auf 7.45 bzw. 8.15 Uhr verlegt; vgl. *Bus und Bahn*, H. 4 (1987), S. 4 f.

rungsgrad, das Angebot an öffentlichen Verkehrsmitteln und letztlich die Bereitschaft von Betrieben und Bevölkerung, Eingriffe in ihre eingespielten Tagesabläufe hinzunehmen[31].

Städte, in denen die Verkehrssituation immer schwieriger wird (trotz einer bereits umfangreichen Durchsetzung von Gleitzeitregelungen), müssen, da auch der weitere Ausbau von Verkehrssystemen an seine Grenzen stößt, eher auf Methoden des Verkehrsmanagements[32] und der Förderung des Umsteigens auf den öffentlichen Verkehr setzen. Die Hoffnung, daß die zu erwartenden zeitlichen Veränderungen in den Städten wesentliche Entzerrungen bringen, ist nicht besonders groß. Chancen, die Situation durch Einführung rigider Arbeitszeitstaffelungen zu verbessern, werden mit dem weiteren Vordringen von Gleitzeit und anderen Flexibilisierungsformen auch in der Produktion – abgesehen von den notwendigen Beschränkungen der individuellen Entscheidungsfreiheit – geringer.

Dabei ist auch noch zu berücksichtigen, daß die Wirksamkeit von Zeitstaffelung und Entzerrung durch Gleitzeit abhängig ist von der Größe des einbezogenen Raumes. Je kleinräumiger eine solche Staffelung erfolgt, desto eher ist sie wirksam; je größer der Raum bemessen ist, desto mehr unwägbare, unkalkulierbare Faktoren spielen eine Rolle, die dazu führen können, daß lediglich eine Umverteilung von Spitzen erfolgt. Ein weiteres Beispiel für Zeitstaffelungen – jedoch großräumig und nicht tagesbezogen – ist die bereits seit den sechziger Jahren in der Bundesrepublik bestehende Staffelung der Schulferien nach Bundesländern. Ziel dabei war es, eine möglichst gleichmäßige Auslastung der Feriengebiete zu erreichen und die Nutzung der Verkehrswege zu entzerren[33]. Lange Jahre hat diese Maßnahme – im Zusammenwirken mit Lkw-Fahrverboten zu Ferienbeginn – dazu beigetragen, die Stauprobleme erheblich zu reduzieren. In den letzten Jahren bilden sich jedoch an den Wochenenden zu Ferienbeginn durch die Zunahme der Reiseintensitäten und das Anwachsen der Motorisierung immer längere Staus auf den Autobahnen; Staus von 50 bis zu 100 Kilometer Länge werden immer häufiger. Der Ausbau der Verkehrswege stößt immer mehr an Grenzen, und die Entwicklung zeigt auch, daß nahezu jede beliebige Kapazität ausgelastet wird. Es stellt sich also die Frage einer neuerlichen Zeitsteuerung. Der Verband für angewandte Geographie hat 1986 dazu den Vorschlag gemacht, die Ferienzeiten noch weiter zu entzerren durch Einführung von Kern- und Gleitferien[34]. Jedes Bundesland hätte – analog der Kernzeit bei Gleitzeitregelungen – bestimmte Kernferien; die Gleitferien würden kleinräumiger, also nach Städten oder Regierungs-

---

31  Vgl. auch Kap. 5.3.
32  Vgl. *Forschungsgesellschaft für Straßen- und Verkehrswesen* (Hrsg.), VSM – Verkehrs-System-Management, Köln 1986.
33  Vgl. *Sekretariat der Ständigen Konferenz der Kultusminister der Länder in der Bundesrepublik Deutschland* (Hrsg.), Zur Ferienregelung der Schulen in der Bundesrepublik. Bericht über die Veranstaltung der Kultusministerkonferenz am 17. 4. 1970, o. O. 1970; *Winfried Hermann*, Die langfristige Sommerferienregelung 1979–1986, Bonn 1978 (vervielfältigt).
34  Vgl. *Gleitende Ferienzeit*. Ein DVAG-Vorschlag zur Entzerrung der Sommerferientermine, in: Standort, Jg. 10 (1986), H. 2, S. 3–5.

bezirken, festgelegt. Durch die Kernferien soll die Gemeinsamkeit von Familien mit Kindern in unterschiedlichen Schulen gesichert werden. Dieser Versuch weist gleichwohl in eine Richtung, gemeinsame Zeiten in Regionen weiter aufzulösen, mit möglicherweise negativen sozialen Effekten. Andererseits können kurzfristig wohl gewisse Entlastungseffekte erzielt werden, und großräumig ergäben sich unter Umständen neue Chancen der Koordination von Gruppen über die Grenzen von Bundesländern hinweg.

Eine sehr radikale Form der Zeitsteuerung ist die Geschwindigkeitsbegrenzung[35]. Eine drastische Reduzierung von Verkehrsgeschwindigkeiten würde die Distanzempfindlichkeit deutlich erhöhen und damit eine Bindung von Zeiten an den Ort erreichen, Ortsveränderungen in vielen Fällen unattraktiv werden lassen. Dies ist unter den gegenwärtigen Bedingungen aber auch die Maßnahme der Zeitsteuerung mit den geringsten Chancen der Realisierung, wenn man sich die Diskussion um Tempo 100 auf Autobahnen vor Augen führt.

Nur durch den expliziten Verzicht auf Steuerung und Kapazitätsausbau und damit als Billigung von Staus und Überlastungen kann die „Geschwindigkeitsbegrenzung" gegenwärtig genutzt werden. Es ist dies das Vertrauen auf Selbstregulierung, wenn die „Zeitkosten" steigen. Individuelle Anpassung kann dann beispielsweise in einer veränderten Verkehrsmittelwahl bestehen, also im Umsteigen auf den ÖPNV, wenn die Geschwindigkeiten dort – eventuell unterstützt durch gesonderte Spuren – deutlich höher liegen. Viele Städte werden zu dieser Art der „Planung" genötigt werden, weil Kapazitätserhöhungen im Verkehr kaum noch zu vertreten sind. Eine solche „Engpaßpolitik" dürfte allerdings öffentlich schwer zu vertreten sein.

### 7.3.2 Zeitprobleme und nichtzeitliche Lösungsansätze

Einrichtungen und Anlagen sind in der Regel dann in betriebswirtschaftlichem Sinn optimal genutzt, wenn die vorhandene Kapazität während der gesamten Betriebszeit gleichmäßig hoch ausgelastet ist. Zeitliche Schwankungen von Nutzungen, die aus ökonomischen oder auch anderen Gründen unerwünscht sind, können mit verschiedenen Maßnahmen stärker linearisiert werden.

Für diese Linearisierung gibt es eine Reihe von Beispielen mit technischen Lösungen oder mit Mitteln der Preisgestaltung.

Bei der Stromversorgung ist die gleichmäßige Auslastung der Kraftwerke aus technischen wie ökonomischen Gründen genauso schwierig wie dringlich. Da Strom nur schwer zu speichern ist, muß er zum Zeitpunkt der Nachfrage erzeugt werden. Spitzenlasten müssen in der Regel mit entsprechenden Spitzenlastkraftwerken aufgefangen werden. In der Elektrizitätswirtschaft besteht daher seit jeher ein starkes Bestreben, die Lasterzeugung bzw. -abnahme möglichst gleichmäßig zu gestalten, ausgeprägte Spitzen und Täler möglichst zu vermeiden[36]. Dazu tragen neben dem

---

[35] Vgl. dazu *Illich*, S. 105.
[36] Vgl. auch Kap. 4.4.2.

europäischen Verbundnetz, das über Ländergrenzen hinweg Schwankungen ausgleicht, als technische Lösungen vor allem bei:
- Rundsteueranlagen. Dabei handelt es sich um Steuereinrichtungen, die in Spitzenlastzeiten definierte Abnehmer „abhängen". Mit den wachsenden Möglichkeiten der Steuerungstechnik und des Fernwirkens kommen zunehmend auch Steuerungen in die Diskussion, die bestimmte Anlagen (zum Beispiel Waschmaschinen in Haushalten) in Schwachlastzeiten „anhängen". Solche Verfahren sind ausgesprochen (technisch und organisatorisch) aufwendig und haben zudem den Nachteil, den Abnehmer zu einem bestimmten Verhalten zu nötigen.
- Nachtstromspeichereinrichtungen. Typischerweise war in der Nacht ein Lasttal. Um dieses Tal zu füllen, wurden von den Energieversorgungsunternehmen Nachtstromspeicherheizungen sowie Standspeicher für Warmwasserzubereitung stark gefördert. Für eine längere Zeit haben diese Maßnahmen offensichtlich zu einem gleichmäßigeren Lastgang geführt. Durch Umfang und Ausmaß der Forcierung werden jetzt bereits Übersteuerungsprobleme sichtbar: An strengen Wintertagen wie Anfang 1987 liegt mittlerweile die Lastspitze in der Nacht[37]. Das bedeutet, daß der forcierte Ausbau der Nachtstromnutzung bei einer weitergehenden Entwicklung neue Grundlastkraftwerke erforderlich machen könnte, um die Stromnachfrage zu befriedigen. Damit werden unerwünschte Folgen einer überzogenen Verstetigungspolitik sichtbar: Sie kann zur Notwendigkeit von Neuinvestitionen führen, statt den angestrebten Ausgleich herbeizuführen.

Vor einer weiteren Verstetigungspolitik mit technischen Lösungen, die den Nachteil haben, aufwendig und kaum revidierbar zu sein, müßte sehr sorgfältig geprüft werden, welche Auswirkungen die zeitlichen Strukturverschiebungen auf den Stromverbrauch haben werden. Die technischen Voraussetzungen für solche Schätzungen sind längst gegeben, werden aber derzeit noch kaum genutzt.

Die Mikroelektronik erlaubt es, Programme zu speichern und damit zeitliche Lücken (Schwachlastzeiten im Energiebereich, in der Auslastung von Anlagen usw.) gezielt zu nutzen. In der EDV ist diese Praxis mit dem „Abarbeiten von Warteschlangen" in der Nacht schon lange üblich. In der Produktion gewinnen solche Möglichkeiten der (technischen) Entkoppelung der Maschinentätigkeit von gleichzeitiger menschlicher Einwirkung zunehmend an Bedeutung. Das „Durchfahren" von Pausen in Produktionsbetrieben und sogenannte „Geisterschichten" sowie mannarme Schichten in der Produktion sind Beispiele dafür. Es sind dies technische Mittel, die es erlauben, die menschliche Arbeit zu substituieren, und damit eine Betriebszeiterweiterung ermöglichen, ohne daß viele Arbeitnehmer von zusätzlichem Schichtbetrieb, von Nacht- und Wochenendarbeit betroffen sind. In dem Maße, wie Betriebszeiterweiterungen mit größeren Zahlen von Beschäftigten sich nicht durchsetzen lassen, ist damit zu

---

[37] Für Hamburg ist das in Schaubild 16 (Kap. 4) erkennbar. Auch aus anderen Städten wurden gleiche Erfahrungen berichtet.

rechnen, daß die Betriebe verstärkt solche technischen Substitute wählen werden. Ein weiteres Mittel, um eine gleichmäßigere Auslastung zu erreichen, ist die Tarifgestaltung in Abhängigkeit von der Nachfragedichte. Preise als Instrument zeitlicher Nachfragesteuerung zu nutzen, unterstellt implizit eine Preiselastizität der Nachfrage. Im Prinzip haben solche Lösungen wesentliche Vorteile insofern, als sie – abgesehen von eventuellen institutionellen Hemmnissen – im Prinzip leicht zu installieren sind und auch relativ leicht geändert werden können, wenn sich wesentliche Parameter ändern. Für die Nutzung von Preisen zur Zeitsteuerung gibt es eine Fülle von Beispielen in den unterschiedlichsten Bereichen:

- Energie. Neben den schon seit langem günstigeren Nachtstromtarifen denken einige Energieversorgungsunternehmen über eine Verstetigung des Stromverbrauchs durch sogenannte lineare Zeitzonentarife nach[38]. Von den Skeptikern wird vorgebracht, daß das Umverteilungsvolumen gering sei und die zeitliche Selbstbestimmung der Kunden dadurch gefährdet würde, weil vor allem Haushalte negativ betroffen seien.
- Verkehr. Allein im Verkehr gibt es eine ganze Reihe von zeitbezogenen Tarifgestaltungen:
  - Im Nahverkehr etwa in Frankfurt gelten während der Spitzenzeiten erheblich höhere Tarife. Billige Rentnerfahrkarten werden mit der Maßgabe versehen, daß sie während der Spitzenzeiten keine Gültigkeit besitzen.
  - Im Fernverkehr bietet die Bundesbahn in schwächer frequentierten Zeiten immer wieder Sonderleistungen an („rosaroter Elefant"). Viele Fluggesellschaften bieten Billigflüge in den Schwachlastzeiten an, auf vielen Flugstrecken die Tagesrandmaschinen.
  - Parkhaustarife sind in der Regel nicht nach der Uhrzeit gestaffelt, sondern nach der Parkdauer. Dabei sind unterschiedliche Methoden üblich: eine Progression der Tarife nach der Dauer oder eine Degression oder auch Mischungen von beidem.
  - Überlegungen, die vor allem in der angelsächsischen Verkehrswissenschaft zu „roadpricing", also zu auslastungsspezifischen Straßennutzungsgebühren einen breiten Raum einnehmen, sind unseres Wissens in der Bundesrepublik noch kaum ein Thema.
- Telefon. Die deutsche Gebührenordnung ist an Werktagen durch zwei Zeitzonen gekennzeichnet: von 8.00 bis 18.00 Uhr als teure Tarifzeit, die übrigen Stunden mit reduzierten Gebühren. In anderen Ländern ist diese Tarifgestaltung nach Zeitzonen sehr viel differenzierter. Mit den Veränderungen im Fernmeldewesen, vor allem dem Versuch, die Gebühren den tatsächlichen Kosten anzunähern, dürfte auch für die Bundesrepublik eine weitere Ausdifferenzierung der Zeitzonentarife zu erwarten sein.

---

38 Vgl. *Der Minister für Wirtschaft/Saarbrücker Stadtwerke* (Hrsg.), Modellvorhaben „Zeitvariabler linearer Stromtarif", sowie *VDEW*, Stellungnahme zum Tarifmodell der Stadtwerke Saarbrücken.

- Kommerzielle Infrastruktur. Kommerzielle Dienstleistungsanbieter zeichnen Nachfrageschwankungen schon seit längerem durch differenziertere Tarife nach. Beispiele dafür finden sich in Gaststätten, Freizeitanlagen (zum Beispiel Tenniscenter), Bädern usw.
- Tourismuseinrichtungen. In Ferienanlagen, Hotels und Pensionen in Touristenzentren und bei den Pauschalreiseveranstaltern sind seit langem Hochsaisonzuschläge oder Rabatte zur Nebensaison üblich.

Alle tarifgestalterischen Maßnahmen gehen davon aus, daß die Grenzkosten zusätzlicher Inanspruchnahme in Schwachlastzeiten sehr gering sind, so daß sich bei unterstellter Preiselastizität der Nachfrage hier ein wirksames Steuerungsinstrument anbietet. Wegen der relativ einfachen Handhabung dieses Instruments ist bei wachsender Bedeutung der Zeitsteuerung insgesamt damit zu rechnen, daß solche Methoden der Steuerung zeitlicher Schwankungen weitere Verbreitung finden werden. Die Kommunen können diese Steuerungsmöglichkeiten nur teilweise wahrnehmen, weil sie bei ihren Angeboten in der Regel auch soziale Gesichtspunkte berücksichtigen müssen.

Schließlich können zeitliche Ungleichgewichte mit räumlich-organisatorischen Maßnahmen ausgeglichen werden. Beispiele dafür sind unter anderem[39]:
- zeitlich reservierte Bus- und Taxenspuren;
- Richtungswechsel von Fahrspuren nach der Verkehrsdichte;
- Parkverbote an Tagen mit geradem oder ungeradem Datum;
- Fahrerlaubnis für Pkw mit gerader/ungerader letzter Ziffer der Autonummer nur an Tagen mit geraden/ungeradem Datum und
- zeitlich befristete Fußgängerzonen.

Eine folgenreiche „räumliche" Lösung von Folgen zeitlicher Veränderungen ist die – verstärkte – räumliche Differenzierung, sprich Funktionstrennung[40]. In dem Maße, wie die Ausdehnung von Produktionszeiten zu zusätzlichen Verkehrs- und Lärmbelastungen führt, wird die Funktionstrennung deutlicher werden müssen. Auch die Zunahme von Puffer- und Abstandsflächen gehört in diese Kategorie von Maßnahmen.

Es ist deutlich geworden, daß die zeitliche Inanspruchnahme mit einer Vielzahl von Instrumenten beeinflußt werden kann. Diese Maßnahmen setzen in der Regel bei den Trägern der Einrichtungen an, das heißt, in vielen Fällen können die Kommunen oder ihre Eigenbetriebe selbst aktiv werden. Dort, wo es um Koordination von Maßnahmen unterschiedlicher Träger oder um den Anstoß zu Überlegungen zum Umgang mit „Zeitfolgen" geht, liegt es an den Kommunen, die Initiative zu ergreifen.

---

[39] Vgl. *Kasugai*, Zeit als Element der Stadtplanung, mit einer Fülle von Beispielen solcher Art aus Japan.
[40] Vgl. Kap. 5.

### 7.3.3 Nichtzeitliche Probleme und Zeitplanung

Durch zeitliche Maßnahmen – im wesentlichen Ausdehnung oder Einschränkung von Zeiten – können auch Lösungsansätze für Probleme gefunden werden, die nicht primär eine Folge zeitlicher Veränderungen sind, sondern auf Nachfragezuwächse und/oder teilweise dauerhafte Engpaßfaktoren (Regenerationsfähigkeit) zurückzuführen sind. Als Beispiele können Flächenengpässe, ökologische Probleme wie die Erschöpfung der Regenerationsfähigkeit, Ressourcenknappheit, soziale Gesichtspunkte genannt werden.

Durch Ausweitung der Nutzungszeit lassen sich Flächenengpässe beseitigen oder mildern. Insbesondere kleinere Unternehmen, die nicht die finanzielle Kraft haben, eine Verlagerung durchzuführen, gehen diesen Weg; Großunternehmen sparen bei Neuinvestitionen teilweise Flächen durch Ausdehnung der Betriebszeiten als Nebeneffekt ein[41]. Zeit wird also zur Substitution von Fläche benutzt.

Die Nutzung der zeitlichen Ausdehnung als Substitution für andere Engpaßfaktoren birgt jedoch immer die Gefahr erheblicher unerwünschter Nebenwirkungen wie zusätzliche Lärmbelästigung, Einschränkung von Ruhephasen usw.

Insbesondere bestimmte Typen von Flächenengpässen können auch durch Formen von zeitlicher Beschränkung und/oder Staffelung gemildert werden; dabei ist zu berücksichtigen, daß räumliche und zeitliche Probleme meist eng verknüpft sind[42]:

- Parkraumbewirtschaftung, also die zeitliche Begrenzung der Nutzungsdauer von Parkplätzen, stellt ein solches – zweischneidiges – Instrument dar: Einerseits wird die Zahl der möglichen Parkvorgänge erhöht, also ein Anreiz geschaffen, für kurze Intervalle das Individualverkehrsmittel zu nutzen. Andererseits werden Personen, die sich in Zonen mit einer solchen Parkbeschränkung länger aufhalten wollen, von der Nutzung des Individualverkehrsmittels abgeschreckt; das Umsteigen auf den ÖPNV wird gefördert.
- Mehrfachnutzung, also die zeitliche Staffelung unterschiedlicher Nutzungen auf der gleichen Fläche oder in den gleichen Gebäuden, nutzt vorhandene bauliche Ressourcen intensiver und macht damit Zusatzinvestitionen teilweise überflüssig.

Eine viel weitergehende zeitliche Maßnahme zur Lösung von Infrastrukturengpässen in Städten ist die Staffelung des Wochenrhythmus nach Stadtteilen: Der wöchentliche Ruhetag wird nach Stadtteilen differenziert. Angeblich soll es Beispiele für diese Lösungen in asiatischen Großstädten geben.

Bei ökologischen Problemen wie der zu intensiven Nutzung von Naturräumen oder der Beeinträchtigung von Bauten und Kunstwerken durch menschliche Einwirkung[43] bietet sich die Zeitbeschränkung als wirksames Mittel an. Insbesondere in (National-)Parks werden zunehmend auf der ganzen Welt solche Beschränkungen

---

[41] Vgl. Kap. 5.1.
[42] Vgl. *Difu-Projektgruppe*, S. 155 ff.
[43] Als Beispiel kann die Beeinträchtigung/Beschädigung von Kunstwerken genannt werden, etwa das Verblassen von Höhlenmalereien durch die von zahlreichen Besuchern verursachten Temperaturschwankungen.

eingeführt. Ein Beispiel für besonders rigorose Handhabung dieser Praxis dürfte der Park im italienischen Ninfa sein: Dieser antike Park von 20 Hektar Größe kann jeweils nur am ersten Wochenende eines Monats zwischen April und September von jeweils maximal zwei Besuchergruppen pro Tag aufgesucht werden[44].

Soziale Gesichtspunkte können schließlich Berücksichtigung finden, wenn zu bestimmten Zeiten (Schwachlastzeiten) sozial schwächere Gruppen (Rentner, Arbeitslose usw.) der Einlaß umsonst oder zu niedrigeren Preisen gewährt wird[45]. Auch hier wird wieder unterstellt, daß die Grenzkosten zusätzlicher Inanspruchnahme gering sind und auf diese Weise ein Beitrag zur Besserstellung dieser Gruppen geleistet werden kann.

Bei den dargestellten Maßnahmen handelt es sich vor allem um Lösungsversuche auf kommunaler Ebene, so daß die Kommunen selbst im wesentlichen als Handlungsträger anzusehen sind.

## 7.4 Planung in der Zeit

Planung hat neben den „inhaltlichen" Aspekten von Zeit auch den Zeitablauf (die „Zeitachse") von Entwicklungs- und Planungsprozessen zu berücksichtigen. Im wesentlichen geht es dabei um drei Aspekte:
- die Fristigkeit, also die Dauer von Prozessen[46],
- die Zyklizität, also die Frage nach Entwicklungsverläufen und -schwankungen,
- die Beschleunigung, also die (teilweise) zunehmende Geschwindigkeit von Entwicklungsprozessen und geforderten kürzeren Reaktionszeiten der Planungsinstanzen.

Bei der Fristigkeit kann man grob drei Zeiträume unterscheiden:
- Kurzfristig; in eine solche Kategorie fallen Planungs- und Veränderungsprozesse bis zu drei Jahren. Dazu gehören beispielsweise Bebauungspläne, Baugenehmigungen, Veränderungen von Tarifen, Öffnungszeiten, organisatorische Umstrukturierungen.
- Mittelfristig; alle Prozesse bis zu einer Dauer von zehn Jahren können als mittelfristig bezeichnet werden. Größere Infrastrukturinvestitionen, Flächennutzungspläne, sektorale oder stadtteilbezogene Konzepte fallen in diese Kategorie.
- Langfristig; gerade räumliche Prozesse gehören sehr häufig in diese Kategorie. Größere städtische Umstrukturierungen, neue Verkehrskonzepte, struktureller

---

[44] Siehe *L'Espresso* vom 24. 4. 1988 mit weiteren Beispielen.
[45] Vgl. auch Kap. 7.3.2.
[46] Für eine detaillierte und differenzierte Systematisierung städtischer Entwicklungsprozesse siehe *Michael Wegner, Friedrich Gnad* und *Michael Vannahme*, The Time Scale of Urban Change, Dortmund 1983 (Institut für Raumplanung, Universität Dortmund, Arbeitspapier 11). Sie unterscheiden bei Veränderungsprozessen zwischen langsamen, mittelschnellen und schnellen Prozessen, zwischen Reaktionszeiten, Dauer der Reaktion und dem Niveau der Reaktion.

Wandel in der Wirtschaft und ähnliches müssen unter die langfristigen Prozesse eingeordnet werden.

Je langfristiger Entwicklungsprozesse sind, desto eher sind in der Tendenz Eingriffe möglich. Dabei stellt sich jedoch für Planungsinstanzen das Problem der Wahrnehmung der Veränderungen einerseits, denn gerade räumliche Prozesse laufen in der Regel sehr langsam ab, und lange Zeit geht es allenfalls um relative Verschiebungen zwischen einzelnen Raumeinheiten (Regionen, Stadtteile). Andererseits ergeben sich Probleme aus der (Lang-)Fristigkeit des entsprechenden Planungsprozesses und der Frage nach den geeigneten Instrumenten. Die langsame Veränderung räumlicher Strukturen gibt insofern vielleicht nur scheinbar einen Eindruck von Stabilität und Planungschancen.

Dies hängt auch damit zusammen, daß Entwicklungsprozesse häufig einen zyklischen Verlauf haben. Regionen, die in einem Technologiezyklus prosperieren, fallen mit der nächsten Technologiewelle (relativ) zurück, neue ökonomische Schwerpunkte entstehen; das heißt, Technologiezyklen bilden sich auch in der Raumentwicklung ab[47]. Solche regionalen Verschiebungen vollziehen sich langsam, und die zugrundeliegenden, künftig bestimmenden Entscheidungen und Entwicklungsfaktoren sind erst im nachhinein als solche erkennbar: Die lang verzögerte Industrialisierung Baden-Württembergs und die Realteilung in der Landwirtschaft, die die Entwicklung einer Kleinindustrie auf dem Land zur Sicherung der Lebensbasis bei nicht tragfähigen Hofgrößen hervorbrachte, führte lange Zeit zu einem Entwicklungsnachteil, gereicht dem Land aber heute unter veränderten Bedingungen zum Vorteil[48]. Diese Zyklenbetrachtung im interregionalen Vergleich muß ergänzt werden durch die Zyklen innerhalb von Städten, die häufig nur geringe Beachtung erfahren[49]. Zyklen innerhalb einer Stadt betreffen

- die Abbildung regionaler Entwicklungszyklen, von Konjunkturzyklen und Technologiewellen in der Stadt;
- die Notwendigkeit zyklischer Erneuerung von Infrastruktursystemen und -einrichtungen zur Aufrechterhaltung der Funktionsfähigkeit der Städte[50];
- Erneuerungs- und Umbauzyklen der Stadt, ihrer Struktur, ihrer äußeren Erscheinung, ihres Bildes.

Die Vermutung liegt nahe, daß sich diese Zyklen in der Stadt beschleunigen. Der Umbau einer Stadt ist immer eine Funktion von Macht und Geld gewesen; so gibt es

---

47 Vgl. z. B. *Peter Hall*, The Geography of the Fifth Kondratieff Cycle, in: New Society vom 26. 3. 1981; *Friedemann Gschwind* und *Dietrich Henckel*, Innovationszyklen der Industrie – Lebenszyklen der Städte, in: Stadtbauwelt, H. 82 (1984), S. 134–136.

48 Vgl. *Manfred Sinz* und *Wendelin Strubelt*, Zur Diskussion um das wirtschaftliche Süd-Nord-Gefälle unter Berücksichtigung entwicklungsgeschichtlicher Aspekte, in: J. Friedrichs, H. Häußermann und W. Siebel (Hrsg.), Süd-Nord-Gefälle in der Bundesrepublik?, Opladen 1986; *Frenkel*, Die Geschichte rückwärts.

49 Vgl. dazu auch *Leo van den Berg, Leland S. Burns* und *Leo H. Klaassen*, Introduction: Cities and Regions, Trends and Cycles, in: dieselben (Hrsg.), Spatial Cycles, Aldershot 1987, S. 1–8.

50 Vgl. *Michael Reidenbach*, Verfällt die öffentliche Infrastruktur?, Berlin 1986 (Deutsches Institut für Urbanistik).

denn in der Geschichte zahlreiche Beispiele sehr rascher, kompletter Neugestaltung oder Neuerrichtung von ganzen Städten oder Stadtteilen. Doch waren dies fast immer Einzelfälle. Mit wachsenden ökonomischen und technischen Möglichkeiten setzte jedoch auf breiterer Basis eine Beschleunigung ein; in der Tendenz spielt heute das behutsame Wachsenlassen von Strukturen eine immer geringere Rolle. Beispiele auf unterschiedlichen Ebenen sind unter anderem:
- die Erstellung von „Instant"-Siedlungen, der Trabantenstädte in den sechziger und siebziger Jahren, führt seit der Aufbauphase zu erheblichen Problemen (Erneuerungsprobleme, Probleme der sozialen und Generationsdurchmischung usw.);
- neue Techniken und ihre Verbreitung wie Großbaumverpflanzungen führen auch in der Planung von Natur, die per se die Verkörperung von Zyklen und (langsamer) Wachstumsprozesse ist, zur Beschleunigung: „Der Landschaftsarchitekt soll fertige Bilder liefern, den dauerhaften Endzustand."[51]

Überlagert wird die Beschleunigung häufig von Versuchen der Linearisierung, des Zurückdrängens (natürlicher) Zyklen. Beispiele dafür sind Planungen von Freizeitinfrastruktur, die auf eine „Entwinterung des Jahres" ausgerichtet sind, wenn etwa in einigen Spaßbädern oder in Freizeitparks ein künstliches Südseeambiente in der Halle geschaffen wird.

Beschleunigung bedeutet auch veränderte Anforderungen an die Planung. Der schnelle Wechsel von Produkt- oder Produktionszyklen mit seinen wachsenden Anforderungen an Flächen und Standort geht bei den Unternehmen mit der Forderung an die Kommunen nach einer rascheren Flächenbereitstellung und Baugenehmigungspraxis einher. Die Dynamik der Entwicklung stellt die Kommunen auch in immer rascherer Folge vor jeweils neue Planungsaufgaben, man denke nur an den Umweltbereich.

Neue Techniken in der Planung selbst, also beispielsweise die Computerisierung der Planung, könnten ihrerseits zu einer Beschleunigung beitragen. Mit der Beschleunigung steigt aber auch das Fehlerrisiko. „Time lags" – der verzögerte Anschluß an eine neue Entwicklung samt den damit gewährten Chancen des Abwägens und Überdenkens – werden immer kleiner. Die Atemlosigkeit nimmt zu.

„Atemlosigkeit" und „Fehlerrisiko" deuten an, daß in der Beschleunigung erhebliche Verträglichkeitsprobleme enthalten sind. „Unverträglichkeiten" werden sichtbar in negativen Folgewirkungen wie Umweltschäden, Gesundheitsschäden usw. als Preis der Beschleunigung. Auf anderer Ebene äußern sie sich im Protest der Bürger gegen bestimmte Vorhaben (insbesondere der Großtechnik)[52], der als Korrektiv eine – heilsame – Verlangsamung bewirken kann.

---

[51] *Jürgen Milchert*, Der landschaftliche Zeittakt, in: Garten und Landschaft, H. 1 (1988), S. 36–42.
[52] Vgl. *Mathias Holst*, Bürgerproteste als Chance in der Abfallbeseitigungsplanung. Vortrag beim Winterseminar der Gesellschaft für Regionalforschung, Mauterndorf 1986 (unveröffentlicht).

Entwicklungsplanung wird folglich immer wichtiger und immer schwieriger: Sie muß die Ambivalenz von Beschleunigung und Verlangsamung stärker als bislang berücksichtigen, und sie steht vor der Notwendigkeit, zusätzliche und immer komplexere Zusammenhänge berücksichtigen zu müssen.

## 7.5 Ausblick

Planung in den Kommunen war bislang als Schwerpunkt räumlich orientiert. Mit der wachsenden Bedeutung von „Zeit" wird der Zusammenhang von Raum und Zeit auch in der kommunalen Planung immer wichtiger, was die Aufgabe zweifellos nicht erleichtert.

Mit der technischen Entwicklung, vor allem der Computerisierung und der wachsenden Bedeutung von Zeit, findet quasi eine „Verflüchtigung" des Ortes[53] statt. Beispiele für eine solche „Verflüchtigung" finden sich zahlreich: War der „Markt" früher noch Kristallisationskern für Stadtgründungen, so findet der Markt heute vielfach nur noch in Computernetzwerken statt. Das gilt nicht nur für die hochabstrakten Geldmärkte, sondern genauso für den sogenannten Erdöl-Spot-Markt in Rotterdam, der dort eigentlich kein räumliches Äquivalent mehr hat. Die Diskussion um zeitlich definierte Bezugsgruppen statt der örtlich bezogenen wie im Beispiel einer „Donnerstagsgemeinde" statt einer am Kirchensprengel orientierten Gemeinde macht den gleichen Sachverhalt erkennbar.

Die „Verflüchtigung" des Raumes bedeutet gleichzeitig eine Schrumpfung. Es sind die Geschwindigkeiten der Verkehrsmittel, die die Orte der Welt zu beliebig wählbaren Angeboten eines Kataloges machen[54] und dazu führen, daß die Menschen „keine Stadtbewohner, sondern Transitreisende" sein werden[55], und ebenso Telekommunikation und mediale Vernetzung, die dazu beitragen. Die Ubiquität der verfügbaren Information und der Bilder macht unser „Zeitalter zu einem der allgemeinen Ankunft"[56]; der Bildschirm wird zum Fenster in die Welt und macht räumliche Ansammlungen in Teilen überflüssig: „Die informationstechnische Simulation räumlicher Nähe trifft das Prinzip der Stadtbildung im Kern."[57] Solche Tendenzen lassen am Bestehen von „Stadt", wie sie sich über Jahrhunderte hinweg ausgeprägt hat, zweifeln. Sie kann nur überleben, wenn sie eine neue Sinngebung erfährt. Dazu wird es nötig sein, Geschwindigkeit in Teilen einzuschränken und weiterer Linearisierung Einhalt zu gebieten, die zeitliche Zerstückelung und die funktionale Spezialisierung

---

53 Vgl. *Paul Virilio*, Fahren, fahren, fahren, Berlin 1978.
54 Vgl. *Wolfgang Schievelbusch*, Geschichte der Eisenbahnreise, Frankfurt/M. 1977.
55 Vgl. *Virilio*.
56 *Paul Virilio*, Leben in Cinecittà. Gespräch mit Paul Virilio, in: Stadtbauwelt, H. 93 (1987), S. 410–413, hier S. 412.
57 Vgl. *Georg Franck*, Die informationstechnische Transformation der Stadt – Fortsetzung ihrer Modernisierung mit anderen Mitteln?, in: Bauwelt, H. 32 (1987), S. 1158–1172, hier S. 1162.

in Teilen wiederaufzuheben. Auch in der Architekturdiskussion erfolgt eine Neubesinnung auf die Stadt. Da vieles, was früher Urbanität, Lebendigkeit der Städte erzeugte, heute nicht mehr vorhanden ist, hat der öffentliche Raum viel von seiner materiellen Notwendigkeit eingebüßt[58]. Nicht zufällig prägen daher Begriffe wie „Inszenierung", „Simulation", „Kulisse", „Verzauberung" diese Diskussion.

Im Zusammenhang mit „Urbanität" ergibt sich eine weitere Frage: Sind Urbanität und Geschwindigkeit, Urbanität und kontinuierlicher Betrieb eng miteinander verbunden[59]? Schon das Berlin der zwanziger Jahre galt als hektisch und bietet uns doch ein Bild von Urbanität. Selbst die Humanethologie hat Verhaltensweisen bei Städtern nachgewiesen, die sich durch höhere Geschwindigkeiten gegenüber Dorfbewohnern auszeichnen[60]. Sind also Städte im Grunde schon immer in gewissem Umfang kontinuierlich aktive Gesellschaften gewesen? Gibt es Unterschiede in der Kontinuität der Aktivität, in welchem Umfang, mit welchen Folgen? Noch fehlen hinlänglich geeignete Indikatoren, um Anhaltspunkte für das Aktivitätsniveau einer Stadt zu gewinnen. Möglicherweise könnte der Dauerlärmpegel ein solcher Indikator sein.

Einen Beitrag zur Entwicklung in Richtung auf eine Rund-um-die-Uhr-Gesellschaft leisten auch die – bereits angesprochene – internationale Vernetzung und Verflechtung. Unterschiedliche Zeitzonen beeinflussen sich immer stärker gegenseitig: Sportereignisse in anderen Erdteilen bestimmen das Verhalten von vielen Tausenden von Leuten in Europa (Fernsehübertragungen); geschäftliche Kontakte mit anderen Zeitzonen erzwingen zur Sicherstellung des „persönlichen" Kontaktes am Telefon angepaßte Arbeitszeiten.

Erst die Einführung der Eisenbahn führte dazu, daß landesweit einheitliche Zeiten eingeführt wurden – vorher gab es Ortszeiten –, weil anders Fahrpläne nicht aufeinander abzustimmen waren[61]. Führt die globale Vernetzung also in Richtung auf eine Weltzeit[62]? Oder ermöglicht die Zunahme auch von Steuerungskapazität daneben auch wieder eine neuerliche Ausdifferenzierung in Ortszeiten[63]?

Planung, Steuerung gewinnen immer dann an Bedeutung, wenn der Problemdruck hoch genug wird, wenn Konflikte, Engpässe, Polarisierungen auftreten. Noch ist mit der „Zeit" kein Pegel wirklich hohen Problemdrucks erreicht, aber er wird steigen. Ob er allerdings so weit steigen wird, daß „... der Umweltplanung ... vielleicht eines Tages eine staatliche Zeitplanung und, wer weiß, vielleicht ein echtes Zeitministerium

---

[58] Vgl. *Thomas Sieverts*, Menschengerechte Stadtfunktion und Stadtgestalt. Vortrag auf der Tagung „Wie wohnen wir morgen?" in Wien am 15. 9. 1987, o. O. o. J. (vervielfältigt).
[59] Vgl. *Rinderspacher*, Der Rhythmus der Stadt.
[60] Vgl. z. B. *Irenäus Eibl-Eibesfeld*, Humanethologische Konstanten und Determinanten des Wohnverhaltens. Vortrag auf der Tagung „Wie wohnen wir morgen?"
[61] Vgl. *Schievelbusch*.
[62] Vgl. *Rinderspacher*, Wege der Verzeitlichung.
[63] Vgl. *Beniger*, S. 16.

folgen (wird)"[64], darf bezweifelt werden. Der Querschnittsaspekt von Zeit ist so breit, daß es sich nur um ein neues „Superamt" handeln könnte, dessen Funktionsfähigkeit dann auch wieder fraglich wäre. Insofern spricht vieles eher für eine dezentrale – intensivierte – Auseinandersetzung mit dem Thema „Zeit", auch in den Kommunen. Zum gegenwärtigen Zeitpunkt besteht über die Veränderungstendenzen von Zeitstrukturen, ihre Folgen, die Möglichkeiten der Steuerung sowie die Richtung, in die gesteuert werden sollte, kein Konsens[65]. Weder Problemkonsens noch Zielkonsens noch Mittelkonsens sind gegeben. Daher konnten in diesem frühen Stadium der Auseinandersetzung der Kommunen mit „Zeit" und angesichts des noch geringen Informationsstandes allenfalls Hinweise gegeben, Gedanken angedeutet, und Richtungen, in die weiter gedacht werden könnte, skizziert werden.

Ganz wesentlich wird bei allen Steuerungs- und Planungsversuchen oder -maßnahmen sein, daß man sie fehlerfreundlich anlegt, daß das „Menschenrecht auf Irrtum"[66] gewahrt bleibt, daß Korrekturen nicht unmöglich und Fehler nicht zur tödlichen Katastrophe werden.

---

[64] Vgl. *Virilio*, Fahren, S. 48.
[65] Lediglich darüber, daß Zeitpolitik ein wichtiges zukünftiges Politikfeld sein dürfte, besteht Einigkeit; vgl. u. a. *Zöpel*, Die Zeit; *Institut für Landes- und Stadtentwicklungsforschung* (Hrsg.), Handlungsfeld Freizeit II – zeitpolitische Fragestellungen, Dortmund 1987.
[66] Vgl. *Bernd Guggenberger*, Das Menschenrecht auf Irrtum. Anleitung zur Unvollkommenheit, München 1987.

# LITERATUR

*Apel, Dieter,* Verkehrsflächen. 2. Bericht für die AG „Fläche" der Enquête-Kommission Bodenverschmutzung, Bodennutzung und Bodenschutz, Berlin o. J.

*B.A.T.-Freizeit-Forschungsinstitut,* Freizeit im Grünen. Wie attraktiv die Parks unserer Städte heute sind und welchen Freizeitwert sie haben, Hamburg 1986.

*B.A.T.-Freizeit-Forschungsinstitut* (Hrsg.), Zukunftsfaktor Freizeit, Hamburg 1986.

*Bauer, Renate,* und *Robert Geipel,* Die Verlagerung der Technischen Universität München nach Garching, in: Beiträge zur Hochschulforschung, H. 1 (1983), S. 1 ff.

*Beniger, James A.,* The Control Revolution, Cambridge/Mass. 1986.

*Berg, Leo van den, Leland S. Burns* und *Leo H. Klaassen,* Introduction: Cities and Regions, Trends and Cycles, in: dieselben (Hrsg.), Spatial Cycles, Aldershot 1987, S. 1–8.

*Bericht über Bedarf und Planung von Kindertagesstätten.* Entwurf, Berlin 1987 (vervielfältigt).

*Langfristige Bevölkerungsveränderung und Stadtentwicklung in Stuttgart,* Stuttgart 1985 (Beiträge zur Stadtentwicklung, Bd. 21).

*Bosch, Gerhard,* Entkoppelung von Arbeits- und Betriebszeiten, in: WSI-Mitteilungen, H. 12 (1987), S. 713–726.

*Brög, Werner,* Auswirkungen der Zeitorganisation im Verkehr – Probleme, Veränderungstendenzen. Vortrag im Difu-Seminar am 8. 12. 1987 in Berlin, Berlin 1987 (unveröffentlicht).

*Brög, Werner, Erhard Erl* und *Wolfgang Wörner,* Morgendliche Verkehrsspitzen beim Verkehrs- und Tarifverbund Stuttgart (VVS), in: Verkehr und Technik, H. 3 (1984), S. 87–91.

*Bumeder, Franz P.,* Geschichte der Sonntagsarbeit. Manuskript der Sendung des Bayerischen Rundfunks vom 24. 3. 1988 (vervielfältigt).

*Bundesarbeitsgemeinschaft der Mittel- und Großbetriebe des Einzelhandels* (Hrsg.), Gefahr für die Innenstädte wächst. Ergebnisse der Untersuchung Kundenverkehr 1984, Köln 1984.

*Carlstein, Thommy,* Planung und Gesellschaft: Ein „Echtzeit"-System im Raum, in: Geographica Helvetica, H. 3 (1986), S. 117–125.

*Chalendar, Jacques de,* Die Neuordnung der Zeit, Aldingen 1972.

*Difu-Projektgruppe,* Zeitplanung, in: Dietrich Henckel (Hrsg.), Arbeitszeit, Betriebszeit, Freizeit – Auswirkungen auf die Raumentwicklung, Stuttgart 1988, S. 153–196 (Schriften des Deutschen Instituts für Urbanistik, Bd. 80).

*Eibl-Eibesfeld, Irenäus,* Humanethologische Konstanten und Determinanten des Wohnverhaltens. Vortrag auf der Tagung „Wie wohnen wir morgen?" am 14. 9. 1987 in Wien, o. O. o. J. (vervielfältigt).

*Engfer, Uwe, u. a.,* Arbeitszeitsituation und Arbeitszeitverkürzung in der Sicht der Beschäftigten, in: Mitteilungen aus der Arbeitsmarkt- und Berufsforschung, H. 2 (1983), S. 91 ff.

*Gleitende Ferienzeit.* Ein DVAG-Vorschlag zur Entzerrung der Sommerferientermine, in: Standort, Jg. 10 (1986), H. 2, S. 3–5.

*Flughafen Stuttgart GmbH* und *Regionalverband Mittlerer Neckar* (Hrsg.), Angebotsvergleich im Fluggastlinienverkehr der Deutschen Verkehrsflughäfen, Stuttgart 1987.

*Forschungsgesellschaft für Straßen- und Verkehrswesen* (Hrsg.), VSM – Verkehrs-System-Management, Köln 1986.

*Franck, Georg,* Die informationstechnische Transformation der Stadt – Fortsetzung ihrer Modernisierung mit anderen Mitteln?, in: Bauwelt, H. 32 (1987), S. 1158–1172.

*Frenkel, Rainer,* Die Geschichte rückwärts. Arbeiten und Wohnen in der schwäbischen Region von vorgestern bis gestern, in: Robert-Bosch-Stiftung (Hrsg.), Wohnen und Gewerbe in der Großstadtregion. Grenzen der Entwicklung eines Ballungsgebietes, Bonn 1987, S. 13–34.

*Gershuny, Jonathan J.,* Die Ökonomie der nachindustriellen Gesellschaft, Frankfurt/M. 1981.

*Gesellschaft für Marketing, Kommunikations- und Sozialforschung (GFM-GETAS),* Service Sonderreihe „Frage des Monats", Oktober 1987: Verbraucherwünsche zu Ladenschlußzeiten, Hamburg 1987 (vervielfältigt).

*GfK Marktforschung,* Kaufkraftkennziffern der Gemeinden (Bundesrepublik Deutschland) mit 10 000 und mehr Einwohnern, Nürnberg 1984.

*Glaser, Hermann,* Das Verschwinden der Arbeit. Die Chancen der neuen Tätigkeitsgesellschaft, Düsseldorf u. a. 1988.

*Göschel, Albrecht,* Anforderungen an künftige kulturelle Angebote. Auswirkungen veränderter kultureller Verhaltensformen auf Angebot und Planung von Kultureinrichtungen, Berlin 1988 (vervielfältigt).

*Göschel, Albrecht, u. a.,* Infrastrukturrevision (Deutsches Institut für Urbanistik, in Vorbereitung).

*Gossens, Franz,* Sinkende Arbeitszeiten und steigende Arbeitsplatzkosten erzwingen den Mehrschichten-Betrieb, in: Mensch und Arbeit, H. 1 (1960), S. 5–6.

*Grabow, Busso,* und *Dietrich Henckel,* Großräumige Disparitäten bei den Einsatzbedingungen und Einsatzformen neuer Produktionstechnologien, in: Informationen zur Raumentwicklung, H. 12 (1986), S. 873–884.

*Gröning, Gerhard,* Vollständiges Wohnen und die Bedeutung des privat und individuell nutzbaren Freiraumes. Vortrag auf der Tagung „Wie wohnen wir morgen?" am 15. 9. 1987 in Wien, o. O. o. J. (vervielfältigt).

*Gschwind, Friedemann,* und *Dietrich Henckel,* Innovationszyklen der Industrie – Lebenszyklen der Städte, in: Stadtbauwelt, H. 82 (1984), S. 134–136.

*Guggenberger, Bernd,* Das Menschenrecht auf Irrtum. Anleitung zur Unvollkommenheit, München 1987.

*Hägerstrand, Torsten,* What about People in Regional Science?, in: Papers of the Regional Science Association, Vol. 24 (1970), S. 7–21.

*Hall, Peter,* The Geography of the Fifth Kondratieff Cycle, in: New Society vom 26. 3. 1981.

*Hecking, Georg, Stefan Miculicz* und *Andreas Sättele,* Bevölkerungsentwicklung im Bodenseeraum, Stuttgart 1988.

*Henckel, Dietrich* (Hrsg.), Arbeitszeit, Betriebszeit, Freizeit – Auswirkungen auf die Raumentwicklung. Grundlagen und Tendenzen, Stuttgart 1988 (Schriften des Deutschen Instituts für Urbanistik, Bd. 80).

*Henckel, Dietrich, Erwin Nopper* und *Nizan Rauch,* Informationstechnologie und Stadtentwicklung, Stuttgart 1984 (Schriften des Deutschen Instituts für Urbanistik, Bd. 71).

*Henckel, Dietrich, u. a.,* Produktionstechnologie und Raumentwicklung, Stuttgart 1986 (Schriften des Deutschen Instituts für Urbanistik, Bd. 76).

*Hermann, Winfried,* Die langfristige Sommerferienregelung 1979–1986, Bonn 1978 (vervielfältigt).

*Herz, Raimund,* Abbau von Verkehrsspitzen, Karlsruhe 1972.

*Herz, Raimund,* Abflachung der Verkehrsspitzen durch gesteuerte und spontane Koordination der Verkehrserzeugerzeiten. Vortrag auf dem 7. Wissenschaftlichen Kontaktseminar von Gesellschaft und Institut für Regionalpolitik und Verkehrswissenschaft der Universität Freiburg am 2. 10. 1974, o. O. o. J. (vervielfältigt).

*Herz, Raimund,* Periodizitäten im Wasserversorgungsbereich, Karlsruhe 1979 (Schriftenreihe des Instituts für Städtebau und Landesplanung der Universität Karlsruhe, H. 10).

*Hesse, Joachim Jens,* und *Christoph Zöpel* (Hrsg.), Neuordnung der Zeit, Baden-Baden 1987.

*Höppner, Michael,* und *Ursula Pauen-Höppner,* Flächenverbrauch durch motorisierten Verkehr in NRW. Vorstudie, Berlin 1987.

*Hohmeier, Jörg,* Zeitarbeit als ein Beispiel neuer Arbeitsformen, in: Dietrich Henckel (Hrsg.), Arbeitszeit, Betriebszeit, Freizeit – Auswirkungen auf die Raumentwicklung, Stuttgart 1988, S. 135–151 (Schriften des Deutschen Instituts für Urbanistik, Bd. 80).

*Holst, Mathias,* Bürgerproteste als Chance in der Abfallbeseitigungsplanung. Vortrag beim Winterseminar der Gesellschaft für Regionalforschung, Mauterndorf 1986 (unveröffentlicht).

*Lokale Identität und lokale Identifikation,* in: Informationen zur Raumentwicklung, H. 3 (1987).

*Illich, Ivan,* Energie und Gerechtigkeit, in: derselbe, Fortschrittsmythen, Reinbek 1983, S. 73–112.

*Industrie- und Handelskammer zu Berlin* (Hrsg.), Ergebnisse einer Umfrage beim Einzelhandel in der Berliner City zur Ausnahmeregelung nach dem Ladenschlußgesetz während des „Berliner Sommernachtstraumes 1984", Berlin o. J. (vervielfältigt).

*Institut für Landes- und Stadtentwicklungsforschung* (Hrsg.), Handlungsfeld Freizeit II – zeitpolitische Fragestellungen, Dortmund 1987.

*Institut für Selbstbedienung und Warenwirtschaft (ISB)* (Hrsg.), Kundenlaufstudie in einem SB-Warenhaus, Köln 1986.

*Institut für angewandte Sozialwissenschaft (Infas),* Veränderungen der Attraktivität der Hamburger Innenstadt, Bonn-Bad Godesberg 1986 (vervielfältigt).

*Ipsen, Detlev,* Raumbilder. Zum Verhältnis des ökonomischen und kulturellen Raumes, in: Informationen zur Raumentwicklung, H. 11/12 (1986), S. 921–931.

*ISO-Studie* siehe *Minister für Arbeit, Gesundheit und Soziales des Landes Nordrhein-Westfalen.*

*Jüchser, Jürgen,* Zeitplanung, in: Stadtbauwelt, H. 36 (1972), S. 318–323.

*Jugendlexikon Technik,* Reinbek 1987.

*Kasugai, Michihiko,* Die Zeit als Element der Stadtplanung – dargestellt am Beispiel Japan, Darmstadt 1985.

*Klages, Helmut,* Wertwandel als Herausforderung kommunaler Kulturpolitik. Vortrag beim „Forum Kultur 90" in Essen am 10. 2. 1988, o. O. o. J. (unveröffentlicht).

*Klein, H.-J.,* Analyse von Besucherstrukturen an ausgewählten Museen in der Bundesrepublik Deutschland und in Berlin (West), Berlin 1984 (Materialien aus dem Institut für Museumskunde, H. 9).

*Knocke, Dietrich,* Tendenzen im Industriebau. Anforderungen neuer Produktionen an Flächen und Gebäude, in: Gewerbeflächen und neue Produktionsformen. Tendenzen im Industriebau und Gewerbeflächenrecycling. Dokumentation eines Fachgesprächs, Berlin 1985, S. 31–52 (Difu-Materialien, 6/85).

*Kohler, Hans,* und *Lutz Reyher,* Arbeitszeit und Arbeitsvolumen in der Bundesrepublik Deutschland 1960–1986, Nürnberg 1988 (Beiträge zur Arbeitsmarkt- und Berufsforschung, Bd. 123).

*Koller, Martin,* und *Herbert Kridde,* Beschäftigung und Arbeitslosigkeit in den Regionen, in: Mitteilungen aus der Arbeitsmarkt- und Berufsforschung, H. 3 (1986), S. 395–408.

*Kreutzer, Claudia, Jörg Maier* und *Gabi Troeger-Weiß,* „Spaßbäder" und Badelandschaften als räumliche Innovation und raumordnungspolitisches Problem, in: Zeitschrift für Wirtschaftsgeographie, Bd. 31 (1987), H. 3–4, S. 194–206.

*Lange, Siegfried,* Lokale Initiativen zur Förderung der Anwendungen der Telekommunikation. Das Beispiel Hamburg, Köln 1986.

*Lehmbrock, Michael,* und *Dieter Apel,* Parkplatzplanung und -bewirtschaftung als Baustein einer neuen Verkehrspolitik in den Innenstädten (Deutsches Institut für Urbanistik, in Vorbereitung).

*Milchert, Jürgen,* Der landschaftliche Zeittakt, in: Garten und Landschaft, H. 1 (1988), S. 36-42.

*Minister für Arbeit, Gesundheit und Soziales des Landes Nordrhein-Westfalen,* Arbeitszeit '87, Düsseldorf 1987 (zitiert als *ISO-Studie*).

*Der Minister für Wirtschaft* und *Saarbrücker Stadtwerke* (Hrsg.), Modellvorhaben „Zeitvariabler linearer Stromtarif". Projektbeschreibung, Saarbrücken 1987 (Saarbrücker Diskussionspapiere, Nr. 5).

*Moewes, Winfried,* Raumbezogene Bedürfnisstruktur des Menschen als Aspekt zukunftsorientierten Städtebaus. Vortrag auf der Tagung „Wie wohnen wir morgen?" am 14. 9. 1987 in Wien, o. O. o. J. (vervielfältigt).

*Müller-Wichmann, Christiane,* Von wegen Freizeit. Argumente pro und contra 7-Stunden-Tag, Frankfurt/M. 1987.

*Müller-Wichmann, Christiane,* Zeitnot. Untersuchungen zum „Freizeitproblem" und seiner pädagogischen Zugänglichkeit, Weinheim und Basel 1984.

*Müller-Witt, Dörte,* und *Gunter Ruwenstroth,* Die Nachfrage nach Freizeitwohnen, in: Informationen zur Raumentwicklung, H. 4 (1987), S. 183-190.

*Opaschowski, Horst W.,* Konsum in der Freizeit, Hamburg 1987.

*Opaschowski, Horst W.,* Wie leben wir nach dem Jahr 2000?, Hamburg 1987.

*Österreichische Raumordnungskonferenz,* Zweitwohnungen in Österreich. Formen und Verbreitung, Auswirkungen, künftige Entwicklung, Wien 1987 (Schriftenreihe der Österreichischen Raumordnungskonferenz, Bd. 54).

*Regionalbewußtsein und Regionalentwicklung,* in: Informationen zur Raumentwicklung, H. 7/8 (1987).

*Reidenbach, Michael,* Ausstattung und Bedarf an sozialer Infrastruktur aus regionaler Sicht, Berlin 1988 (Difu-Materialien, 5/88).

*Reidenbach, Michael,* Verfällt die öffentliche Infrastruktur?, Berlin 1986 (Deutsches Institut für Urbanistik).

*Reyher, Lutz, u. a.,* Arbeitszeitverkürzung – Betriebszeitverlängerung, in: Ifo-Schnelldienst, Nr. 14 (1985), S. 15.

*Reyher, Lutz, u. a.,* Zu den Beschäftigungspotentialen einer Entkoppelung von Arbeits- und Betriebszeit, in: Mitteilungen aus der Arbeitsmarkt- und Berufsforschung, H. 1 (1985), S. 30 ff.

*Rinderspacher, Jürgen P.,* Am Ende der Woche. Die soziale und kulturelle Bedeutung des Wochenendes, Bonn 1987.

*Rinderspacher, Jürgen P.,* Der Rhythmus der Stadt – Die Bedeutung der Zeit für die städtische Gesellschaft, Berlin 1988 (Difu-Materialien, 1/88).

*Rinderspacher, Jürgen P.,* Wege der Verzeitlichung, in: Dietrich Henckel (Hrsg.), Arbeitszeit, Betriebszeit, Freizeit – Auswirkungen auf die Raumentwicklung, Stuttgart 1988, S. 23-66 (Schriften den Deutschen Instituts für Urbanistik, Bd. 80).

*Röck, Siegfried,* Flächeninanspruchnahme durch Freizeitwohnen, in: Informationen zur Raumentwicklung, H. 4 (1987), S. 173-182.

*Rudolph, Helmut,* Befristete Beschäftigung – ein Überblick, in: Mitteilungen aus der Arbeitsmarkt- und Berufsforschung, H. 3 (1987).

*Scheuch, Erwin K.,* Heilig ist nur die Freizeit. Der Sonntag hat seine Sonderstellung weitgehend verloren, in: Die Zeit vom 4. 3. 1988.

*Schievelbusch, Wolfgang,* Geschichte der Eisenbahnreise, Frankfurt/M. 1977.

*Schramm, Werner,* Wohnsiedlungsentwicklung und Bodennutzung, in: Akademie für Raumforschung und Landesplanung (Hrsg.), Flächenhaushaltspolitik. Ein Beitrag zum Bodenschutz, Hannover 1987, S. 31-64.

*Schreiber, Jürgen,* Spiel mit der Natur, in: Natur, H. 6 (1987), S. 26-33.

*Seehausen, Harald,* Sozialpsychologische Folgewirkungen der modernen Technologie auf junge Familien, in: Neue Praxis, 1986, S. 257-264.

*Sekretariat der Ständigen Konferenz der Kultusminister der Länder in der Bundesrepublik Deutschland* (Hrsg.), Zur Ferienregelung der Schulen in der Bundesrepublik. Bericht über die Veranstaltung der Kultusministerkonferenz am 17. 4. 1970, o. O. 1970.

*Sieverts, Thomas,* Menschengerechte Stadtfunktion und Stadtgestalt. Vortrag auf der Tagung „Wie wohnen wir morgen?" am 15. 9. 1987 in Wien, o. O. o. J. (vervielfältigt).

*Sinz, Manfred,* und *Wendelin Strubelt,* Zur Diskussion um das wirtschaftliche Süd-Nord-Gefälle unter Berücksichtigung entwicklungsgeschichtlicher Aspekte, in: J. Friedrichs, H. Häußermann und W. Siebel (Hrsg.), Süd-Nord-Gefälle in der Bundesrepublik?, Opladen 1986.

*Sozialdata,* Morgendliche Verkehrsspitzen beim VVS, München 1982.

*Vereinigung Deutscher Elektrizitätswerke (VDEW),* Stellungnahme zum Tarifmodell der Stadtwerke Saarbrücken, Frankfurt/M. 1987 (vervielfältigt).

*Vereinigung Deutscher Elektrizitätswerke (VDEW)* (Hrsg.), Ermittlung der Lastganglinien bei der Benutzung elektrischer Energie durch die bundesdeutschen Haushalte. Kurzfassung, Frankfurt/M. 1985.

*Virilio, Paul,* Fahren, fahren, fahren, Berlin 1978.

*Virilio, Paul,* Leben in Cinecittà. Gespräch mit Paul Virilio, in: Stadtbauwelt, H. 93 (1987), S. 410-413.

*Vogler-Ludwig, Karl,* Arbeitszeitverkürzung - Betriebszeitverlängerung, in: Karl Furmaniak und Ulrich Weihe (Hrsg.), Flexibilisierung der Arbeitszeit, München 1986, S. 215-232.

*Wegner, Michael, Friedrich Gnad* und *Michael Vannahme,* The Time Scale of Urban Change, Dortmund 1983 (Institut für Raumplanung, Universität Dortmund, Arbeitspapier 11).

*Weidinger, Michael* und *Andreas Hoff,* Tendenzen der Arbeits- und Betriebszeitentwicklung, in: Dietrich Henckel (Hrsg.), Arbeitszeit, Betriebszeit, Freizeit - Auswirkungen auf die Raumentwicklung, Stuttgart 1988, S. 93-133 (Schriften des Deutschen Instituts für Urbanistik, Bd. 80).

*Wirtschaftjunioren Deutschland (WJD),* Rundschreiben Nr. 24/86: „Ladenschluß", Bonn 1986 (vervielfältigt).

*Internationale Wirtschaftszahlen 1988,* Köln 1988.

# ● Schriften des Deutschen Instituts für Urbanistik

## Arbeitszeit, Betriebszeit, Freizeit – Auswirkungen auf die Raumentwicklung
Grundlagen und Tendenzen
Hrsg. von Dietrich Henckel
Bd. 80. 1988. 203 S., 16 Tab., 25 Schaub., 2 Übersichten. DM 49,–
ISBN 3-17-009880-2

In der Bundesrepublik Deutschland geht die Arbeitszeit seit langem kontinuierlich zurück. Gleichzeitig gibt es Bestrebungen, bei zunehmender Intensivierung der Produktion die Betriebszeiten weiter auszudehnen. Dies geht mit einer Entkoppelung von Betriebs- und Arbeitszeit und mit einer Umverteilung von freien Zeiten der Beschäftigten im Tages- und Wochenablauf einher.

Infolge des technisch-ökonomischen und sozialen Wandels verändern sich also die gewohnten Zeitstrukturen in vielen Bereichen. Dies äußert sich unter anderem in neuen Arbeitszeitformen, neuem Freizeitverhalten, in einer veränderten Inanspruchnahme von infrastrukturellen Einrichtungen und Leistungen (zum Beispiel in den Bereichen Verkehr, Kultur, Weiterbildung, Erholung) und in einer Veränderung der Standortbedingungen für Unternehmen.

Durch den Wandel der Zeitstrukturen ergeben sich somit auch für die Stadt- und Raumentwicklung weitreichende Konsequenzen. Auf diese Entwicklung kann sich eine zukunftsorientierte kommunale Planung nur dann einstellen, wenn sie sich der Bedeutung von „Zeit" als Planungsfaktor bewußt ist. Dazu will dieser Reader einen Beitrag leisten.

## Produktionstechnologien und Raumentwicklung
Von Dietrich Henckel, Busso Grabow, Christa Knopf, Erwin Nopper, Nizan Rauch, Wolfgang Regitz
Bd. 76. 1986. 250 S., 34 Tab., 35 Übersichten, 31 Schaub., 1 Kt. DM 28,–
ISBN 3-17-009398-3

Der Einsatz neuer Techniken in der Produktion (flexible Fertigung, Roboter, Computer-Aided Design/Computer-Aided Manufacturing u. a.) ist Ausdruck und Auslöser von Entwicklungen, die auch in der Stadt- und Raumentwicklung ihren Niederschlag finden werden.

Auswirkungen dieser neuen Technologien wurden in fünf Städten (Hamburg, Köln, Frankfurt, Stuttgart, München) vor allem auf der Basis umfangreicher Expertengespräche ermittelt. Im Mittelpunkt des Interesses standen dabei Beschäftigungswirkungen, Entwicklungen des Flächenverbrauchs und im Industriebau sowie neue Kriterien der Standortwahl.

Zusammenfassend werden die räumlichen Veränderungstendenzen für die einzelnen Untersuchungsregionen, ihr Verhältnis untereinander und ihr Verhältnis zu den ländlichen Räumen dargestellt. Dabei läßt sich feststellen, daß die Verdichtungsräume sich weiter ausdehnen, sich die Dynamik der Entwicklung zwischen ihnen neu verteilt und daß die ländlichen Räume wenig neue Entwicklungsimpulse erhalten.

**Verlag W. Kohlhammer, Stuttgart – Berlin – Köln**
**Deutscher Gemeindeverlag, Köln**